いちばんやさしいリスティング広告の教本

人気講師が教える利益を生むネット広告の作り方

インプレス

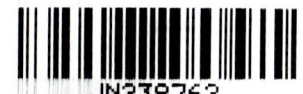

著者プロフィール

阿部圭司（あべ けいじ）

アナグラム株式会社代表取締役。大手アパレル企業、Web制作会社を経てリスティング広告を専門に取り扱うアナグラム株式会社創業。現在はリスティング広告の運用、コンサルティング、ブログ運営、全国でのセミナーなどで活躍中。年間講演数は30回超。『新版 リスティング広告 成功の法則』『Google AdWords＆Yahoo!リスティング広告対応 リスティング広告 成功の法則』『プロが教える Google Analytics 実践テクニック』（ソーテック） などを執筆。

- アナグラム株式会社：http://anagrams.jp/
- SEM-LABO：http://sem-labo.net/blog/

岡田吉弘（おかだ よしひろ）

アタラ合同会社取締役CCO。広告代理店、グーグル株式会社にて大手からベンチャー企業まで幅広くリスティング広告の啓蒙・拡販に従事。2011年より現職。検索エンジンマーケティング黎明期から一貫してアカウントマネジメントの現場を主導し、広告の企画運用のみならず、広告代理店・広告主向けの研修も精力的に実施している。『ザ・アドテクノロジー データマーケティングの基礎からアトリビューションの概念まで』（翔泳社）、『実践 インハウス・リスティング広告「丸投げ体質」から脱却するSEM成功の新条件』（インプレスジャパン）、『リスティング広告 プロの思考回路』（アスキー・メディアワークス：現 KADOKAWA） を執筆。

- アタラ合同会社：http://www.atara.co.jp/
- admarketech.：http://www.admarketech.com/

寳 洋平（たから ようへい）

アユダンテ株式会社SEMコンサルタント。Web／紙媒体コンテンツの企画・編集・ライターからSEMの世界へ。2006年より株式会社クロスリスティング入社。ソリューショングループマネージャーとして、大手通販サイトを中心に継続的なリスティング広告の運用支援を手掛ける。2010年より現職。Googleアナリティクスを活用し、リスティング広告の設計・運用、コンサルティングを行う。講師を務めるセミナーでは「わかりやすく実践的」と好評。『新版 SEM:リスティング広告 Googleアドワーズ&Yahoo!リスティング広告対応 Web担当者が身につけておくべき新・100の法則。』（インプレスジャパン） を執筆。

- アユダンテ株式会社：http://www.ayudante.jp/
- 寳 洋平のコラム：http://www.ayudante.jp/column/author/takara/

はじめに

8歳になる私の姪っ子から、定年を過ぎた母親まで、検索を日常的に利用した生活をしています。姪っ子は無料ゲームをダウンロードして遊んだり、YouTubeを観たりするのが日課です。母親はAmazon.co.jpでミネラルウォーターを購入したり、楽天市場でおいしそうなスイーツを購入したりする際に検索を利用しています。検索は、もう私たちインターネットを使ったビジネスを行っている人々だけのものではないのです。一般の方にとっても、生活から切り離すことができなくなったインフラと呼べる存在になりつつあるのかもしれません。それはスマートフォンやタブレットなど、さまざまなデバイスの普及により、さらに拡大していると言っても過言ではないでしょう。

そんな検索という巨大な需要の渦に、検索連動型広告という形で広告を配信することで、みなさんのビジネスを急激に拡大することができます。さらに、コンテンツ向け広告を利用すれば、これまで手の届かなかった、あんなサイトやこんなサイトに広告を配信することができるようになり、将来のお客様とより多くの接点を持つことができるようになりました。しかも、非常に多彩な手法で。

それを実現するためには、自社でリスティング広告を運用する場合でも、広告代理店に外注する場合でも、リスティング広告の仕組みや役割など、最低限の基礎を理解しておかなければいけません。土台ができていないところに、城は建ちませんからね。

本書はWeb担当者として社内でリスティング広告と格闘している方や、リスティング広告を外注していながら、慣れない専門用語など、多くのことの理解に苦しんでいる方に役立てていただくための書籍です。まさに、城を建てるための土台的なガイドブックとして、長いお付き合いをいただけることを望んで執筆いたしました。これまでのどのリスティング広告の書籍よりも「いちばんやさしい」を意識し、何度も著者陣で話し合いを繰り返し、こうやってみなさんのお手元へ届けることができました。

本書がリスティング広告にかかわる皆さんのお役に立てれば幸いです。

2014年6月

著者陣を代表して　阿部圭司

「いちばんやさしいリスティング広告の教本」の読み方

「いちばんやさしいリスティング広告の教本」では、講師によるやさしい説明と豊富な図解で、はじめてリスティング広告を学ぶ人でもつまずかないように「利益を生むネット広告の作り方」を解説しています。

「セミナー感覚」で読み進められる！

まるでセミナーを受けているような感覚で、実践的な内容を学べます。重要なポイントは講師が念押ししてくれるので、1つ1つしっかり学びながら、リスティング広告への理解を深められます。

タイトル
レッスンの目的をわかりやすくまとめています。

このレッスンのポイント
このレッスンを読むとどうなるのか、何に役立つのかを解説しています。

Chapter 1

Lesson 08 [メンテナンス]
即効性とメンテナンス性の高さが魅力

このレッスンのポイント
リスティング広告はすぐに取り組めることもメリットですし、レッスン7で紹介したように「広告を出して終わり」ではなく、その後の成果を確認できることも特長です。そして、継続的にメンテナンスすることでさらに成果を上げ続けられることから、「運用型広告」とも呼ばれています。

すぐに出稿できて確認しながらメンテナンスできる

リスティング広告は、GoogleアドワーズやYahoo!プロモーション広告の審査さえ通過すれば、すぐに検索結果画面などに広告を掲載できます。自然検索の結果と自社サイトを最適化する手法として「SEO」(Search Engine Optimization) がありますが、SEOは急激なリターンを見込むのではなく、長期的な視点で成果を見ていくものです。一方のリスティング広告は、即効性が高い広告で、サイト開設時からすぐに収益を上げることも可能です（ただし、薬事法などを筆頭とする法律に接触する可能性がある広告は、審査が長引く場合があります）。そして広告の効果を測定し、それをすぐに次の施策に活かし、またその効果を測定して……と、次々に改善の手を打つことができます。

▶ 広告を出した後も改善できる
リスティング広告
広告出稿 → 効果測定 → メンテナンス
定期的にメンテナンスを行えば成果が上がり続ける

SEOとリスティング広告は「どちらが優れている」「どちらを優先して取り組むべき」というものではなく、可能な限り両方に取り組んで、成果の最大化を目指しましょう。

026

管理画面から情報を読み取り操作していく

下の画面2点は、GoogleアドワーズとYahoo!プロモーション広告の管理画面です。実際にはこれらの画面から情報を読み取り、対応するための施策を設定していきます。広告の出稿や掲載の一時停止、掲載される曜日や時間帯の指定、広告が表示されるキーワードの設定など、細かい変更を広告主自身がリアルタイムで行うことが可能です。これにより、例えば在庫が切れてしまった商品や予約で埋まってしまったサービスの広告をすぐに停止できます。この柔軟な対応力が、リスティング広告ならではの魅力であり、醍醐味なのです。本書では第5章以降でこの画面の見方や操作方法を紹介していきますが、そのために必要な知識を得て、準備をするために第2章～第4章を用意しています。

▶ Googleアドワーズの管理画面
▶ Yahoo!プロモーション広告の管理画面

ワンポイント
検索連動型広告と自然検索の違い
即効性の高いリスティング広告と、じわりと効果が効いてくるSEOは、それぞれが異なる価値・特長をもった集客手段なのだと認識しておきましょう。同じ検索結果画面に表示される検索連動型広告と自然検索は、有料／無料、掲載箇所の違いなどがありますが、この掲載箇所には年々変化が見られます。どのデバイスにおいても、検索連動型広告が画面を占める割合が増えてきているのです。この流れを考えると、「自然検索で上位だから検索連動型広告は出稿しない」などとは言えない状況になっています。

▶ 検索結果画面に占める検索連動型広告の割合が増している
PCの検索結果画面
スマートフォンの検索結果画面
PCは表示画面が広いが、検索連動型広告が占める割合は高め
スマートフォンでは、検索連動型広告が画面内に占める割合が大きい場面が非常に多い

027

解説
リスティング広告の大切なポイントや知識を画面や図解をまじえて解説しています。

講師によるポイント
特に重要なポイントでは、講師が登場して確認・念押しします。

ワンポイント
知っておきたい得する知識やちょっとした補足を解説しています。

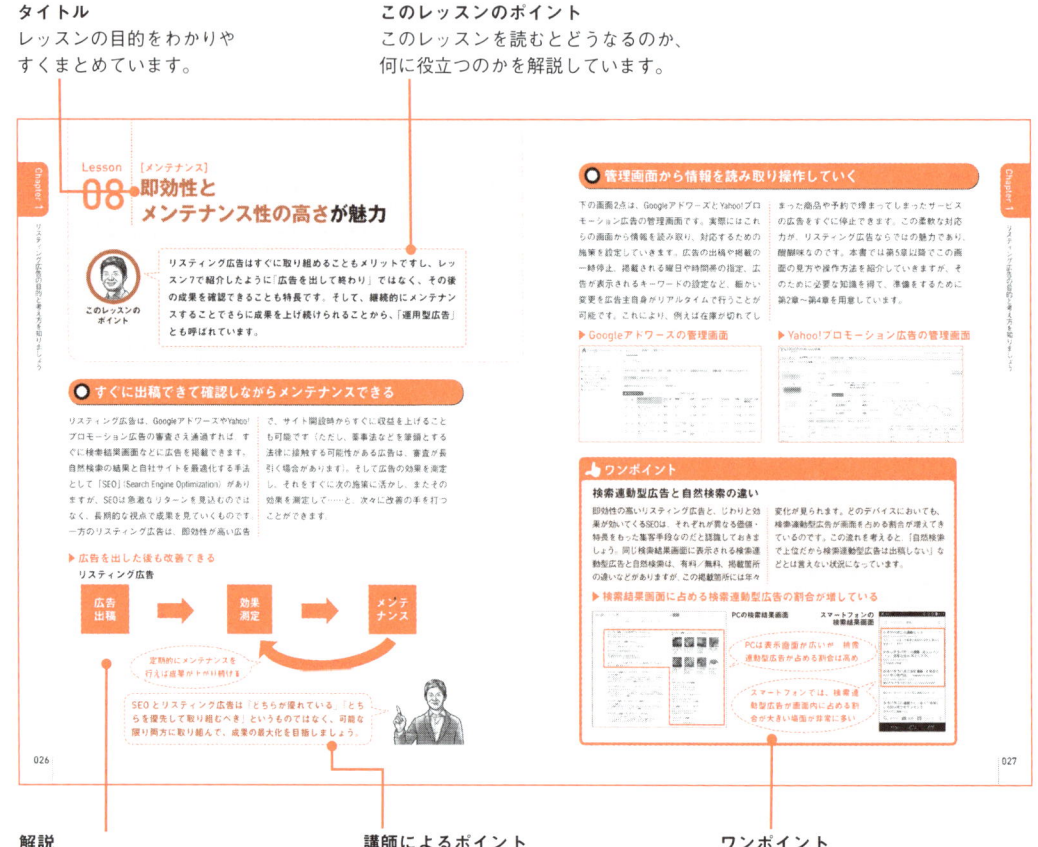

いちばんやさしい
リスティング広告の教本
人気講師が教える
利益を生むネット広告の作り方

Contents
目次

Chapter 4 出稿に必要な要素を理解して準備をしよう page 75

Chapter 5 アカウントの構造を理解して出稿しよう page 105

Chapter 6 出稿の結果を確認して判断しよう page 131

Chapter 7 分析をもとに広告成果を改善しよう page 149

Chapter 8 検索以外はコンテンツ向け広告でカバーしよう page 167

Chapter 9 自社のデータをリスティング施策に活かそう

Chapter 1

リスティング広告の目的と考え方を知りましょう

「さあ、リスティング広告を始めましょう！」と言いたいところですが、まずはリスティング広告について正しい知識を身につけましょう！

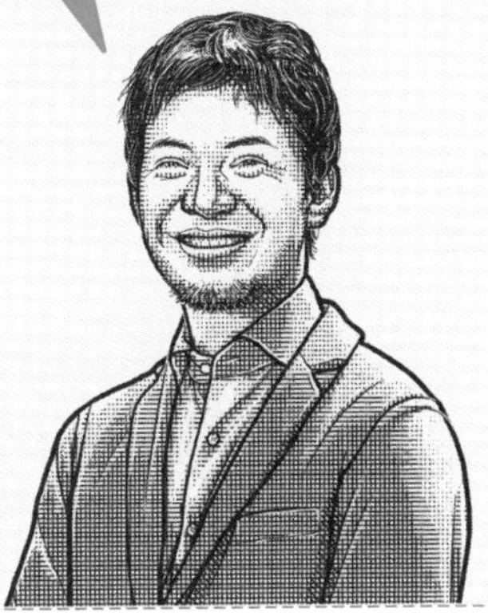

Lesson 01

［リスティング広告とは］

リスティング広告はこんなに広く浸透している

このレッスンのポイント

2002年にリスティング広告が登場して以来、2014年現在まで、いまだにその進化のスピードは衰えることを知りません。そして、ますます需要も増すばかりです。誰にでも今日から始められる手軽さも魅力のリスティング広告は、インターネットを利用する人々のさまざまな場面でアピールできる非常に有効な広告手段です。

検索が日常的に利用される時代

中小規模の通販サイトから大手の住宅サイトまで、さまざまな事業主がリスティング広告を利用しています。なぜ、リスティング広告はこれほどまでに普及したのでしょうか？ その答えは「インターネットの爆発的な普及」と、もう1つは「検索という行為が日常的に利用される時代になったこと」が挙げられます。何かわからないことや気になることがあった場合に、検索に頼ったことはありませんか？ こうした検索行為がインターネットにかかわる事業者のみならず、例えば私の姪っ子や母親など、インターネットをビジネスでは使わない人たちにも当たり前に浸透しています。リスティング広告を使えば、下記のような多くの人が目にしている検索結果の画面に、自社の広告を表示できるのです。

▶ 見慣れた検索結果画面にリスティング広告は存在する

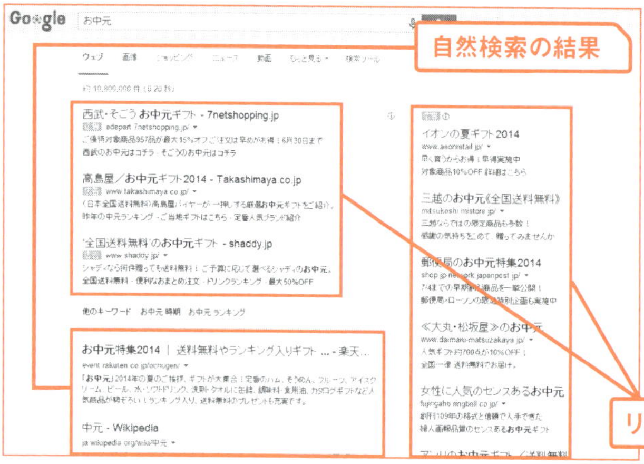

「何か」を調べるときに、今では誰でも検索するようになりました。検索結果画面には「自然検索」の結果に加えて「広告＝リスティング広告」も表示されます。

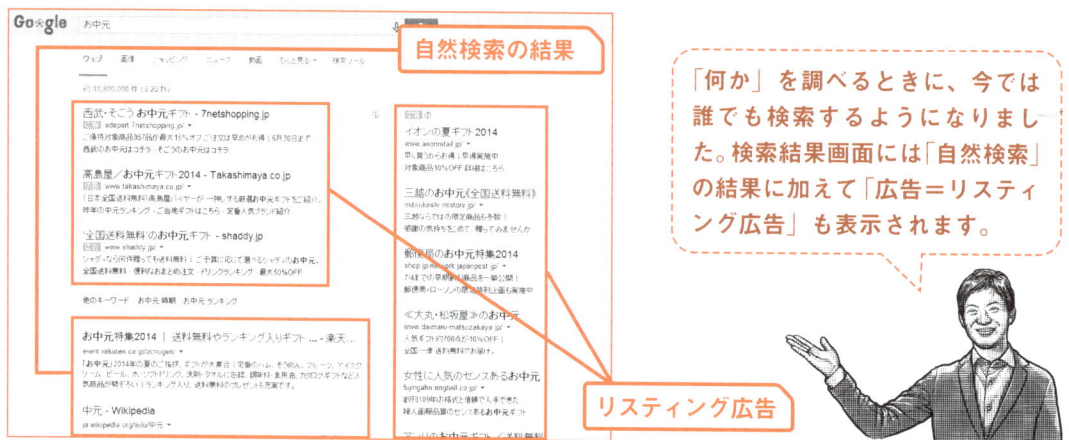

リスティング広告で多くのユーザーと接点がもてる

私たちは「検索」という行為を日常的に、半ば無意識に繰り返しているとも言えますね。だからこそ、リスティング広告を使えば多くの消費者にさまざまな形で接触が可能となりました。GoogleやYahoo! JAPANなどの検索結果画面に表示できるものを「検索連動型広告」と呼びますが、さらに「教えて！goo」や「OKWave」などのQ&Aサイト、各種ブログサービスなどに広告を表示できる「コンテンツ向け広告」も存在します（レッスン2、第8章参照）。これらの配信手段を使うことで、より多くのインターネットユーザー（消費者）と、自社との接点を生み出せるのです。

▶いろいろな場所に表示されるリスティング広告

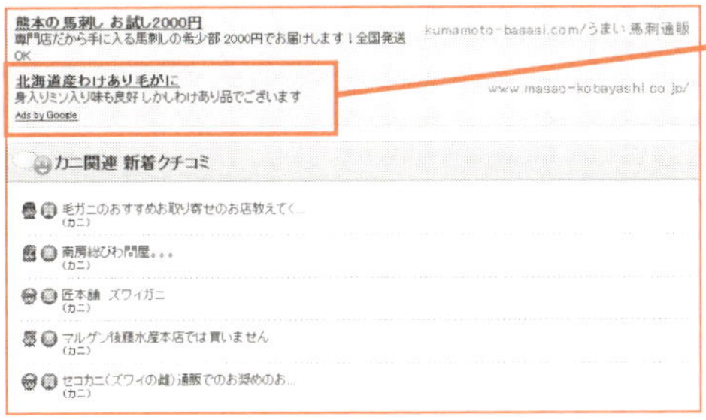

Q＆Aサイトやブログサービスなどにも自社の広告を表示できます。このようなコンテンツ向け広告は、第8章で詳しく解説します。

リスティング広告で何をしたいのか？

リスティング広告はユーザーの、いろいろな利用シーンに表示できる魅力的な広告です。考えるべきこと、行うべきことが多くあるのは事実ですが、まずは、ユーザーがどんな状態のときにあなたのサイトに気づいてもらい、興味をもってもらい、アクセスして何をしてもらいたいのか。あなたがリスティング広告でしたいことをイメージしつつ、第1章を読み進めてみてください。本書は、リスティング広告に初めて取り組む人のために執筆しました。さまざまな専門用語がこれから登場しますが、「料理のレシピ本」のように、誰もがつまづくことのない構成を考えてまとめています。さあ、リスティング広告を始めましょう！

▶リスティング広告に取り組むときに考えること

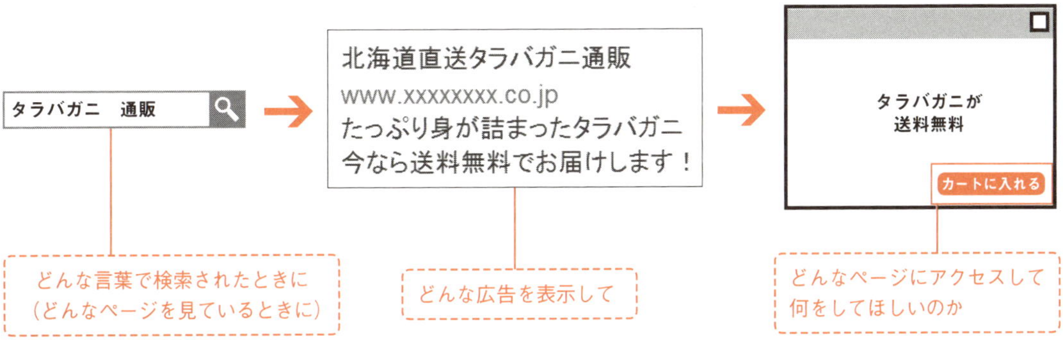

Lesson 02 [リスティング広告の種類]

リスティング広告には2つの種類がある

このレッスンのポイント

レッスン1でも少し触れましたが、リスティング広告には「検索連動型広告」と「コンテンツ向け広告」があります。ここでは、それぞれがどういったものなのかを紹介しましょう。本書では、第2章から第7章までは検索連動型広告をベースに説明を進めます。これを理解してもらえれば、第8章で説明するコンテンツ向け広告も、とまどうことなく取り組めるはずです。

検索結果画面に広告を出せる「検索連動型広告」

GoogleやYahoo! JAPANなどで、ユーザーが何か言葉を検索した結果画面に広告を表示できる「検索連動型広告」。ユーザーが「～を知りたい」「～が欲しい」といった何かしらの意図が込められているので、その意図に合った広告を表示できれば、広告の効果は高まりそうです。例えば、あなたがECサイトでタラバガニを扱っているとします。その場合、「タラバガニ　通販」や「タラバガニ　贈答品」と検索したユーザーが広告を見て、サイトに訪問してくれれば、購入につながる可能性が高くなるのは想像ができますよね？ 検索連動型広告は、すでに購入意識をもったユーザーへ直接広告を届けられるのが最大の特長で、非常に効果が出やすい広告と言えます。まずはこの検索連動型広告のノウハウを、以降のレッスンで自分のものにしていきましょう。

▶「タラバガニ」で検索したときに表示される検索連動型広告

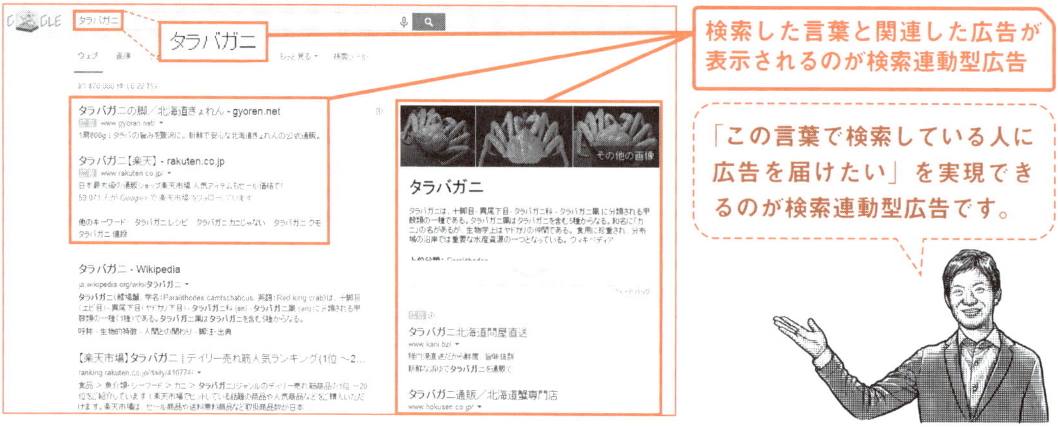

ページの内容に合わせて広告を出す「コンテンツ向け広告」

Q&Aサイトなどさまざまなパートナーサイト（レッスン3、48参照）に広告を表示できるのが、「コンテンツ向け広告」です。検索連動型広告が「ユーザーが検索している言葉」に合わせているのに対し、コンテンツ向け広告は「ユーザーが見ているページの内容＝コンテンツ」（第8章参照）に合わせて広告を表示します。例えば高級牛肉や海産物、果物やお酒など贈答品向けの商材を扱うECサイトであれば、Q&Aサイトで「お中元に何を送ればいいか」といった相談事が掲載されているページに広告を表示できれば、新しいお客さんを誘導できる可能性があります。

▶「教えて！goo」で「お中元」が話題のページに贈答品の広告が表示される

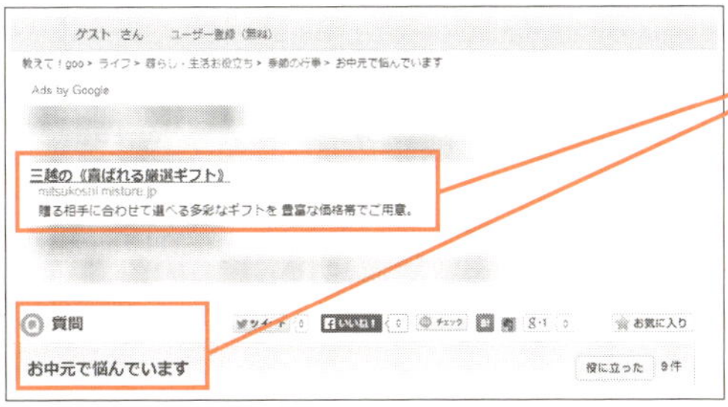

話題が「お中元」のQ&Aのページに贈答品の広告を表示できるのがコンテンツ向け広告

「こんな内容のページを見ている人に広告を届けたい」を実現できるのがコンテンツ向け広告です。

リスティング広告がアピールできる範囲

下の図は「AISAS理論※」という消費者行動モデルを図で表したものです。検索連動型広告がアピールできるのは、テレビやラジオ、クチコミなどで気になることがあって実際に「検索」した消費者（ユーザー）です。一方コンテンツ向け広告は、実際に検索という具体的な行動に至る前の「知っている」「興味がある」段階にあるユーザーにもアピールできます。それぞれにカバーできる範囲、できない範囲があることを理解しておきましょう。

▶検索連動型広告とコンテンツ向け広告がカバーできる範囲

コンテンツ向け広告は、「検索」という具体的な意図をもつ前の段階のユーザーに気づきを与えられる

検索連動型広告は、具体的な意図をもって検索しているユーザーにアプローチできる

リスティング広告が「マーケティングのすべての問題を解決できる魔法の杖」ではないこと、マーケティング手法の1つでしかないことは忘ずに取り組みましょう。

※AISASは、株式会社電通の登録商標です

Lesson 03

[リスティング広告の提供サービス]

サービスを提供するのはGoogleとYahoo! JAPAN

このレッスンのポイント

普段使っている検索エンジンといえば、多くの人がGoogleとYahoo! JAPANを挙げると思います。この2大サービスが提供するリスティング広告を利用すれば、多くのユーザーにあなたの広告を届けることができます。ここではそのGoogle、Yahoo! JAPAN、それぞれのリスティング広告について解説したいと思います。

日本のリスティング広告の主要なプラットフォームは2つ

日本のリスティング広告の主なプラットフォームは、Googleが提供している「Googleアドワーズ」と、ヤフー株式会社が提供している「Yahoo!プロモーション広告」の2つになります。管理画面や操作性、一部の機能などが多少異なりますが、本書執筆時では、Yahoo!プロモーション広告の検索連動型広告は、Googleアドワーズの検索連動型広告の仕組みを利用していることから、基本的には同じ理解や思考で取り組めます。そのため本書ではYahoo!プロモーション広告も可能な限りフォローしつつ、Googleアドワーズを中心に解説していきます。なお、コンテンツ向け広告は、それぞれ独自の仕組みで成り立っています（第8章参照）。

▶ Googleアドワーズ
http://www.google.co.jp/adwords/start/

▶ Yahoo!プロモーション広告
http://promotionalads.yahoo.co.jp/

本書でリスティング広告の基本を学べば、Googleアドワーズにも、Yahoo!プロモーション広告にも取り組めます。どちらか片方ではなく、両方に取り組んで、成果を伸ばしていきましょう。

GoogleとYahoo! JAPANが提供するサービス内容

下の図にまとめましたが、Googleアドワーズが提供する検索連動型広告が「Google検索ネットワーク」、コンテンツ向け広告が「Googleディスプレイネットワーク」(GDN)、Yahoo!プロモーション広告が提供する検索連動型広告が「スポンサードサーチ」、コンテンツ向け広告が「Yahoo!ディスプレイアドネットワーク」(YDN) です。Google検索ネットワーク、スポンサードサーチに広告を出す（出稿）と、2社の検索結果画面に加えてGoogleが提供する「Googleマップ」や、Yahoo! JAPANが提供する「Yahoo!知恵袋」などに広告が表示されます。またそれ以外にも、下の表にあるようなパートナーサイトで広告が表示されます（コンテンツ向け広告のパートナーサイトはレッスン48参照）。

▶ 2社が提供するサービス名称

	Googleアドワーズ	Yahoo! プロモーション広告
検索連動型広告	Google検索ネットワーク	スポンサードサーチ
コンテンツ向け広告	Googleディスプレイネットワーク	Yahoo!ディスプレイアドネットワーク

▶ 2社の検索連動型広告のパートナーサイト

Googleアドワーズ Google検索ネットワークの主なパートナーサイト

サイト名	URL
AOL.JP	http://www.aol.jp/
Ask.com	http://jp.ask.com/
auスマートパス	http://auone.jp/
BIGLOBE	http://www.biglobe.ne.jp/
goo	http://www.goo.ne.jp/
Infoseek	http://www.infoseek.co.jp/
livedoor	http://www.livedoor.com/

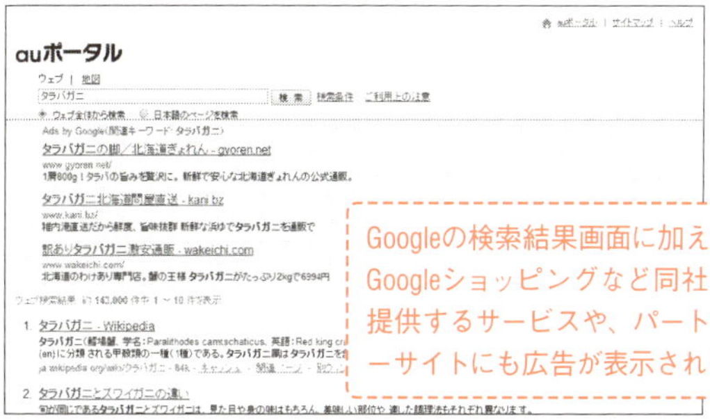

Googleの検索結果画面に加えて、Googleショッピングなど同社が提供するサービスや、パートナーサイトにも広告が表示される

Yahoo!プロモーション広告 スポンサードサーチの主なパートナーサイト

サイト名	URL
@nifty	http://www.nifty.com/
Bing	http://www.bing.com/
Excite	http://www.excite.co.jp/
Fresh eye	http://www.fresheye.com/
MapFan Web	http://www.mapfan.com/
Mapion	http://www.mapion.co.jp/
NAVER	http://matome.naver.jp/
OCN	http://www.ocn.ne.jp/
OKWave	http://www.okwave.co.jp/
So-net	http://www.so-net.ne.jp/

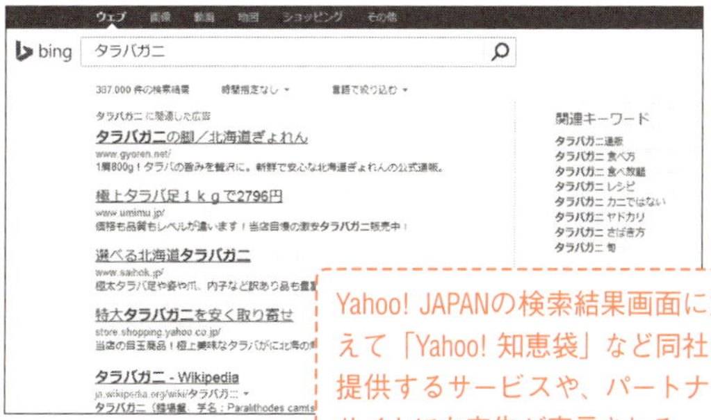

Yahoo! JAPANの検索結果画面に加えて「Yahoo! 知恵袋」など同社が提供するサービスや、パートナーサイトにも広告が表示される

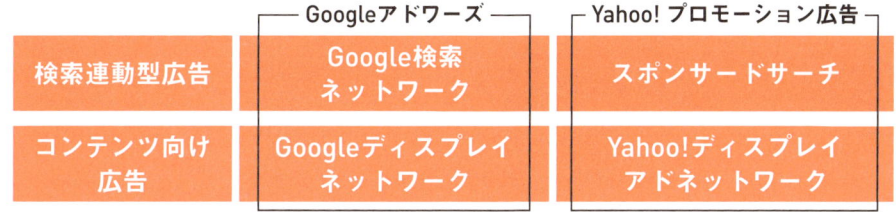

Lesson 04

[広告が表示される仕組み]

検索連動型広告は言葉を考えて選ぶことが重要

このレッスンのポイント

検索連動型広告で、ユーザーをあなたの広告、そしてサイトへ導いてくれるのは「言葉」です。この言葉の選び方、集め方がリスティング広告で集客したり、売り上げを伸ばしたりするための大切な要素の1つになります。ここではリスティング広告における言葉のとらえ方について紹介しましょう。

ユーザーが検索している言葉と広告主が用意する言葉

検索連動型広告では、検索エンジンを利用するユーザーが検索する言葉を「検索語句」（検索クエリとも呼びます）、広告主であるあなたが登録する言葉を「キーワード」と呼びます。検索連動型広告では、ユーザーの検索語句と広告主のキーワードの関連性を、検索エンジンの技術が見きわめて、検索結果画面に広告を表示しています。ここに表示されるのが、広告文と呼ばれるテキスト広告です。仮に意図しない検索語句で自社の広告が表示されるケースが発生しても、除外キーワード（レッスン22参照）で表示を制限できます。広告主は、自社の商品と関連性の高い検索語句で検索している「将来のお客さん」に自社の広告を出すことによって、新たな出会いを生むことができるのです。どんなキーワードを準備すればいいのかは第3章で、どんな広告文を書けばいいのかは第4章で詳しく解説します。

▶ 広告は検索語句とキーワードの関連性が高いときに表示される

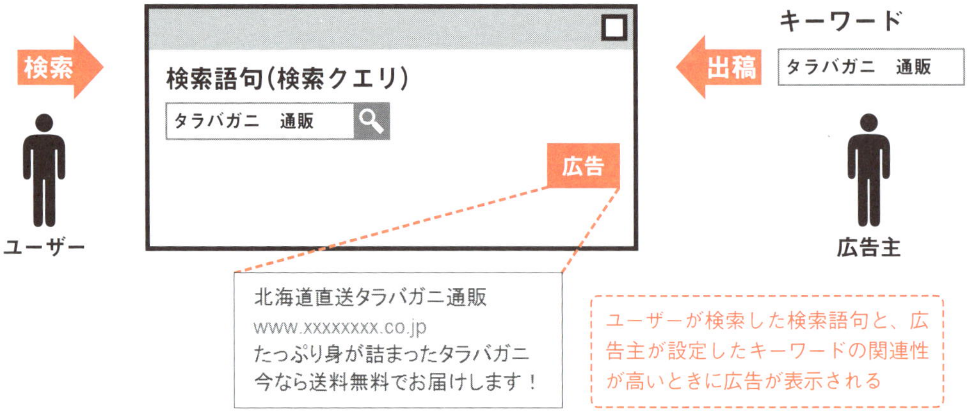

キーワードによって検索される回数は異なる

検索エンジンを使ったWebマーケティングの世界では、「ビッグワード」「スモールワード」という言葉があります。例えば「タラバガニ」と入力して検索される回数がとても多そうなことは想像できますよね？ そういった言葉をビッグワードと呼びます。一方で「タラバガニ　通販　激安」と検索するのは、目的がとても絞られている印象で、検索される回数は「タラバガニ」と比べれば少なそうです。これらをスモールワードと呼びます。スモールワードはおおむね、ビッグワードにいくつかの言葉を足した「複合語」であることが多いです。では、検索される回数が多いビッグワードで広告が表示されることを狙えばいいのかというと、大企業の広告主が上位を競い合い、ひしめき合っていることが多いのです。

▶ビッグワードとスモールワード

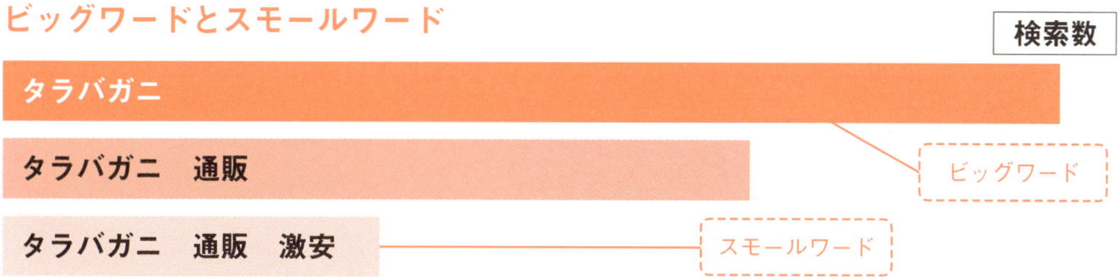
検索数
タラバガニ
タラバガニ　通販
タラバガニ　通販　激安
ビッグワード
スモールワード

ビッグワードやスモールワードに込められたユーザーの意図

下の図のように、ビッグワードの「タラバガニ」からは、さまざまなユーザーの意図が読み取れます。一方、「タラバガニ　通販　激安」で検索しているユーザーの目的は明白で、購入への意欲が高そうです。リスティング広告では、ユーザーの意図がつかみやすいスモールワードを中心に始めるというのも1つの手ではあると思います。ただし、「ビッグワードは大企業やライバルが多くて勝ち目がない」と言い切れるものでもなく、リスティング広告に慣れてきたら、そしてさらなる成果を求めるのなら、検索回数が多いビッグワードへの取り組みも必要になるでしょう。この段階でお伝えしたいのは、第3章でキーワードについてとことん考えていくにあたり、ユーザーの意図を読み取ろうとする意識を常にもつようにしましょう、ということです。

▶検索語句からユーザーの意図を読み取る

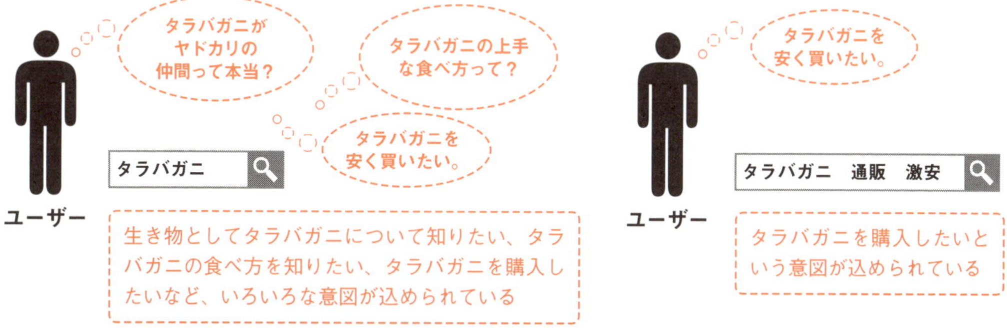
タラバガニがヤドカリの仲間って本当？
タラバガニの上手な食べ方って？
タラバガニを安く買いたい。
タラバガニ
ユーザー
生き物としてタラバガニについて知りたい、タラバガニの食べ方を知りたい、タラバガニを購入したいなど、いろいろな意図が込められている
タラバガニを安く買いたい。
タラバガニ　通販　激安
ユーザー
タラバガニを購入したいという意図が込められている

Lesson 05

[入札]

リスティング広告は枠を買うのではなくキーワードに入札する

このレッスンのポイント

リスティング広告の広告費の仕組みは独特で、それを理解するためにはまず、リスティング広告が「クリック課金型」であることを理解する必要があります。このあたりから「クリック単価」などの専門用語が徐々に増えてきますが、順を追って説明していくので、がんばってついてきてください!

リスティング広告はクリック課金制

リスティング広告は、掲載されるだけでは広告費は発生しません。原則的に広告がユーザーによってクリックされるごとに課金されます。このため、「30万円を使って雑誌の広告枠に出稿したのに、サイトにほとんどアクセスがなかった」といったことは起こりません。「アクセスを集めた分だけ広告費が発生する」、これは交通広告や新聞・雑誌広告など、既存の広告との大きな違いです。そしてこの「1回クリックされるごとに課金される額」を、「クリック単価」(CPC：Cost Per Click)と呼びます。これからリスティング広告に取り組んでいくにあたり、重要な言葉の1つになるので覚えておきましょう。

▶クリックされるごとに課金される仕組みのリスティング広告

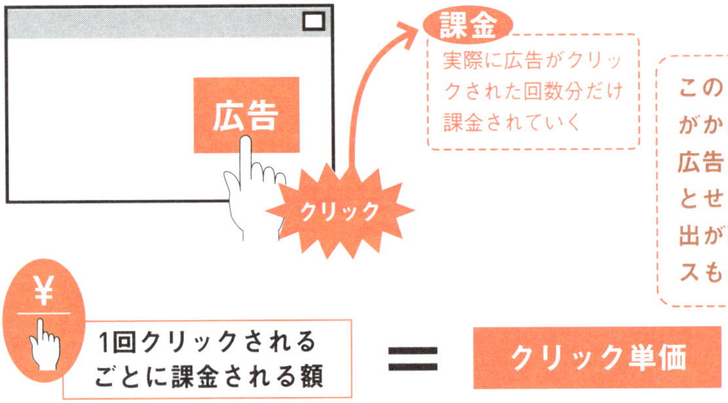

この「掲載されるだけでは広告費がかからない仕組み」を利用して、広告がクリックされることを目的とせず、ただ広告が表示されて露出が高まることを目的にしたケースもあります。

掲載順位のルールは「入札した価格×品質スコア」

リスティング広告の広告主たちは、「このキーワードで検索されたときに広告を出したいので、クリック単価は最高いくらまでなら払います」という形で「入札」します。この「いくらまでなら払います」と入札した価格を、「上限クリック単価」（上限CPC）と呼びます。検索結果の掲載順位は、この上限クリック単価と「品質スコア」（Googleアドワーズの場合。Yahoo!プロモーション広告では「品質インデックス」と呼びます）を掛けた「広告ランク」という値の大きさで決定されます。レッスン28で詳しく解説しますが、品質スコアとは、広告の内容や広告のリンク先のページの内容などがキーワードに適したものかを検索エンジンが確認した指標のことです。上限クリック単価が高ければ高いほど上位に掲載されやすくなると思われがちですが、それだけでは広告費が潤沢にある大企業などに、あらゆるキーワードで上位を独占されてしまいます。この品質スコアのおかげで、ユーザーの検索語句に適した広告が掲載される公平性、GoogleやYahoo! JAPANが提供する検索サービスの信頼性が確保されているのです。

▶リスティング広告は枠を買うのではなくキーワードに入札する

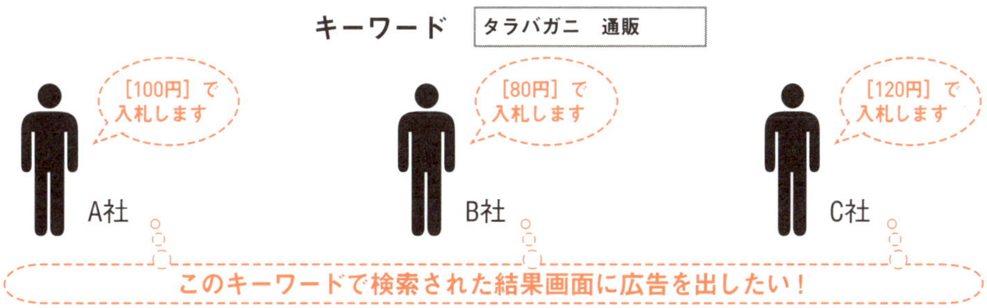

▶単純な「上限クリック単価が高い順」ではない

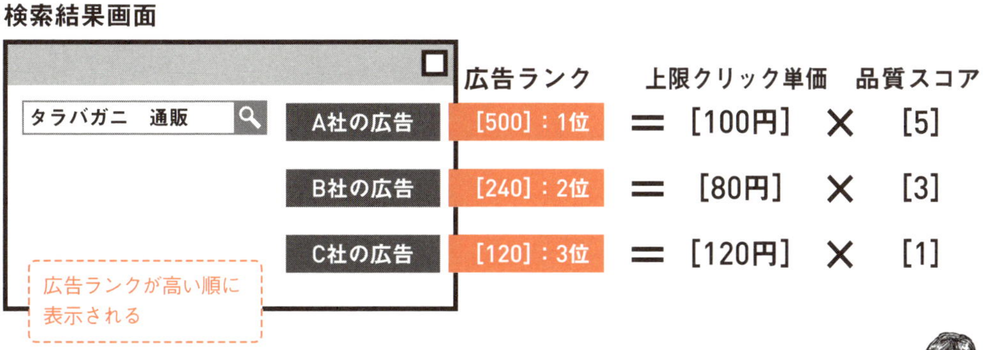

上限クリック単価が高いほうが掲載順位が上位になる可能性は高まりますが、必ずしも額が高い順に表示されるわけではありません。これには「広告ランク」が関係しています。

Lesson 06

[クリック課金]

リスティング広告の広告費はクリックされたときに決まる

このレッスンのポイント

レッスン5では、リスティング広告は広告主が上限クリック単価を決めて入札する仕組みであること、そして上限クリック単価と品質スコアによって広告の掲載順位が決まることを学びました。しかし、この上限クリック単価がそのまま広告費になるわけではありません。リスティング広告の広告費がどのように決まっていくのか、その概要を解説しましょう。

クリックされた分が広告費になる

リスティング広告における広告費をおおまかに表現すると、クリックされるごとに課金されたものが累積した額になります。ただし、ここは勘違いされやすいポイントなので注意してほしいのですが、入札した上限クリック単価が、そのままクリックされるごとに課金されているわけではないのです。右のページで説明しますが、実際にクリックされるときに課金されるクリック単価は、上限クリック単価とは異なり、おおむねそれよりも低い額になります。

▶ クリック単価を合計したものが広告費だが……

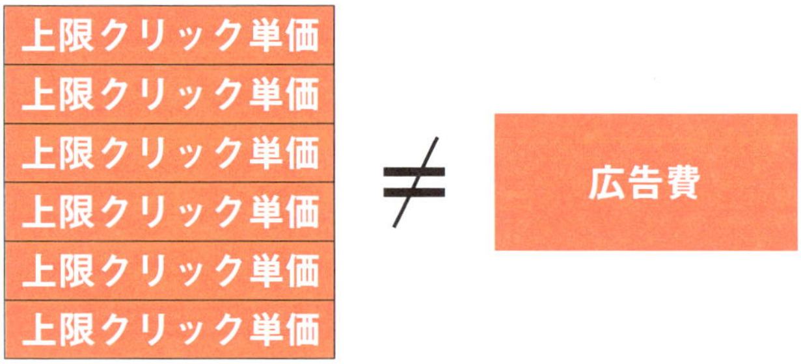

入札した価格がそのまま掲載順位に直結しないように、入札した価格がそのまま請求されるわけでもありません。

実際に課金されるクリック単価は上限クリック単価とは異なる

実際のクリック単価がどのようにして決まっているのか、下の図にまとめました。入札した上限クリック単価に対して、広告の掲載順位が品質スコア（品質インデックス）の影響を受けたように、実際のクリック単価は自社広告の下に表示される他社広告の広告ランクの影響を受けます。例えば下の図なら、A社のすぐ下に表示されているB社の広告ランク「240」が、A社のクリック単価に影響しています。このように広告がクリックされるたびにクリック単価は計算されているので、毎回決まったクリック単価が累積されているわけではありません。そのためリスティング広告の管理画面では、累積した総費用をクリック回数で割った「平均クリック単価」（平均CPC）が、クリック単価の目安として表示されます。

▶ 上限クリック単価がそのままクリック単価になるわけではない

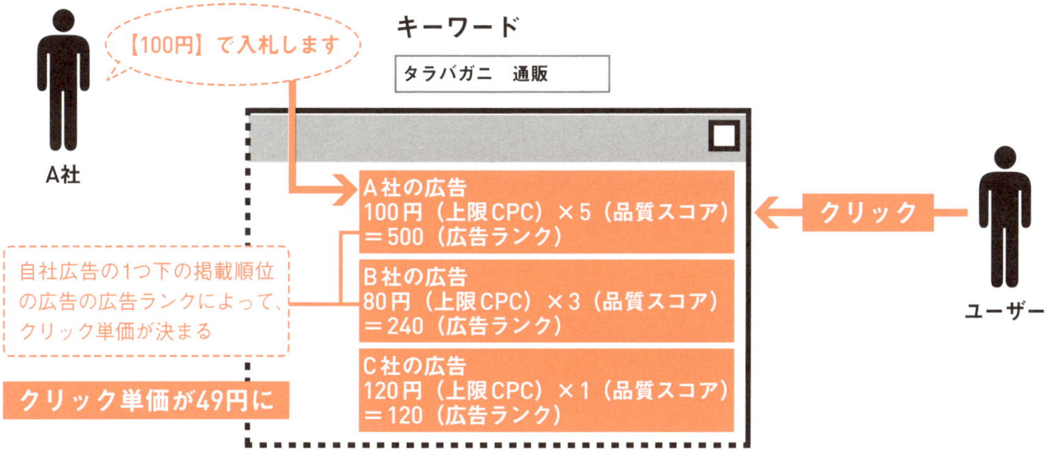

▶ クリック単価を算出する考え方

計算式

$$\frac{\text{[自社広告の1つ下の広告の広告ランク]}}{\text{[自社広告の品質スコア]}} + 1\text{円} = \text{[クリック単価]}$$

上の例では…

$$\frac{240\text{（B社の広告ランク）}}{5\text{（A社の品質スコア）}} + 1\text{円} = 49\text{円（A社のクリック単価）}$$

もしも上限クリック単価を変更せず、自社広告の掲載順位も変わらない状況で、実際のクリック単価が上がってきていたら、下に表示されている他社が上限クリック単価を上げるなどの対策を講じている可能性がある、といった考え方ができます。

Lesson 07

[コンバージョン]

広告がどれだけのユーザーを集めてどれだけゴールに導けたかを測定する

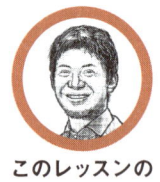

このレッスンのポイント

あなたがリスティング広告でユーザーを集客して、訪問者を最終的に導きたいゴールは何でしょうか？ そのゴールを意識すること、広告に対してどれだけの成果を得られたのかを意識することは、インターネットのマーケティングを担当するあなたにとって大切なことです。リスティング広告では、この成果の測定が容易に行えるので、その仕組みについて解説します。

リスティング広告のゴールを明確にして広告の効果を意識する

リスティング広告によってアクセスが増えることは大切ですが、広告費を使う以上、ゴールに導きたいものです。あなたがリスティング広告を利用する理由、導きたいゴールを具体的に考えてみましょう。商品を購入してもらいたいなら、「訪問者」が「購入者」に変わることがゴールです。その“変わること”を「転換」という意味の英語で「コンバージョン」(CV：Conversion)と呼んでいます。下の図では、自社の広告が表示された回数、広告がクリックされた回数、コンバージョンまで至った回数など、集客からゴールまでの間で確認できる主だった指標をシンプルに表しています。これらの数値を確認して効果を測定し、改善していくことがリスティング広告では必要なのです。

▶ リスティング広告でどれだけ目的を達したかの指標(通販サイトの場合)

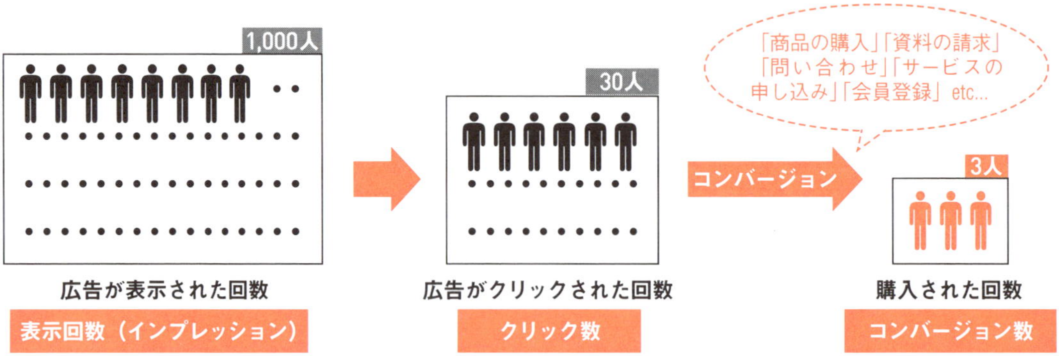

訪問した人を追跡できるコンバージョントラッキング

広告が表示された回数やクリックされた回数は、リスティング広告を開始すれば管理画面に表示されるようになります（レッスン35参照）。しかし、コンバージョンはGoogleアドワーズ、Yahoo!プロモーション広告それぞれに発行される「コンバージョンタグ」と呼ばれるものを、「サンキューページ」（購入後に表示されるページ。ゴールページとも呼ばれます）に挿入する必要があります（レッスン34参照）。これにより、訪問者がリスティング広告をクリックしてからサンキューページの画面に、つまりコンバージョンに至るまでを測定できるようになるのです。この仕組みを「コンバージョントラッキング」と呼びます。

▶コンバージョンを計測する仕組み

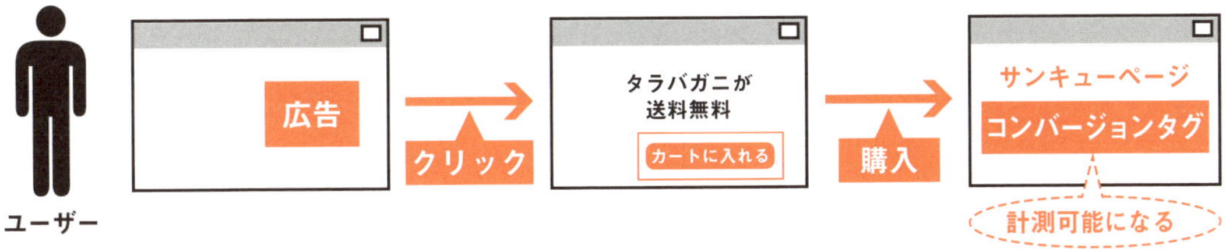

ワンポイント

コンバージョンは「購入した日」ではなく「広告をクリックした日」を計測

広告の効果を正確に知るためには、コンバージョンが計測される日付の仕組みも知っておきましょう。下の図のパターン1が基本の形です。パターン2のように、3月1日に広告をクリックした後検討期間に入り、数日経過してコンバージョンに至っても、リスティング広告では購入した日ではなく広告をクリックした3日1日が計測されます。パターン3は変則的ですが、3月1日にAという広告をクリックした後、3月3日にBという広告をクリックしてコンバージョンに至った場合です。これは、コンバージョンは最後に広告にクリックした3月3日が計測されます。「最後にクリックした広告の日付とキーワード」で計測される、と覚えておくといいでしょう。

▶Googleアドワーズのコンバージョン計測の3つのパターン

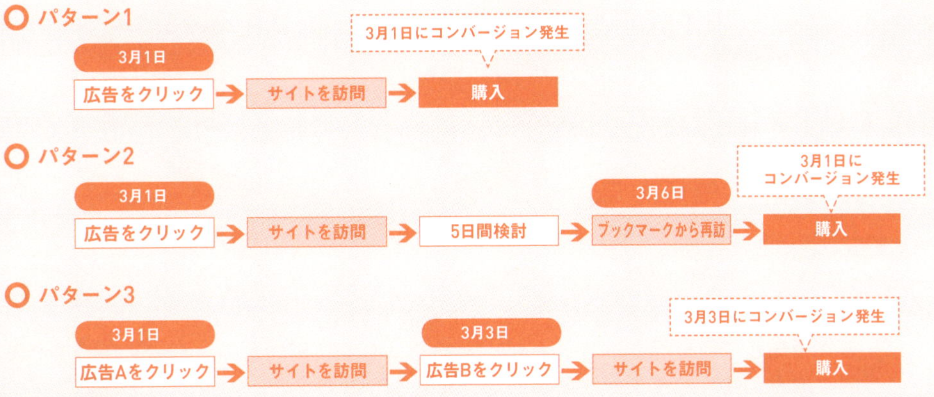

Lesson 08

［メンテナンス］

即効性とメンテナンス性の高さが魅力

このレッスンのポイント

リスティング広告はすぐに取り組めることもメリットですし、レッスン7で紹介したように「広告を出して終わり」ではなく、その後の成果を確認できることも特長です。そして、継続的にメンテナンスすることでさらに成果を上げ続けられることから、「運用型広告」とも呼ばれています。

すぐに出稿できて確認しながらメンテナンスできる

リスティング広告は、GoogleアドワーズやYahoo!プロモーション広告の審査さえ通過すれば、すぐに検索結果画面などに広告を掲載できます。自然検索の結果と自社サイトを最適化する手法として「SEO」(Search Engine Optimization）がありますが、SEOは急激なリターンを見込むのではなく、長期的な視点で成果を見ていくものです。一方のリスティング広告は、即効性が高い広告で、サイト開設時からすぐに収益を上げることも可能です（ただし、薬事法などを筆頭とする法律に接触する可能性がある広告は、審査が長引く場合があります）。そして広告の効果を測定し、それをすぐに次の施策に活かし、またその効果を測定して……と、次々に改善の手を打つことができます。

▶広告を出した後も改善できる

リスティング広告

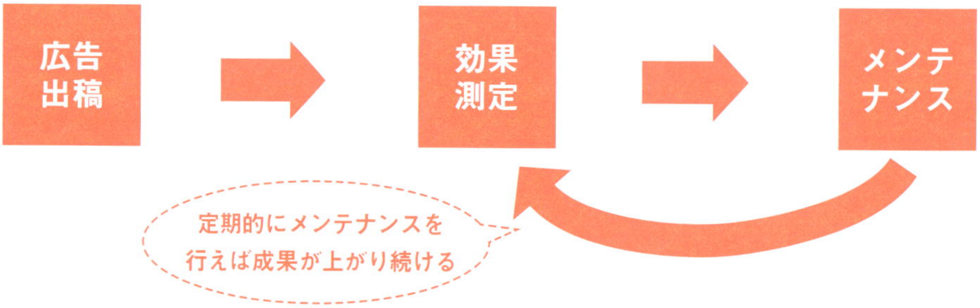

SEOとリスティング広告は「どちらが優れている」「どちらを優先して取り組むべき」というものではなく、可能な限り両方に取り組んで、成果の最大化を目指しましょう。

管理画面から情報を読み取り操作していく

下の画面2点は、GoogleアドワーズとYahoo!プロモーション広告の管理画面です。実際にはこれらの画面から情報を読み取り、対応するための施策を設定していきます。広告の出稿や掲載の一時停止、掲載される曜日や時間帯の指定、広告が表示されるキーワードの設定など、細かい変更を広告主自身がリアルタイムで行うことが可能です。これにより、例えば在庫が切れてしまった商品や予約で埋まってしまったサービスの広告をすぐに停止できます。この柔軟な対応力が、リスティング広告ならではの魅力であり、醍醐味なのです。本書では第5章以降でこの画面の見方や操作方法を紹介していきますが、そのために必要な知識を得て、準備をするために第2章～第4章を用意しています。

▶ Googleアドワーズの管理画面

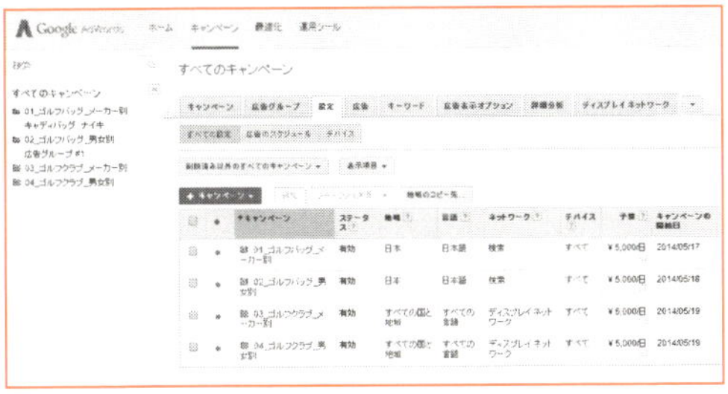

▶ Yahoo!プロモーション広告の管理画面

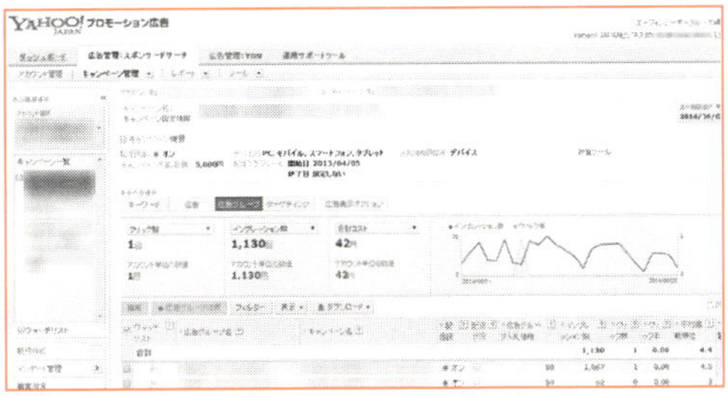

ワンポイント

検索連動型広告と自然検索の違い

即効性の高いリスティング広告と、じわりと効果が効いてくるSEOは、それぞれが異なる価値・特長をもった集客手段なのだと認識しておきましょう。同じ検索結果画面に表示される検索連動型広告と自然検索は、有料／無料、掲載箇所の違いなどがありますが、この掲載箇所には年々変化が見られます。どのデバイスにおいても、検索連動型広告が画面を占める割合が増えてきているのです。この流れを考えると、「自然検索で上位だから検索連動型広告は出稿しない」などとは言えない状況になっています。

▶ 検索結果画面に占める検索連動型広告の割合が増している

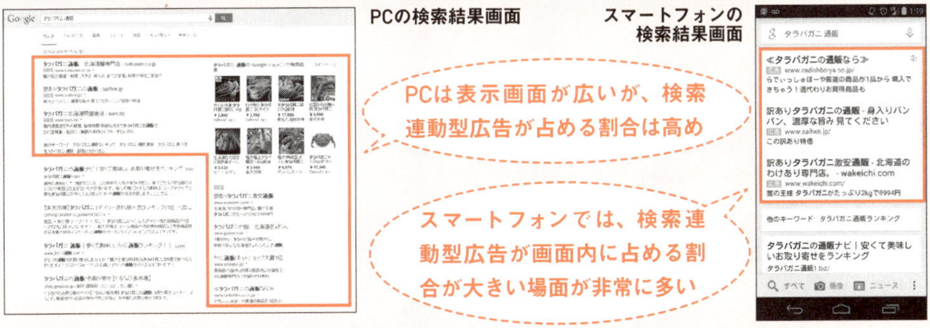
PCの検索結果画面
スマートフォンの検索結果画面
PCは表示画面が広いが、検索連動型広告が占める割合は高め
スマートフォンでは、検索連動型広告が画面内に占める割合が大きい場面が非常に多い

Lesson 09

[仲間の必要性]

リスティング広告で自分でできることできないことを確認する

このレッスンのポイント

リスティング広告がおおよそどういうものなのか、イメージはつかめたでしょうか？ Web担当者の人ならご存知かと思いますが、Webサイトはいろいろな人たちによって作られ、支えられています。1人の力でできることには限界があります。リスティング広告に取り組んでいくにあたって、社内外に味方になってくれる人がいないか、ちょっと周囲を見渡してみましょう。

一緒に取り組んでくれる協力者を探す

第1章を読んできて「リスティング広告って大変そうだな」と思われましたか？ 大丈夫です。本書をとおして、一緒に一歩ずつ学んでいきましょう。とはいえ、もしWebの知識に不安があれば、広告から誘導するページを作ってくれる人、コンバージョンタグをページに追加してくれる人など、Webの専門家の力が必要です。また、広告の予算の折衝、在庫状況の把握、営業活動との連携などもあって、リスティング広告の効果は発揮されます。個人商店から大規模な企業までいろいろなケースがあると思いますが、リスティング広告に取り組んでいくにあたり、自分でできること、できそうなことを把握して、それ以外を相談・依頼できる社内外の仲間を見つけておくようにしましょう。

▶ 自分でできそうなこと／できないことを把握して社内外の協力者を見つける

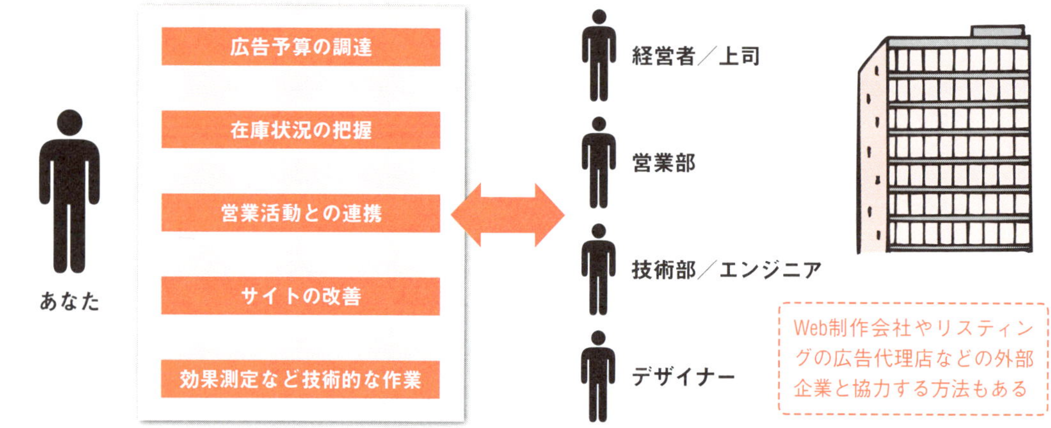

見つけた協力者とのコミュニケーションを大事にする

社内外で見つけた各分野のプロフェッショナルに、あなたはリスティング広告（マーケティング）の担当者として明確な指示や、見つけた課題の相談をしていく必要があります。伝える際のコツは、「Why視点」です。「なぜ、それが必要なのか？」「なぜ、それを行うべきなのか？」など、目的を明確に伝えることで、デザイナーやエンジニアなどからさらに良い解決策が生まれることがあります。また、その意図を理解して作業してもらえれば、「仕上がりが思い描いていたものと違う」という事態を避けやすく、作業の効率化にもなりますね。

▶協力者には意図を込めて依頼・相談する

このタグをこのページに入れてください
はい、わかりました
あなた
エンジニア
効果測定をしたいので、サンキューページにコンバージョンタグを入れたいです
そういう目的なら、購入者の数だけじゃなくて、売り上げも集計できますよ
あなた
エンジニア

ワンポイント

リスティング広告でビジネスが加速する！

「リスティング広告を使うことで、事業の売り上げは上がるのか？」と問われれば、答えは「Yes」です。

筆者がリスティング広告運用の駆け出しだったころに、とある都内のダンボールなどを扱う資材屋を担当させていただいたことがありました。運用開始当初は、リスティング広告はおろか広告自体に懐疑的な方々ばかりで、広告費の予算はGoogleアドワーズとYahoo!プロモーション広告（当時はオーバーチュアという名前でした）を合わせて月に10万円ほどでした。それがわずか3カ月の間で広告費の予算は100万円を超え、その数カ月後にはその数倍にと膨れ上がっていきました。もちろん、それに伴いその資材屋の月商は数カ月後には数十倍に膨れ上がっていたのです。

当時、寝る間も惜しんでキーワードを洗い出し、広告のグルーピングを行い、脳みその中の限られた引き出しから一所懸命に広告文を絞り出したのを今でも鮮明に覚えています。その甲斐があってかどうかはわかりませんが、リスティング広告はそれほど明確にこの資材屋の売り上げを引き上げたのです。会いに行くたびに担当の方が「新しい機能は何かないか」「もっと良い方法はないか」と毎回真剣な面持ちで質問されたのをいまだに忘れることはできません。こうして勉強と経験を重ねたこの資材屋は、その後もさまざまなWeb施策に挑戦し、それに合わせて会社の売り上げもさらに伸びていきました。これは1つの成功事例に過ぎませんが、駆け出しのころの筆者に勇気と自信を与え、この世界に引き込まれるには十分過ぎるほど大きな出来事でした。

もし、本書を読んでいるあなたがまだリスティング広告を利用していないのであれば、この資材屋のように成長できる可能性があるのです。

リスティング広告で確実にビジネスは加速します。大事なことは、この章で説明したように、リスティング広告は「出して終わり」ではないということです。自分で広告を運用するための、最低限の知識を身につける必要があります。これから一緒にリスティング広告について学んでいきましょう！

質疑応答

ECサイト担当者

Q 検索連動型広告でいちばん大事なことは何ですか？

A

「検索連動型広告でいちばん大事なことは何か？」と問われれば、私は「ユーザーの検索意図を理解すること」だと回答しています。

検索連動型広告の仕組みをまだはっきりと理解していない新入社員でも、なぜか成果を出してしまうような人の管理画面を見てみると、明らかにユーザーの検索意図を理解したような施策（キーワード選びなど）になっていることが多いのです。

実際になぜこうしたのか尋ねると、「こういうキーワードで検索するユーザーのモチベーションは●●だから……」という答えが返ってきて驚きます。もちろん初めのうちは多少の粗はあるのですが、その視点だけでも成果を得られることのほうが多いのです。

それとは反対に、結構な経験を積んでいるにもかかわらず、なかなかうまくいかないという人の管理画面を見てみると、やはりユーザーの検索意図を理解できていないなと思います。どちらかと言うと、検索連動型広告という枠（固定概念）にはめられた発想がジャマをしていることが多いような気がします。

検索連動型広告で成果を出すためには、

- どんな人が？
- どんなことを考えて？

“検索”という行動をしているのか、この2つをひたすら考え続ける必要があります。その検索キーワードの裏側を想像する能力こそが、検索連動型広告を成功させる秘訣と言っても過言ではないでしょう。

仮に今うまくいっていないアカウントがあるのであれば、まずはユーザーの検索意図を理解することを徹底的に心掛ける。それだけで、少し変わってくるはずです。

Chapter

2

自社とお客さんのことを知ろう

この章で学ぶことを一言で言うなら「ピントを合わせること」です。自社の商品やサービスのこと、お客さんについてよく考え、競合の取り組みを知る。そうすれば、効果的な広告を出すためにすべきことが見えてきます。

Lesson 10

[自社の商品·サービスの分析]

自社の商品・サービスをとらえ直してみましょう

このレッスンのポイント

リスティング広告で、あなたは「何を」売ろうとしていますか？「自社で扱う商品·サービスのことならよく知っているよ」という人も、客観的に整理し直すと、第3章で取り組むキーワード選びに役立ちます。整理には「紙に書く」(Excelにまとめる）のが適しています。この章ではしばらく、紙やペンと一緒に、レッスンを読み進めていきましょう。

何を扱っているのかを書き出してみる

想像してみてください。今、あなたのお店の目の前で、初めてらしいお客さんが「入ろうかな？どうしようかな？」とショーウィンドウを覗き込んだり、店頭のメニューやポップを見たりしているとします。さて、どうしますか？ 目の前のお客さんに対して、どう声をかけて「ここはこんなお店ですよ」と、どういうふうに説明しますか？ 以下の例文を参考にして、自社に置き換えて、書き出してみてください。制限時間は1分です！

▶ お店の紹介文を書き出した例

いらっしゃいませ！
うちは① **[冷えとりに関する商品]** を扱っているお店です。
② **[冷えとり靴下やタイツ、腹巻き・湯たんぽ]** などを中心に取り揃えています。
③ **[100%自然素材なのにお手頃価格]** なので④ **[冷えとりを始めたい方、無理なく続けたい方]** にぴったりですよ！

初めて来てくれたお客さんにお店のことを知ってもらうためにどう伝えますか？ 例文に沿って、実際に言葉にしてみましょう。

書き出した商品・サービスを確認する

うまく書き出せましたか？ では、見ていきましょう。この紹介文には以下の4つの要素が含まれています。このうち「何を扱っているのか」は①と②に入っています。①の［冷えとりに関する商品］は一言で言うと「何のお店か？」と考えて出てくるもの、②の［冷えとり靴下やタイツ、腹巻き・湯たんぽ］は具体的に「何の商品・サービスを扱っているのか？」と考えて出てくるものだと思ってください。特に②は、複数出てくることがほとんどです。下記のような表を作ると、スムーズに整理できます。手書きはもちろん、数が多くなるようならExcelなどを使ってもいいでしょう。ここからさらにおおまかな軸を作って、分類していきます。

▶紹介文に含まれる要素

	出てくるもの	要素
①	扱っている商品・サービスのカテゴリ	何のお店か？
②	扱っている具体的な商品・サービス	何を扱っているのか？
③	強み	何が売りなのか？
④	お客さん像	どんな人に向けているのか？

カテゴリと商品・サービスを分類する

前述の①と②を、下記のようにさらに別に表を作って「分類」していきましょう。冷えとり商品を扱っているショップの例なら、冷えとり靴下はそれぞれに女性用、子供用を扱っているので「人」、シルク・ウール・綿などの素材の違いは「素材」と分類します。ほかにメーカー（ブランド）やデザイン（テイスト）、季節なども分類の項目に使えます。この分類軸があると、後の章でキーワードを作成する際にとても役立ちます。ぜひ頭に留めておいてください。

▶要素をカテゴリに分類した例

①カテゴリ	②商品・サービス	分類	バリエーション	備考
冷えとりに関する商品	冷えとり靴下	人	女性用／子供用	
		目的	健康／冷え性対策	
		素材	シルク／ウール／綿	
		形	五本指／先丸	
		色	白／黒／ベージュ／グレー	
		サイズ	S／M／L	
	タイツ	人	女性用／子供用	

次のページでさらに行を追加したり、備考を記入したりして、この表を育てていきます。表にすると、わかっているつもりで見落としていた点に気づくことも多いです。ここは時間をかけて、しっかりとらえ直してくださいね。

「何を扱っていないか」もわかるとベター

自社が何を扱っているのか整理ができたら、「何を扱っていないか」も書き出しましょう。「なぜ、そんな当たり前のことを？」と思うかもしれませんが、何を扱っていないかを理解することは、実はリスティング広告を出稿する上でとても大切なのです。これについては、「除外キーワード」という言葉とともに第３章で詳しく学びます。

「何を扱っていないか」は「そもそも扱うつもりがないもの」と「まだ始めていないが今後は扱いたいもの」があります。それぞれ分類しながら書き出しましょう。このお店はそもそも冷えとりに関する商品を扱うショップなので、冷えとり靴下は扱っても、普通のスポーツソックスやビジネスソックスは扱いませんし、今後扱うつもりもありません。そもそも扱うつもりがないものは、①のカテゴリに「それ以外」を設けて整理しましょう。下記の表のようにまとめておきます。

▶「扱うつもりがないもの」を整理する

①カテゴリ	②商品・サービス	分類	バリエーション	備考
冷えとりに関する商品	冷えとり靴下	目的	健康／冷え性対策	
「それ以外」の商品	靴下	目的	スポーツ／ビジネスなど	なし。そもそも扱わない

扱わないものも表に追加する

今は扱っていないが、今後扱いたいものも書き込む

それに対して、男性用や大きいサイズの冷えとり靴下は、今は扱っていないけれど既存のお客さんからの要望が多く、近々扱いたいので仕入れの準備をしている最中だとします。そんな場合は、それも下記の表のように、商品・サービスの分類ごとに整理しておきます。

▶「今後扱いたいもの」を整理する

①カテゴリ	②商品・サービス	分類	バリエーション	備考
冷えとりに関する商品	冷えとり靴下	人	女性用／子供用	
		人	男性用	なし。今後扱う予定
		サイズ	S／M／L	
		サイズ	大きいサイズ（LL）	なし。今後扱う予定

今後扱いたいものを追加する

「何を扱っていないか」も、リスティング広告では重要になってきますよ。

Lesson 11 ［お客さんの分析］

どんなお客さんに来てほしいのかを明らかにしましょう

このレッスンのポイント

サイトに来てほしいお客さんは「誰」ですか？ これはリスティング広告のみならず、すべてのマーケティング活動の出発点です。お客さん像がつかめると、リスティング広告をどう出していくかがぐっと具体的に考えられるようになります。それにはやはり書き出すことが大切です。さあ、紙とペンの用意はいいですか？

お客さんは誰でもいいわけじゃない

「商品・サービスを買ってくれさえすれば、お客さんは誰でもいい」なんて思っていませんか？ もしお客さんの1人があなたの商品にひどい不満をもって、ソーシャルネットワーク（SNS）でクレームを書き込んだらどうでしょう？ お店の評判が下がってしまいますよね。ビジネスを持続可能なものにする上では、お客さんは誰でもいいわけじゃないのです。どんなお客さんに来てほしいか。それは言い換えれば「自社の商品・サービスを使うことで喜んでもらえる人」を探すこと。すでにレッスン10では、新しいお客さんがやってきたと仮定して、そのお客さんにどう説明するか紹介文を書きましたね。そこで書いた④がお客さん像です。それでは次のページの5つの手掛かりを使って、お客さん像をさらに具体的にイメージしてみましょう。

▶どんな人に利用してほしいのか？

いらっしゃいませ！
ウチは① **［冷えとりに関する商品］** を扱っているお店です。
② **［冷えとり靴下やタイツ、腹巻き・湯たんぽ］** などを中心に取り揃えています。
③ **［100%自然素材なのにお手頃価格］** なので④ **［冷えとりを始めたい方、無理なく続けたい方］** にぴったりですよ！

紹介文の④がお客さんについての要素になる

お客さんを「誰でもいい」と考えてしまうと、どうアプローチするかもあいまいになってしまいます。

▶お客さん像を深堀りする5つの手掛かり

①お客さんの気持ちや悩み

頭の中でどんなことを考えているお客さんなら、自社の商品やサービスを使ってもらえるでしょうか？ 例えば、「これから冷えとりを始めたいと思っている」「すでに冷えとりを行っていて新しい冷えとり靴下を探している」という人は有望です。あるだけ列挙していきます。「冷え性に悩んでいる」など、気持ちは悩みの形で現れることが多いもの。どんな悩みをもっているお客さんがいるかを考えるのもいいでしょう。

②地域と言語

インターネットでは世界中のお客さんを相手にすることが可能ですが、あなたのビジネスではどうでしょうか。実店舗へ誘導したいなら、対象としている「商圏」をイメージすれば簡単ですね。ECサイトなら、多くの場合、日本全国が対象になるかもしれません。いずれにせよ、どこにいるお客さんが対象になるのかがポイントです。必要に応じて、言語も考慮します。例えば日本在住で英語を使っている人がお客さんになり得るとか、逆に海外にいて日本語を使っている人がお客さんになり得る場合があれば、そのように書き出します。

③年齢、性別、役割や地位

「40代既婚女性」「個人事業主で子供はいない」など。年齢や性別は昔からマーケティングでよく使われる視点なので、すでに整理している人もいるかもしれません。役割や地位でもターゲットに「なる／ならない」が関係するのでイメージします。「既婚／未婚」「子供がいる／いない」「仕事をもっている／もっていない」「経営者／個人事業主／従業員」「正社員／派遣／パート・アルバイト」などの切り口で考えてみましょう。

④趣味やライフスタイル

どんなものに興味や関心があるか？ これは自社の商品・サービスから連想ゲームのようにしてイメージします。例えば、冷えとり靴下に興味があるということは「健康」に関心がある人だろう。だとすると、身につけるものだけでなく食生活にも気をつけている可能性がある。農薬を使わない野菜にも関心があるかもしれない……など。また、お客さんが読んでいそうなサイトやブログの名前を挙げたり、大きめの書店に行って、お客さんが関心をもっていそうな書籍や雑誌を見て書き出したりしておくのも大切です。

⑤どんな環境でサイトを見ている？（デバイスの利用状況）

漠然と、お客さんがインターネットにアクセスしているのはPCだけだと思っていませんか？ 現在インターネットに接続できるデバイスはPCだけではなく、スマートフォンやタブレットなどもあります。特に、あなたのビジネスのお客さんがスマートフォンを日常的に使っているかどうかは把握しておきましょう（レッスン43参照）。

いくつか出てきたらおおまかに分けて整理する

お客さん像をたくさん挙げられたら、これも表を作って分類します。複数のお客さん像は、単純に並列で分けられない場合も多いと思います。例えば、メインのお客さん像は既婚女性だけれど、サブとして未婚女性もいるというような場合。あるいは、今のお客さんは女性が中心だけれど、これからは男性もお客さんにしたいなど、今と将来でメインのターゲットが異なるという場合ですね。これらを把握しておくと、限られた予算でまずどのお客さんをターゲットに出稿していくのが適切かを判断しやすくなります。必ず整理しておきましょう。なお、同じお客さん像でも、今まさに商品を欲しいという「顕在層」と、まだ商品を意識しているわけではないが、これからの情報収集次第で欲しいに変わる可能性がある「潜在層」に分けることができます。

▶ 複数のお客さん像を分類してまとめる

書き出すことで、漠然としていたお客さん像が具体的になっていきます

	メイン：今のお客さん	サブ：将来取り込みたいお客さん
お客さんの気持ちや悩み	冷え性、冷えとり健康法を実践中 新しい冷えとり靴下がほしい	アトピーに悩んでいる パートナーが冷えとりをしている
地域と言語	日本全国 日本語	首都圏 日本語
年齢、性別、役割や地位	30～40代女性、既婚 仕事をもっている／専業主婦	20～30代男性、未婚／既婚 IT企業勤務／個人事業主
趣味やライフスタイル	衣食住すべてナチュラル志向 半身浴をする	雑誌は『Casa BRUTUS』をたまに読む いつか田舎暮らし、農業をしたい
デバイスの利用状況	PCが中心だが、スマートフォンも情報収集に使っている	PC・スマートフォン・タブレットを日常的に使う

複数のお客さん像が出てきたら、いくつかのグループに分けてみてください。細か過ぎる分類をすると後で大変になるので、多くても３つか４つで十分です。ぐっとクリアになりますよ。

Lesson 12

[お客さんのゴール]

来てくれたお客さんにどうなってほしいかを考えましょう

このレッスンのポイント

レッスン11では来てほしいお客さん像を書き出しました。ここでは、サイトに来てくれたお客さんが「どうなってほしいか」を考えます。これはリスティング広告の目的を定める上で必要なプロセスです。あなたのサイトがお客さんに対してどんな価値を提供するのかにかかっていますよ。では、早速始めましょう！

広告を通じて最終的にどうなってほしいか？

下記は、広告を通じてお客さんに促せる主な行動（コンバージョン）をまとめたものです。まずは、あなたのサイトでお客さんが起こせる行動のうち、広告を通じて促したいものを選んでみましょう。リスティング広告は、お客さんが広告をクリックして、コンバージョンに到達したかどうかを計測しやすい広告です。お客さんをやみくもにお店に入れるだけでなく、ちゃんとレジで買い物をしてもらう「コンバージョン」を意識すること、計測することがとても大切です。

▶広告を通じて促せるお客さんの行動

行動（コンバージョン）	具体例	カウント方法
商品の購入	お客さんがサイトで商品を購入してくれること	お客さんが購入完了ページに到達した数を数える
サービスの申し込み	お客さんがサイトでサービスを申し込んでくれること	申し込み完了ページに到達した数を数える
新規会員、メールマガジンの登録	お客さんが新規で会員登録やメールマガジンの購読を登録してくれること	各完了ページに到達した数を数える
資料請求、お問い合わせ	お客さんが問い合わせてくれた数のこと	メールでの問い合わせのほか、電話がかかってきた数を数える
実店舗への来店	お客さんが実際に足を運んでくれた数のこと	カウントするには、クーポンを印刷してもってきてもらうなどの工夫が必要
アプリのダウンロード	お客さんがアプリをダウンロードしてくれること	ダウンロード数を数える
（見てほしい）ページの閲覧	お客さんが特定のページを見てくれること	特定のページの閲覧数を数える

お客さんにしてほしい行動を書き足していく

お客さんにしてほしい行動を選んだら、レッスン11で描いたお客さん像の表に書き足してみましょう。行動が複数ある場合には、優先順位をつけます。もしお客さんごとに起こせる行動が異なる場合は、お客さん像ごとに振り分けていきましょう。下の表では、男性にはこれから作成する男性向けページを読んでもらいたいためにお客さん像を分割しました。こんなふうに、整理する過程で必要なページが見えてきたら、チャンスだと思って必ず書き留めておきましょう。

▶お客さんごとに起こせる行動が異なる場合は振り分ける

	メイン：今のお客さん	サブ：将来取り込みたいお客さん
お客さんの気持ちや悩み	冷え性、冷えとり健康法を実践中 新しい冷えとり靴下がほしい	アトピーに悩んでいる パートナーが冷えとりをしている
地域と言語	日本全国 日本語	首都圏 日本語
年齢、性別、役割や地位	30～40代女性、既婚 仕事をもっている／専業主婦	20～30代男性、未婚／既婚 IT企業勤務／個人事業主
どうなってほしいか？	1. 会員登録 2. 商品の購入	1. （見てほしい）ページの閲覧 2. 会員登録　3. 商品の購入
趣味やライフスタイル	衣食住すべてナチュラル志向 半身浴をする	雑誌は『Casa BRUTUS』をたまに読む いつか田舎暮らし、農業をしたい
デバイスの利用状況	PCが中心だが、スマートフォンも情報収集に使っている	PC・スマートフォン・タブレットを日常的に使う

お客さんにどうなってほしいかを追加する

ワンポイント

お客さんの行動を促すオファーや入口商品にひと手間かける

ここで紹介したような行動をお客さんに起こしもらうために、その行動を促すための「条件」を提示することがあります。例えば「初めて購入する際に送料が無料になる」とか「有料サービスの利用前に期間限定で無料で試せる」というものです。このように、お客さんに対して行う条件提示を「オファー」と呼びます。ECサイトでは「入口商品」と呼ばれ、気軽に申し込みしやすい商品を用意することがあります。化粧品の通販ならトライアルセットが定番ですね。

ただ、業界によってはこのオファーがどのサイトも似かよった横並びになっていることがあります。表面上真似するだけなら、簡単だからかもしれません。

でも、考えてみてください。インターネットを利用しているお客さんはいくつものサイトを訪問し、各社のサービスを比較・検討しています。そんな中、あなたのサイトがその横並びから頭一つ抜けたオファーをしていたら？ お客さんの目に留まる可能性が高まると思いませんか？ お客さんの心を動かす魅力があれば、行動を起こしてくれるお客さんもいるはずです。表面上の真似ではなく、「お客さんにどんなオファーをすれば動いてもらえるか」をじっくり練って、提案してみましょう。例えば、ファンデーションのサンプル1つとっても、どの色合いのファンデーションが似合うかを複数の種類のサンプルで試せたら、お客さんはどう思うだろうかと考えてみる。ちょっとした視点の違いや発想の転換が、大きな訴求力を生むことがありますよ。

一度の購入だけでなく、リピートまで想定する

あなたが扱う商品やサービスは、一度だけ商品を買えばすべてが解決するものでしょうか？ BtoCでもBtoBのビジネスでも、繰り返し利用してもらうことが重要なビジネスは多いです。とすれば繰り返しの利用、リピートについても想定する必要があります。リスティング広告は、新規のお客さんを得るためだけでなく、リピートの促進のためにも活用される広告です。ここでお客さん像を新規とリピーターに分割して考えると、「どうなってほしいか？」ががらっと変わることがあります。どうなってほしいかが変われば、広告を出すときのアプローチが変わるので、これも表にしてみましょう。新たに必要なページやサービスのオプションなどが出てくることもあります。リスティング広告はそういった多方面からの集客が可能です。必ず書き留めておきましょう。

▶ 新規とリピーターでも表を作ってみる

	メイン1：新規のお客さん	メイン2：リピーターのお客さん
お客さんの気持ち・悩み	今の冷えとり靴下に満足していない	定期的に冷えとり靴下がほしい
年齢、性別、役割や地位	30～40代女性、既婚 仕事をもっている／専業主婦	30～40代女性、既婚 仕事をもっている／主婦
どうなってほしいか？	会員登録 商品の購入	年4回の定期的な購入

「今のお客さん」を新規とリピートで分割して、どうなってほしいかを考える

繰り返しの利用は、お客さんに満足していただいていることが前提にあります。取らぬ狸の何とやらにならないよう、お客さんに満足していただくことからぶれないようにしてくださいね。

今のお客さんに聞いてしまうのが近道

レッスン11、12でお客さん像について考えてきましたが、新任で理解や経験が足りない、お客さんとかかわる部署ではなかったなど、お客さん像を描くのが難しい人もいるかもしれません。そういうときは、お客さんに聞いてしまうのが近道です。アンケート企画を立てたり、ブログやクチコミサイトに目を通したりすると、お客さん像がだんだんつかめてくるでしょう。もしお客さんと直接話すことが可能な環境であれば、直接現場に出てコミュニケーションを積極的に取ってみましょう。直接会うことが難しい環境なら、営業や販売員からお客さん像を聞いてみます。頭の中だけで想像していたお客さん像とは異なる、新たな発見があるはずです。

お客さんと会って話を聞くのは、あくまで自社のお客さん像を知り、つかみとるためです。お客さんの声を鵜呑みにするという意味ではありませんよ。

Lesson 13

[競合の調査]

競合する企業の取り組みを知りましょう

このレッスンのポイント

あなたは自社の商品・サービスの競合について、何を知っているでしょうか？ 自社の商品・サービスのことだけはよく知っているという人も、リスティング広告でプロモーションを行う前に競合の取り組みを必ずしっかりと押さえるべきです。それにより、自社の広告を通じての切り口がまったく変わってくるからです。

競合は同じ業界だけとは限らない

最初にちょっと注意を。自社とまったく同じか似た商品・サービスを提供している企業を挙げることは、インターネットで検索してみれば大した時間をかけずにできることでしょう。ただし、競合は必ずしも同じ業界だけとは限らないんです。レッスン11で書き出したお客さんの気持ちや悩みを読み返してみてください。このお客さんの気持ちや悩みは、あなたが提供する商品・サービスが唯一の選択肢でしょうか？ 多くの場合、違うはずです。冷え性に悩んでいる人は、靴下だけではなく、足を温める足温器やフットバスも検討する可能性がありますし、冷え性対策のサプリメントも検討する可能性があります。それらの商品を扱う企業は、あなたが狙いを定めているように冷え性のお客さんに狙いを定めています。つまり、彼らを含めて競合として位置づけ、その取り組みを観察することが重要になるのです。

▶ お客さんの気持ちからも競合を考える

お客さんの気持ちや悩みを軸に考えると、別の競合が見えてきます。大切なのはお客さんの立場に立って俯瞰してみることです。似たものばかりにとらわれないこと！

NEXT PAGE →

競合の取り組みのココをチェック!!

自社の競合は挙げられましたか？ 競合が「お客さんから見てどう位置づけられているか」が重要となります。以下の5つの点でチェックしていきましょう。

①企業規模

競合の企業規模を確認することは重要です。「規模が大きい」とは「ヒト・カネ・モノが豊富にある」ということであり、商品・サービスを安定的に提供できる体制があるということを意味します。それだけでもお客さんが選択する上で大きなアドバンテージになります。逆に規模が小さい企業は、その安心を上回るメリットを別の点で感じてもらわなくてはいけないことをしっかりと意識するべきです。コーポレートサイトの資本金や従業員から、大手・中堅・ベンチャーとおおまかに分けておくといいでしょう。

▶規模が小さい企業こそメリットを武器にする

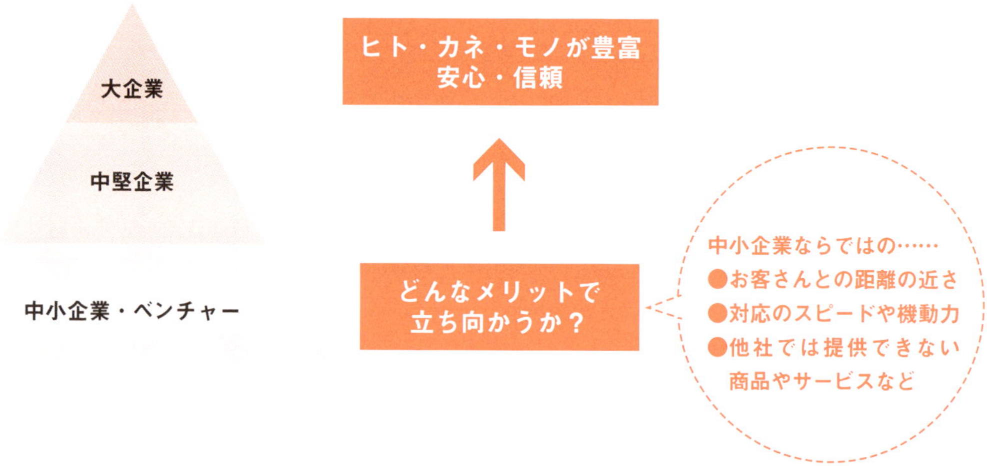

②商品・サービスの形態

競合商品・サービスの形態を確認します。同じ商品を売るのでも、単品でなくまとめ買いをすることでメリットを得られるものや、サービスの内容で段階的な料金設定をしているところがあるはずです。それが形態となります。サイトの商品・サービスを説明するページをよく読むと、実は企業によってさまざまであることがわかります。自社では検討したこともない形態を発見することもあります。

商品・サービスの形態とはビジネスの仕組みそのもの。競合に学べる点を感じたら、自社で考え抜き、新たに作り出してみましょう。

③商品・サービスの訴求ポイント

競合が商品・サービスを効果的に売るための訴求ポイントを確認します。整理しやすい方法として、「質」「価格」「コミュニケーション」の3つの軸のうちどこを重視しているかを考えてみましょう。初めてサイトに訪れた人が見るページや、商品・サービスを説明するページを見てみます。「質」重視であれば高機能や最高品質を強く訴求しているし、「価格」重視であれば安さを強くアピールしています。「コミュニケーション」重視であれば、サポートの充実を大きくうたっています。また、それらの組み合わせを訴求していることもあります。

▶競合の訴求ポイントを見る

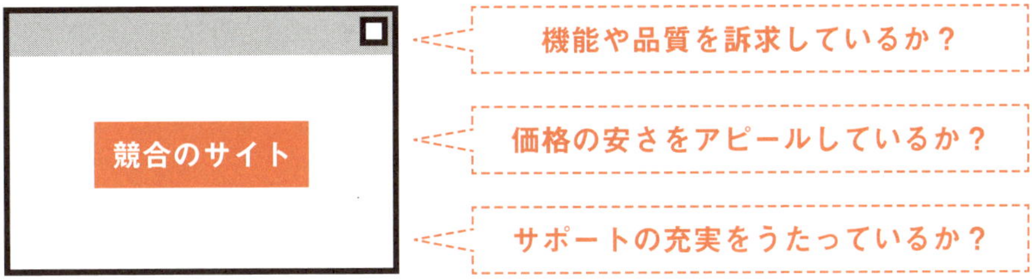
競合のサイト
機能や品質を訴求しているか？
価格の安さをアピールしているか？
サポートの充実をうたっているか？

④広告やキャンペーン情報

競合の広告の打ち出し方やキャンペーンの切り口を確認します。検索エンジンで商材名や悩みの言葉など適当なキーワードをいくつか検索してみて、競合の広告が表示されたら、広告を画面キャプチャーして保存しておきましょう。また、サイトに訪問した後で別のページを閲覧していると、リマーケティング広告（第8章参照）が表示されることがあります。この広告もキャプチャーしておくといいでしょう。③の訴求ポイントはこれらの広告から見つかることも多いです。また、キャンペーン情報は特設ページやサイト内バナーから確認できます。

なぜ今このキャンペーンを行うのか？ 背景やタイミングを想像してみることも大切です。

⑤ニュースやブログ、SNSでの発信内容

競合のコーポレートサイトのニュースページを確認することで、彼らがどのような動きをしているかがつかめます。また、ブログやSNSはお客さんに向けて発信しているメッセージです。発信内容を見ることで、どのようなお客さんと関係を築きたいのかがわかります。

5つのポイントで競合チェックをしっかり行いましょう。競合を観察することは、自社の今後の戦略を見つけることにもつながります。

競合の取り組みは表にまとめておこう

競合の取り組みをチェックできましたか？ 後から見てわかりやすいように下記の表のようにExcelなどにまとめるといいでしょう。そうすることで、競合の何が強いのか、どんなことをしているのかを把握でき、その上で自社が何をどのように行っていくべきなのかも見やすくなります。

▶競合の取り組みをまとめた表の例

	自社	A社	B社	C社
企業規模	小規模	小規模	大手	大手
商品・サービスの形態	冷えとりアイテム 専門のECサイト	生姜サプリ 専門のECサイト	ほぼ何でも買える 巨大なECサイト	小規模店舗が集まる 巨大なECサイト
商品・サービスの 訴求ポイント	（検討していく）	生姜エキス＋ 美容成分も配合	送料無料 即日発送	ポイントがたまる とにかく安い
広告やキャンペーン情報	（検討していく）	定期購入で安くなる	日替わりタイムセール	ポイント○倍セール
ニュースやブログ、SNSでの発信内容	（検討していく）	生姜に関する読み物を ブログで定期的に更新	「顧客中心」 というメッセージ	「買い物は楽しい」 というメッセージ

大手の競合は取り組みが充実しているものです。でも、「勝ち目がないや……」と落ち込まないこと。大手はなかなかやらない、自社だからできることを考えていきましょう！

ワンポイント

「自分たちは○○でしかない」から考える

普段、企業の担当の方と対話をしていてよく気づかされるのは、企業の独自性や強みはどうやら、あれもこれもと「盛る」ことによって生み出されるものではなさそうだ、ということです。
強みを探る試行錯誤は、もちろんしていくべきでしょう。ましてや、リスティング広告を使ってビジネスを拡大し、これから成長していこうとする企業ならばなおさらのことです。
ただ、いたずらに「売り」を作ろうとしても、そう簡単にうまくいくことはないでしょう。それどころか、もともとあったはずの自社の良さ、独自さをぼやけさせることにもつながりかねません。
むしろ、「自分たちは○○でしかない」という、ある意味思い切った割り切りの中に、自社の独自さを形作る屋台骨があったりします。企業活動を振り返り、自分たちが誰なのか、誰に何を提供しているのかを冷静に見つめること。ほかには真似できない商品・サービスは、そこから始まるのかもしれません。

Lesson 14 [自社の強み]

自社のこれからの強みを決めましょう

このレッスンのポイント

タイトルを見て「これからの強み」って何だろう？ と思った人もいるかもしれません。レッスン13で競合の取り組みを偵察した際、「ここは勝てるところだな」とか「まずい、先にやられちゃっている」など、いろいろと気づくことがあったと思います。その「気づき」こそが大切です。それらを自社のこれからの強みにしていきましょう。それによって自社サイトの改善ポイントも見えてきます。

競合から学べることは何ですか？

競合の取り組みを知ることの価値は2つあります。それは「学び」と「差別化」です。大抵のマーケティングの教科書には後者しか書いていないのですが、特に業界全体がまだ成長期であるとか、また、自社の商品やサービスが立ち上げから間もなくこれから成長期に入るといった場合などは「学ぶ」ことがより重要です。「学ぶ」と「真似る」は語源が同じと言われていますが、学ぶことは「コピーする」とは異なり、「良い面を取り入れる」ことだととらえるのがポイントです。ただし、それで自社の商品やサービスの本質的な軸がぶれてしまうのは本末転倒です。自社の商品・サービスをスピーディに磨き、お客さんにご利用いただくために、競合の取り組みの良い面を、自社のこれからの取り組みに活かしましょう。

▶ 競合の取り組みの観察から行うこと

学ぶ ＝良い面を取り入れる	差別化する ＝自社の強みを打ち出す

競合他社に「学ぶ」ことはとても大切

革新的とされる商品・サービスも、その裏には競合を含めたくさんの学びがあり、学びを活かしたからこそ世に生まれているのですね。

NEXT PAGE →

競合にはない自社の強みとは？

次に「差別化」、つまり他社にはない自社の強みです。大事なのは、それを「言葉にする」ということ。自社の商品・サービスには絶対の自信があるという方も、「使ってもらえたら違いがわかると思う」という状態から一歩踏み出して、その強みをいくつでも、出るだけ書き出してみてください。これは、第4章で広告を作る際に役立ちます。前述の例文で言えば③がそれです。

▶自社の強みの例

いらっしゃいませ！
ウチは① **［冷えとりに関する商品］** を扱っているお店です。
② **［冷えとり靴下やタイツ、腹巻き・湯たんぽ］** などを中心に取り揃えています。
③ **［100%自然素材なのにお手頃価格］** なので④ **［冷えとりを始めたい方、無理なく続けたい方］** にぴったりですよ！

紹介文の③が自社の強みについての要素になる

競合にはない自社の強みを、USP（ユニーク・セリング・プロポジション）と呼びます。USP の有無で、リスティング広告の結果は大きく変わります。特に小規模の企業は大切にしたいものです。

今ではなく、これからの強みを考えよう

自社の強みをなかなか書けない人は、商品・サービスの今の姿だけ、あるいはこれまでの実績だけを見ていませんか？ それで他社と比較したとき、すごい会社ばかりで、自社に強みなんかないな……と思っているのかもしれません。もしそうだとしたら、「未来」を描いてみてください。具体的に、自社の商品・サービスをどのように魅力的に育てていくかを想像するのです。そうすれば、実績や今の姿は軸となり、その軸をベースに今後成長させていくためのストーリーが見えてくるはずです。この軸がそのまま、自社の強みとなります。

ワンポイント

お客さんからの声に耳を傾ける

商品・サービスを利用してくれているお客さんから、どんなとき喜んでもらえましたか？ お客さんの反応も、これからの強みを決めていく上での大切な手掛かりになりますよ。例えば冷えとりアイテムのショップに届いた、お客さんからのこんな声。「○○さんがスタッフブログで紹介している冷えとりファッションのコーディネイトが素敵です。いつも参考にしています」。あなたのサイトでは、どんな強みを活かしていきますか？ 当てはめて考えてみてください。

Lesson 15 ［予算と目標値］

予算と目標値を設定しましょう

このレッスンのポイント

この章もそろそろ終盤。自社の商品・サービスをはじめ、お客さん像や競合の取り組みについて改めて考えるきっかけになったのではないでしょうか？ここではいよいよ、リスティング広告の予算と目標値について決めていくために土台となる考え方について学びたいと思います。

自社の売り上げ目標からリスティング広告の目標値を立てる

あなたの会社の売り上げ目標はそれまでの実績や市場の変化をはじめ、さまざまな要因が加味され、すでに決まっていることが多いでしょう。これからはじめるリスティング広告はその目標を達成するための手段の1つです。リスティング広告を使ってどれだけ売り上げ、また新しいお客さんを増やすべきかを考え、リスティング広告の目標値を立てます。全体で「マーケティング予算」をもっている企業でも、リスティング広告に割く予算の割合は業種や規模、ステージなどによりさまざまですが、効果測定ができ、上手に投資すれば、した分の効果が得られる施策であり、重要な施策と位置づける企業は多いです。さらに以後のレッスンで学んでいくように、リスティング広告は売り上げを増やすだけでなく、施策の積み重ねから得られるお客さんの「気持ち」を商品・サービスの改善にも活かすこともできます。単なる広告「費用」と考えるより、継続的にリターンを生み出す「投資」と考えるほうが実態に近く、活用の幅も広がるはずです。

▶ 全体の目標からリスティング広告の目標値や予算を考える

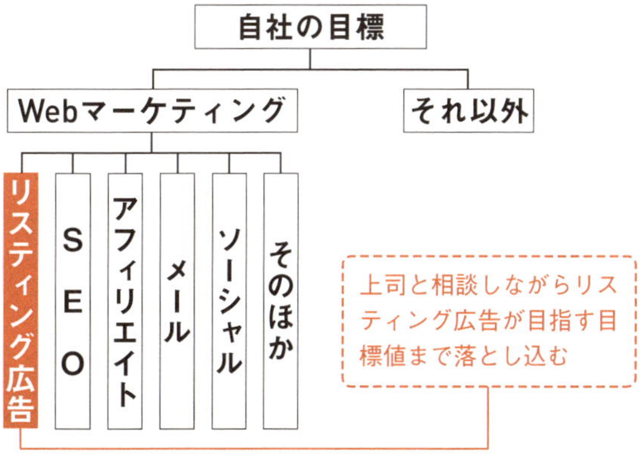

リスティングの目標を設定しないと、予算や施策も「何となく」で決めてしまうことになります。担当者は上司や外部のパートナーとも相談しながら、目標を立ててみましょう。

目標値を達成するために使える広告費を考える

次に、「リスティング広告を通じて獲得すべき目標値」を達成するために使える広告費の予算を考えていきます。レッスン12で広告を通じて促すお客さんの行動を選びました。リスティング広告では、その行動のことを「コンバージョン」（CV）と呼びます。1件コンバージョンを得られたときの収益がいくらかを算出すれば、目標値を達成するために必要なコンバージョンがわかります。具体例を挙げましょう。目標値が、「自社サイトを通じて売り上げを500万円増やしたい」だとします。1件のコンバージョンで得られる売り上げは5,000円だとします。何件のコンバージョンが必要でしょうか？ 答えは1,000件だとすぐわかると思います。1,000件のコンバージョンを増やせれば、売り上げを500万円増やすことができるのです。ただ、この500万円を増やすための広告費に1,000万円かかってしまったら赤字になってしまいますね？ 広告費の設定は、目標値を達成するために必要なコンバージョン数を出した上で、赤字にならない500万円より下の範囲で検討していくことになります。

▶ 売り上げと費用のバランス

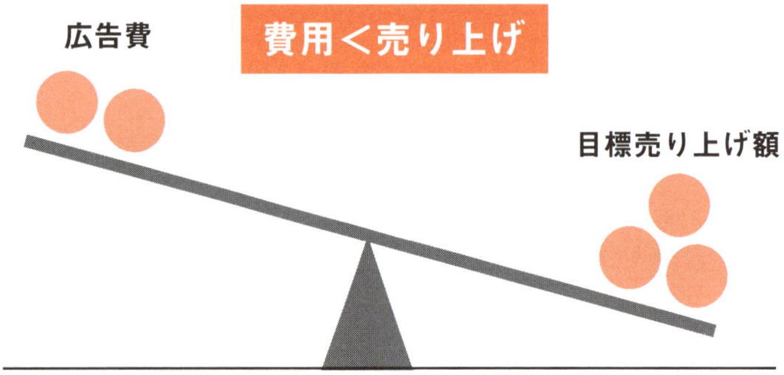

▶ 広告費の考え方の流れ

Q1
いつまでに
いくらの売り上げまで
増やしたいのか？

→

Q2
1件のコンバージョンで
得られる売り上げは
いくらなのか？

→

Q3
目標売り上げ額の達成には
何件のコンバージョンが
必要なのか？

→

Q4
必要なコンバージョンを
得るために広告費は
いくらまで使えるのか？

問い合わせや見積依頼など、コンバージョンを成約の一歩手前に設定している場合は、成約時に得られる売り上げ（単価）と成約率を掛け算することで、1件あたりのコンバージョンの価値を金額に換算して検討できます。

ROIのバランスを見ながら広告費を決めていく

企業は、利益を上げることによって成長していきます。いくら売り上げが増えても利益が減ればマイナスになってしまうことがあります。そこで、ROI（Return on Investment：投資収益率）を考えることにより、広告費を決めることができます。ROIとは、費用に対しての利益の割合です。利益から費用を割ったものになり、「%」で示されます。1件の売り上げあたりの利益がわかれば、広告費をどれぐらい投資するのが妥当か計算できます。ROIがマイナスになると赤字です。自社のビジネスにとってどのくらいのROIが理想であるか、その幅を社内で決め、その幅に収まるように広告費を調整していきましょう。なお、リスティング広告はすぐ始められるものの、時間をかけて育てていくものです。広告費は最低でも向こう半年から1年は確保しておく必要があるでしょう。

▶ ROIの計算方法

$$\text{ROI} = \frac{\text{1商品ごとの利益} \times \text{コンバージョン} - \text{広告費}}{\text{広告費}} \times 100\%$$

もし……

項目	数値
目標売り上げ額	500万円
コンバージョン	1,000件
1商品ごとの売り上げ	5,000円
1商品ごとの利益	2,500円
広告費	100万円

だとすると……

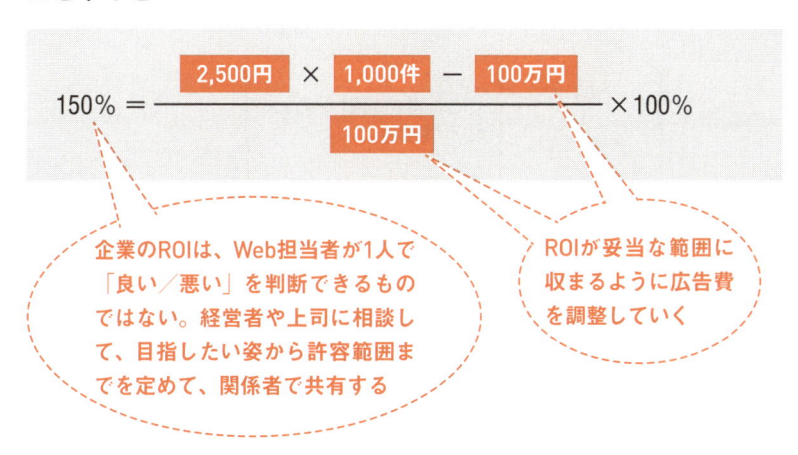

$$150\% = \frac{2{,}500\text{円} \times 1{,}000\text{件} - 100\text{万円}}{100\text{万円}} \times 100\%$$

企業のROIは、Web担当者が1人で「良い／悪い」を判断できるものではない。経営者や上司に相談して、目指したい姿から許容範囲までを定めて、関係者で共有する

ROIが妥当な範囲に収まるように広告費を調整していく

目標値と広告費は決まりましたか？ 厳密に決まらなくても、到達したいゴールの数値化には意味があります。このステップは必ず踏むようにしてください。

Lesson 16 [広告出稿前の準備]

広告を出す前にできる改善をやっておきましょう

このレッスンのポイント

さあ、この章の最後のレッスンになります。これまで自社の商品・サービス、お客さん像を明らかにしたり、競合の取り組みをもとに自社の強みを再定義したりしてきた中で、今のサイトでアピールしている部分など改善するべき点が見つかったのではないでしょうか？ ここでは、実際に広告を出稿する前に改善しておきたいポイントについてご紹介しましょう。

強みを知れば軌道修正のポイントが見えてくる

レッスン14で考えたこれからの自社の強みから今後を見据えると、軌道修正を行うポイントが見えてくるはず。出稿前から改善に着手できるものがあれば、すぐ取りかかりましょう。特に、ビジネス上での課題が見つかったら、優先順位づけをして改善することが不可欠です。例えば、男性用の冷えとり靴下の商品ページがないまま「メンズ　靴下」で広告を出したところで、購入には結びつきません。リスティング広告はビジネスを増やすための手段であり、ビジネスそのものの課題への対応が手つかずのままでは、パフォーマンスが上がるわけもないのです。

▶ 強みを活かしたサイトに軌道修正する

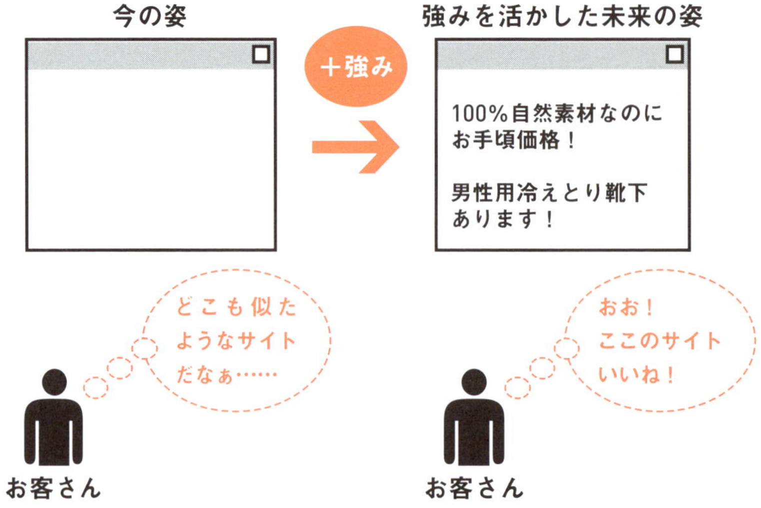
今の姿
強みを活かした未来の姿
＋強み
100%自然素材なのに
お手頃価格！
男性用冷えとり靴下
あります！
どこも似たようなサイトだなぁ……
おお！ここのサイトいいね！
お客さん
お客さん

今後に向けてサイト内を改善する

「リスティング広告を出すだけなのに、サイトを改善するなんてめんどう」だと思っていませんか？ 広告は有料ですし、その広告費だけで成果を上げてほしいという声も聞こえてきそうです。でも、リスティング広告にできるのは「有望なお客さんを連れてくる」集客の役割が中心なのです。サイト内、いわゆる接客の役割は、自身で工夫してレベルを上げていかなければなりません。集客と接客、どちらか一方が欠けるとパフォーマンスは今ひとつとなります。リスティング広告の威力を最大限に発揮するためにも、ぜひサイトの改善に取り組んでください。

▶「集客」と「接客」の両輪で最大の成果を生み出す

集客と接客はどちらも大切。お客さんにとってはお店の体験としてひとつながりであることを忘れずに。集めるお客さんをしっかりもてなして、コンバージョンに結びつけましょう。

サイトの魅力を上げる改善を行っていこう

この章のレッスンを振り返れば、おのずとやっておくことが見えてきているのではないでしょうか？ 1つ1つていねいに取り組んでいくことで、リスティング広告のパフォーマンス向上にもつながります。これからの強みを見据えて、サイトの魅力を上げていきましょう。

▶出稿前に取り組むことの例

項目	改善例	次のアクション
今後扱っていく商品・サービスの仕入れや商品化、ページの用意	男性用、大きいサイズの商品を提供	リピーターの女性のお客さんのパートナーに、男性向け商品を使ってもらえるようにする
今後取り込みたいお客さん向けのページの用意	女性が読む男性向けページ、男性が読むページを作る	モニターの反響からニーズを読み解き、多くの人に欲しいと思ってもらえるようなコンテンツを考える
今後促していきたいお客さんの行動のためのページやボタンの用意	定期購入の商品を開発する	リピーターのお客さんの購買頻度から、いつどれだけの商品が届くのが適切かを話し合う
競合の取り組みから学んだことのサイト内への反映	冷えとりのコンテンツを定期的に更新する	スタッフの○○さんに月に1回のペースで書いてもらう
これからの自社の強みとして打ち出したいことのサイト内への反映	すべての冷えとり生活者を応援するECサイト＋メディアサイトになる	次回リニューアル時までに詳細を詰める

質疑応答

ECサイト担当者

Q リスティング広告は、どんな人がやるのが向いていますか？

A

私が考えるスキルでは、「読み」「書き」「そろばん」の3つが重要です。

「読む」とは、キーワードや数字からお客さんの気持ちを読み取ること。同時に、世の中のトレンドを読み解けることも、誰にどんな広告を出すかを見定める上で大切です。

「書く」とは広告文のこと。リスティングは広告文次第で成果を大きく伸ばせるもの。書くのが苦にならない人は、それだけでアドバンテージがあるでしょう。

「そろばん」は、成果を測る上で欠かせないもの。利益をはじき出す計算ができる数字のセンスは、運用を続けていく中で活きてきます。

上記3つのバランスの取れた人が向いていると考えています。有望な若手社員に任せる企業も多いですね。

そして、スキル以上にマインドも大切。商品・サービスに愛情をもって育てられる人は強いなといつも感じています。本書でもこれから明らかになっていくように、リスティング広告の範囲は幅広く、奥が深いです。リスティングに“ガッツリ”かかわった経験は、後々自身のステージが上がったとき、身につけたものが役立っていることに必ず気づくはずです。担当になった方は、楽しんで取り組んでみましょう！

Chapter

3

広告を出すキーワードを選定しよう

自社のこと、自社が想定するユーザー、競合について考えたら、いよいよリスティング広告の中身を作っていく作業に入ります。まずは、リスティング広告でもっとも大事な要素である「キーワード」を洗い出していきましょう。

Lesson 17

[キーワードの役割]

キーワードにどんなメッセージが込められているのかを考えましょう

このレッスンのポイント

キーワードは、リスティング広告でもっとも大事な基本単位です。広告を出す側(広告主)と検索した人(ユーザー)を結びつける鍵「キー」として使われる言葉「ワード」なので「キーワード」と呼ばれます。キーワードの役割がわかれば、リスティング広告は半分成功したようなものです。この第3章では、そのキーワードを集め、整理した「キーワードリスト」を作成していきましょう。

キーワードは「～したい」を表す言葉

私たちは普段、何かを知りたいときに検索します。検索エンジンが登場する前は、知らないことがあれば辞書で引いたりまわりの人に聞いたりしていました。しかし今ではPCでもスマートフォンでも、知りたいときに検索ボックスに入力すれば、知りたい情報へのリンクが並んだ検索結果をすぐに見ることができます。検索エンジンが当たり前のように使われるようになって、検索は単に「知らないこと」を知るための手段から「～したいこと」を解決する手段としても使われるようになっています。例えば「母の日 花」と検索された言葉には、「母の日に贈る花って何だっけ？」という疑問だけではなく、「母の日に花を贈りたいので、どの花屋がいいかな？」という具体的なニーズまでが含まれています。

▶ 人はどんな目的でその言葉を検索しているのか？

母の日　花
母の日に贈る花って何だっけ？
母の日に花を贈るのにどの花屋がいいかな？
検索された言葉の背景を想像してみましょう。

キーワードは「〜したい」瞬間でもある

母の日のことを1年中考えている人はいないと思います（花屋さんは違うかもしれませんが……）。私たちが母の日を意識するのは、せいぜい4月下旬から5月中旬くらいまでではないでしょうか。そう考えると、検索語句は、検索した人の「〜したい」という欲求だけでなく、「〜したい」と思った「時期」や「瞬間」までも表していると言えます。リスティング広告でキーワードをピックアップする作業は、「ある状態になった人の、その瞬間」を、リストアップする作業でもありますね。

▶ Googleトレンドによる「母の日」の人気度

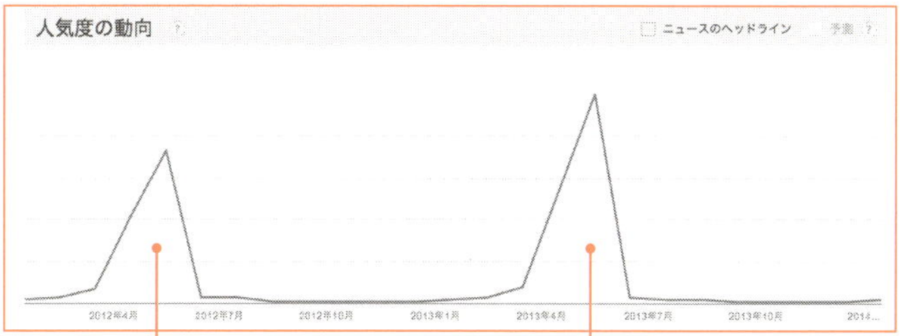

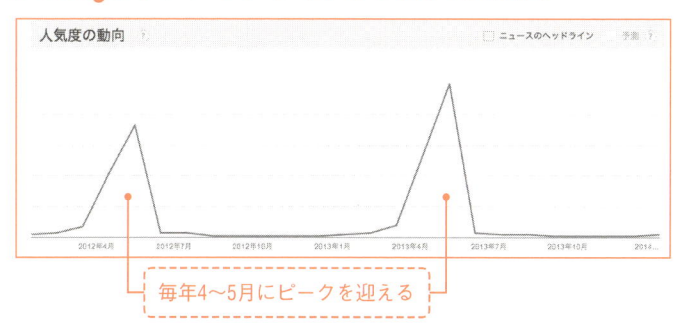

毎年4〜5月にピークを迎える

広告主が用意する言葉は「キーワード」、ユーザーが検索する言葉は「検索語句」（検索クエリ）と、第１章で学びましたね。

キーワードが意味する背景を想像する

「ある状態になった人」に対して、自社のサービスを広告でアピールできるのがリスティング広告です。自社のサービスが、検索した人にとって魅力的であれば、興味をもってもらえる確率が高まりますよね。例えば、「オリジナルTシャツ」の次の言葉が「デザイン」か「激安」かでニーズはずいぶんと変わります。「デザイン」は、Tシャツを作るためのデザイン素材を探している可能性がありますし、「激安」はとにかく安さを求めていますから、キーワードが表すニーズと、自社のサービス内容がマッチするかどうかを考えながらキーワードをリストアップしていきましょう。

▶ 「オリジナルTシャツ」だけでもさまざまなニーズがある

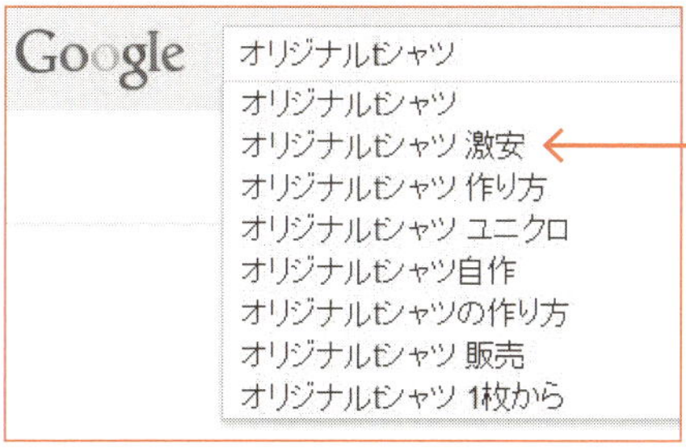

安さを求めるのはもちろん、大量発注を考えている可能性もあります

キーワードは検索している人と広告を出している我々の縁結びをしてくれます。「〜したい」そのニーズを想像することで、両者とも幸せな“良縁”になる可能性が上がります。

Lesson 18 [キーワードの収集] 自社の商品やサービスに関連したキーワードを集めてみましょう

このレッスンのポイント

それでは実際にキーワードをリストアップする作業に入っていきましょう。キーワードは、思いつくままにやみくもに集めても後から収拾がつかなくなってしまうので、順番に整理しながら進めていきます。ここでは、マーケティング用語で「3C」と呼ばれる「顧客」(Customer)、「自社」(Company)、「競合」(Competitor)の観点からキーワードの集め方を紹介します。

1人の見込み顧客になったつもりでキーワードを考える

まずは「顧客」(Customer)です。誰もが知っているブランドでない限り、人は商品名やサービス名でいきなり検索してくれるわけではありません。「自分がこの商品を欲しいと思うのはどういうときだろう?」「どんな状態の人にとってこのサービスは価値があるのだろう?」と想像しながらキーワードを考え、「検索する人が使うだろうと思われる言葉の組み合わせ」を意識しながら書き出していきましょう。

▶「ゴルフ」という言葉が含む意味の範囲

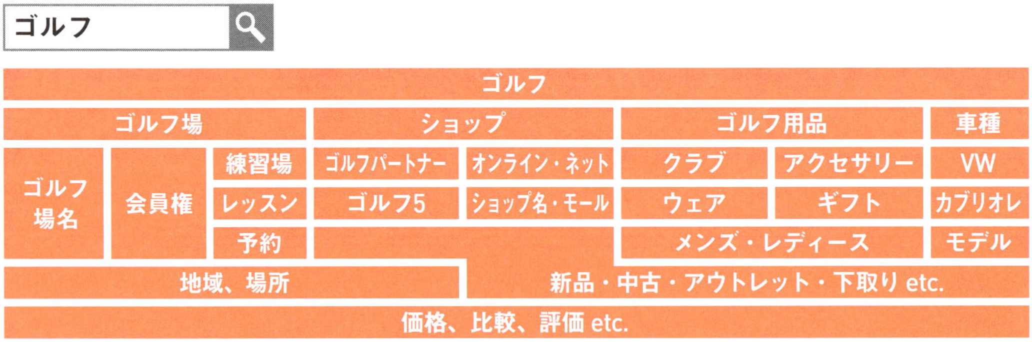

自社のサービスや商品から考える

次に「自社」(Company) です。自社のサイトを確認し、ビジネスの内容や扱っている商品を書き出してみましょう。例えば、ゴルフ用品の通販企業の場合、サイト上で扱っている商品の分類名を商品カテゴリとしてくくることができます。その商品カテゴリごとに、「ドライバー」「パター」といったクラブ名や、取り扱いのあるブランド名など、考えられるだけすべて書き出していきます。後で整理するので、多少分類がずれていても構いません。整理しやすいようにExcelなどにまとめていくといいでしょう。

▶ゴルフ用品の通販企業のキーワード例

ゴルフクラブ
- ドライバー
- フェアウェイウッド
- ユーティリティ
- アイアン
- ウェッジ
- パター

ゴルフウェア
- 帽子
- ジャケット
- インナー
- パンツ
- 靴
- アクセサリー

ゴルフブランド
- テーラーメイド
- ナイキ
- ツアーステージ
- タイトリスト
- アディダス
- キャロウェイ
- パーリーゲイツ

自社で扱っている商品やサービスなどからどんどんピックアップしていってください。

ライバルからヒントをもらう

最後に「競合」(Competitor) です。よほど斬新なコンセプトでない限り、競合他社がいると思います。普段から気にしている他社のサイトの中に、キーワードのヒントが隠されているかもしれません。もし企業名がパッと出てこなかったら、1人の見込み顧客になったつもりで検索してみましょう。競合他社以外にも、その分野の情報サイトや個人ブログ、クチコミサイトなどが見つかると思います。それらを眺めながら、見込み顧客がどのように情報を得ているのかを体感してみることも、キーワード集めの大きなヒントになります。

ネットだけではなく、雑誌やパンフレットを注意深く読むと、今までは気に留めていなかったキーワードや表現があふれているものです。

Lesson 19

[キーワードのチェック]

必要なキーワード・不要なキーワードを見きわめましょう

このレッスンのポイント

キーワードを書き出す作業に疲れたら、一度深呼吸してリストアップしたキーワードを見直してみましょう。キーワードはやみくもに増やす必要はなく、自社のビジネスに結びつきやすいものを集めることができていればOKですから、気負わずに進めていきましょう。ここでは、キーワードリストの中で必要なものを増やし、無駄なものがあれば省いていく作業を説明します。

類義語がないか確認する

ある程度キーワードを集め終えたら、そのキーワードに別の言い回しがないかを確認していきます。キーワードそのものに類義語がないかを確認する作業です。例えば、「子ども用」というキーワードは「ジュニア」や「キッズ」などに言い換えることができますね。類義語を探すには、「Weblio辞書」の「類語辞典」や「類語.jp」などのサイトを使うと便利です。例えばゴルフ用品なら「キャラウェイ」と「キャロウェイ」、「オークレイ」と「オークリー」のように、重要なキーワードに綴り違いの検索がないかもチェックしておきましょう。

▶類義語を探すのに便利なサイト

▶Weblio辞書「類語辞典」
http://thesaurus.weblio.jp/

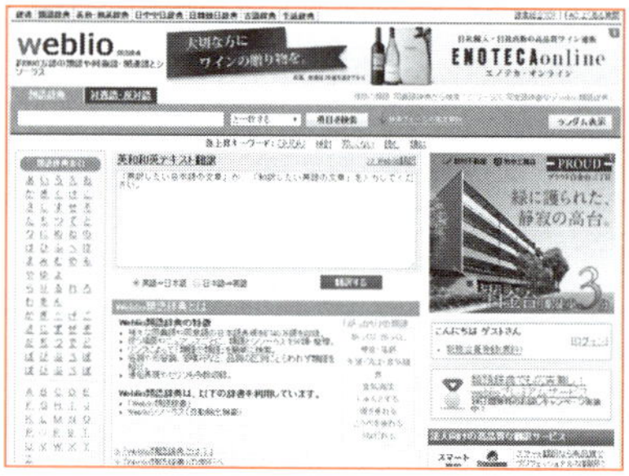

▶類語.jp
http://ruigo.jp/

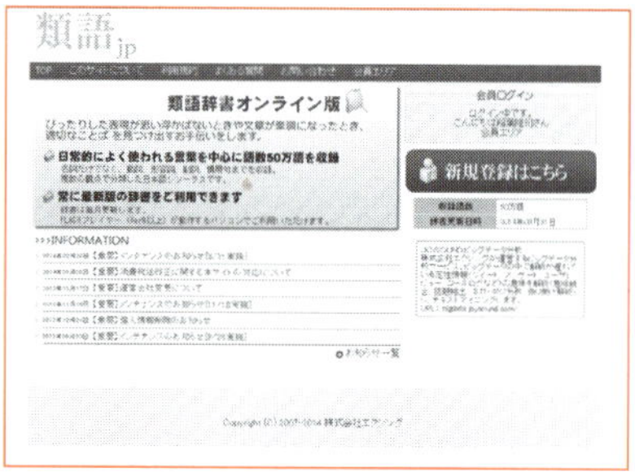

「引っ越し」「引越」「引越し」のような送り仮名の違いは含める必要はありません。

関連性の低いキーワードを省く

次に、集めたキーワードの中から「関連性の低いキーワード」を削除していきましょう。関連性の低いキーワードとは、自社で提供できるサービスや商品と、そのキーワードの意図が離れている言葉です。検索した人から見ると、期待していた内容とは異なる広告が表示されるようなキーワードですね。例えばゴルフ用品の通販サイトであれば、「ゴルフ用品　通販」は購買するモチベーションの高い、関連性の高いキーワードですが、「ゴルフ用品　東京」だと、ネット通販ではなく実際に足を運ぶ店舗を想定しているキーワードになり、提供できるサービスとキーワードの意図に距離が出てきてしまうため、購買するモチベーションが顕在化していない、関連性の低いキーワードになります。

▶「Action」(購買)に近いキーワード、遠いキーワードを見きわめる

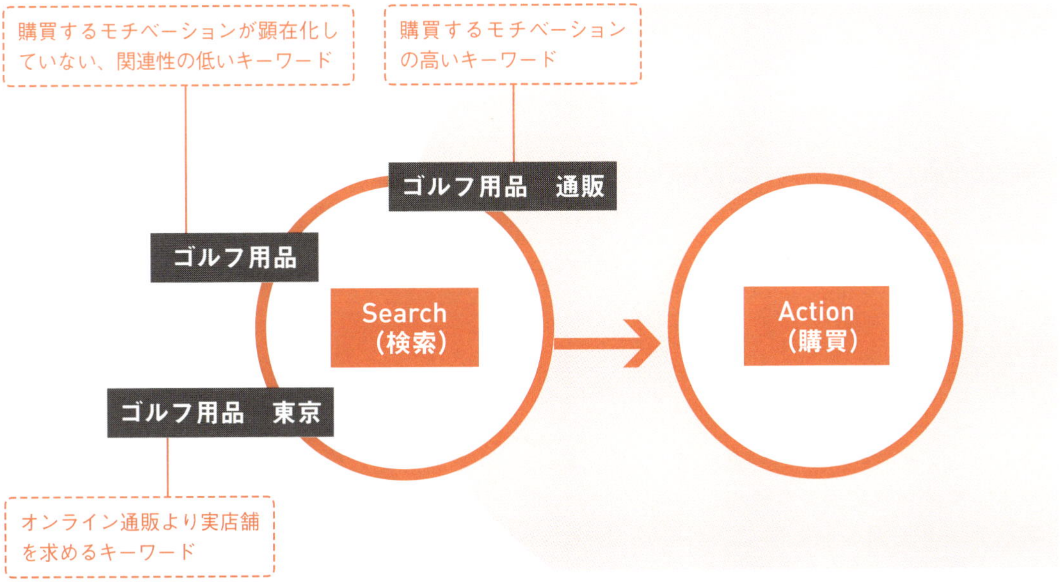

キーワードは後から追加できるので、もし「関連性」の判断に迷ったら、メモを残しておいて一旦リストから省いてしまうのも手です。

本当に必要な言葉かどうか確認する

せっかく一生懸命キーワードを考え出しても、それがまったく検索されないものでは意味がありません。検索数が多いキーワードでも、意味が広過ぎる言葉の場合、ユーザーがまだ検討段階であることも多く、リスティング広告に使用するキーワードとしてはふさわしくないことがあります。適切なキーワードリストを作るために、ある程度キーワードをリストアップできたら、実際にどれくらい検索されるのか、そのキーワードの人気度（例えば競合の多さ）はどれくらいかなどを、下で紹介しているツールを使って調べましょう。分析ツールはそのキーワードと関連性の高い別のキーワード（派生語とも言います）を提示してくれるので、今まで気づかなかった新しいキーワードを見つけるきっかけにもなります。

▶ キーワードの分析ツール

▶ キーワードウォッチャー
https://www.keywordwatcher.jp/

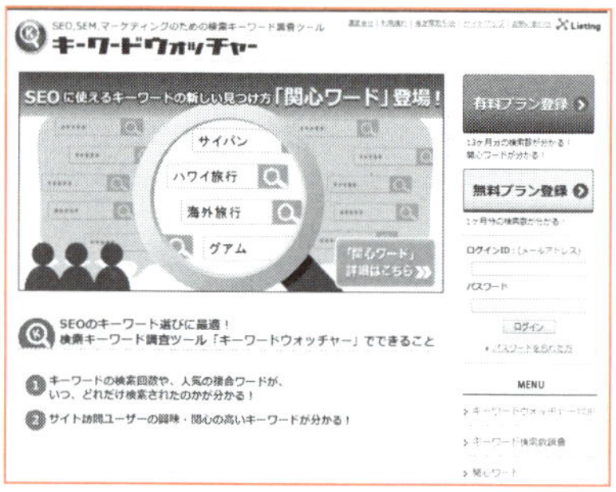

キーワードウォッチャーは、キーワードの検索回数や人気の高い複合語などを調べられる。1カ月分のデータが見られる無料プランもあるが、有料プランのほうがより長い期間の動向を調べることができる

▶ キーワードプランナー（Googleアドワーズ）
http://adwords.google.co.jp/KeywordPlanner

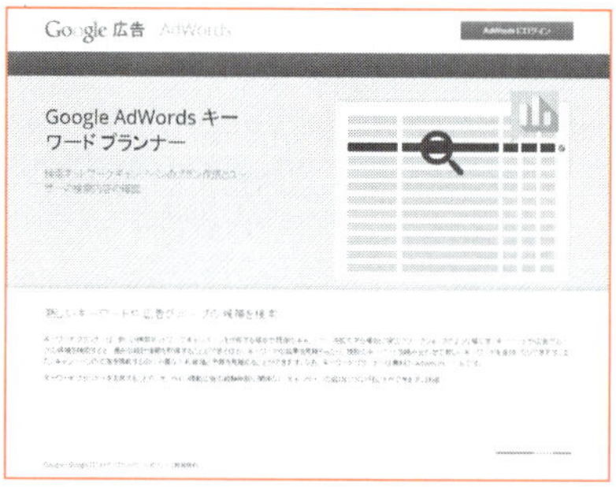

キーワードプランナーはGoogleアドワーズのユーザー向けのサービスだが、アカウントを取得さえすれば広告を出稿する前から利用できる

キーワードのトレンド（検索数など）は変化もします。これらのツールは事前の準備だけでなく、出稿後のメンテナンスでもたびたび使うことになります。

キーワードプランナーを使って検索回数などを調べる

ここではキーワードプランナーを使ってキーワードの検索回数や競合の多さを調べてみます。キーワードプランナーを利用するにはGoogleアドワーズのアカウントが必要なので、その手順から紹介します。すでに所持しているメールアドレスを使ってGoogleアカウントを作りますが、Gmailなどで Googleのアカウントを所持していれば、それを使用しても構いません。ただし、このアカウントを使い第5章ではリスティング広告に出稿するので、担当部署で共有可能なメールアドレスを使うことをお勧めします。一度Googleアカウントに設定したメールアドレスで、複数のGoogleアドワーズのアカウントを取得することはできないので注意してください。

▶ Googleアカウントを取得する

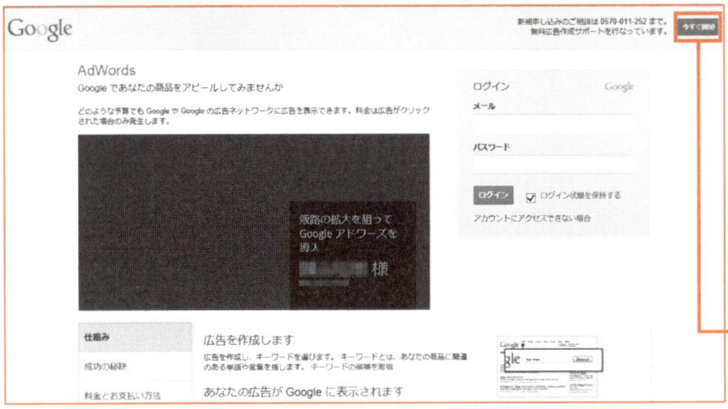

1 アドワーズの申し込み画面を表示する

1 Googleアドワーズのページ（http://adwords.google.co.jp/）を表示します。

2 ［今すぐ開始］をクリックします。

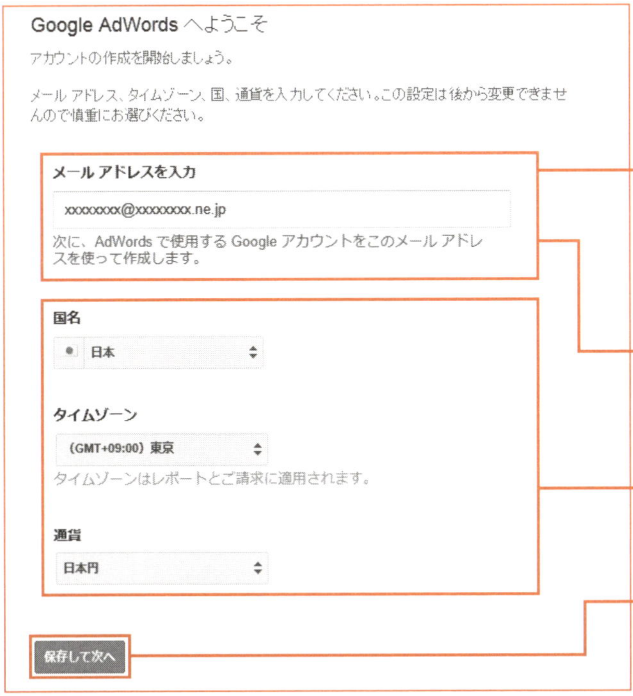

2 メールアドレスや地域などを設定する

［Google AdWordsへようこそ］が表示されます。

1 メールアドレスを入力します。

ここで入力するメールアドレスに、アドワーズからのお知らせなどのメールが届きます。

2 国内で営業する目的であれば［日本］［東京］［日本円］を選択します。

3 ［保存して次へ］をクリックします。

※画面のデザインや項目名はしばしば変更されるので、ここで紹介している手順と実際が異なる可能性がありますが、行う作業の大筋は変わらないので、ここで紹介する手順を参考にして取り組んでみてください。

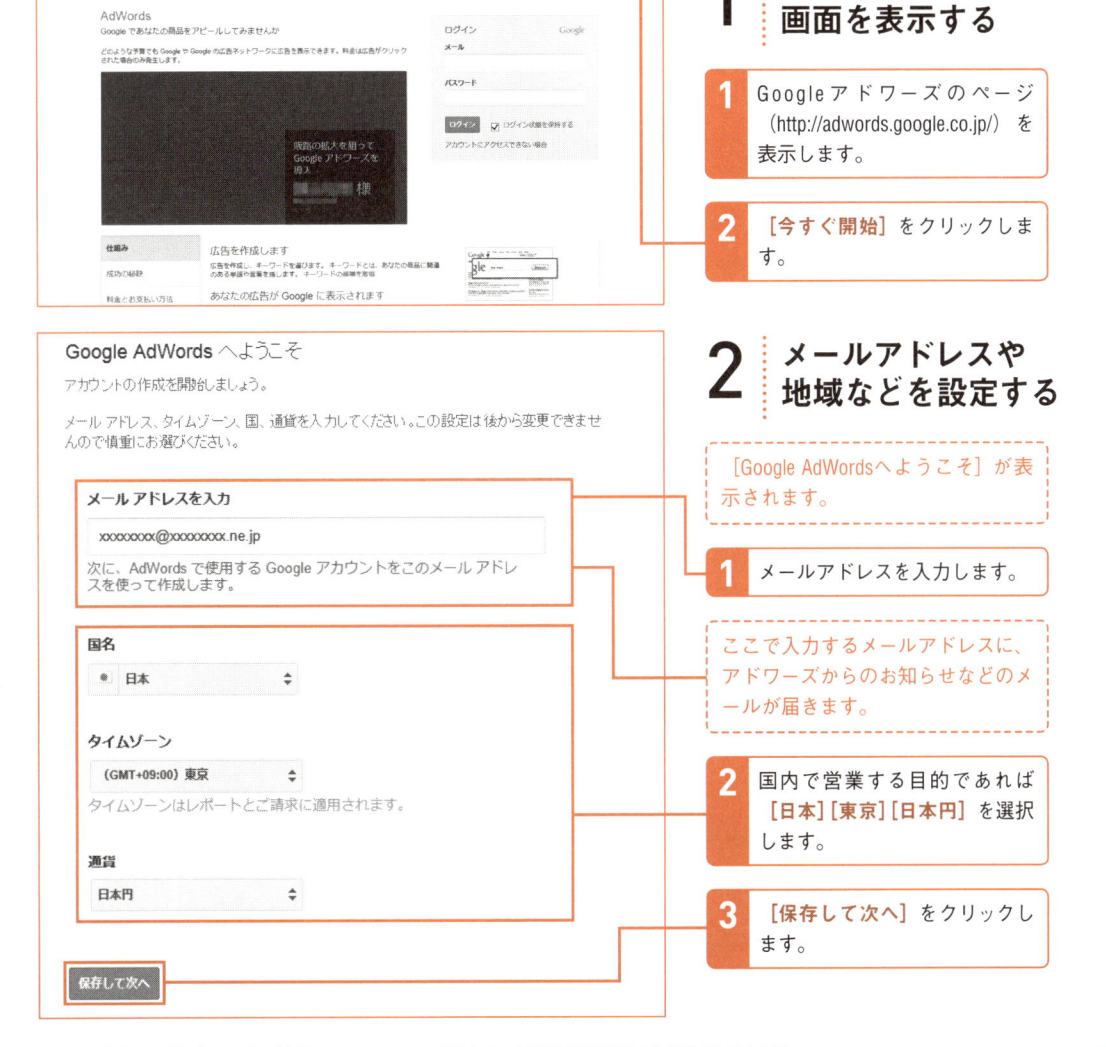

3 パスワードなどを設定する

［新しいGoogleアカウントを作成］が表示されます。

1 名前、メールアドレス、パスワード、誕生日を入力します。

［携帯電話］は入力しなくても構いません。

2 プログラムによる不正利用を防ぐ仕組みで、表示されているテキストを入力します。

3 国内に住んでいるなら［国／地域］は［日本］を選択します。

4 チェックマークをつけます。

5 ［次のステップ］をクリックします。

4 アカウントの確認を行う

［アカウントの確認を行ってください］が表示されます。ここでは携帯電話のメールアドレスを使ったアカウントの確認作業を行ないます。

1 携帯電話のメールアドレスを入力します。

2 ［テキストメッセージ（携帯電話のメール）］を選択します。

3 ［次へ］をクリックします。

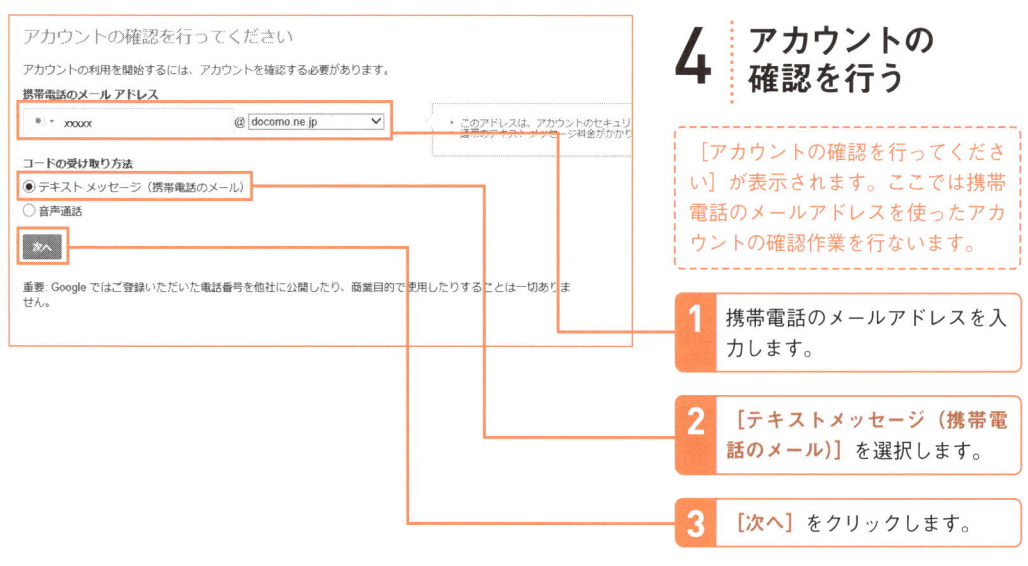

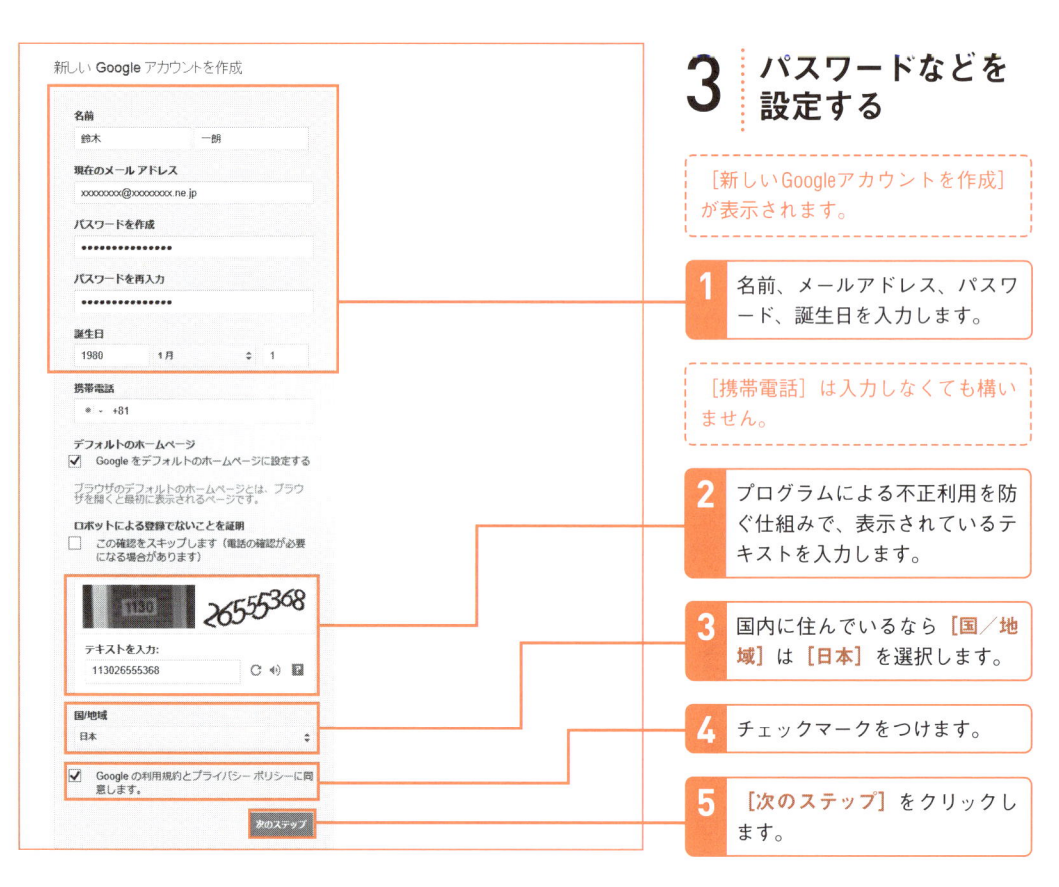

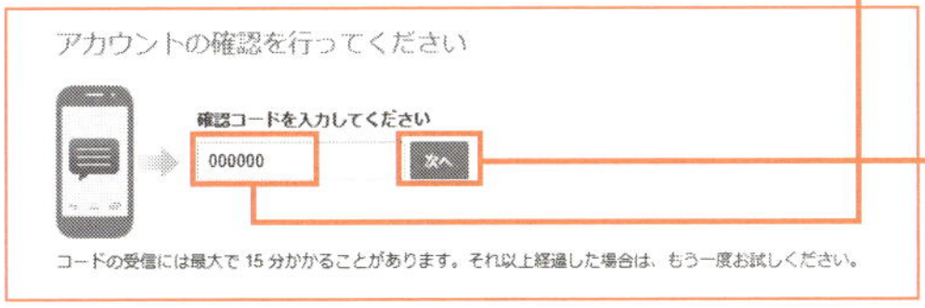

5 送信されたコードを確認する

1 携帯電話のメールアドレス宛てに送信されたコードを確認します。

2 送信されたコードを入力します。

3 ［次へ］をクリックします。

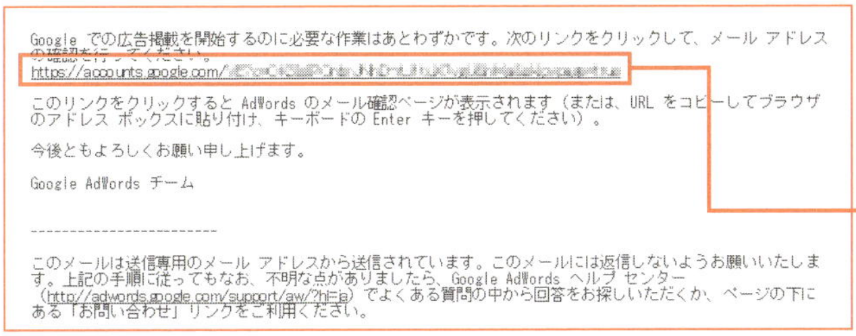

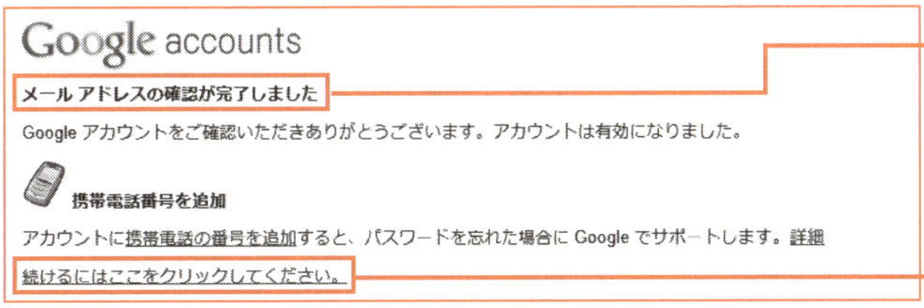

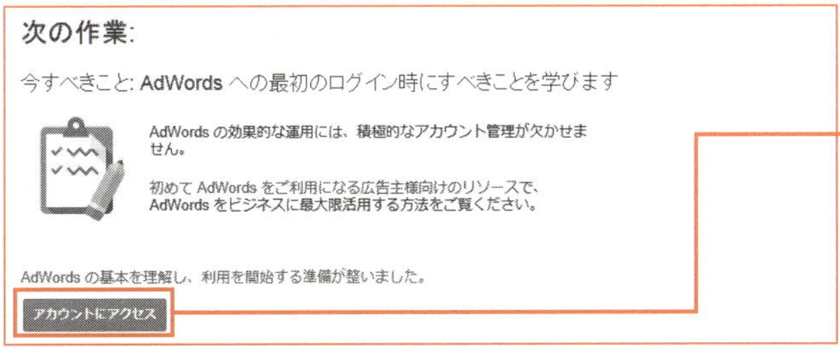

6 メールアドレスの確認作業をする

確認のために、入力したメールアドレス宛てにメールが送信されるので、そのメールに記載されているリンクをクリックする必要があります。

1 メールが届いていることを確認します。

2 メールに記載されているリンクをクリックします。

［メールアドレスの確認が完了しました］が表示されます。これでGoogleアカウントの登録は完了しました。

3 続けてキーワードプランナーを利用するので、［続けるにはここをクリックしてください。］をクリックします。

4 ［アカウントにアクセス］をクリックします。

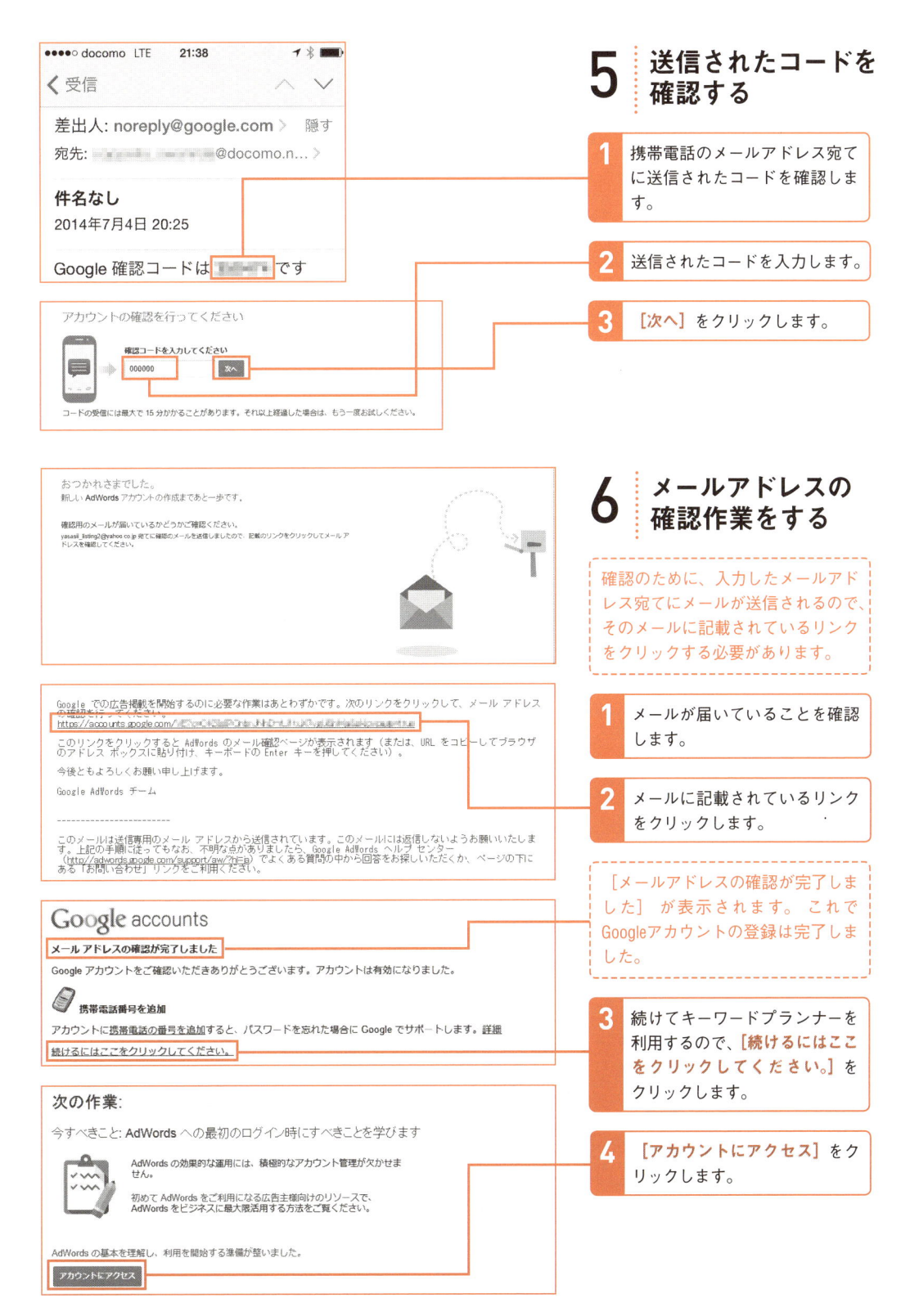

▶ キーワードプランナーを使う

1 キーワードプランナーを表示する

［AdWordsへようこそ。］が表示されます。

1 ［運用ツール］をクリックします。

2 ［キーワードプランナー］をクリックします。

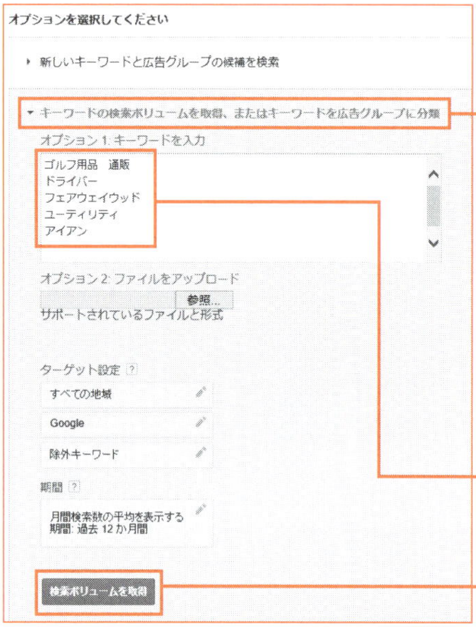

2 キーワードを入力する

1 ［キーワードの検索ボリュームを取得、またはキーワードを広告グループに分類］をクリックします。

［新しいキーワードと広告グループの候補を検索］をクリックすると、派生語を調べることもできます。

2 ［オプション1 キーワードを入力］にキーワードを入力します。

3 ［検索ボリュームを取得］をクリックします。

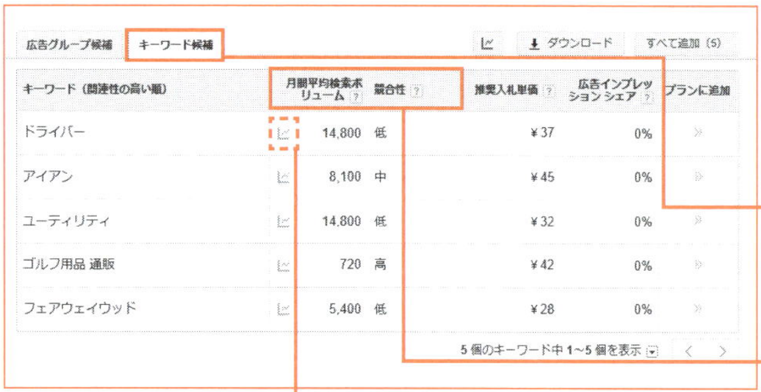

3 検索回数などを確認する

1 結果画面が表示されるので［キーワード候補］タブをクリックします。

2 ［月間平均検索ボリューム］や［競合性］を見て検索回数や競合の多さを確認します。

このマークにマウスカーソルを合わせると、月ごとの検索回数のグラフが表示されます。

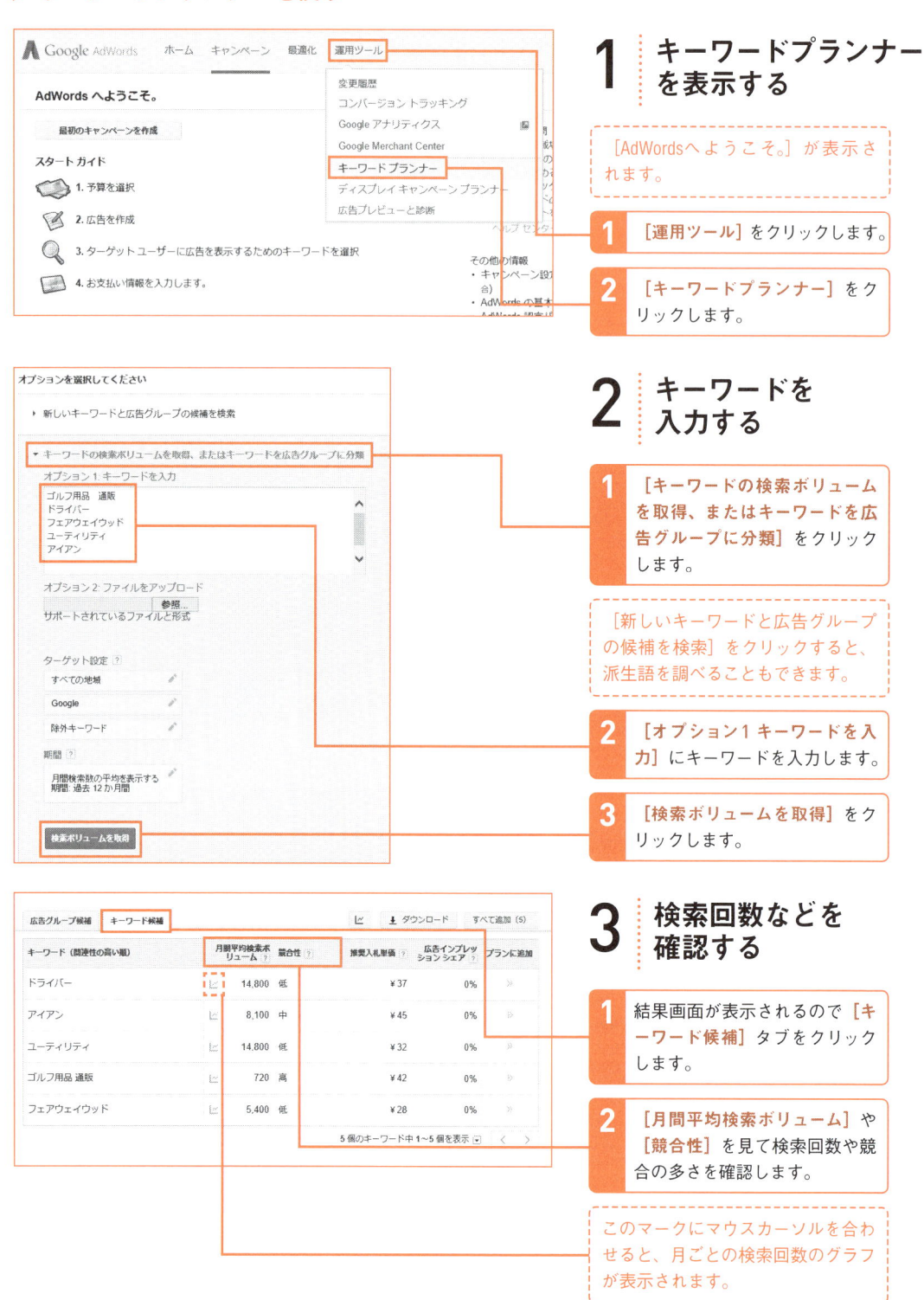

Lesson
20 ［キーワードのグループ化］キーワードを組み合わせてグループ分けをしましょう

このレッスンのポイント

ある程度キーワードが集まった段階で、近い意味のキーワードをグループ化していきます。リスティング広告の広告文はキーワードごとに用意できるので、近い意味のキーワードをまとめると、そのまとめた単位(グループ)ごとに違った広告文を表示できるようになります。この作業は地味ですがとても重要なので、焦らずじっくり時間をかけて作ってみてください。

軸になるテーマを洗い出す

これまでのレッスンで書き出したキーワードは、すでにおおまかに分類されているかもしれませんが、第5章で実際にリスティング広告の設定を行うために、商品カテゴリなどのテーマごとにキーワードを整理します。例えば、「ドライバー」「アイアン」のようなキーワードリストの中の「主要な商品・サービス」が「軸になるキーワード」です。ゴルフクラブ以外にも「ゴルフウェア」「ゴルフブランド」などのテーマごとに、軸になるキーワードを洗い出して、まとめておきます。例えば、ゴルフ用品の専門店であれば、「ナイキ」や「アディダス」などブランド名だけで選ばず、「ナイキゴルフ」などとすることで、ゴルフ用品を求めているニーズに絞り込めます。

▶軸になるキーワードをまとめる

ゴルフクラブ	ゴルフウェア	ゴルフブランド	← テーマ
クラブセット	帽子	テーラーメイド	軸キーワード
ドライバー	アウター	ナイキゴルフ	
フェアウェイウッド	シャツ	ブリジストン	
ユーティリティ	ポロシャツ	オデッセイ	
アイアン	インナー	プロギア	
アイアンセット	ベルト	キャロウェイ	
ウェッジ	パンツ	パーリーゲイツ	
パター	レインウェア	ダンロップ	
	サングラス		

NEXT PAGE →

掛け合わせるテーマを洗い出す

続いて、掛け合わせるキーワードを選びます。掛け合わせるキーワードとは、軸になるキーワードに「何の」「どんな」「どうする」といった意味を加える言葉です。ゴルフ用品なら例えば「メンズ」「レディース」などの性別や「激安」といった価格を意識した言葉がそれに該当します。さらに価格は「激安」のほかにも、「格安」「セール」「安い」「アウトレット」「型落ち」などさまざまな類義語が存在します。このような価格を意識した言葉は、「最安値狙い」か、「良いものをお得な価格で入手したい」かなど、ニュアンスに違いがないかを判別しながらテーマを設けて、キーワードをまとめていきます。

▶掛け合わせるキーワードをまとめる

メンズ	レディース	価格(安さ)	価格(セール)	← テーマ
メンズ	レディース	格安	セール	掛け合わせキーワード
男性	女性	安い	アウトレット	
男性用	女性用	激安		

激安 → とにかく最安値狙い

セール・アウトレット → 良いものをお得な価格で

組み合わせパターンを作ってみる

軸となるキーワードと掛け合わせるキーワードができたら、それらを組み合わせることで「アイアンセット　格安」や「レディース　ゴルフウェア」のようなキーワードを増やしていきましょう。組み合わせを作っていくときの注意点ですが、機械的に掛け合わせてしまうと、検索されないキーワードや、意図しない別の意味をもつキーワードが作られてしまうことがあります。例えば「ドライバー」と「レディース」を組み合わせると「ドライバー　レディース」となり、「女性用のドライバーを探している」という意味になります。しかし、「レディース」が「女性」に変わると、キーワードは「ドライバー　女性」となり、「タクシーや運送業の女性ドライバー」を指す意味も含まれるので、そういった組み合わせは外します。

▶別の意味をもつ組み合わせは外す

ドライバー × レディース ＝ 女性用のドライバー

ドライバー × 女性 ＝ 女性用のドライバー

＝タクシーの女性ドライバー

「ドライバー　女性」や「ドライバー　ジャケット」などは意図とずれてしまう

組み合わせを機械的に作るのではなく、意味的に商品に結びつく組み合わせパターンを見つけましょう。

組み合わてグループ名をつけておく

「軸となるキーワード」と「掛け合わせるキーワード」の組み合わせをひとまとまりとして、どんなキーワードを表しているグループなのかわかるようなグループ名をつけましょう。例えば、「ドライバー」と「女性用」の組み合わせなら「ドライバー　女性用」というような名前です。ここでつけた名前は後ほど「広告グループ」という機能の名前としても使われます。リスティング広告では、この広告グループ単位で成果を評価したり、調整したりすることも多いです。広告グループを見たときにどんなキーワードが入っているのかわかる名前をつけることで、今後キーワードの追加や削除のときにミスをする確率が減り、分析もしやすくなります。名前は重複のないようにしましょう。

▶組み合わせキーワードリストのサンプル

軸となるキーワード
ドライバー
フェアウェイウッド
ユーティリティ
アイアン

×

掛け合わせるキーワード
レディース
女性
女性用

↓

グループ名

ドライバー_女性用
ドライバー　レディース
ドライバー　女性
ドライバー　女性用

キーワード

フェアウェイウッド_女性用
フェアウェイウッド　レディース
フェアウェイウッド　女性
フェアウェイウッド　女性用

ユーティリティ_女性用
ユーティリティ　レディース
ユーティリティ　女性
ユーティリティ　女性用

アイアン_女性用
アイアン　レディース
アイアン　女性
アイアン　女性用

「軸キーワード」と「掛け合わせキーワード」の組み合わせで「1つのキーワード」として扱う

掛け合わせるキーワードの数が多くてグループの中のキーワードが多くなりそうな場合は、無理せず分割しましょう。

Lesson 21

[マッチタイプの指定]

キーワードにマッチタイプを指定しましょう

このレッスンのポイント

キーワードリストはできましたか？キーワードが揃ったら、そのキーワードの「マッチタイプ」を決めてキーワードリストは完成です！マッチタイプとは、キーワードと、検索エンジンで検索される検索語句（検索クエリ）のマッチングを決める項目です。マッチタイプによって、広告を表示する対象を広げたり絞り込んだりできます。

マッチタイプは4種類ある

リスティング広告では、キーワードを実際に登録するときに、マッチタイプも指定します。次のページにまとめましたが、マッチタイプには「部分一致」「絞り込み部分一致」「フレーズ一致」「完全一致」の4種類があります。リスティング広告では特に指定がない限りキーワードは「部分一致」になります。部分一致は、そのキーワードに含まれるすべての言葉とその類義語が検索語句とのマッチング対象になるため、検索結果に広告が表示される可能性が広がります。一方で、意図しない検索語句にも広告が表示されてしまう可能性も高まるため、広告が表示される検索語句を厳密にコントロールしたい場合は、部分一致以外の「絞り込み部分一致」「フレーズ一致」「完全一致」を使います。部分一致は底引き網漁で、完全一致はマグロの1本釣りだと思ってください。部分一致では網が大きいので、同じ深度にいるいろいろな魚（検索語句）をさらうことができますが、完全一致は狙った魚（検索語句）だけを釣り上げます。

▶ 広告が表示される検索語句の範囲をマッチタイプで指定する

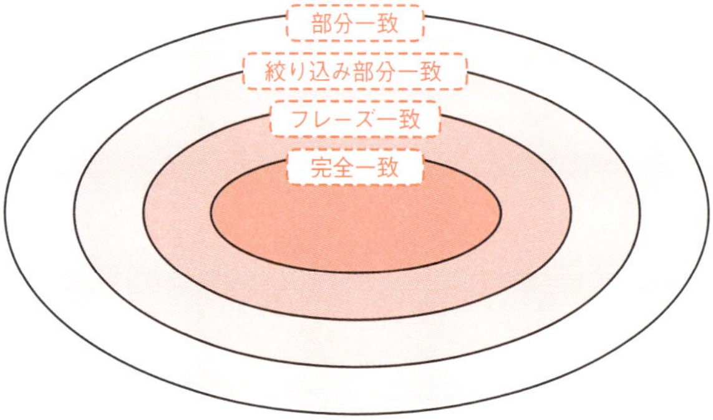

特に何も指定しなければ、キーワードはすべて部分一致として登録される。次のページで紹介する指定方法で、マッチングする検索語句を狭めることができる

▶ マッチタイプの種類と指定方法

マッチタイプ	キーワード	指定方法	検索語句の例
部分一致	ドライバー　格安	ドライバー　格安	ゴルフクラブ　格安　通販 型落ち　激安　ドライバー など多数

キーワードに何も記号をつけなければ部分一致になる。そのキーワードを含むすべての組み合わせと、タイプミスなどの表記揺れ、関連性の高い別の言葉（類義語）も対象になる

マッチタイプ	キーワード	指定方法	検索語句の例
絞り込み部分一致	ドライバー　格安	＋ドライバー 格安	ドライバー　激安　通販 ドライバー　最安　など
		＋ドライバー　＋格安	ドライバー　比較　格安 格安　ドライバー　中古　など

「＋ドライバー　格安」のように、キーワードの前に「＋」（※半角文字）をつけることで指定できる。部分一致とほぼ同じだが、関連性の高い別の言葉（類義語）は対象外になるため、部分一致よりは対象が狭くなる

マッチタイプ	キーワード	指定方法	検索語句の例
フレーズ一致	ドライバー　格安	"ドライバー　格安"	ドライバー　格安　通販 ナイキ　ドライバー　格安　など

「"ドライバー　格安"」のようにキーワードを引用符（" "）（※半角文字）で囲むと、「ドライバー」の次に「格安」が続く検索語句すべてが、広告を表示する対象になる。例えば、「ドライバー　格安　通販」のような検索語句には広告が表示されるが、「ドライバーの格安サイト」「格安　ドライバー」のようにキーワードの間にほかの言葉が入ったり、順序が入れ換わったりした場合は表示されない

マッチタイプ	キーワード	指定方法	検索語句の例
完全一致	ドライバー　格安	[ドライバー　格安]	ドライバー　格安のみ※

[ドライバー　格安] のようにキーワードをカッコ（[ ]）（※半角文字）で囲むと、キーワードと検索語句が完全に一致したときにのみ表示される。つまり、「ドライバー　格安」と、前後にほかの単語を一切含まずそのまま検索されたときにのみ、広告表示の対象になる

カッコや引用符など指定時に使う記号は全角ではなく半角なので注意してください。

※表記ゆれなどで表示されることがあります。

各キーワードのマッチタイプを考える

ここまでのレッスンで用意したキーワードそれぞれに、マッチタイプを決めていきます。何もしなければ部分一致になるので、部分一致以外のマッチタイプを必要に応じて加えていくイメージです。一般的に、部分一致のような幅広いマッチタイプではたくさん広告が表示され、完全一致のような限定的なマッチタイプでは、広告の表示回数は少ないものの狙った検索語句に確実に広告を表示させることが可能になります。そのため、検索回数が多いキーワードや、自社にとって大事だと思われるキーワードは完全一致を指定するか、完全一致に加えて部分一致などのマッチタイプを複数指定してみましょう。検索回数がそれほど多くなく、もともと関連性が高いと考えられる掛け合わせキーワードには、部分一致や絞り込み部分一致を指定するのが一般的です。

▶ 単体で検索数が多いキーワード

「ゴルフ用品」の場合

・ゴルフ用品　←　部分一致
・＋ゴルフ用品　←　絞り込み部分一致
・[ゴルフ用品]　←　完全一致

▶ 関連性が高いキーワード

「ゴルフ用品　通販」の場合

・ゴルフ用品　通販　←　部分一致
・＋ゴルフ用品　通販　←　絞り込み部分一致
・＋ゴルフ用品　＋通販←　絞り込み部分一致

マッチタイプに迷ったら

マッチタイプは全部で4種類あるので、初めて取り組む人は迷いますね。そこで、リスティング広告にかけられる予算がある程度限られているなら、「絞り込み部分一致」と「完全一致」の組み合わせをお勧めします。完全一致のみだと、準備段階で想像できなかったキーワードの組み合わせに対して広告が表示されず、機会損失になってしまいますが、部分一致のみだと意図しない検索語句でも広告が表示されてしまい、広告費がよけいにかかってしまう危険性があります。それを避けるため、絞り込み部分一致で必要なキーワードを網羅し、有効なキーワードで確実に広告表示するために完全一致を追加するという方法がいいでしょう。

まずは「完全一致」と「絞り込み部分一致」を使いながら、掲載確認後の運用で徐々に増やしたり減らしたりしていきましょう。

Lesson 22

［除外キーワードの指定］

除外キーワードを指定しましょう

このレッスンのポイント

キーワードの作成もいよいよこれが最後です！ キーワードのマッチタイプを指定できたら、最後に除外キーワードも指定します。除外キーワードを指定すると、その除外キーワードを含んだ検索語句には広告が表示されなくなります。これまでに作ってきたキーワードリストの中に、意図しない言葉で検索される可能性が高いものがあれば、除外キーワードを指定しておきましょう。

除外キーワードのリストアップ方法

除外キーワードにはいくつかのピックアップ方法がありますが、ここでは、検索エンジンのオートコンプリート機能や「goodkeyword」（http://goodkeyword.net/）といったユーザーが頻繁に検索する組み合わせを教えてくれるツールを利用してみましょう。軸となっているキーワードを入力し、それに関連した検索語句を見ながら、明らかに自社の商品やサービスに結びつかない掛け合わせキーワードを除外キーワードに選んでいきます。

▶除外キーワードを見つける

キーワード　ドライバー　女性　の場合

※キーワードを部分一致で指定

↓

実際に広告が表示される可能性のある検索語句

ドライバー　女性	女性用　ドライバー
ドライバー　レディース	女性　ドライバー　通販
ドライバー　女性用	ゴルフ　ドライバー　女性
ドライバー　女性　求人	女性ドライバー　佐川

車の運転手の求人（ドライバー　女性　求人）

車の運転手の求人（女性ドライバー　佐川）

自社の商品やサービスに結びつかないので除外キーワードにする

「ドライバー　女性」というキーワードなら、意図が違う可能性の高い「求人」や「佐川」を除外キーワードにします。さらに「運転手」や「仕事」も除外キーワードにしてもいいでしょう。

NEXT PAGE →

神経質になり過ぎないように

除外キーワードを選んでいると、「あれも」「これも」となってしまい、大量の除外キーワードをピックアップしてしまいがちです。たくさん選び過ぎて管理できなくなったり、意図した検索語句で広告が表示されなくなったりという可能性も増えてしまいます。除外キーワードにこだわり過ぎて作業時間も広告の表示機会も減ってしまうのは本末転倒なので、神経質になり過ぎないようにしましょう。除外キーワードは、リスティング広告の出稿を開始したあとでも、検索語句を見ながら追加できます。

本来広告が出てほしかったキーワードが除外キーワードになっていた、という悲劇は避けましょう。

キーワード表をブラッシュアップする

ドライバー_女性用 ← 除外キーワード
+ドライバー　レディース
+ドライバー　女性
+ドライバー　女性用

フェアウェイウッド_女性用
+フェアウェイウッド　レディース
+フェアウェイウッド　女性
+フェアウェイウッド　女性用

ドライバー_格安
[ドライバー　格安]
+ドライバー　格安
ドライバー　+格安

除外キーワード
求人
仕事
転職
就職
年収
運転
大型
佐川
ヤマト

キーワードリストにマッチタイプと除外キーワードを追加します。この例だと、「ドライバー _ 女性用」にのみ除外キーワードを指定しようとしています。

明らかに対象ではないキーワードの除外から始める

さまざまなキーワードに該当するような除外キーワードを、それぞれのグループに指定するのは大変です。そこで、除外キーワードは、「どんな軸のキーワードにも共通する」言葉にしましょう。例えば、オンラインの写真販売サイトでは「無料」という言葉は「ストックフォト」でも「写真素材」でも顧客になる可能性が低いキーワードと言えます。除外キーワードは個別のグループにも指定できますが、実際には広告掲載が始まって検索語句を見てから指定しても遅くはありません。まずは明らかに顧客になりにくい除外キーワードを用意しましょう。

▶顧客になりにくい語句を除外キーワードにする

■お金を払う気がない

写真素材 / ストックフォト / 画像素材 ✕ 無料 / フリー など

翻訳 ✕ 無料 / フリー / Google / エキサイト / アプリ など

■提供サービスと違う

ゴルフクラブ ✕ 中古 / レンタル / 買取 など

パーティドレス ✕ 中古 / レンタル / 自作 など

■情報収集が目的

腕時計 ✕ ブログ / wiki / 意味 / 英語 など

どのキーワードに対しても
顧客になる可能性が低い！

除外キーワードにかかわらず、すべてのキーワードは実際にリスティング広告を出稿した後でも変更できるので、あまりこだわり過ぎないようにしましょう。

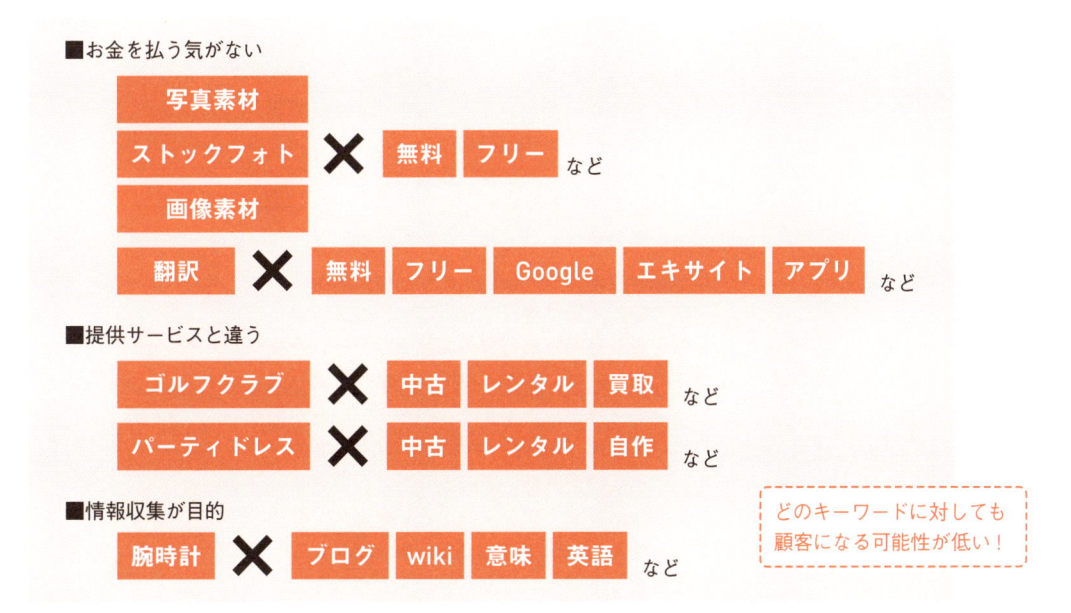

質疑応答

ECサイト担当者

Q キーワードは多ければ多いほどいいんですか？

A

リスティング広告で用意するキーワードは多いほうが効果的であると言われることがありますが、必ずしもそうではありません。数万語を登録しても実際に広告が表示されたことがあるキーワードは数百程度だったということはよく聞く話です。サイトへのアクセスの誘導やコンバージョンに貢献しているキーワードが、登録した全キーワードの中のほんの1割程度だった、ということもめずらしいことではありません。
扱う商品が膨大なECサイトや、たくさんの地名や宿泊施設を扱う旅行サイトはさておき、ほとんどの企業では特定の分野の商品やサービスを扱いますので、必ずしもキーワードを増やし続けていくことが正解とは限りません。キーワードが増えれば増えるほど考慮しなければいけない要素（キャンペーンの予算や、キーワードごとのクリック単価の検討、マッチタイプなど）が増え、管理のコストは上がります。キーワードを増やしていると仕事をしている気になるので、どうしても数を増やすことにこだわりがちですが、重要なのは「自社の顧客との関連性が高く、効果が高い主要なキーワード」がしっかり確保できているかどうかです。

Chapter

4

出稿に必要な要素を理解して準備をしよう

キーワードの準備、お疲れさまでした！ ここからはキーワード以外でリスティング広告に必要なものを揃えていきます。この章の準備がしっかりできれば、リスティング広告で大きな成果が期待できるので、焦らずじっくりと準備していきましょう。

Lesson 23

[アカウントの仕組み]

アカウントがどのようにできているのか知りましょう

このレッスンのポイント

このレッスンでは、リスティング広告のアカウントがどのように作られているかをお話しします。すでに作成した「キーワード」以外に、「キャンペーン」「広告グループ」「リンク先」などたくさんの用語が並びますが、それらの役割を知っておけば、成果が上がりやすいアカウント構成にでき、その後の運用もスムーズになるので、ぜひ覚えてくださいね。

広告を出すために必要な3点セット

リスティング広告には設定する項目がたくさんあるため、初めてだどうしてもとまどってしまいがちですが、基本となる3点セットを覚えておけば大丈夫です。その3点セットとは、第3章で用意した「キーワード」、検索したユーザーに「これだ！」と思ってもらうための「広告」、広告をクリックしたときに誘導する「リンク先」のURLの3つです。この「キーワード」と「広告」と「リンク先」の3点セットが、リスティング広告を出すためのもっとも小さい単位です。このセットを無理なく無駄なく用意することができれば、効果的で運用しやすいリスティング広告のアカウントを作ることができます。

▶リスティング広告の3点セット

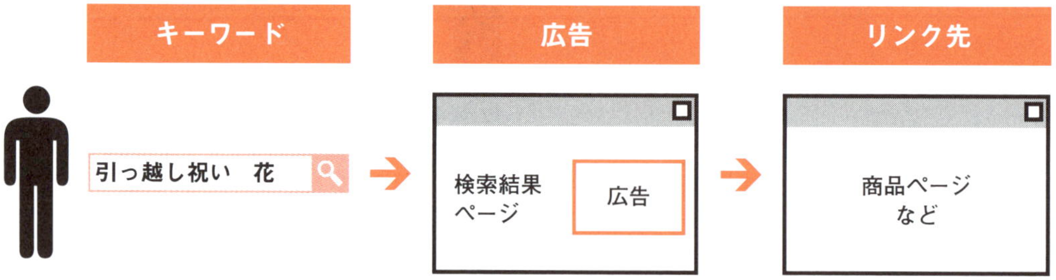

「キーワード」は第3章で考えましたね。この章では、残りの「広告」「リンク先」を準備していきましょう。

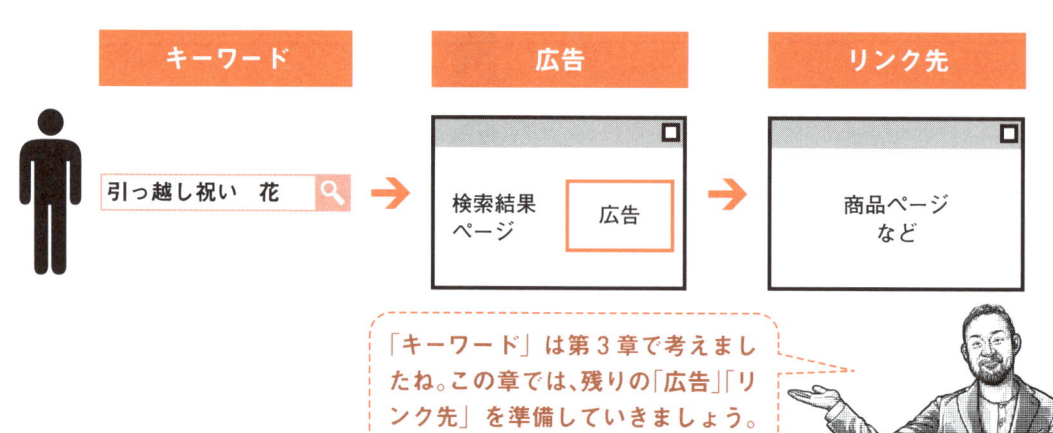

3点セットをまとめる「広告グループ」

「キーワード」「広告」「リンク先」の3点セットがリスティング広告の基本だと説明しましたが、このセットをキーワードの数だけ作っていくのは大変です。例えば、キーワードが100個あれば3点セットも100個作らないといけないとなると、気が遠くなりますね。そういうめんどうを避けるために、似たもの同士のキーワードやリンク先をまとめられる機能があります。それが「広告グループ」です。レッスン20で「組み合わせパターン」を作りましたが、その組み合わせの1セットが広告グループになるイメージで考えてみてください。女性用のアイアンセットを掲載しているページにリンクする広告を作る場合は、広告グループを「アイアン_女性用」という名前にして、似た意味のキーワードとして「アイアン　レディース」「アイアン　女性用」「アイアンセット　レディース」「アイアンセット　女性用」などをグループに加えていきます。ニーズが似ているキーワードは、伝えたいメッセージ（広告の内容）も似ているでしょうし、クリックした先は同じページを見てもらいたいはずです。広告グループをうまく作っていくことで、効率よく3点セットを作れるようになります。

▶広告グループのイメージ

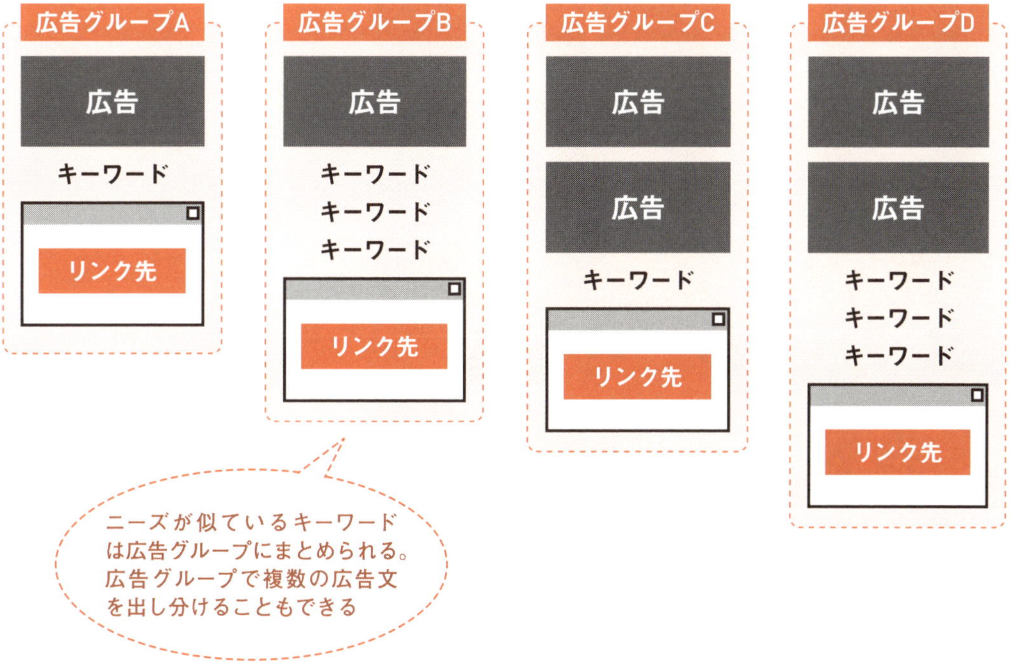

第3章で作成したキーワードグループは、そのまま広告グループになります。広告グループについては、レッスン27で説明します。

広告グループをまとめる「キャンペーン」

広告グループは、さらにその上のレベルである「キャンペーン」にまとめることができます。例えばメガネ屋さんが「男性用メガネ」と「女性用メガネ」の2つの商品ラインごとで広告予算を分けたいと思ったとき、それぞれの広告グループに1つ1つ予算を設定していくのは手間がかかります。また、ECサイトで国内用と海外用に別々の広告を出したい場合、広告グループごとに言語と配信地域を毎回設定しなければいけないとしたら、とても大変な作業になってしまいます。そうならないように言語や地域、広告予算などの共通項目は「キャンペーン」という単位でまとめて設定します。

▶広告グループで一括で変更できる

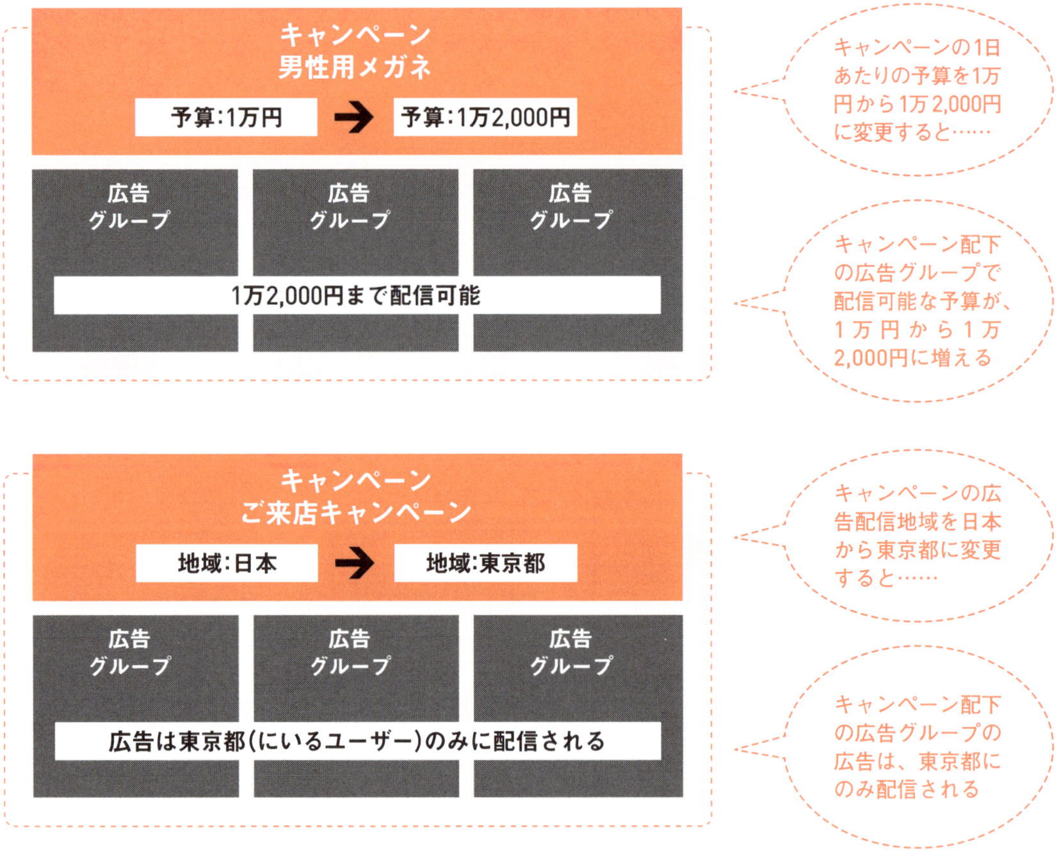
キャンペーン
男性用メガネ
予算:1万円
予算:1万2,000円
広告
グループ
広告
グループ
広告
グループ
1万2,000円まで配信可能
キャンペーンの1日あたりの予算を1万円から1万2,000円に変更すると……
キャンペーン配下の広告グループで配信可能な予算が、1万円から1万2,000円に増える
キャンペーン
ご来店キャンペーン
地域:日本
地域:東京都
広告
グループ
広告
グループ
広告
グループ
広告は東京都(にいるユーザー)のみに配信される
キャンペーンの広告配信地域を日本から東京都に変更すると……
キャンペーン配下の広告グループの広告は、東京都にのみ配信される

キャンペーンはアカウントの中でいちばん大きな単位です。

リスティング広告のアカウントは3層構造になっている

リスティング広告のアカウントは3層構造になっています。「キーワード」「広告」「リンク先」の3点セットは「広告グループ」でまとめられ、「広告グループ」の上に「キャンペーン」があり、「キャンペーン」の集まりが「アカウント」です。下の図のような階層になっているととらえるとわかりやすいでしょう。本書では、最小単位である3点セットを作ってから、広告グループ、キャンペーンと下から順にまとめていきながらアカウントの準備を進めていきます。

▶ アカウントの3層構造

大きな「アカウント」という傘の下に、「キャンペーン」→「広告グループ」がぶら下がっていると覚えてもいい

▶ Googleアドワーズの場合でそれぞれの階層で一括設定すること

階層	一括管理できること
アカウント	・ログイン情報などの管理権限 ・支払い情報
キャンペーン	・1日の予算 ・地域や言語 ・予算 ・配信ネットワーク（検索ネットワーク、ディスプレイネットワークなど） ・広告掲載期間 ・広告表示オプション（広告への住所や電話番号の表示など）
広告グループ	・ターゲット（キーワードや広告を表示する相手） ・広告内容（テキスト、イメージ、動画） ・上限単価（CPC、CPM） ・リンク先のURL

上の層の設定は、その下の層に反映されます。例えば、キャンペーンに終了日を設定すれば、その下にある広告グループはすべて終了日に停止します。

Lesson 24

[広告文の作成]

広告文の書き方の基本を知りましょう

このレッスンのポイント

アカウントの仕組みがわかったら、次は3点セットの「広告」を作っていきます。一般に、リスティング広告と聞くと「キーワードをたくさん考える広告」というイメージがありますが、検索したユーザーが実際に目にするのはキーワードではなく広告文です。キーワードは、検索するユーザーが求めていることが表れたものですから、その気持ちに応える広告文を作成しましょう。

広告文は「タイトル」と「説明文」の組み合わせ

リスティング広告の広告文は、「タイトル」（見出し）、「表示URL」、「説明文」（2行）、の3つでできています。検索結果ではタイトルの部分が大きな文字で表示され、クリックできるようになっています。ユーザーの検索目的に合わせて、広告で伝えるべき内容をしっかりタイトルで表現してください。なお、「表示URL」は広告文としてユーザーが見られるURLで、通常はドメインを記載します。クリックした先のページを指定する「リンク先」のURL（レッスン26参照）とは異なるので注意してください。

▶広告文の要素

アンティーク時計の通販	タイトル（見出し）
www.xxxxxxxx.co.jp	表示URL
世界中のアンティーク時計が毎週入荷	説明文（1行目）
全商品OH済。5,000円以上で送料無料！	説明文（2行目）

文字数や表現はガイドラインに従う

広告文のタイトルはGoogleアドワーズでは半角30文字まで、説明文は半角38文字まで（Yahoo!プロモーション広告ではそれぞれ全角15文字、全角19文字まで）使えます。記号や強調表現の使用には制限があり、例えば、「!!」のように記号を連続して使ったり、「セ ー ル 実 施 中 !」のように無意味な空白を入れたりすることなどはNGです。過度な強調表現は使わず、「そのキーワードで検索するユーザーは何を求めているのか？」を考えながら広告を書いていきましょう。広告を書く際に注意したいことを下記にまとめてみたので参考にしてください。

▶ **AdWordsポリシーセンター**
https://support.google.com/adwordspolicy/answer/1316548

▶ **Yahoo!プロモーション広告 広告掲載ガイドライン**
http://promotionalads.yahoo.co.jp/support/editorial/

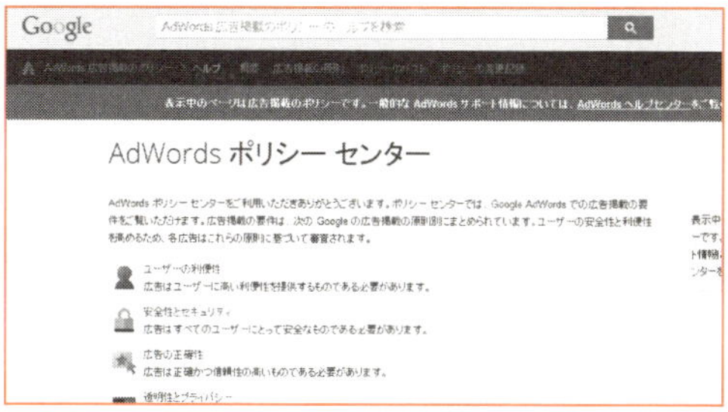

▶ GoogleとYahoo! JAPAN共通の注意すべきポイント

①「最高の」「最大の」など、最大級表現はなるべく避ける。使用する場合は第三者による客観的な根拠を記載する
②句読点を過度に使用しない（感嘆符や疑問符など）。Googleでは、見出し（1行目）に感嘆符（！）を使用することを禁止している
③「ここをクリック」「今すぐクリック」など、リンク先の内容にかかわらずクリックを誘導するためだけの表現を使用しない
④アルファベットの大文字は適切に使用する
⑤文やフレーズの繰り返しを避け、さまざまな言葉を使用する

自分で検索してみて、どんな広告が並んでいるか注意して見てください。広告文作成のヒントが並んでいるはずです。

広告原稿に含めたい要素

タイトル(見出し)	広告の最初のコピーで、もっとも目立つ一文です。見出し行は半角30文字（Yahoo!プロモーション広告では全角15文字）までで、誇張表現や感嘆符（！）、過度の句読点（???や!!なども）は使用できません。ユーザーが知りたいこと、求めていることを想像して、この一文で心をつかんでください。
メリット	ユーザーにメリットを伝えてください。製品やサービスの「品質」「価格」「特典」「安心」などを、短い文章でシンプルにまとめましょう。何にメリットを感じるかは、ユーザーの検索したキーワードによって違うので、それに合わせていくつかパターンを用意してください。
行動を促す内容	「購入」「注文」「ダウンロード」「登録」など、広告をクリックした先のページでユーザーに期待する行動を簡潔な言葉でアピールし、リンク先のページでもそれを実行できるようにしておきます。

ワンポイント

業界別に気をつけたいこと

インターネットを利用するユーザーを保護するために、特定の分野や扱う商品の種類によって、広告の表現や表示そのものに規制があります。化粧品や医薬品などの広告は薬事法に準拠した表現である必要がありますし、金融商品やギャンブル、販売に免許が必要な商品も広告を出稿する際にはリスティング広告の広告掲載ポリシーに準拠している必要があります。自社の扱う製品に規制があるかどうか、前のページのGoogleやYahoo! JAPANのヘルプなどで掲載前に確認しましょう。特に医薬品や化粧品の掲載ポリシーには十分に注意しましょう。以下のサイトで表現をチェックできます。

薬事チェックツールやくじるし
http://yakujicheck.com/

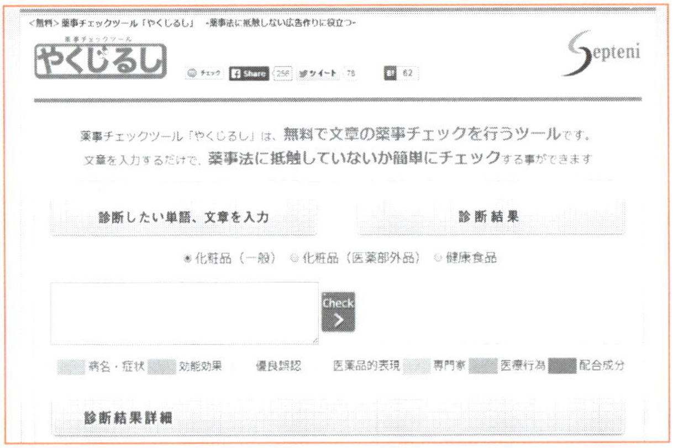

Lesson 25 [広告文の書き方]

ユーザーの気持ちに応える広告文を作りましょう

このレッスンのポイント

広告文を考えるのはなかなか難しいですよね。Googleの掲げる10の事実に「広告は、ユーザーが知りたい情報と関連性がある場合にのみ役に立つ」という言葉があります。ユーザーが探しているものの答えを広告文で表現できれば、おのずと広告の情報価値も上がっていくということですね。ここでは、広告文を書いていく際の考え方をご紹介します。

キーワードが表すニーズは何か？

第3章で関連性の高いキーワードをまとめましたが、それらがどのようなニーズを表しているかを考えるところから始めてみましょう。例えば「沖縄　宿泊」というキーワードは、沖縄に旅行に行くときに泊まる宿泊施設を探したい、というニーズだと考えられます。これが「沖縄　旅行」になると、沖縄の宿泊施設も含めて、観光地やツアー、航空券などの情報を知りたい、という少し目的の幅が広いキーワードになります。広告文は、単純に「キーワードをタイトル（見出し）に含める」だけではなく、言葉の裏側にあるユーザーの目的を考え、その目的に合致する広告文を提示することが大事です。

▶ キーワードでニーズが変わってくる

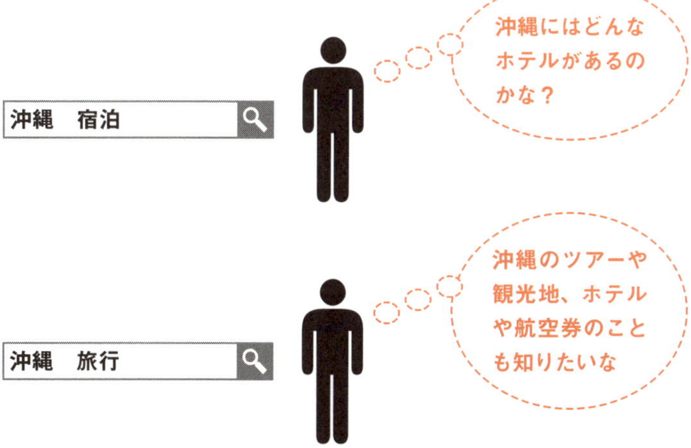
沖縄　宿泊
沖縄にはどんなホテルがあるのかな？
沖縄　旅行
沖縄のツアーや観光地、ホテルや航空券のことも知りたいな

第3章のおさらいでもありますが、キーワードによって異なるニーズをくみ取ることが大切です。

※「Google が掲げる 10 の事実」
http://www.google.co.jp/about/company/philosophy/

「クリックする理由」を作る

広告文は、ユーザーと企業が出会う最初の接点です。「この広告をクリックした先に自分の求めている情報がある」と思えば、人は広告をクリックします。そのため、キーワードの背景にあるユーザーの気持ちを読み取り、「うちの商品やサービスであればそのニーズを満たせますよ」とアピールすることで、人がその広告をクリックする理由を作ります。「ゴルフウェア　ブランド」や「高級　ゴルフクラブ」のように、高品質の商品を求めているようなキーワードであれば、「割引」や「送料無料」だけではなく、「高品質にもかかわらずお求めやすいサイトである」と伝えることで、検索しているユーザーの目的と、自社が提供できる価値とを結びつけることができます。

▶ユーザーが何を求めているかに応える

送料無料
公式

＋

デザイン？
品質？
即日配達？
限定？

「送料無料」や「公式」といった強みはもちろん、検索している人が何を求めているかとすり合わせることが大切

クリックしてほしいからといって「今すぐクリック！」という表現はガイドライン違反なので気をつけましょう。

迷ったら複数の広告を作る

広告掲載がスタートすれば、どれくらいクリックされたのかは数値で確認できます。逆に言えば、広告文がどれくらいクリックされるのかを事前に予測することはできません。リスティング広告では1つの広告グループに複数の広告を登録できるので、ユーザーに何が響くのか迷ったときは、複数の広告文を作成しておきましょう。これは広告掲載後も継続的に続けていく作業なので、今のうちから慣れておくのがお勧めです。

▶複数の広告を出して成果を比較する

広告文A
「高品質なウォーターサーバー」

広告文B
「安全、安心でおいしい水」

広告文C
「全国の幼稚園で使われています」

どれがいちばん効果が高いかは出稿してみなければわからない

後から追加もできるので、まずは気楽に2～3パターンで試してみましょう。

Lesson 26

[リンク先のページ]

広告をクリックして表示されるページを設定しましょう

このレッスンのポイント

リスティング広告の3点セットの最後はリンク先のページです。人は広告をクリックするときに、広告文に書いてあることがリンク先のページにあるのだろうと期待してクリックします。もし期待していた内容がそのページになければ、ユーザーはすぐ「戻る」ボタンをクリックして自社のページから去ってしまいます。ユーザーの期待に沿うページを、リンク先として用意していきましょう。

リンク先ページの考え方

例えば、「BCI-351　格安」というキーワードは、プリンターの替えインクを安く買いたいという意図が込められた検索ですが、広告をクリックした先のリンク先ページに「BCI-351」の品番の替えインクの情報がなく、何回ものクリックやスクロールなどが必要で購入になかなかたどり着けないようでは、せっかくキーワードや広告を工夫しても結果にはつながりません。また、「BCI-351」の在庫が切れている場合も広告効果は限定的になるでしょう。キーワードと広告からユーザーが期待する内容が表現されたページをリンク先にするように心掛ける必要があります。

▶適切なページへリンクする

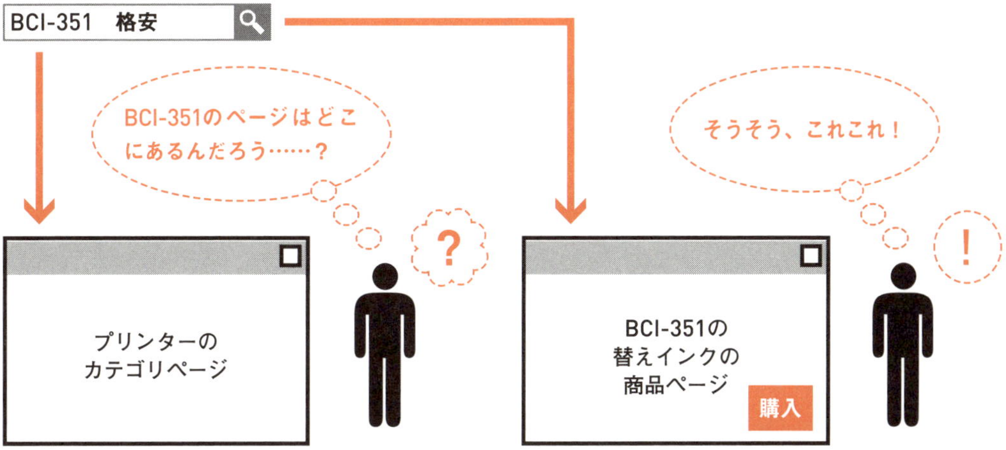
BCI-351　格安
BCI-351のページはどこにあるんだろう……？
?
プリンターのカテゴリページ
そうそう、これこれ！
!
BCI-351の替えインクの商品ページ
購入

リンク先のページをチェックする

リンク先のページがリスティング広告のガイドラインに沿っていないと、ユーザーにとって不利益になるだけでなく、広告の掲載が停止になる恐れもあります。リンク先を設定する際は、以下のチェックリストを使って「このリンク先で大丈夫だろうか？」を確認してみてください。

▶リンク先のページのチェックリスト

- □広告の目標（販売、顧客獲得、ダウンロードなど）につながるページかどうか？
- □広告やキーワードに使っている特定の製品やサービス、特典やメリットなどが提示されているか？
- □リンク先ページが複雑過ぎないか？
- □広告の目標までたくさんのクリックが必要になっていないか？
- □ページの内容が表示されるまでに極端に時間がかかるなど、購入意欲を損なうような障害がないか？
- □ブラウザーの戻るボタンをクリックして検索結果に戻れるか？
- □ポップアップ広告やスパイウェアなど、ユーザーに不利益になるようなものがないか？

特別なリンク先ページを作る必要があることも

キーワードによっては、リンク先として適切なページがサイト内に存在しないことや、自社にとって非常に大事なキーワードでの集客は特別なページでおもてなししたい場合があります。そういうときには、新しく専用のページを用意しましょう。広告などからリンクされて最初に表示されるページのことを「ランディングページ」（LP）と呼びますが、特別に作るページのことをそう呼ぶこともあります。ランディングページはユーザーがサイトを判断する最初のページであり、サイトの良し悪しはページが表示された数秒で決まると言われています。既存のページに満足してもらえる内容がない場合は、特別なページを作ることなども考えましょう。

▶最適なページがない場合は新しいランディングページを作る

×
最適なページがなくてトップページを広告のリンク先のページに指定してしまうと、機会損失の可能性が高まってしまう
トップページ
○
広告の内容に適したランディングページを用意することで、ユーザーの求める情報を提供する
専用のランディングページ

Lesson 27

［広告グループの準備］

3点セットを合わせて 広告グループを作りましょう

このレッスンの ポイント

広告文とリンク先が固まれば、リスティング広告に必要な3点セットが揃ったことになります。いよいよここからは第5章に備えた具体的な準備に入ります。まずは第3章で作成したキーワードグループに、前のレッスンで用意した広告文とリンク先をセットにしてグループ化します。この作業は、リスティング広告の中でもっとも重要かつ楽しい作業です。

キーワードグループから広告グループを作る

第3章のレッスン20で作成したキーワードグループが、広告グループになります。キーワードグループはニーズや目的ごとに分けてきたので、キーワードグループの中にどんなキーワードが入っているかすぐに判断できるように、わかりやすい名前をつけて整理してください。これをそのまま、広告グループの名前にします。

▶ キーワードグループにわかりやすい名前をつける

名前:ゴルフウェア_メンズ

ゴルフウェア　メンズ
ゴルフウェア　男性
ゴルフウェア　男性用
ゴルフウェア　紳士

名前:ゴルフウェア_レディース

ゴルフウェア　レディース
ゴルフウェア　女性
ゴルフウェア　女性用
ゴルフウェア　婦人

ここでは、紙に書き出したり、Excelでまとめたりして進めていきましょう。「ゴルフウェア＿○○」のように名前をつける際のルールを決めておくのもいいでしょう。

● 広告グループごとに広告文を当てはめていく

次に、広告グループごとに広告文を当てはめていきます。異なるニーズのキーワードごとにグループを分けたので、それぞれのニーズごとに違った広告文を設定していきます。例えば、「パーリーゲイツ　バッグ」と「ゴルフ　バッグ」の2つのキーワードは、それぞれ別々の広告グループに属するでしょう。「パーリーゲイツ　バッグ」の広告グループに入る広告は「ゴルフバッグが勢揃い」ではなく「パーリーゲイツのバッグが勢揃い」のほうが、ユーザーの目的に沿った広告文になります。逆に、「ゴルフ　バッグ」であれば、「パーリーゲイツ」などの特定のブランドではなく、さまざまなブランドのゴルフバッグから選びたいというニーズだと考えられますから、「ゴルフバッグが勢揃い」のほうが好ましいですね。

▶ ニーズに合った広告文を組み合わせる

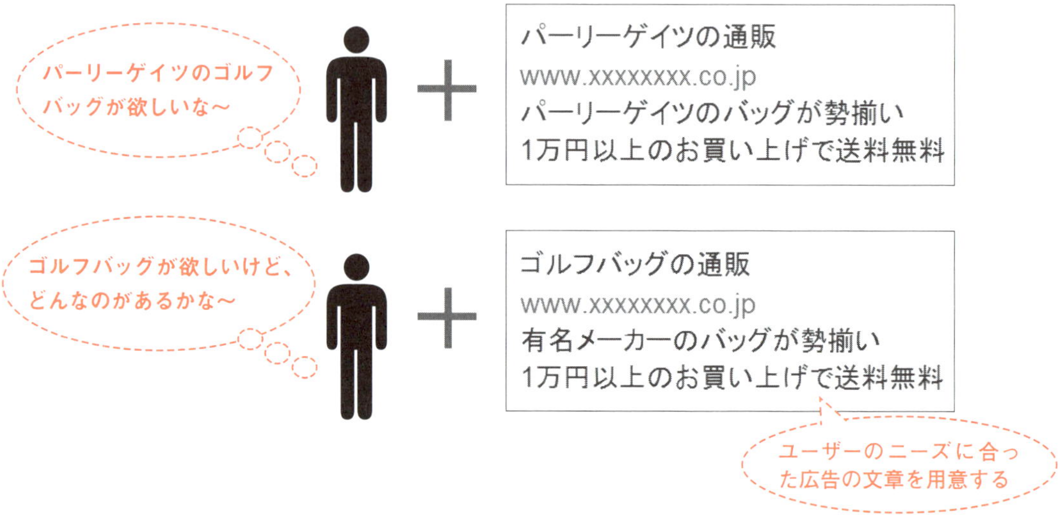

パーリーゲイツのゴルフバッグが欲しいな～
パーリーゲイツの通販
www.xxxxxxxx.co.jp
パーリーゲイツのバッグが勢揃い
1万円以上のお買い上げで送料無料
ゴルフバッグが欲しいけど、どんなのがあるかな～
ゴルフバッグの通販
www.xxxxxxxx.co.jp
有名メーカーのバッグが勢揃い
1万円以上のお買い上げで送料無料
ユーザーのニーズに合った広告の文章を用意する

ブランド名で指名買いのユーザー、ゴルフバッグのようにジャンルで探しているユーザー、それぞれに異なる広告でアピールしましょう。

ワンポイント

リンク先のURLは、広告グループ、キーワードのどちらでも設定可能

ここでは広告グループごとに広告とリンク先ページを用意する前提ですが、さらに細かくキーワードごとにリンク先を設定することもできます。第6章、第7章で解説しますが、どのキーワードから多くのアクセスを集めているかを調べることが可能なので、実際にはそのデータを見ながら、どの「キーワード」→「広告」の導線が良い結果を生み出しているのかを確認しながらメンテナンスしていくことになります。

広告とリンク先がセットになる

広告がクリックされればリンク先のページが表示されます。当然、広告とリンク先のURLは常にセットで考えることが大事です。「ゴルフバッグが勢揃い」という広告のリンク先がパーリーゲイツのバッグ一覧ページではユーザーはとまどってしまいますし、「パーリーゲイツのバッグが勢揃い」という広告のリンク先がサイトのトップページで、パーリーゲイツのバッグへのリンクが見当たらなければ、ユーザーはすぐに去ってしまうかもしれません。「この広告を見たユーザーはリンク先にどんな期待をしているのか？」を意識しながら、広告とリンク先のセットを作りましょう。以下の例なら、ゴルフ用品のトップページよりは、ゴルフバッグが一覧になっているページをリンク先にするのがいいですね。

▶ユーザー・キーワード・広告・リンク先がつながるようにする

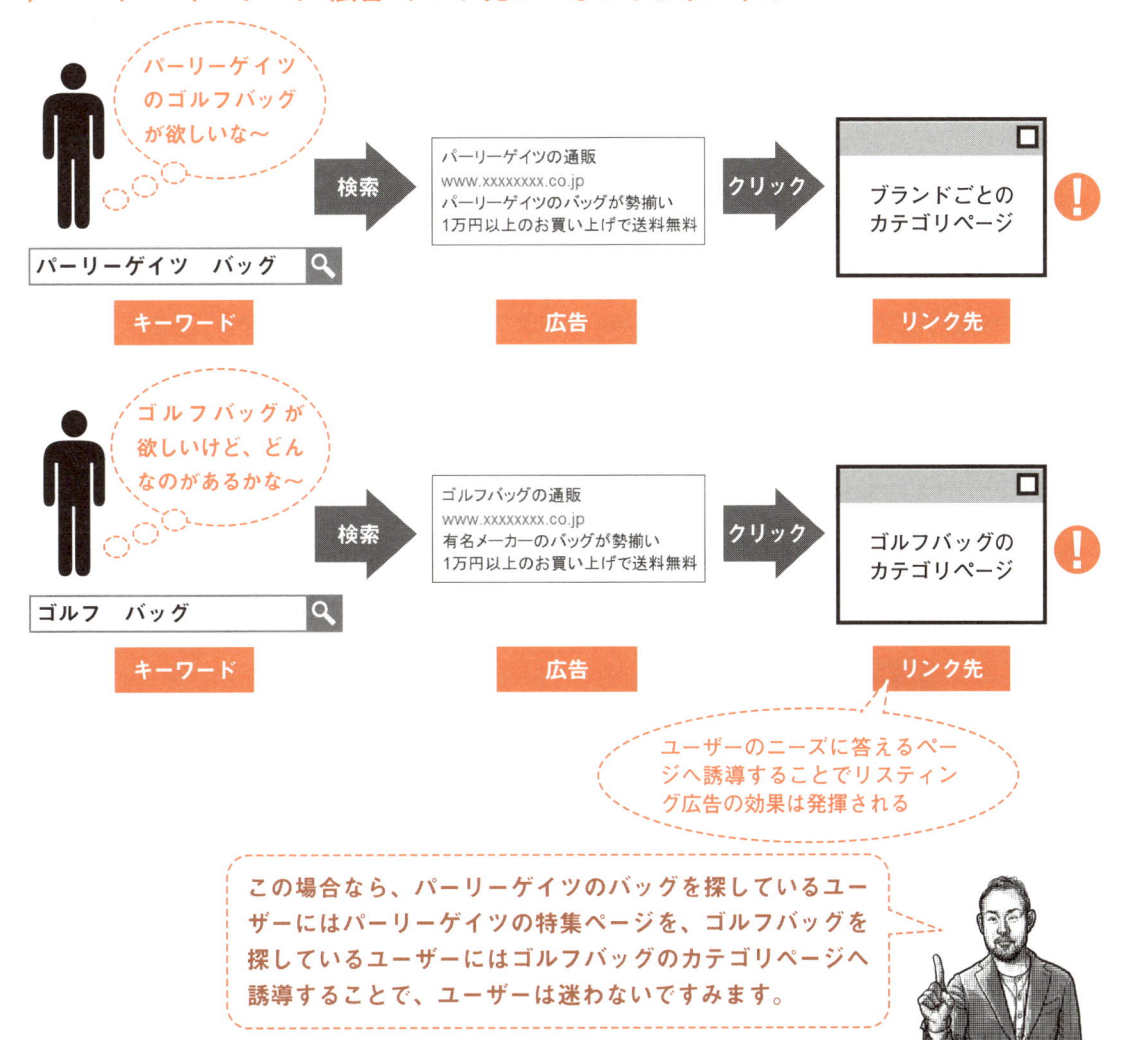

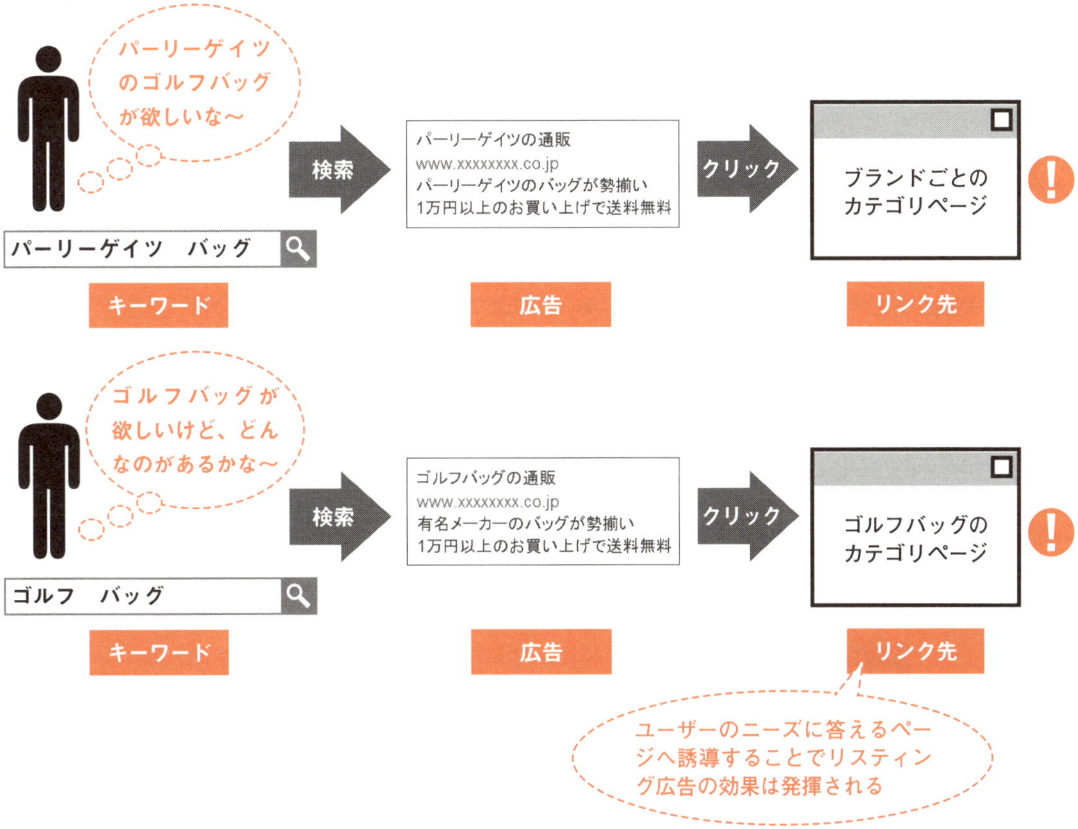
パーリーゲイツのゴルフバッグが欲しいな～
検索
パーリーゲイツの通販
www.xxxxxxxx.co.jp
パーリーゲイツのバッグが勢揃い
1万円以上のお買い上げで送料無料
クリック
ブランドごとのカテゴリページ
パーリーゲイツ　バッグ
キーワード
広告
リンク先
ゴルフバッグが欲しいけど、どんなのがあるかな～
検索
ゴルフバッグの通販
www.xxxxxxxx.co.jp
有名メーカーのバッグが勢揃い
1万円以上のお買い上げで送料無料
クリック
ゴルフバッグのカテゴリページ
ゴルフ　バッグ
キーワード
広告
リンク先
ユーザーのニーズに答えるページへ誘導することでリスティング広告の効果は発揮される

この場合なら、パーリーゲイツのバッグを探しているユーザーにはパーリーゲイツの特集ページを、ゴルフバッグを探しているユーザーにはゴルフバッグのカテゴリページへ誘導することで、ユーザーは迷わないですみます。

Lesson 28

[クリック単価]

クリック単価の相場を調べましょう

このレッスンのポイント

広告グループはできてきましたか？ 広告グループがある程度出揃ったあとは、広告グループごとにクリック単価（CPC）を決める作業に入ります。初めてリスティング広告に取り組むときに「クリック単価をいくらで設定すればいいのかわからない」という声を多く聞きます。ここでは、出稿時のクリック単価をいくらで始めればいいのか、一緒に考えていきましょう。

上限クリック単価と平均クリック単価

第1章で勉強したクリック単価はもうバッチリですか？ リスティング広告はクリック課金ですが、1回のクリックあたりの金額は定価ではなく、キーワードへの入札の結果で決まります。そのため、最初に「1クリックあたりいくらまで払ってもいいよ」という価格を広告主たちがそれぞれ入札します。その入札価格が「上限クリック単価」（上限CPC）でした。そして、クリックされたときに課金される金額はクリックのたびに変わるので、リスティング広告の管理画面では「上限クリック単価」のほかに、クリックされた金額の平均値として「平均クリック単価」（平均CPC）が表示されます。まずは上限クリック単価の目安を調べるところから始めましょう。

▶ 上限クリック単価（上限CPC）

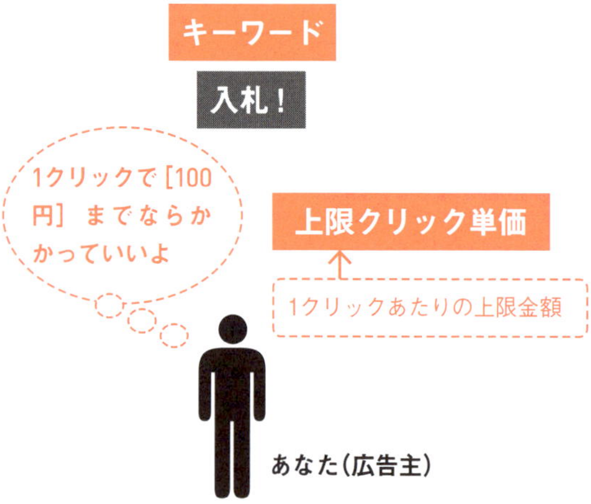

▶ 平均クリック単価（平均CPC）

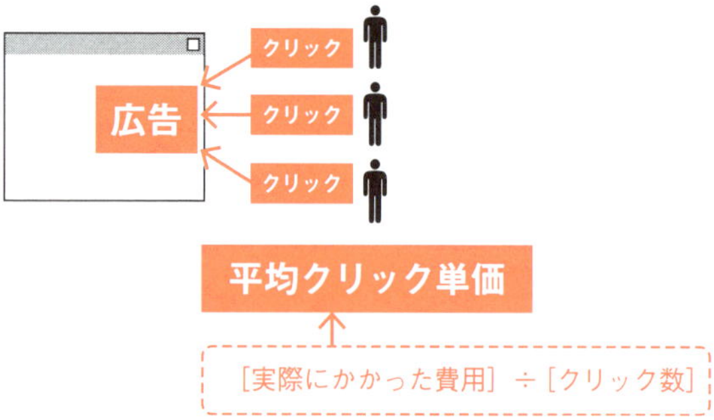

上限クリック単価は「先に決めるもの」、平均クリック単価は「後からわかるもの」です。

コンバージョンから逆算して上限クリック単価を算出する

広告の表示順位を高くするために上限CPCを引き上げても、お金ばかりかかって利益が出ないのでは広告を出す意味がありません。そこで、「利益を出すためには1クリックあたりいくらまでなら払える」という採算ラインをあらかじめ算出してみましょう。例えば、1回の購入金額の平均が5,000円のギフトショップが、商品の利益率から逆算して、1回の購入あたりの広告費を1,000円まで出せるとします。この金額が目標CPA（Cost Per Action：1件あたりの目標獲得単価）になります。仮に広告をクリックした人が全員ギフトを買ってくれるなら1クリックに1,000円出しても大丈夫ですが、現実はそんなことはありません。広告をクリックして来た人のうち、ギフトを買ってくれた人の割合が「コンバージョン率」（CVR）です。例えば100回のクリックで5件購入があれば、コンバージョン率は5%です。目標CPAが1,000円だとすれば、上限クリック単価は以下のように算出できます。

▶ 上限クリック単価の計算例

上限CPC ＝ 目標CPA×コンバージョン率

広告費が1,000円でコンバージョン率が5%のときの上限CPCは50円

上限クリック単価はあくまで「上限」なので、実際のクリック単価はそれよりも低くなります。

ツールを使ってクリック単価を見積もる

広告をクリックしてくれた人のうち、どれくらいの人に買ってもらえるのかが事前に予測できる場合は上記の方法でいいのですが、初めてリスティング広告をやる場合は、コンバージョン率がわからないことのほうが多いと思います。そんなときは、Googleの「キーワードプランナー」を使ってシミュレーションをしてみましょう。入札したいキーワードをキーワードプランナーに入力すると、キーワードごとの月間の予測表示回数やクリック数、費用やクリック単価の見積もりを出してくれます。第3章で作成したキーワードを入力して、上限クリック単価をいろいろ変えながら、クリック単価の相場がどれくらいなのか確認してみてください。

▶ キーワードプランナー

https://adwords.google.com/KeywordPlanner

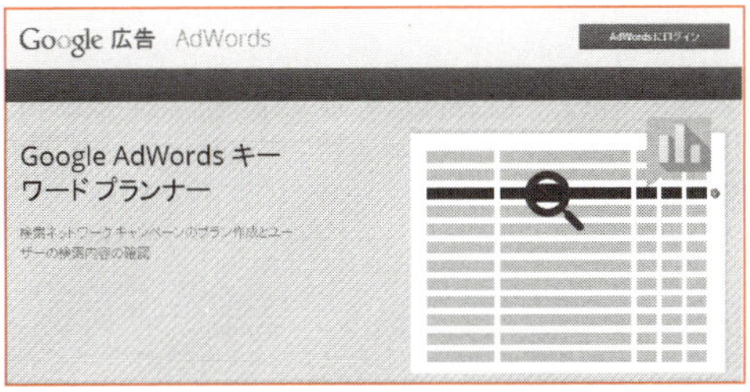

キーワードプランナーを利用するにはGoogleアドワーズのアカウントを取得している必要がある（61ページ参照）

キーワードプランナーの使い方

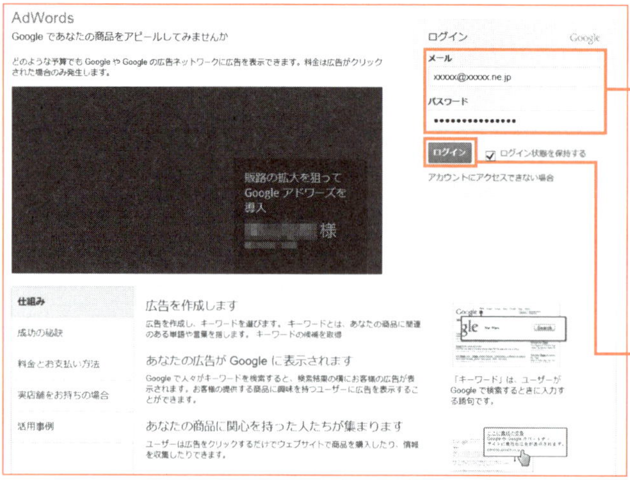

1 キーワードプランナーを表示する

61ページで取得したアカウントでGoogleアドワーズにログインします。

1 メールアドレスとパスワードを入力します。

2 ［ログイン］をクリックします。

3 64ページの手順1を参考にしてキーワードプランナーを表示します。

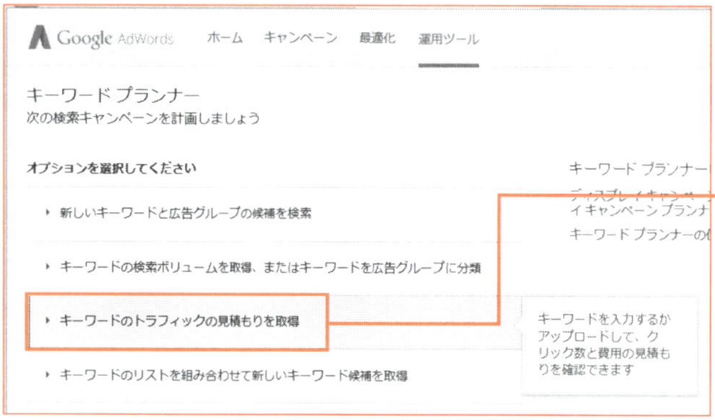

2 キーワードの見積もりの入力画面を表示する

1 ［キーワードのトラフィックの見積もりを取得］をクリックします。

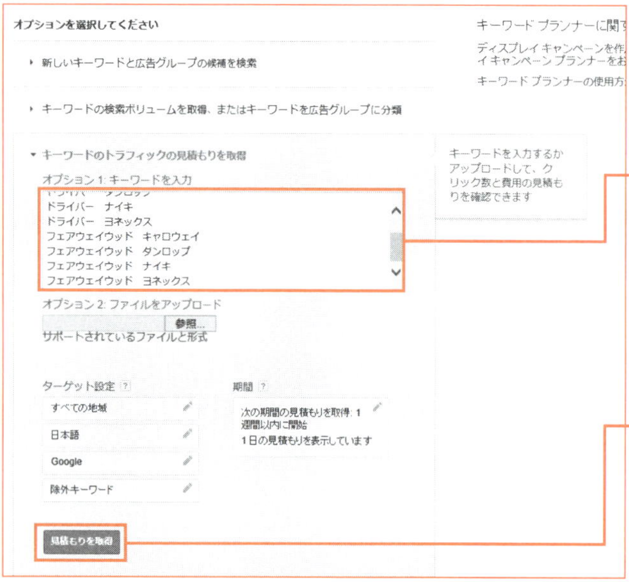

3 キーワードを入力する

1 ［オプション1：キーワードを入力］にキーワードを入力します。

キーワードごとに改行して入力します（複合語は間にスペースを入れて1行で入力）。

2 ［見積もりを取得］をクリックします。

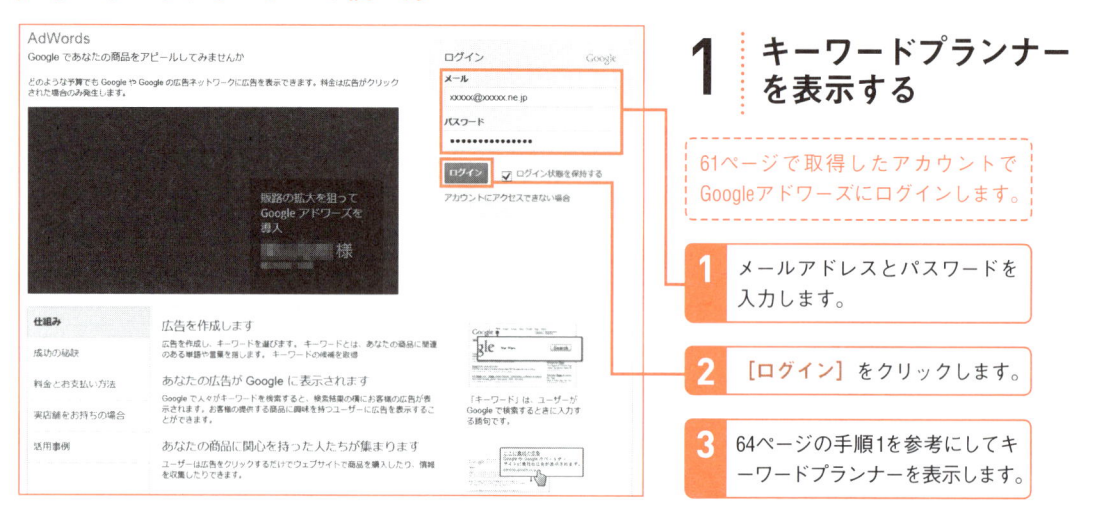

4 上限クリック単価を入力する

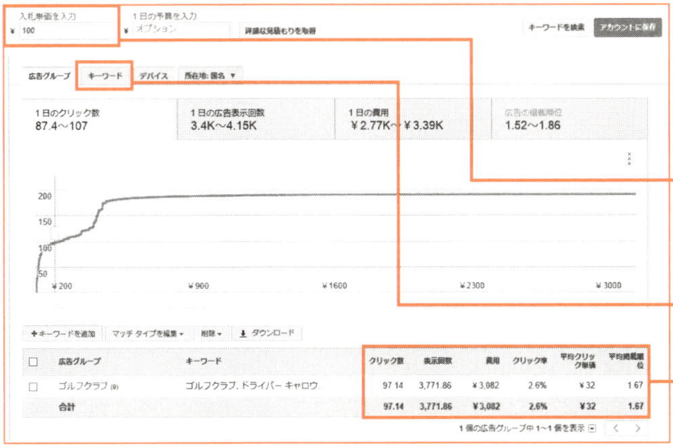

1 **［入札単価を入力］** に見積もりたい上限クリック単価を入力します。

2 **［キーワード］** をクリックします。

手順3で入力したキーワードをまとめて広告グループと見なしたときの見積もりが表示されます。

5 見積もりを確認する

1 **［費用］［クリック率］［平均掲載順位］** など、キーワードごとの見積もりが表示されるので確認します。

2 この表に表示されているのは **［平均クリック単価］** であり、**［入札単価を入力］** に入力した値が「上限クリック単価」なので、その金額をメモしておきます（第5章で実際に入札する際に使用します）。

キーワードプランナーで算出されるのは「平均クリック単価」です。実際に設定するときには、試しながら入力した「上限クリック単価の値」を使用します。

NEXT PAGE →

品質スコアとクリック単価の関係

実際のクリック単価が上限クリック単価を上回ることはなく、クリックされるたびに計算されています。その計算方法は覚えていますか？ 自社の広告の1つ下に表示されている広告の広告ランクを、自社の広告の品質スコアで割った値に、1円を足したものが実際のクリック単価になります。下の図のように自社の広告が1位、競合のB社が2位だったとすると、自社が支払う実際のクリック単価は101円です。ここでお伝えしたいことは、もし自社の品質スコアが8でなく10だったら、101円が81円になること。つまり、「同じ上限クリック単価でも品質スコアが高いと、支払うクリック単価が安くなる」ということです。次のページではその品質スコアについて説明していきますが、広告の品質を高めることがクリック単価の節約にもなるということなのです。

▶ 自社が1位で競合のB社が2位の場合

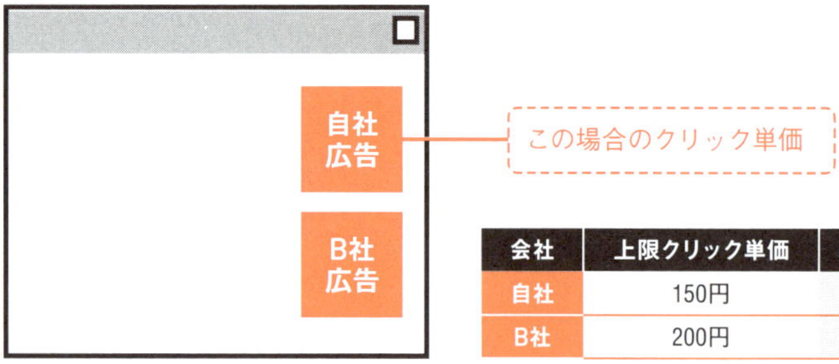

会社	上限クリック単価	品質スコア	広告ランク	順位
自社	150円	8	150円×8＝1200	1位
B社	200円	4	200円×4＝ 800	2位

▶ クリック単価の計算方法

広告ランクは分解すると
［上限クリック単価×品質スコア
（次のページで解説）］になる

$$\text{実際のCPC} = \frac{\text{自社広告の1つ下に表示されている広告ランク}}{\text{自社広告の品質スコア}}$$

品質スコアで約分できる

▶ クリック単価の計算例

$$\text{101円} = \frac{\text{200円} \times 4}{8} + \text{1円}$$

計算式が出てきて難しく感じるかもしれませんが、「広告の品質を高めればクリック単価が安くなりやすい」と覚えて下さい！

ワンポイント

品質スコアとは何か？

品質スコア（品質インデックス）は、リスティング広告を支える大事な要素の1つです。広告の掲載順位や、表示・非表示を決める広告ランクは「上限クリック単価×品質スコア」という式で計算されていますが、もし品質スコアがなかったら、広告の表示や順位はすべて上限クリック単価だけで決まってしまい、お金のある人だけが広告を出せるということになってしまいます。もしお金ですべて解決できるのであれば、極端な話、どこかの大企業が大量のキーワードに高い単価で入札して、どんなキーワードで検索しても同じような広告が出るという世界になってしまいます。そうするとユーザーは検索エンジンの結果を信用しなくなり、ユーザーが減るので広告主も減り、いつか市場は正常に機能しなくなってしまうでしょう。そうならないように、広告の「品質」という要素を導入することによって、キーワードと関連性の薄い「品質の低い広告」は、広告ランクが上がらずに広告が出なくなり、関連性の高い「品質の高い広告」が優先的に表示されることで、ユーザーの利便性や市場のフェアネスが保たれています。では、品質スコアはどのように計算されているのでしょうか？ 一部を下の表にまとめましましたが、品質スコアはリスティング広告のアカウントに関連するさまざまな要素をもとに算出されています。これまでの章で行ってきた、ユーザーのニーズを考え、関連するキーワードをまとめ、まとめたキーワードグループごとに広告文やリンク先を設定していく作業は、コンバージョン率を高めて利益を上げるためだけでなく、結果的に広告の品質を高めるための作業でもあります。品質スコアは非常にたくさんの要素を加味してリアルタイムに計算されているので、細かい品質スコアの要素を吟味することに時間を割くことよりも、自社の「お客さん像」を想像して、リスティング広告とWebサイトでしっかりおもてなしを続けていけば、おのずと品質は向上していきます。

▶品質スコアで考慮される主な要素

要素	意味
キーワードの推定クリック率（CTR）	キーワードが広告のクリックにつながった頻度
表示URLの過去のクリック率（CTR）	表示URLでクリックが発生した頻度
アカウントの過去のデータ	アカウントのすべての広告とキーワードの全体的なクリック率
リンク先ページの品質	ページの内容の関連性、情報の透明性、操作性
キーワードと広告の関連性	キーワードと広告との関連性
キーワードと検索語句の関連性	キーワードとユーザーの検索語句との関連性
地域別の掲載結果	ターゲット地域でのアカウントの実績
サイトでの広告の掲載結果	広告が掲載されるサイトや同様のサイトでの広告の実績（コンテンツ向け広告で広告を掲載している場合）
ターゲットに設定しているデバイス	デスクトップPCやノートPC、携帯端末、タブレットなど、各種デバイスでの広告の実績（品質スコアはデバイスの種類ごとに計算される）

Lesson 29

[上限クリック単価]

上限クリック単価を広告グループに割り振りましょう

このレッスンのポイント

クリック単価の見積もりがある程度できたら、広告グループごとに上限クリック単価を割り振りましょう。広告グループの上限クリック単価は、広告グループの中にあるキーワードのクリック単価の基準になります。広告文などと同様に、上限クリック単価は後から変えられるので過度に慎重になる必要はありませんが、お金にかかわる部分なので桁を間違えたりしないように気をつけてください。

上限クリック単価を設定する要素は2つ

上限クリック単価は、実際の管理画面では広告グループとキーワードそれぞれに設定できます。広告グループの上限クリック単価はその広告グループに入っているキーワードの基準となる単価です。個別のキーワードに上限クリック単価を設定しない場合、各キーワードには広告グループで設定した上限クリック単価が適用されます。もし、広告グループの上限クリック単価とキーワードの上限クリック単価が異なる場合には、キーワードの上限クリック単価が適用されます。

▶広告グループとキーワードそれぞれに設定できる

広告グループ(50円)

キーワードA（60円）→ 上限クリック単価は60円
キーワードB（未設定）→ 上限クリック単価は50円 ― 広告グループの上限クリック単価が適用される
キーワードC（40円）→ 上限クリック単価は40円

広告グループの上限クリック単価が適切に設定できれば、キーワード１つ１つに単価を設定する手間を省くことができます。

極端にクリック単価が異なるキーワードは？

広告グループは関連性の高いキーワードがまとまって入っているはずなので、近い上限クリック単価を設定することが多いと思います。もし、あるキーワードだけほかのキーワードより優先して広告を出したいがために、極端に上限クリック単価を高くする（あるいは低くする）と、広告グループの構成上不自然になります。そうしてしまうということは、そもそもニーズが違うキーワードをむりやりまとめてしまっている可能性があるからです。そんなときは、ほかのキーワードとは広告文やリンク先を別に設定したほうがいいことが多いので、なるべく広告グループを分けるようにしてください。

▶新たに広告グループを作る

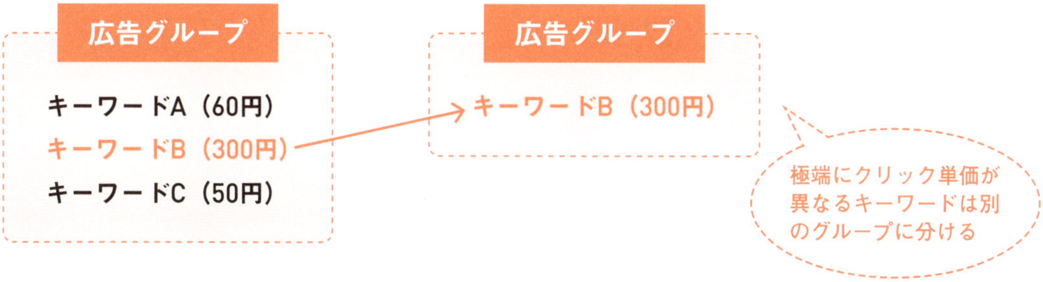

マッチタイプごとの単価設定

自社にとって重要なキーワードが入っている広告グループでは同グループ内にマッチタイプ（レッスン21参照）の違う同一キーワードが存在することがあります。その場合は、完全一致のキーワードの方を部分一致より高めに設定しましょう。部分一致や絞り込み部分一致は、完全一致も含めたあらゆる検索語句（検索クエリ）の可能性にマッチングするので、完全一致より低く入札することで、部分一致でマッチングするそのほかの検索語句に対して安く入札できます。

▶入札価格のイメージ

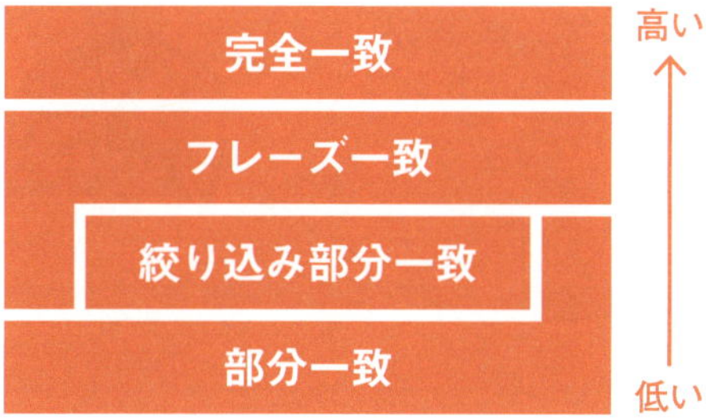

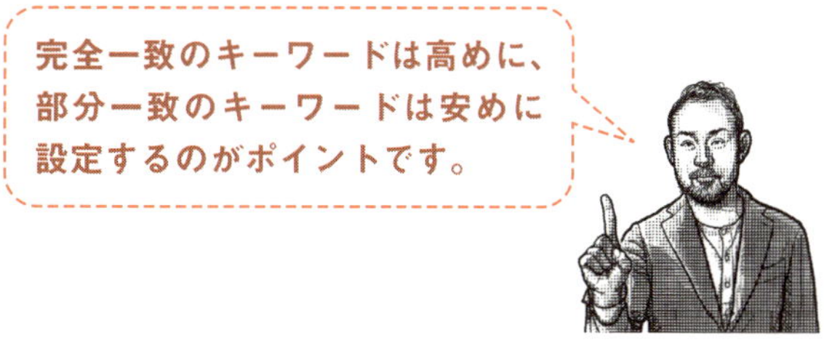

広告グループごとの単価のバランスを取る

広告グループ間の上限クリック単価のバランスにも注意してください。例えば、ワンピースを販売するサイトが「ワンピース」というキーワードを完全一致と部分一致で設定し、上限クリック単価をそれぞれ200円と100円で入札していたとします。アカウント内にこのキーワードしか入札していない場合は問題ありませんが、もし別の広告グループで「ワンピース　通販」というキーワードで上限クリック単価を50円で入札していると、ワンピースを購入する可能性の高い検索語句（検索クエリ）に対して、先の「ワンピース」の部分一致（100円）で表示される可能性が出てきます（実際は品質スコアや検索語句によって変化します）。「ワンピース」のような意味が広いキーワードの入札は、ほかの意味の近いキーワードと比べて上限クリック単価にどれくらい差があるのか確認しましょう。

▶広告グループ間でバランスが取れていない例

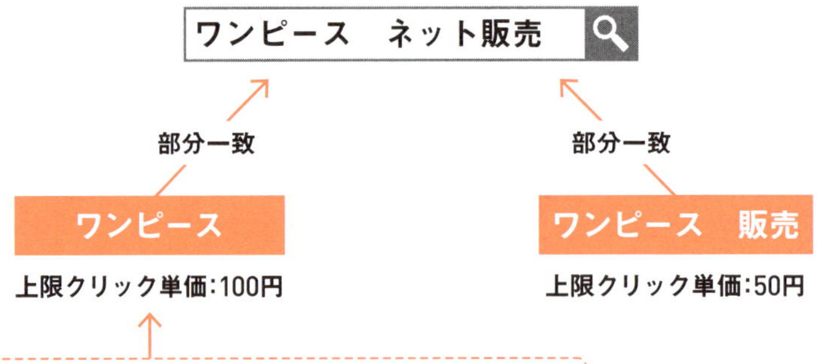

「ワンピース」「ワンピース　販売」の両方で入札していて、もし「ワンピース」の方の広告がクリックされると、わざわざ高いクリック単価になってしまう。また、「ワンピース」の広告グループで用意している広告文が「ネット販売」向けでないと、クリックされる可能性も下がってしまう

意味の広いキーワードの部分一致でわざわざ高く入札してしまわないように、キーワード全体のバランスを見て設定してください。

Lesson 30

[リスティング広告の予算]

リスティング広告の予算を決めましょう

このレッスンのポイント

リスティング広告の掲載準備もいよいよ大詰めです。ここでは、意外と悩ましい「予算」を決めていきます。リスティング広告では、キーワードのクリック単価は時価ですし、クリック数はクリック率次第なので、単純にクリック単価とクリック数を掛け算して予算として積み上げることが難しいため、これまで揃えてきたキーワードや上限クリック単価と相談しながら、予算を決めていきましょう。

とりあえず決めてしまおう

まずは、「リスティング広告で1カ月にいくらまでなら使ってもOK」という予算の上限を決めてしまいましょう。この予算の大小によって、今後の運用が変わってきます。例えば、1カ月1万円の予算では1日何万回も検索されるビッグワードではおそらく広告は出せませんし、逆に1カ月100万円の予算があっても、検索数の非常に少ないスモールワードばかりでは、用意した予算に見合った効果は得られません。予算を水に例えれば、金魚鉢で鯉を飼うことはできませんし、プールで数匹のメダカだけを飼うのは過剰な投資です。自社のビジネスに必要なキーワードと、用意できる予算のバランスを考えて、無理のない金額を設定する。まずはこれが大切です。

▶ 無理のない金額で始めることが大事

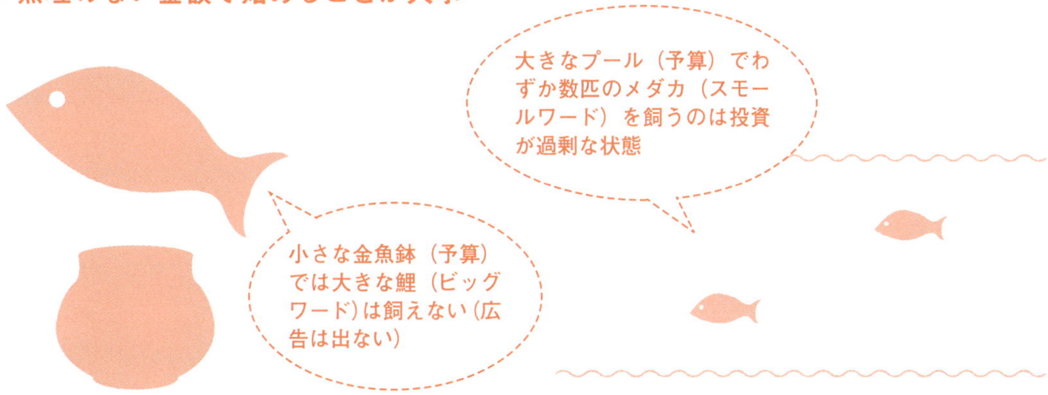
大きなプール（予算）でわずか数匹のメダカ（スモールワード）を飼うのは投資が過剰な状態
小さな金魚鉢（予算）では大きな鯉（ビッグワード）は飼えない（広告は出ない）

キーワードプランナーで見積もってみる

なかなか予算を決められない場合は、レッスン25でクリック単価を調べるときに利用したGoogleのキーワードプランナーを使って、用意したキーワードでどれくらいの予算が必要になるかを算出してみます。第3章で作成したキーワードグループ（広告グループ）ごとに見積もりを出して、設定した予算が現実的な額なのかどうか、もし予算を超えているようであれば、設定するキーワードの見直しも行いましょう。

▶キーワードグループごとにどれくらいかかるか試算する

キーワード	広告グループ	クリック数	表示回数	費用	クリック率	平均クリック単価	平均掲載順位
ゴルフクラブ	ゴルフクラブ	89.74	3,529.86	¥2,966	2.5%	¥33	1.69
ドライバー キャロウェイ	ゴルフクラブ	3.39	93.71	¥57	3.6%	¥17	1.38
ドライバー ダンロップ	ゴルフクラブ	0.41	13.86	¥9	2.9%	¥23	1.21
ドライバー ナイキ	ゴルフクラブ	0.90	61.57	¥28	1.5%	¥31	1.44
ドライバー ヨネックス	ゴルフクラブ	0.02	2.57	¥1	0.9%	¥23	1.33
フェアウェイウッド キャロウェイ	ゴルフクラブ	1.34	57.86	¥15	2.3%	¥11	1.44
フェアウェイウッド ダンロップ	ゴルフクラブ	0.00	0.00	¥0	-	-	-
フェアウェイウッド ナイキ	ゴルフクラブ	1.30	7.43	¥8	17.6%	¥6	1.38
フェアウェイウッド ヨネックス	ゴルフクラブ	0.04	5.00	¥0	0.9%	¥3	1.26
合計		97.14	3,771.86	¥3,082	2.6%	¥32	1.67

初期設定では1日あたりの見積もりが表示されている

どうしても予算を決められない場合は

それでも「いくらにすればいいかわからない」という場合は、利益や目標コンバージョン（購入、申し込みなど）件数から逆算する方法もあります。1回の注文あたりの平均売上（顧客平均単価）がわかっていれば、そこから原価などを差し引いて広告にかけられる費用（コンバージョン1回あたりの広告費）を算出します。続いて、「1カ月にこれぐらい獲得したい」という目標コンバージョン数を決めて、その2つをかけることで、1カ月の予算とすることができます。

▶コンバージョンからの予算の計算方法

月額予算 = コンバージョン1回あたりにかかる広告費 × 1カ月の目標コンバージョン数

実際には運用しながら予算設定は変えていくことになるので、心配であれば少ない額からスタートしてみましょう。

Lesson 31

[キャンペーンの考え方]

キャンペーンの準備をしましょう

このレッスンのポイント

お疲れさまでした！ここまでで、リスティング広告のアカウントを作るために必要な要素がほぼ出揃いました。準備の仕上げとして、これまで作ってきた広告グループに共通する設定を「キャンペーン」としてまとめます。キャンペーンはアカウントにログインして最初に表示されるいちばん身近な単位なので、これから頻繁に目にすることになります。普段から確認できる単位でまとめてましょう。

キャンペーンの役割

これまで作成してきた各広告グループをまとめ、共通する設定を行うのがアカウントの中でいちばん大きな単位である「キャンペーン」です。複数の広告グループを一元管理し、キャンペーンで設定された内容は、その配下にある広告グループすべてに適用されます。次の第5章では実際に管理画面を見ながら設定していきますが、まずはキャンペーンでどんなことが行えるのかを確認してください。

▶ キャンペーンで設定できる項目

- □ 広告を配信する地域と言語
  どの地域、どの言語を利用している人に広告を表示するのか
- □ 広告の配信ネットワーク
  検索連動型広告を使うのか、コンテンツ向け広告（第8章参照）を使うのか
- □ 1日あたりの予算と予算の消化ペース
  広告予算をどれぐらいのペースで使うのか
- □ 配信方法
  クリック率を重視するか均等な配信をするか
- □ 広告配信のスケジュール
  1週間の中でいつ、1日の中でいつ広告を表示するのか

配信ネットワークは、検索連動型広告とコンテンツ向け広告（第8章参照）で分けるのが無難です。

リスティング広告の予算は1日・キャンペーン単位

キャンペーンではたくさんの設定項目がありますが、いちばん大事なのは予算です。リスティング広告の「予算」は「そのキャンペーンで配信できる1日あたりの予算」という意味になります。そのため、「実際の1カ月の広告予算」を考えるときには、「すべてのキャンペーンの予算を合算した金額×日数」になります。例えば1カ月の広告予算が30万円で、アカウントに2つのキャンペーンがあり、広告予算をキャンペーンに半分ずつ配分したとすると「30万円÷30日÷2」となり、各キャンペーンに設定する1日の予算は5,000円になります。アカウントに「実際の1カ月の広告予算」の総額を設定するわけではないので気をつけてください。

▶1日あたりの予算と見積もりを見比べる

✚キーワードを追加　マッチ タイプを編集▾　削除▾　⬇ ダウンロード

キーワード	広告グループ	クリック数	表示回数	費用	クリック率	平均クリック単価	平均掲載順位
ゴルフクラブ	ゴルフクラブ	89.74	3,529.86	¥2,966	2.5%	¥33	1.69
ドライバー キャロウェイ	ゴルフクラブ	3.39	93.71	¥57	3.6%	¥17	1.38
ドライバー ダンロップ	ゴルフクラブ	0.41	13.86	¥9	2.9%	¥23	1.21
ドライバー ナイキ	ゴルフクラブ	0.90	61.57	¥28	1.5%	¥31	1.44
ドライバー ヨネックス	ゴルフクラブ	0.02	2.57	¥1	0.9%	¥23	1.33
フェアウェイウッド キャロウェイ	ゴルフクラブ	1.34	57.86	¥15	2.3%	¥11	1.44
フェアウェイウッド ダンロップ	ゴルフクラブ	0.00	0.00	¥0	-	-	-
フェアウェイウッド ナイキ	ゴルフクラブ	1.30	7.43	¥8	17.6%	¥6	1.38
フェアウェイウッド ヨネックス	ゴルフクラブ	0.04	5.00	¥0	0.9%	¥3	1.26
合計		**97.14**	**3,771.86**	**¥3,082**	**2.6%**	**¥32**	**1.67**

実際には前述のGoogleキーワードプランナーを使い、準備したキーワードの「費用」の見積額を見ながら、キャンペーンにどれくらいの予算を配分するか決めていく

▶1日の予算の計算方法

1日の予算 ＝ 月額予算 ÷ キャンペーン数 ÷ 30日

設定した予算よりキーワードの検索数や予測されるクリック数が多い場合は、管理画面のキャンペーン一覧にアラートが表示されます。

キャンペーンをどうまとめるか？

キャンペーンをどのようなくくりで分けたらいいのでしょうか？ 正解はありませんが、考え方としては2つあります。1つは「役割別」にまとめることです。キャンペーンで設定する「地域」「配信ネットワーク」「予算」などが分かれるところでキャンペーンも分けるのです。例えば、Googleアドワーズなら検索ネットワークとディスプレイネットワークで分けたり、海外からのオーダーにも対応するECサイトなら国内向けと海外向けで分けたり、あるいは事業部ごとの経費で分けたりします。もう1つは、「普段から確認したい単位」でまとめるという考え方です。リスティング広告の管理画面にログインして最初に表示されるのはキャンペーンの一覧です。そのため、キャンペーン単位で実績を確認していく機会が自然と多くなります。そう考えると、自社にとって重要なキーワードが入ったキャンペーンや、予算を多く使うキャンペーンなど、状況を把握したい単位で分けると、日々の運用や分析がしやすくなるでしょう。

▶ キャンペーンを役割別にまとめる

キャンペーンA

検索
ネットワーク

キャンペーンB

ディスプレイ
ネットワーク

▶ キャンペーンを日常的に注視したいものでまとめる

キャンペーンA

ゴルフクラブ

キャンペーンB

ゴルフバッグ

キャンペーンの分割の基準を意識することで、普段の運用のしやすさが変わってくる

たくさんの広告グループがあるのにキャンペーンを1つしか設定しなかったり、逆に必要以上に細かく分け過ぎたりすると、管理が煩雑になってしまうので避けたほうがいいでしょう。

質疑応答

ECサイト担当者

Q　作った日付をキャンペーン名にして管理するのはどうですか？

A

103ページで紹介したように、キャンペーンの分け方に正解はありませんが、良くないキャンペーンの分け方には、いくつか典型例があります。例えば、「2014年6月追加分」や、「完全一致_メイン」のような、キャンペーンを分ける基準から逸脱した分け方です。

「2014年6月追加分」の場合、キャンペーンの中にどのようなキーワードや広告が入っているかわかりませんし、ほかのキャンペーンとの整合性があるのかどうかも名前からは判断できません。新しく追加したキーワードや広告がどう影響しているかは、管理画面の右上の表示期間を変えれば確認できるので、追加した時期でキャンペーンにまとめるのは、避けておいたほうがいいかもしれません。どうしてもメモとして残しておきたい場合は、ラベル機能などを活用して後から集計できるようにしましょう。

「完全一致_メイン」の場合、マッチタイプはキーワード単位で設定するものなので、キャンペーン単位で分けてしまうとマッチタイプが違う同じキーワードが別々のキャンペーンに入ることになり、管理の複雑さが増してしまいます。

103ページを参考に、「地域」「言語」「配信ネットワーク」「予算」などのキャンペーン設定項目や、「社名やサービス名のキーワードが入ったキャンペーン」「重要なキーワードが入っている注力キャンペーン」など、普段から状況を確認したい単位で分けていくことをお勧めします。

Chapter

5

アカウントの構造を理解して出稿しよう

これまでの章で準備した内容をもとに、リスティング広告のアカウントを作っていきましょう。この章が終われば、いよいよリスティング広告のスタートです！ インターネット上にあなたが作った広告が表示され、たくさんのお客さんがサイトにアクセスしてくれることでしょう。

Lesson 32
[リスティング広告の出稿]

リスティング広告を出稿しましょう

このレッスンのポイント

ここからは、第4章までで用意した内容を、実際にリスティング広告のアカウントに反映して広告を出稿していきます。いよいよ実践ということで、不安を抱くかもしれませんが、注意点や注目点を各レッスンで解説していくので、一歩一歩進めていけば必ず出稿できます。大丈夫！ がんばりましょう！

大きな単位から作業を始める

リスティング広告を始めるには、Googleアドワーズでは Googleアカウントが、Yahoo!プロモーション広告では Yahoo! JAPANビジネスIDを取得する必要があります。Googleアカウントはレッスン19で取得済みのはずですが、もしまだ取得していなかったら、61〜63ページを参考にして作業を行なっておいてください。 その手順でGoogleアカウントも一緒に取得できます。ここでは Googleアドワーズを例にして出稿の手順を紹介していきますが、巻末の付録では、Yahoo!プロモーション広告のアカウント開設から、コンバージョンタグの確認方法までの流れも紹介しているので、そちらも参考にしてみてください。また、下記では最初に行う作業の主な流れを紹介しているので、一読されることをお勧めします。

アカウントの構造はいちばん大きな単位である「アカウント」から「キャンペーン」→「広告グループ」という階層であること、そして広告グループの中に「キーワード」「広告文」「リンク先」があるということは学びました。いちばん大きな単位であるアカウントは取得済みなので、その次のキャンペーンの作成から始めてみましょう。

▶ Googleアドワーズ スタートガイド
http://www.google.co.jp/adwords/start/get-started/

▶ Yahoo!プロモーション広告 お申し込みから掲載までの流れ
http://promotionalads.yahoo.co.jp/service/howto.html

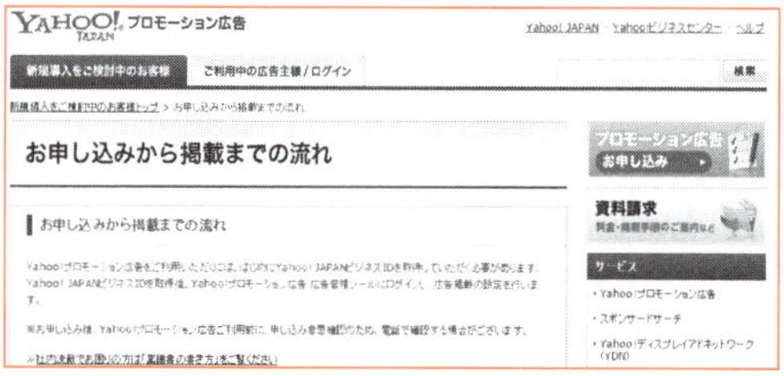

キャンペーン名のつけ方

通常、アカウントにログインして最初に目に入るのはキャンペーンの一覧です。そのため、キャンペーン名は、そのキャンペーンの中にどのような広告やキーワードが入っているのか、名前を見ればある程度推測できるようにつけたほうがいいでしょう。何も決めないと「キャンペーン＃1」などの名前になってしまいますが、それだと中にどんなキーワードが入っているかわかりません。「自分がわかれば大丈夫！」という人も、後から混乱しないように、キャンペーンが増えてきたり、ほかの人がかかわるようになることも考えて、何を意図しているキャンペーンなのかわかる名前をつけてください。

▶キャンペーンの名前は誰にでもわかるようにしておく

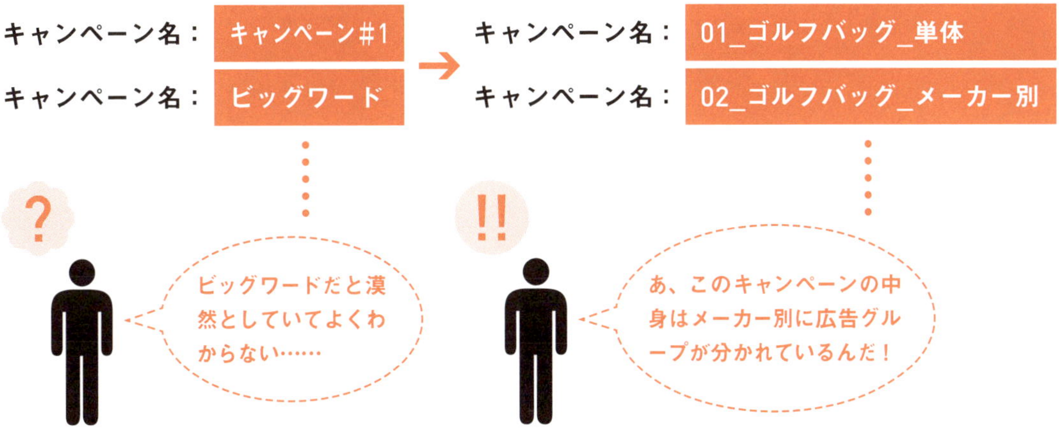

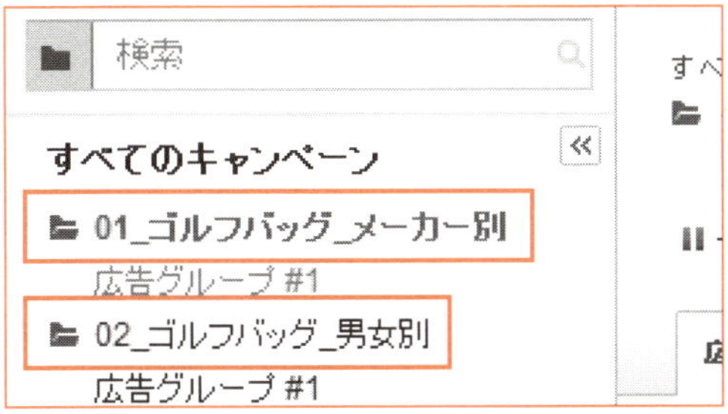

Googleアドワーズの管理画面では、左側のナビゲーションバーに英数字順に表示されるので、「01_サービス名」や「A_東京_ホテル予約」といった名前のつけ方をすることで、キャンペーンの表示順を調整できる

将来的にキャンペーンが増えていくこと、複数のスタッフで運営する可能性を考えると、わかりやすい名前をつけておくことをお勧めします。

NEXT PAGE →

Googleアドワーズのキャンペーンを作成する

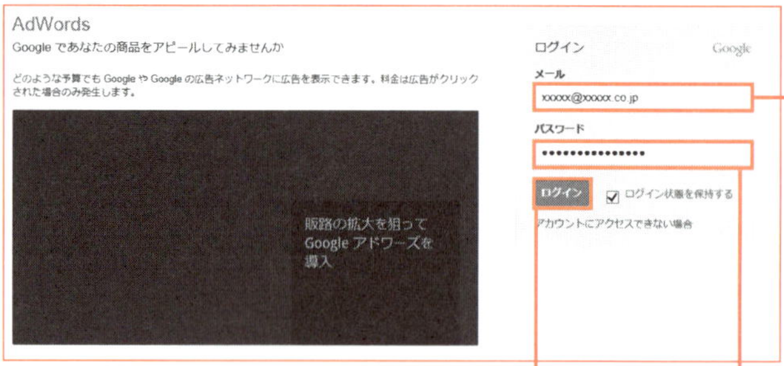

1 アドワーズの利用を開始する

1 Googleアドワーズ（http://adwords.google.co.jp/）を表示します。

61ページで取得したアカウントでGoogleアドワーズにログインします。

2 メールアドレスを入力します。

3 パスワードを入力します。

4 ［ログイン］をクリックします。

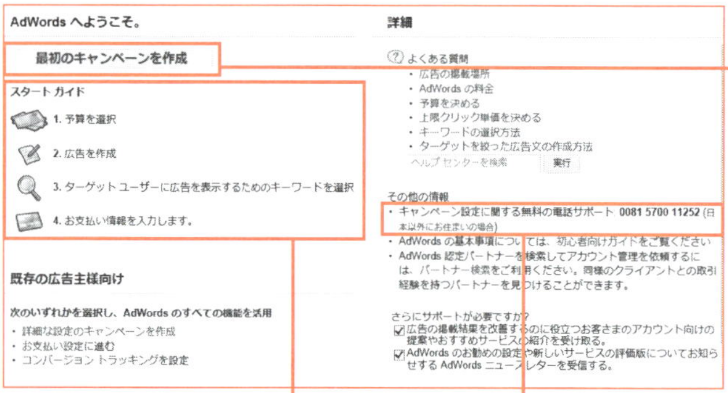

2 キャンペーンの作成画面を表示する

もし［登録が完了しました］という画面が表示されたら［アカウントにアクセス］をクリックします。

［AdWordsへようこそ。］が表示されます。

これから行う作業の流れが表示されています。

ユーザー向けの無料電話サポートが用意されています（本書執筆時では平日の9～18時）。

1 ［最初のキャンペーンを作成］をクリックします。

※画面のデザインや項目名はしばしば変更されるので、ここで紹介している手順と実際が異なる可能性がありますが、行う作業の大筋は変わらないので、ここで紹介する手順を参考にして取り組んでみてください。

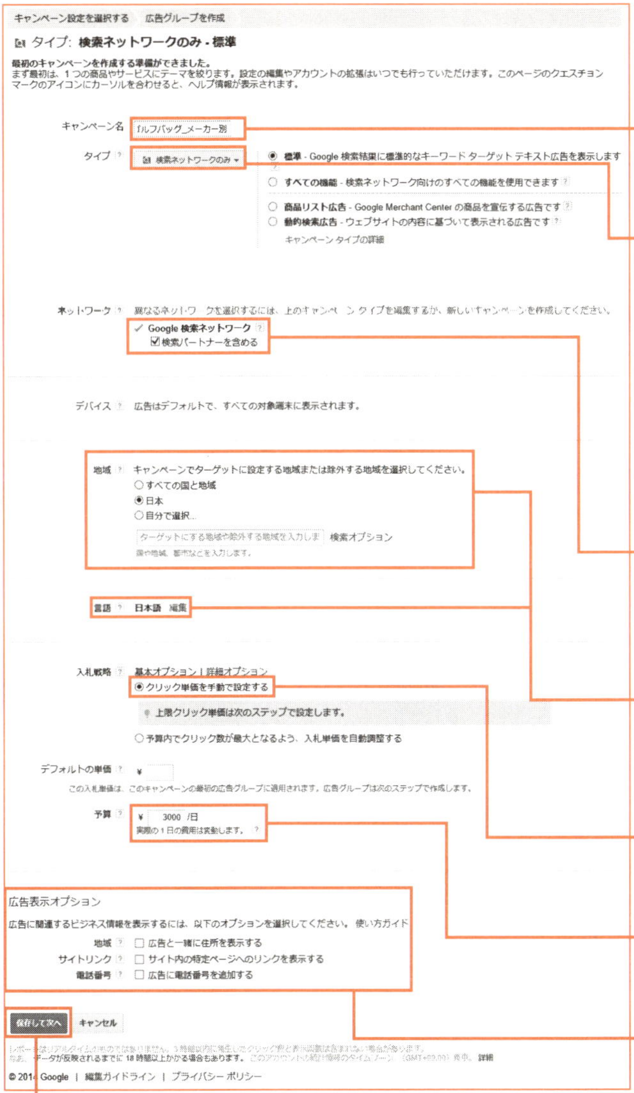

3 キャンペーンの内容を設定する

1 キャンペーン名を入力します。

2 ［タイプ］は［検索ネットワークのみ］を選択します。

キャンペーンは検索ネットワーク（検索連動型広告）とディスプレイネットワーク（コンテンツ向け広告：第8章参照）を分けて管理することをお勧めします。

3 ［検索パートナーを含める］にチェックマークがついていることを確認します。

4 広告を表示するユーザー（住んでいる地域、使用している言語）を指定します。国内向けなら［日本］［日本語］でいいでしょう。

5 ［クリック単価を手動で設定する］を選択します。

6 レッスン30〜31で検討した、1日当たりの予算を入力します。

広告に住所や電話番号を表示できます（166ページ参照）。

7 ［保存して次へ］をクリックします。

これでキャンペーンを作成できました。続いて広告グループを作成します（111ページ）。

NEXT PAGE →

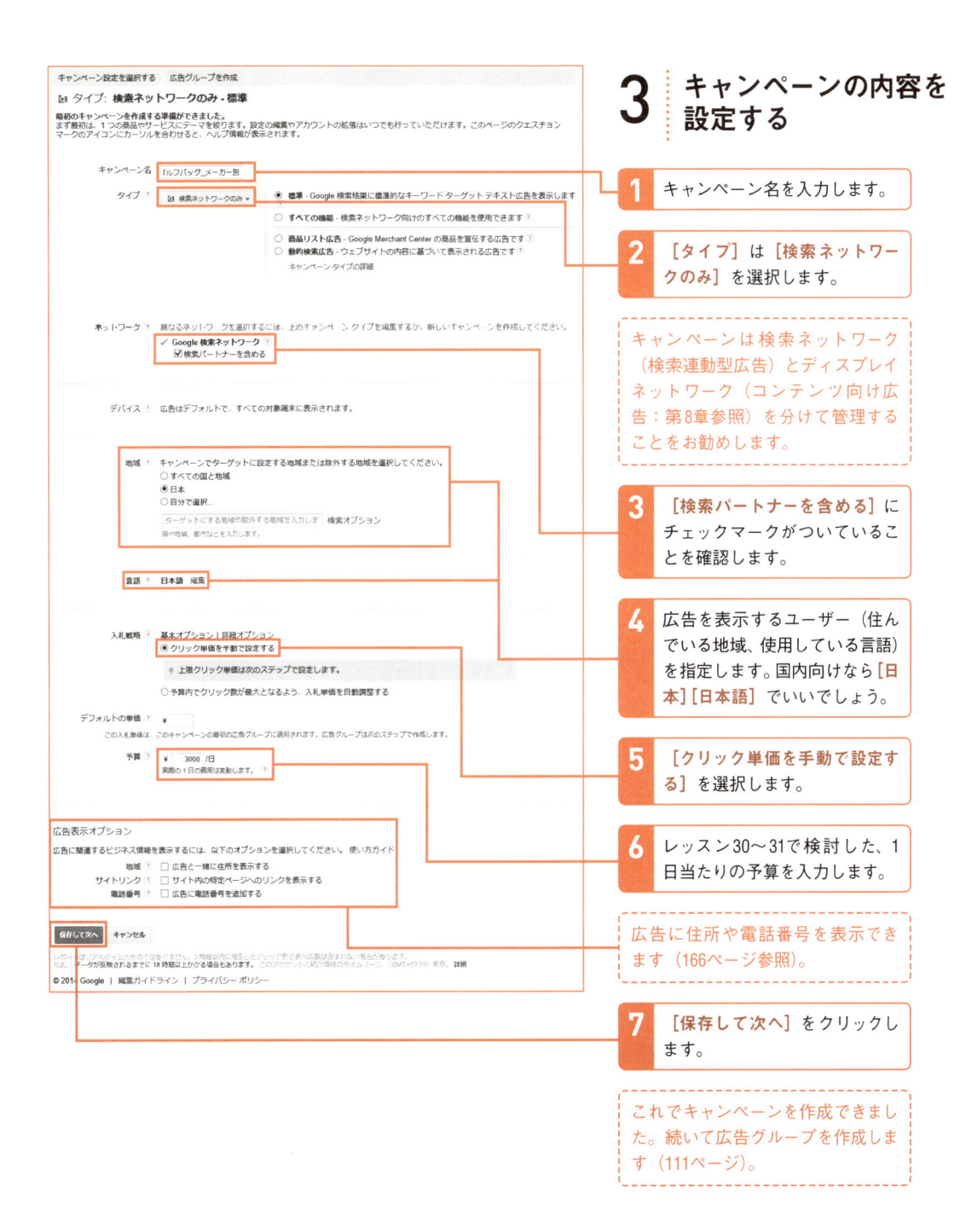

広告グループ名のつけ方

キャンペーンの中に入る広告グループを作成していきます。キャンペーンと同様に、広告グループにも名前がつくので、広告グループの中にどんなキーワードが入っているのかわかる名前をつけましょう。広告グループ名は可能な限りシンプルな名前にしてください。管理用に便利だからと記号や数字をつけ過ぎると、管理画面の左側のサイドバーに表示される広告グループ名が記号ばかり並んでしまい、判別が難しくなるからです。実際の運用でも、名前ではなく実績順に並び換えすることが多いので、とにかくわかりやすい名前が大事です。

▶ 広告グループの名前は端的にわかるものをつける

広告グループ名：

02_ゴルフバッグ_2014_A001_部分一致

→

広告グループ名：

ゴルフバッグ_ナイキ

どんなキーワードを入れてたっけ？

ナイキのゴルフバッグ関連のキーワードが入った広告グループだ！

広告グループにはキーワードなどがわかる具体的な名前をつけないと、どういった広告グループなのかが判別できない

管理画面は頻繁に見ることになるので、わかりやすくするための自分なりのネーミングルールを考えてもいいですね。

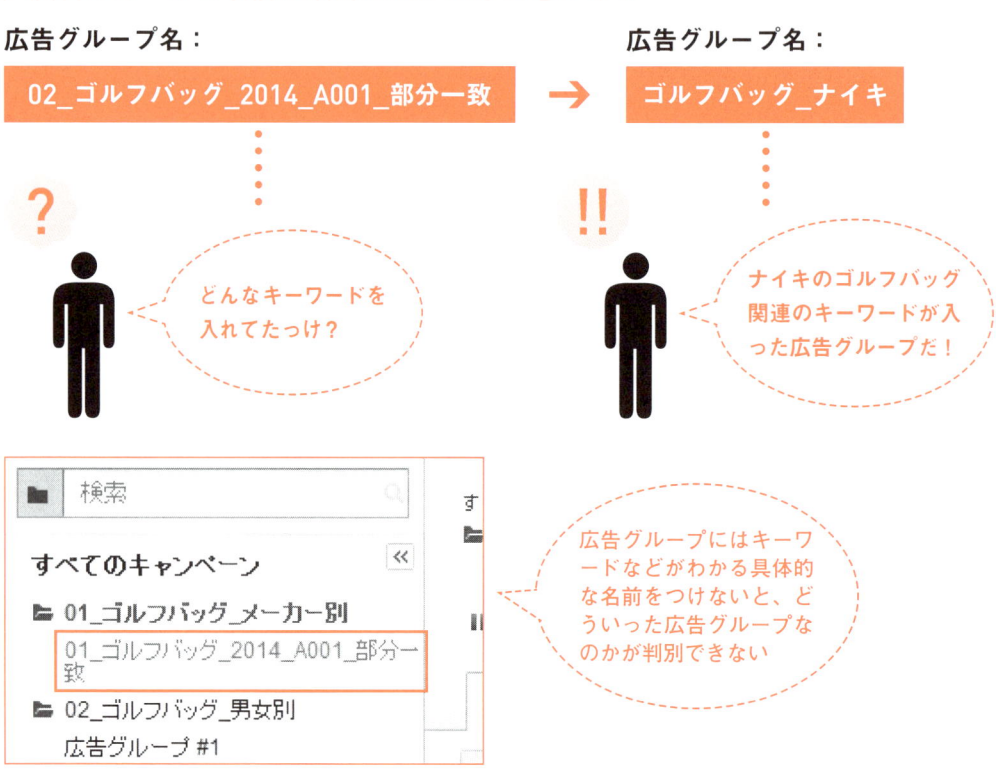

広告グループを作成する

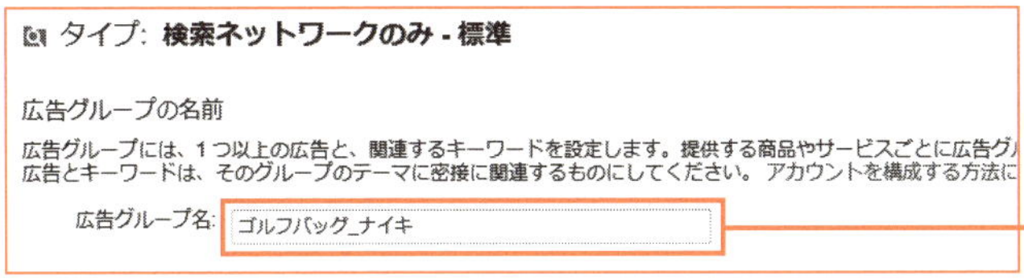

1 広告グループ名を入力する

1 広告グループ名を入力します。

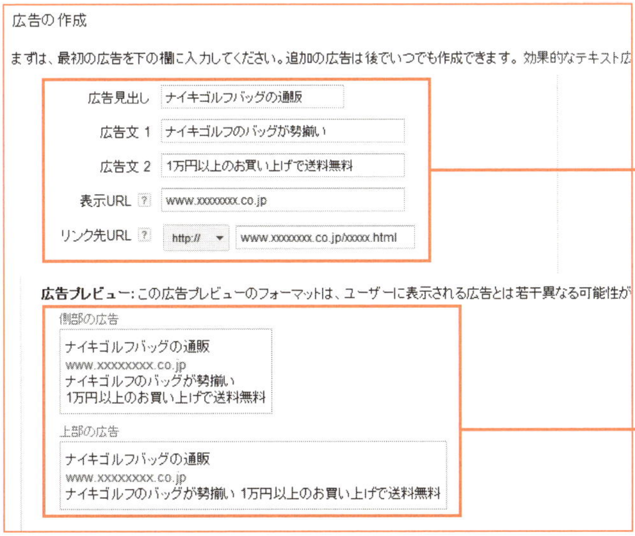

2 広告文を入力する

1 レッスン24～27で検討した広告文やリンク先のURLを入力します。

［広告プレビュー］には入力した内容でどんな広告になるのかが表示されます。

ワンポイント

広告文のURLとランディングページは基本異なる

上記の手順2で広告文を入力すると、実際にどのように広告が表示されるのかがプレビューで確認できます。すでに学んだように広告をクリックした際に実際に表示されるのは［リンク先URL］に入力したランディングページです、広告文に表示されるのは［表示URL］に入力したURLです。ユーザーの検索語句、広告文の内容にマッチしたランディングページを用意しましょう。

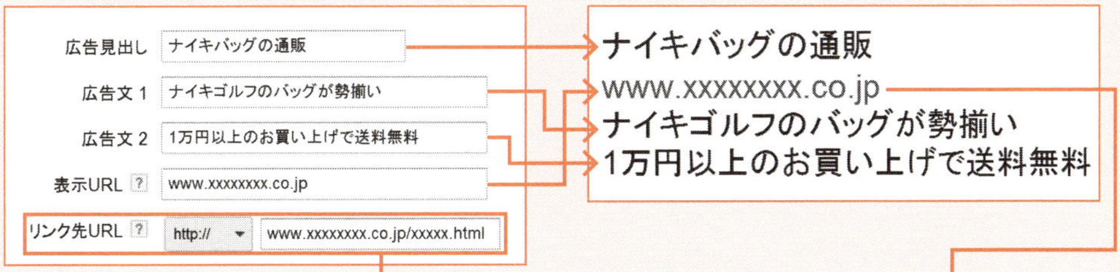

実際に広告のリンク先に指定するのはトップページではなく個別のランディングページを指定する

実際にはトップページなどシンプルなURLを広告には表示する

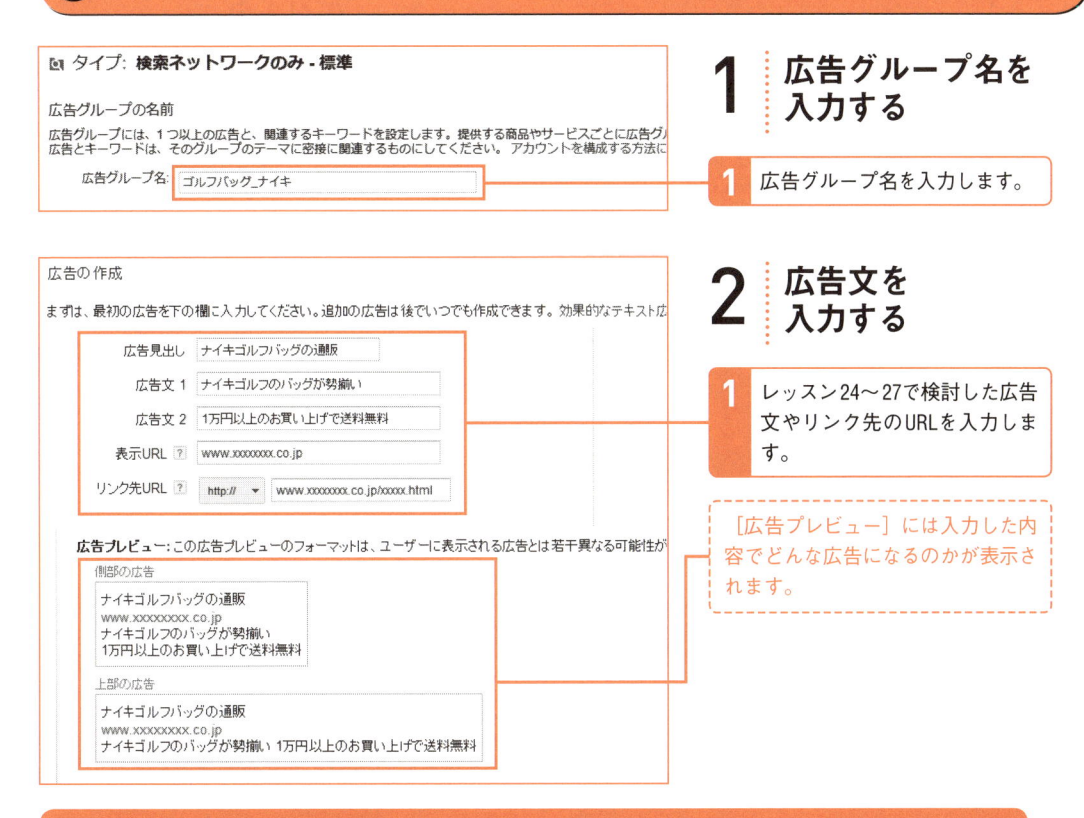

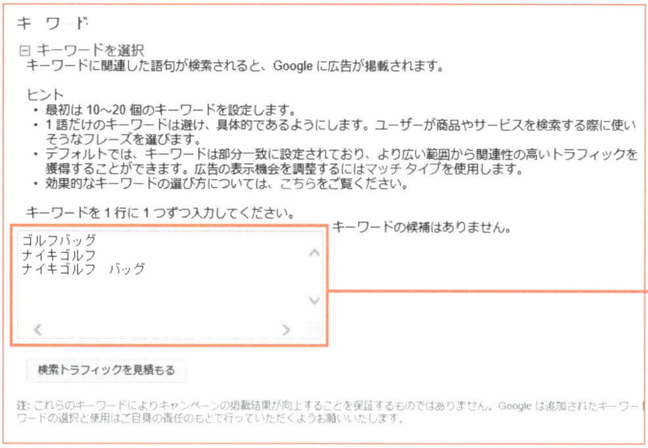
キーワード
⊟ キーワードを選択
キーワードに関連した語句が検索されると、Google に広告が掲載されます。
ヒント
・最初は 10～20 個のキーワードを設定します。
・1 語だけのキーワードは避け、具体的であるようにします。ユーザーが商品やサービスを検索する際に使いそうなフレーズを選びます。
・デフォルトでは、キーワードは部分一致に設定されており、より広い範囲から関連性の高いトラフィックを獲得することができます。広告の表示機会を調整するにはマッチ タイプを使用します。
・効果的なキーワードの選び方については、こちらをご覧ください。
キーワードを 1 行に 1 つずつ入力してください。
キーワードの候補はありません。
ゴルフバッグ
ナイキゴルフ
ナイキゴルフ　バッグ
検索トラフィックを見積もる
注: これらのキーワードによりキャンペーンの掲載結果が向上することを保証するものではありません。Google は追加されたキーワー
ワードの選択と使用はご自身の責任のもとで行っていただくようお願いいたします。

3　キーワードを入力する

1 第3章で検討したキーワードを入力します。

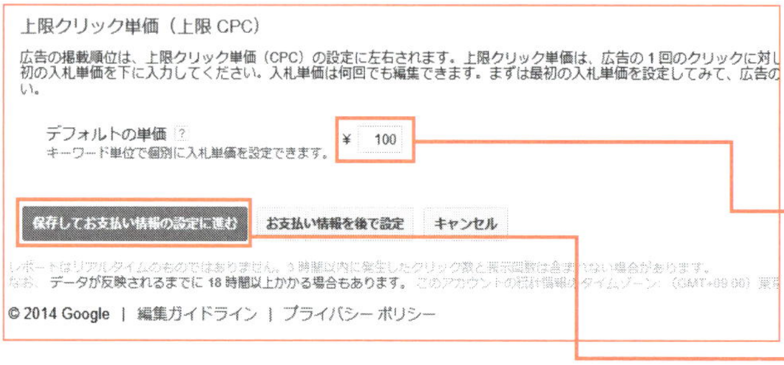
上限クリック単価（上限 CPC）
広告の掲載順位は、上限クリック単価（CPC）の設定に左右されます。上限クリック単価は、広告の 1 回のクリックに対し
初の入札単価を下に入力してください。入札単価は何回でも編集できます。まずは最初の入札単価を設定してみて、広告の
い。
デフォルトの単価 ?
キーワード単位で個別に入札単価を設定できます。
¥ 100
保存してお支払い情報の設定に進む
お支払い情報を後で設定
キャンセル
なお、データが反映されるまでに 18 時間以上かかる場合もあります。
© 2014 Google | 編集ガイドライン | プライバシー ポリシー

4　上限クリック単価を入力する

1 ［デフォルトの単価］にレッスン28～29で検討した上限クリック単価を入力します。

2 ［保存してお支払情報の設定に進む］をクリックします。

これで広告グループを作成できました。続いて支払方法の設定を行います（114ページ）。

お疲れ様でした！ これで広告の作成は完了です。第４章で練ってきたことをアカウントに反映できましたか？ 次のレッスンでは広告費の支払い方法を設定します。

Lesson 33

[広告費の支払い方法]

支払い情報を設定して管理画面を確認してみましょう

このレッスンのポイント

長かった準備もこれで最後です。支払い情報を入力すれば、いよいよリスティング広告が出稿され、あなたの広告が検索結果に表示されるようになります。リスティング広告の広告費の支払いは、クリックされた分だけ課金される仕組みなので、毎月定額で支出が決まっているわけではありません。支払い方法にはクレジットカードと銀行振込があるので、自社に合った方法を選びましょう。

支払い情報の種類

実際にかかった広告費の支払い方法は「クレジットカード」と「銀行振込」の2種類があります。どちらか都合のいいほうを選んでください。クレジットカードの場合、一部のデビットカードでも広告費を支払えます。支払いのタイプは2種類あり、「自動支払い」(広告が掲載された後に自動的に請求)と「手動支払い」(広告掲載の前にアカウントに入金)のどちらでも利用できます。銀行振込はアカウントごとに固有の口座番号を発行し、広告費を支払います。支払いは手動支払い扱いになり、広告費が口座からなくなった時点で広告の掲載が止まります。

▶広告費の支払い方法

方法	メリット	デメリット
クレジットカード	・自動と手動が選択できる ・バックアップのカードを登録できる ・広告の掲載が途切れる心配が少ない	・限度額が少ないと広告の掲載に支障が出る場合がある ・予算設定を間違うと広告費がどんどん膨らんでしまう
銀行振込	・決められた予算内で掲載できる	・広告の掲載が途切れる心配が大きい ・前払いのみ ・入金確認まで時間がかかる

Google アドワーズにはコンビニ払いやPay-easy(ペイジー)もあります。クレジットカードや銀行の利用が難しい場合に利用できますが、取引額の上限が決まっているので、継続的に利用する場合はクレジットカードをお勧めします。

どうしても請求書払いにしたいなら

企業用のクレジットカードがなかったり、銀行振込のタイムロスが懸念されたりするような場合は、どうしても請求書払いにしたくなります。資金繰りの観点からも請求書のほうが望ましい場合も多いと思います。残念ながらGoogleアドワーズ、Yahoo!プロモーション広告ともにスタート直後は請求書払いにすることはできません。どうしても請求書払いにしたい場合は、ある程度広告費の支払いの実績ができてから申請するか、アカウントの開設を広告代理店に依頼するのも方法の1つです。その場合は広告代理店のアカウントとして開設する必要があるので、IDやパスワードを共有してもらえるかどうかを代理店に確認しましょう。決済代行の会社がリスティング広告の支払い代行をしてくれるサービスもあります。

▶ 広告費の支払いの流れ

直接支払う場合

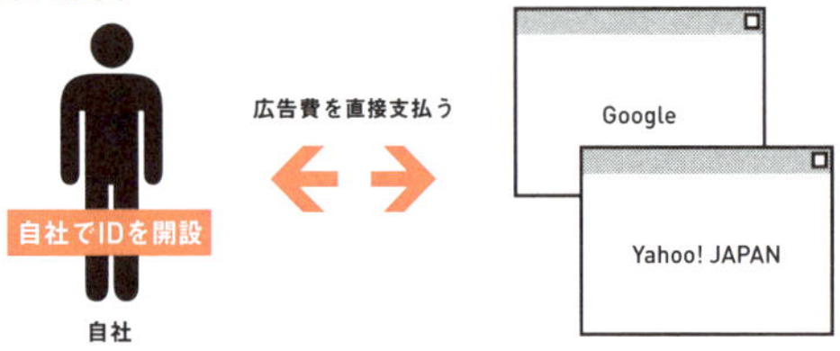

代理店を介する場合

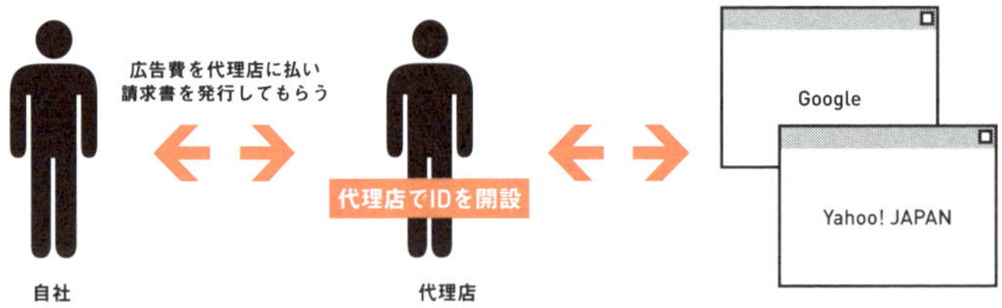

支払いなどの設定を行う

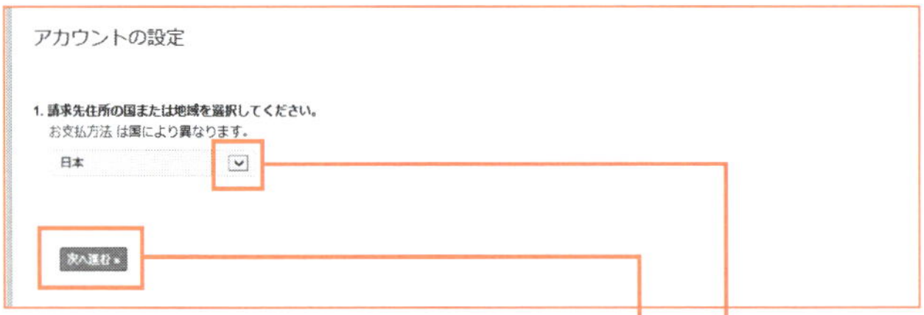

1 広告費の請求先を設定する

ここからはGoogleアドワーズで発生した広告費の請求先の設定を行います。

1 ここをクリックして請求先住所の国か地域を選択します。

2 ［次へ進む］をクリックします。

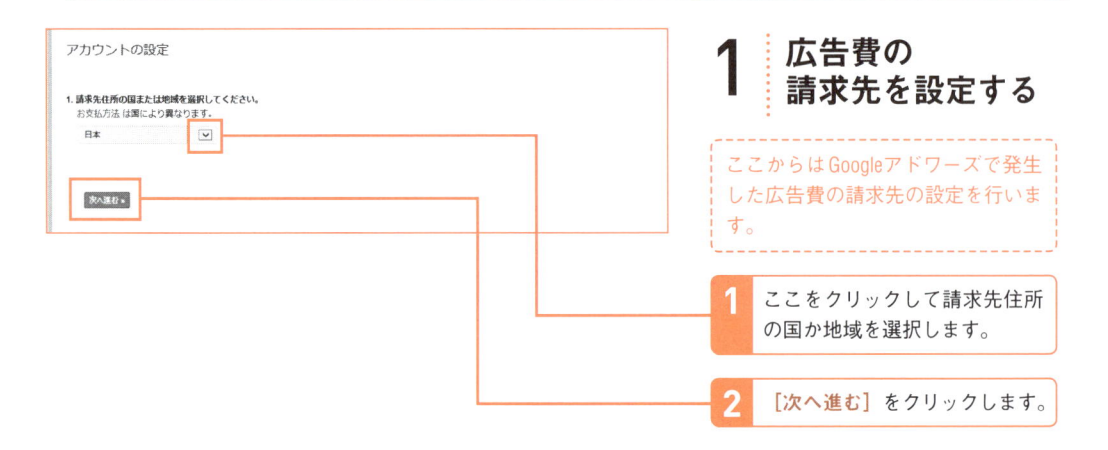

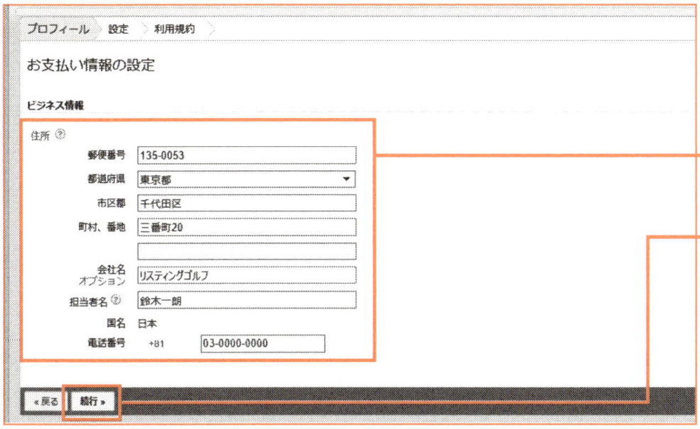

2 所属する会社か個人の所在地を入力する

1. 住所や会社名などを入力します。
2. [続行] をクリックします。

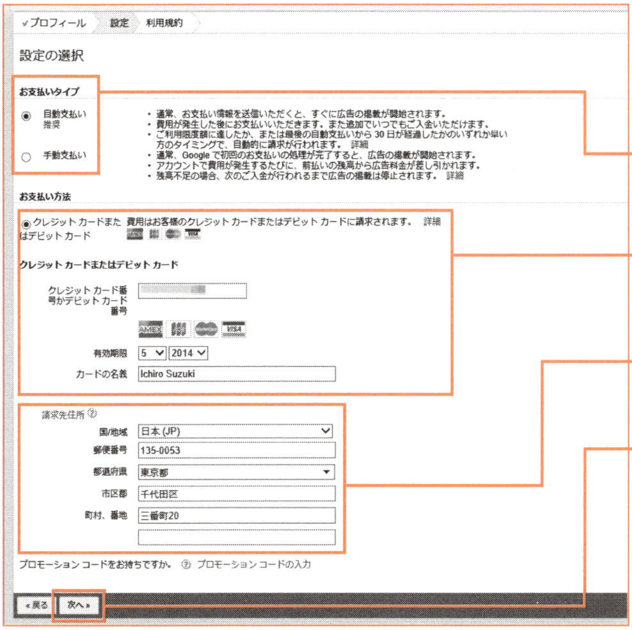

3 支払い方法を設定する

1. 広告費の支払い方法を選択します。
2. クレジットカードの情報を入力します。
3. クレジットカードの所有者の住所を入力します。
4. [次へ] をクリックします。

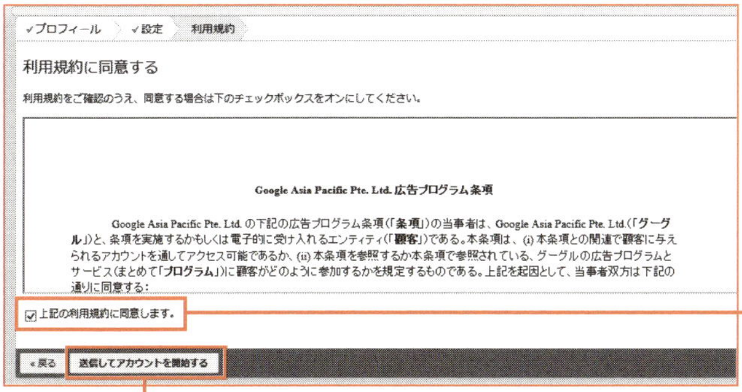

4 利用規約に同意する

1. スクロールして利用規約の内容を確認します。
2. [上記の利用規約に同意します。]にチェックマークをつけます。
3. [送信してアカウントを開始する] をクリックします。

これでGoogleアドワーズの申し込み作業は完了です。

NEXT PAGE →

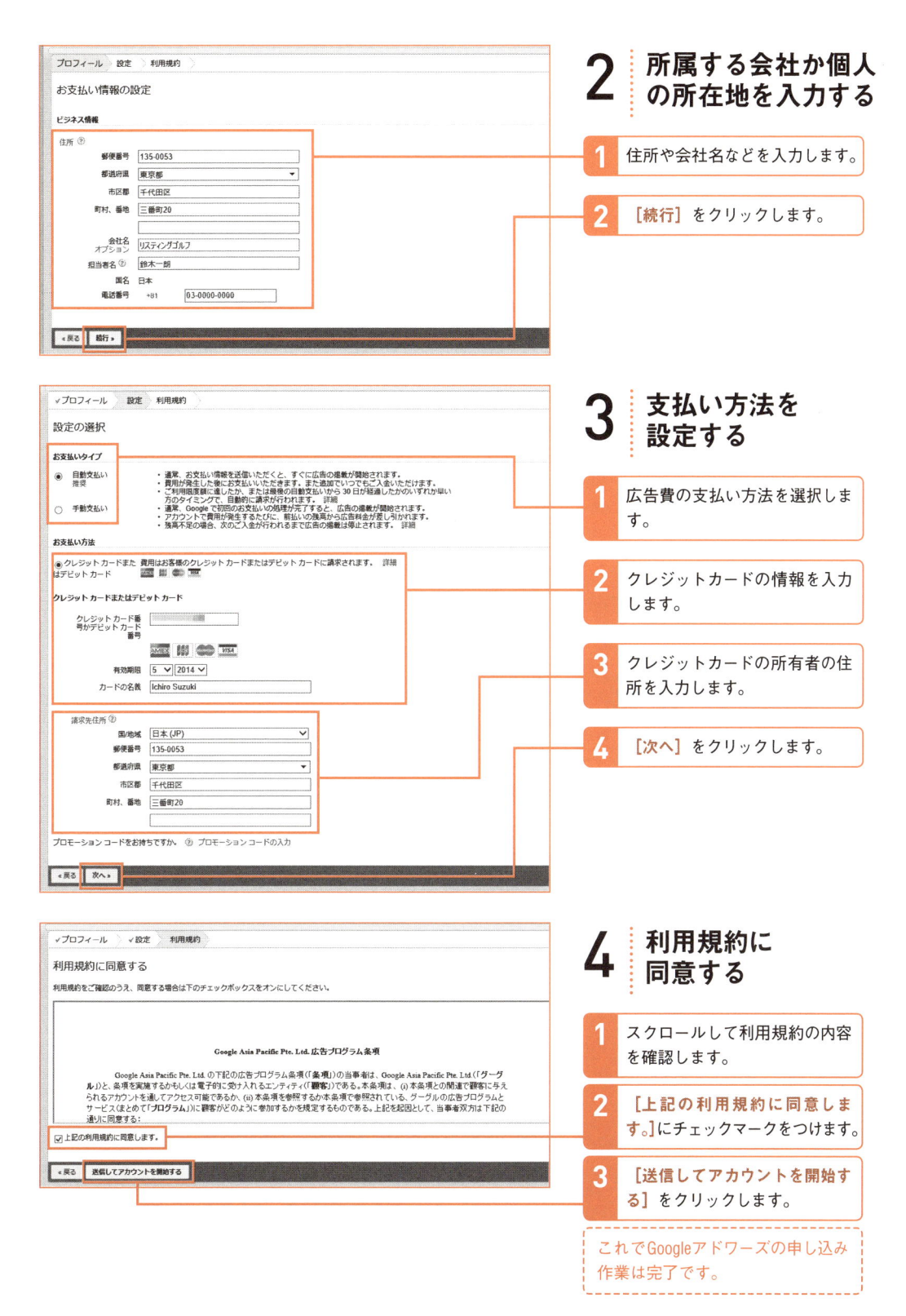

Googleアドワーズの管理画面を確認する

これでGoogleアドワーズを利用できるようになりました。

［広告グループ］タブをクリックすると広告グループごとの成果の確認や変更、新規作成などが行えます。

［設定］タブをクリックするとキャンペーンの設定内容を変更できます。

［広告］タブをクリックすると作成した広告ごとの成果の確認や変更、新規作成などが行えます。

［キーワード］タブをクリックすると設定したキーワードごとの成果の確認や変更、新規作成などが行えます。

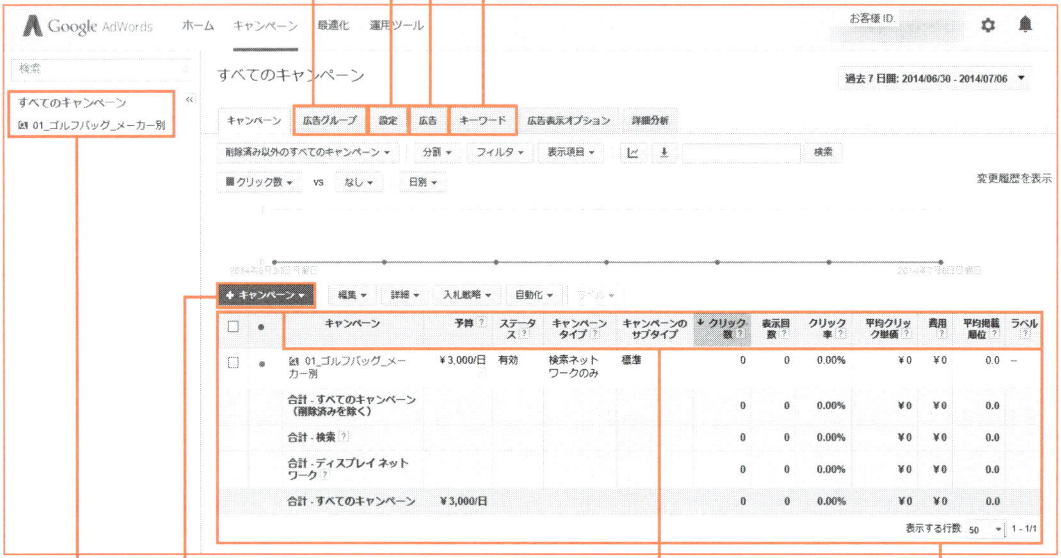

新しくキャンペーンや広告グループを作成すると、ここにツリー形式で表示され、それをクリックすることで各情報を確認できます。名前は「数字」「アルファベット」「あいうえお」順で表示されるので、表示させたい順番に合わせた名前をつけるといいでしょう。

［+キャンペーン］をクリックすると、さらに新しくキャンペーンを作ることができます。上にあるタブで［広告グループ］［広告］［キーワード］を切り換えたときも、［+～～］をクリックすることで、広告グループなどを新規作成できます。

キャンペーンが増えてきたら項目名をクリックすることでキャンペーンの表示順位をソートすることができます。

キャンペーンごとの成果を確認できます。

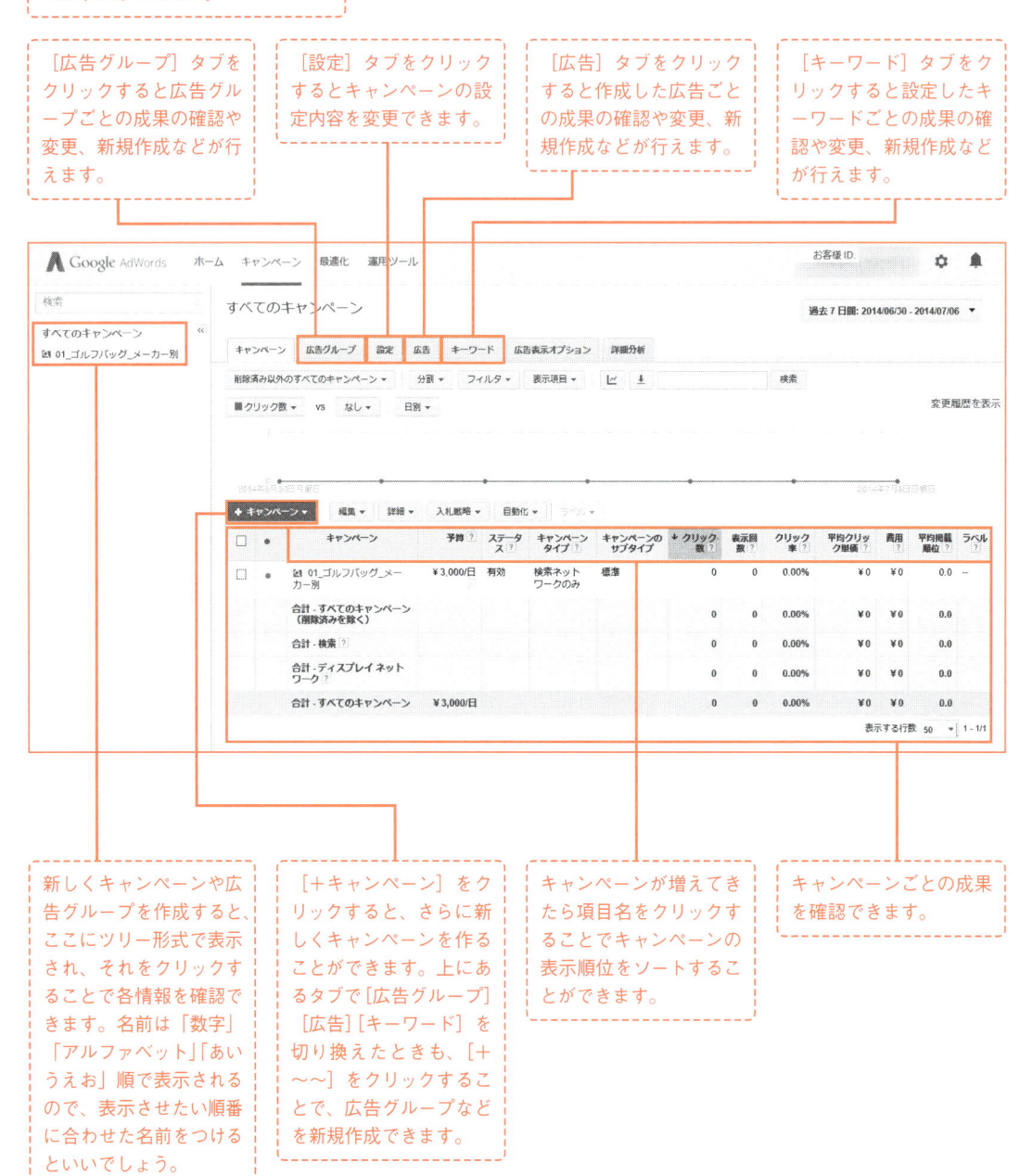

Lesson 34

［コンバージョントラッキング］

コンバージョンタグを確認しましょう

このレッスンのポイント

キャンペーンと広告グループが出揃えば、いよいよリスティング広告の開始です。ですがその前に、広告の効果を確認できるよう、コンバージョンタグを設置しましょう。コンバージョンタグをサイトのサンキューページ（ゴールページ）のHTMLファイルに埋め込むことで、どの広告やキーワードから購買や申し込みがきたのかを確認できます。この仕組みをコンバージョントラッキングと呼びます。

コンバージョンタグを設置する

レッスン7でも紹介しましたが、コンバージョンにつながっているキーワードや広告を把握するには、コンバージョントラッキングを利用します。コンバージョントラッキングを利用することで、広告をクリックしたユーザーがコンバージョン（商品の購入など特定のページへの誘導）に至ったかどうかを把握できます。成果の確認や運用をする上での重要な情報になるので、必ずコンバージョンタグは設置しましょう。コンバージョンタグの設定方法は下記ページに案内があります。ここではGoogleアドワーズを例にして、コンバージョンの設定方法を紹介しますが、巻末の付録ではYahoo!プロモーション広告の手順も紹介しています。

▶ Googleアドワーズ
コンバージョントラッキングの設定
https://support.google.com/adwords/answer/1722054?hl=ja

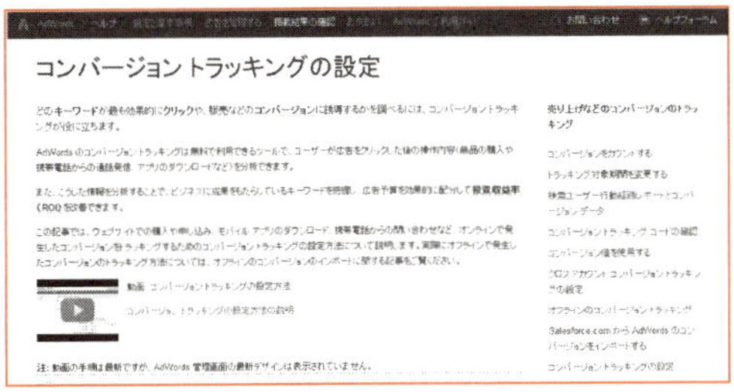

▶ Yahoo!プロモーション広告
コンバージョン測定の新規設定
https://help.marketing.yahoo.co.jp/ja/?p=1161

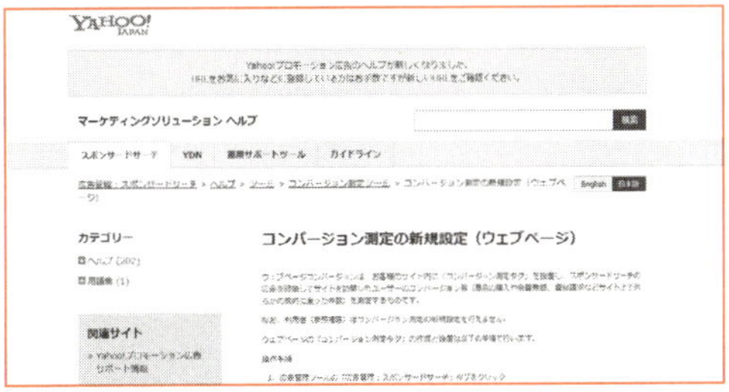

コンバージョントラッキングを設定する

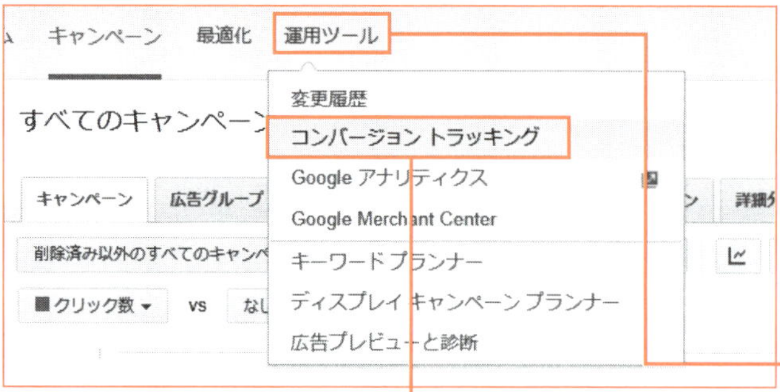

1 コンバージョンの管理ページを表示する

広告を出した効果を測定するために、コンバージョントラッキングを設定します。

1 ［運用ツール］をクリックします。

2 ［コンバージョントラッキング］をクリックします

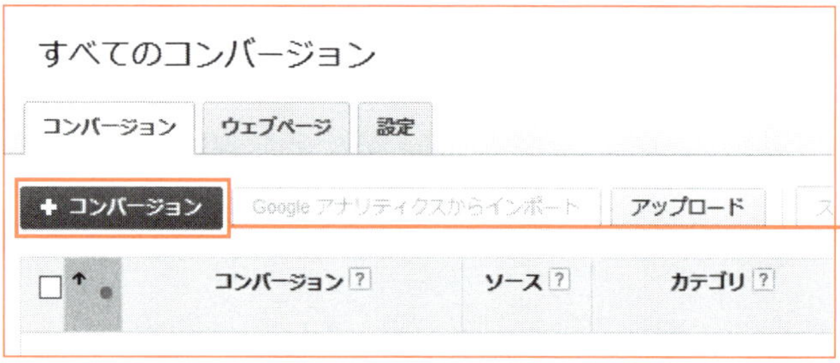

2 新しいコンバージョンを作成する

1 ［+コンバージョン］をクリックします。

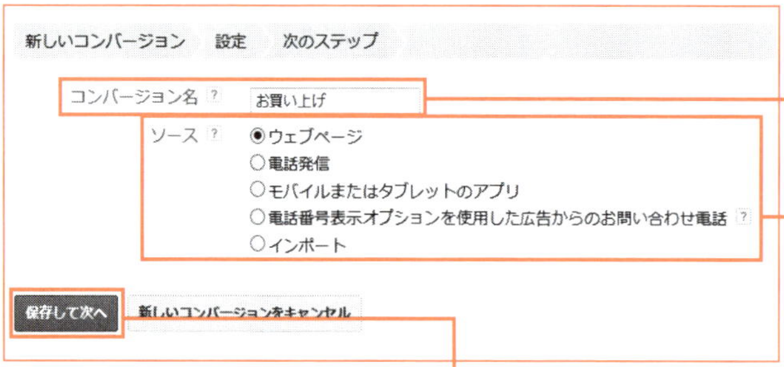

3 コンバージョンの名前をつける

1 作成するコンバージョンに任意の名前をつけます。

2 サイトのコンバージョンであれば［ウェブページ］を選択します。

3 ［保存して次へ］をクリックします。

※画面のデザインや項目名はしばしば変更されるので、ここで紹介している手順と実際が異なる可能性がありますが、行う作業の大筋は変わらないので、ここで紹介する手順を参考にして取り組んでみてください。

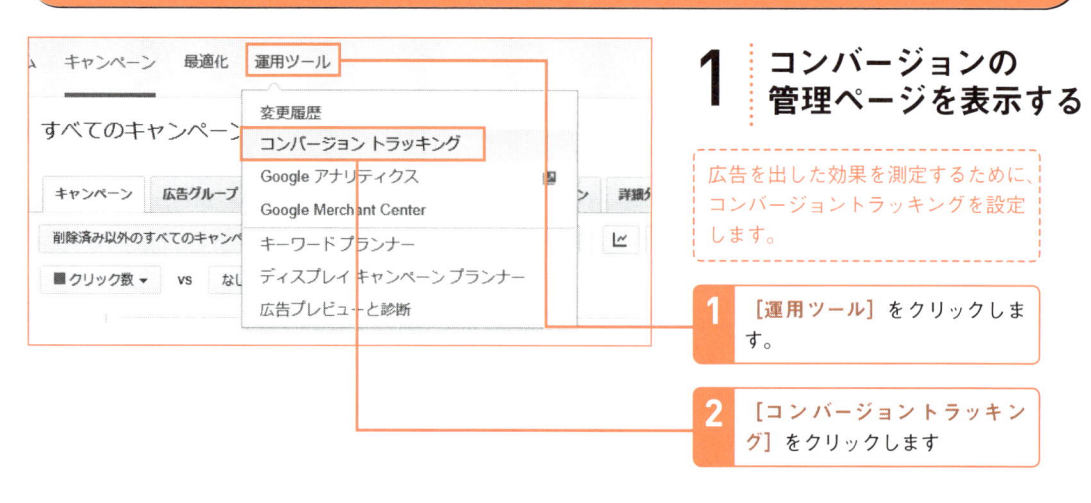

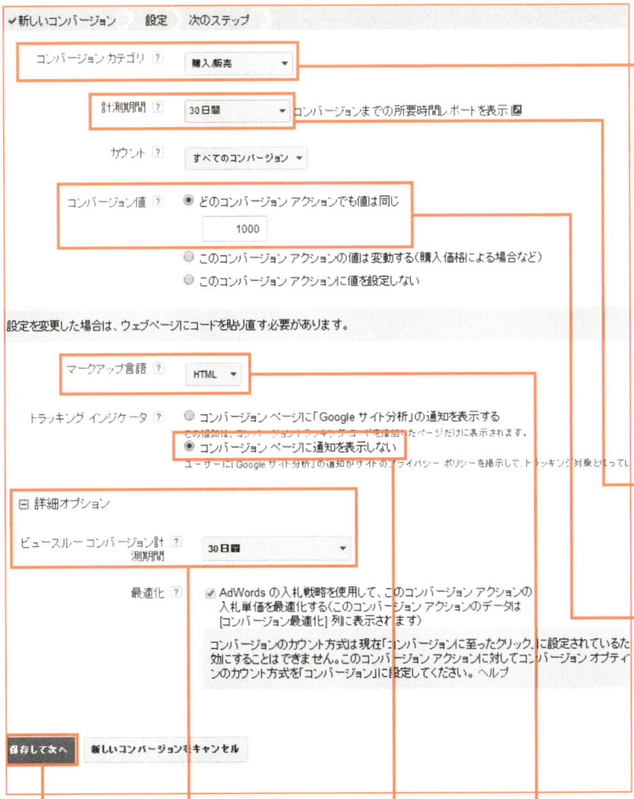

4 コンバージョンの設定をする

ここではサイトにアクセスしたユーザーが30日以内に単価1,000円の商品の購入するかどうかを計測します。

1 自社のコンバージョン（目的）に適したものを選択します。ここでは［購入／販売］を選択します。

2 ユーザーが広告をクリックしてから何日間追跡するかを設定します。ここでは［30日間］を選択します。

3 ［どのコンバージョンアクションでも値は同じ］を選択し、1件の購入でいくらの売上になるのかといった、1件ごとの目安になる値を入力します。ここでは「1000」と入力します。

4 発行されるトラッキングコードを貼りつけるページの言語を選択します。ここでは［HTML］を選択します。

一般的なPC向けサイトなら［HTML］を選択します。不安があったら、サイトを制作・運営している人に相談してみましょう。

5 ［コンバージョンページに通知を表示しない］を選択します。

［詳細オプション］をクリックするとビュースルーコンバージョン（ディスプレイネットワークで広告が表示されてからコンバージョンまで）の計測期間も設定できます。

6 ［保存して次へ］をクリックします。

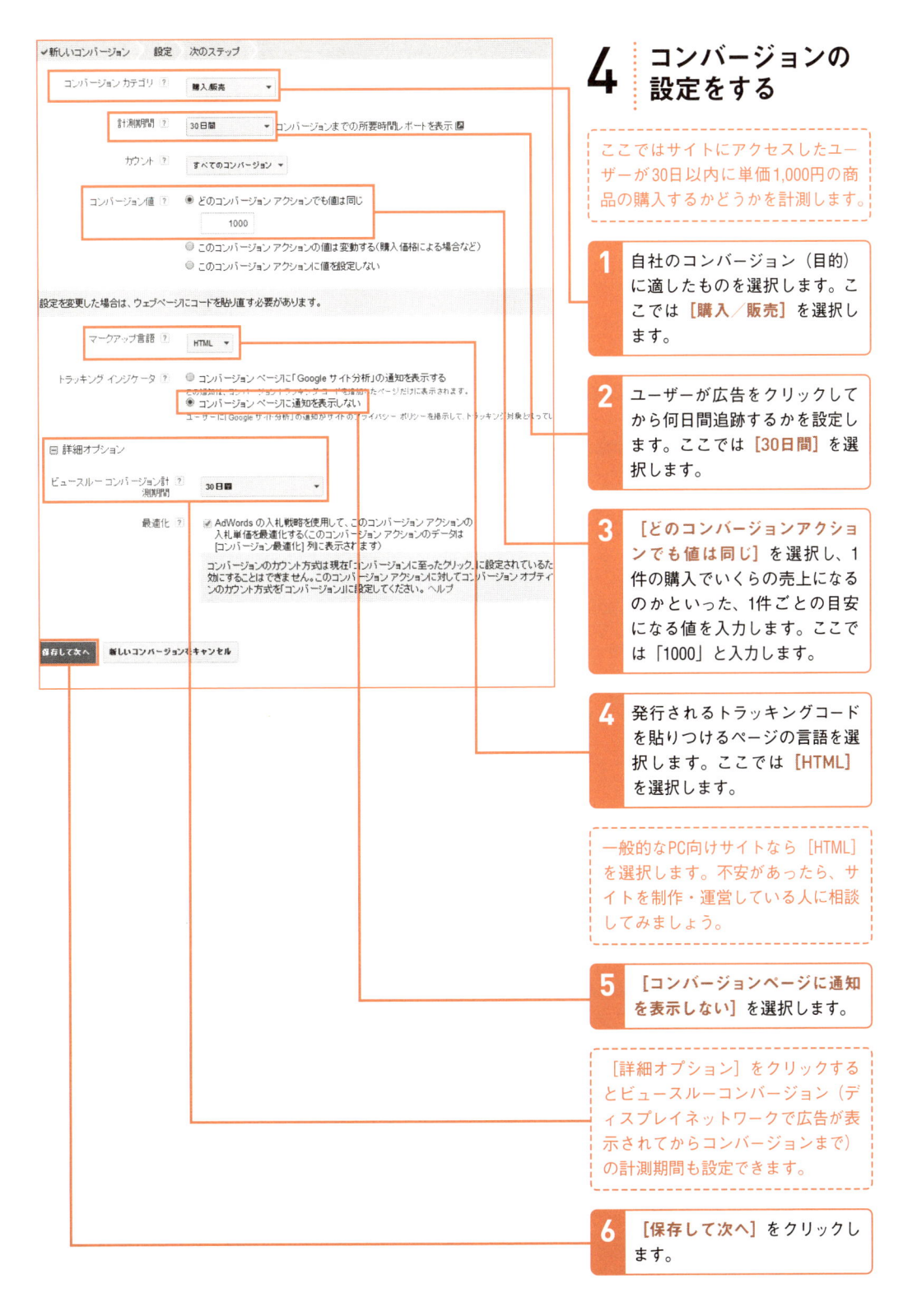

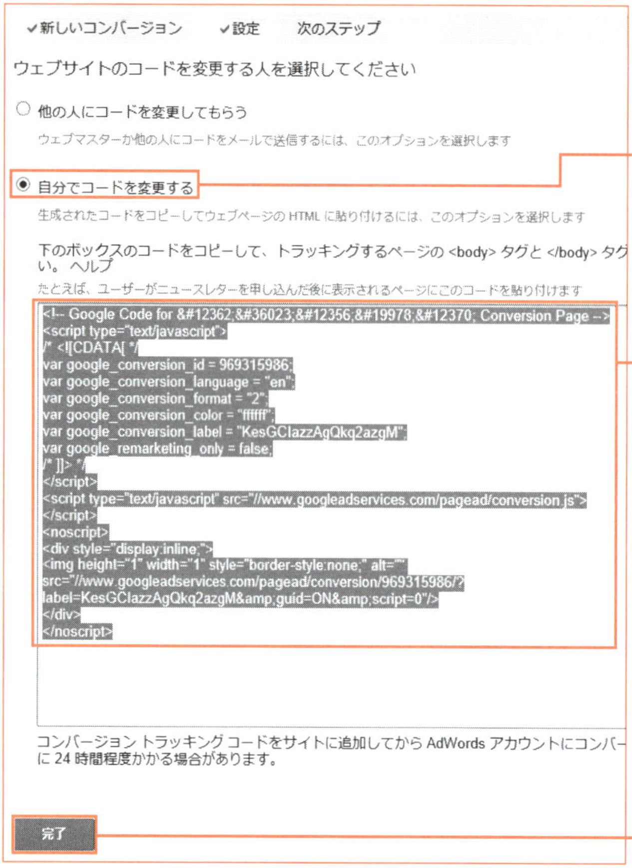
✔新しいコンバージョン ✔設定 次のステップ
ウェブサイトのコードを変更する人を選択してください
他の人にコードを変更してもらう
ウェブマスターか他の人にコードをメールで送信するには、このオプションを選択します
自分でコードを変更する
生成されたコードをコピーしてウェブページの HTML に貼り付けるには、このオプションを選択します
下のボックスのコードをコピーして、トラッキングするページの <body> タグと </body> タグ
い。 ヘルプ
たとえば、ユーザーがニュースレターを申し込んだ後に表示されるページにこのコードを貼り付けます
<!-- Google Code for お買い上げ Conversion Page -->
<script type="text/javascript">
/* <![CDATA[*/
var google_conversion_id = 969315986;
var google_conversion_language = "en";
var google_conversion_format = "2";
var google_conversion_color = "ffffff";
var google_conversion_label = "KesGClazzAgQkq2azgM";
var google_remarketing_only = false;
/*]]> */
</script>
<script type="text/javascript" src="//www.googleadservices.com/pagead/conversion.js">
</script>
<noscript>
<div style="display:inline;">
<img height="1" width="1" style="border-style:none;" alt=""
src="//www.googleadservices.com/pagead/conversion/969315986/?
label=KesGClazzAgQkq2azgM&guid=ON&script=0"/>
</div>
</noscript>
コンバージョン トラッキング コードをサイトに追加してから AdWords アカウントにコンバー
に 24 時間程度かかる場合があります。
完了

5 コンバージョンのタグを貼りつける

1 ［自分でコードを変更する］をクリックします。

タグが表示されます。

2 タグをすべて選択してコピーし、コンバージョンページのソースの</body>タグの直前にペーストして貼りつけます。

タグの扱いに不安があったら、サイトを制作・運営している人にお願いしましょう。

3 ［完了］をクリックします。

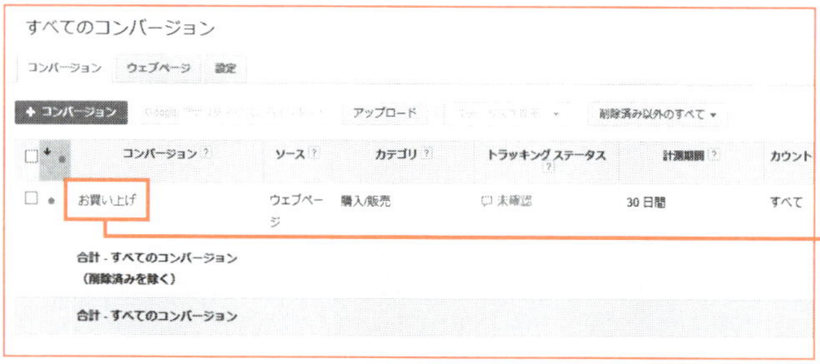
すべてのコンバージョン
コンバージョン
ウェブページ
設定
+ コンバージョン
アップロード
削除済み以外のすべて
コンバージョン
ソース
カテゴリ
トラッキング ステータス
計測期間
カウント
お買い上げ
ウェブページ
購入/販売
未確認
30 日間
すべて
合計 - すべてのコンバージョン（削除済みを除く）
合計 - すべてのコンバージョン

6 作成したコンバージョンを確認する

作成したコンバージョンが表示されています。

測定が始まると成果を確認できるようになります。

コンバージョンタグは成果の確認できる最後のページ（サンキューページ）に設置しましょう。

コンバージョン数だけでなく売り上げ高を把握する

有料セミナーの申し込みなど1件の金額が決まっているものであれば、コンバージョンに固定値（参加費）を設定することでコンバージョン数と金額を同時に把握できます（119ページの手順3では仮に1,000円で設定しました）。さらに1つ上の活用法として、コンバージョンタグに工夫を加えることで、コンバージョンごとの売り上げ高も見ることができます。ECサイトのようにコンバージョンのたびに購入金額が違う場合でも、コンバージョンごとに異なる値を割り当てられます。ただし、コンバージョンごとに異なる値を割り当てる設定はやや難易度が高いので、下記で紹介しているページを読んでみて、自分では無理かなと思ったら、サイトを制作・運営している人や利用しているショッピングカートの事業者に相談してみてください。

▶ Googleアドワーズ
コンバージョン値を使用する
https://support.google.com/adwords/answer/3419241

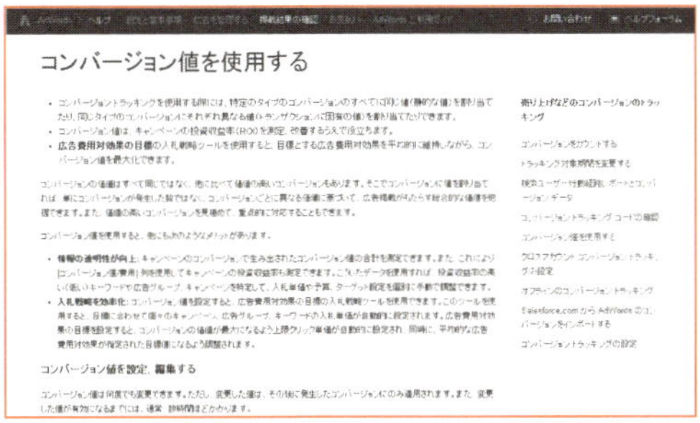

▶ Yahoo!プロモーション広告
コンバージョン測定タグの高度な設定
https://help.marketing.yahoo.co.jp/ja/?p=1167

HTMLなどの知識があれば、固定値を自分で設定することは可能ですが、異なる値を設定したいときは、専門家に相談してください。

管理画面での表示を忘れずに

コンバージョントラッキングを設定しても、管理画面に自動的にコンバージョンが表示されるわけではありません。「コンバージョントラッキングの設定をしたのに結果が表示されない！」と慌てず、次のページの要領で管理画面で設定を行ってください。ここで、コンバージョンの種類が複数あってとまどうかもしれません。「コンバージョンに至ったクリック」はコンバージョンに結びついたクリックを指します。例えば、1回の広告のクリックで3つのコンバージョンが発生したとしても、「コンバージョンに至ったクリック」は「1」とカウントされます。「コンバージョン」はコンバージョンをすべてカウントしたものなので、「3」とカウントされます。

Googleアドワーズの管理画面でコンバージョンを表示する

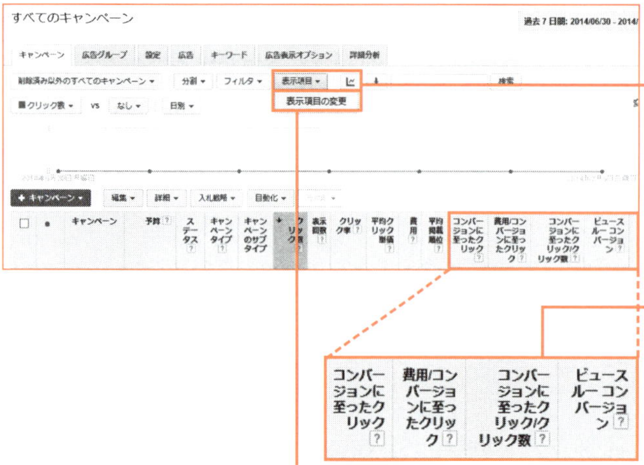

1 表示項目の編集画面を表示する

Googleアドワーズでは、118ページで紹介しているコンバージョンの設定を行うと、これらのコンバージョンの項目は表示されるようになります。主な項目については126ページで解説しています。ここではそれ以外の項目を追加します。

1 ［表示項目］をクリックします。

2 ［表示項目の変更］をクリックします。

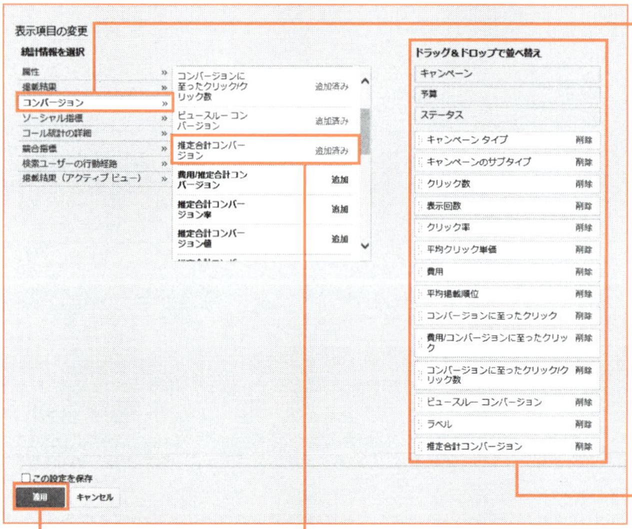

2 コンバージョンの項目を追加する

1 ［コンバージョン］をクリックします。

2 ［推定合計コンバージョン］の［追加］をクリックすると、表示が［追加済み］になり、右にある表示項目の一覧に追加されます。

［ドラッグ＆ドロップで並べ替え］に並んでいる項目は、ドラッグ＆ドロップで任意の順番に並べ替えることができ、［削除］をクリックすれば削除できます。

3 ［適用］をクリックします。

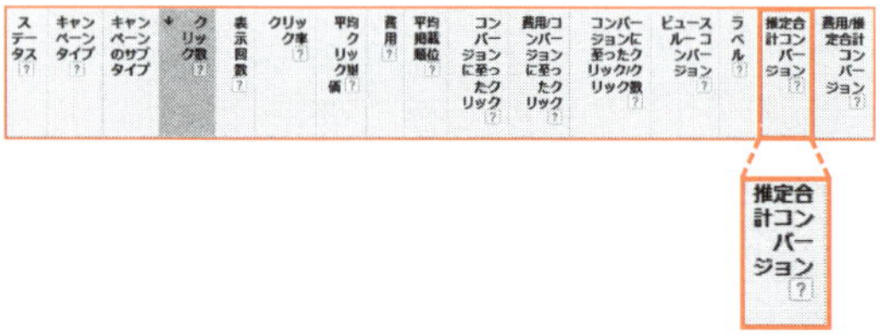

3 追加した項目を確認する

追加した項目が表示されるようになりました。

Yahoo!プロモーション広告の管理画面でコンバージョンを表示する

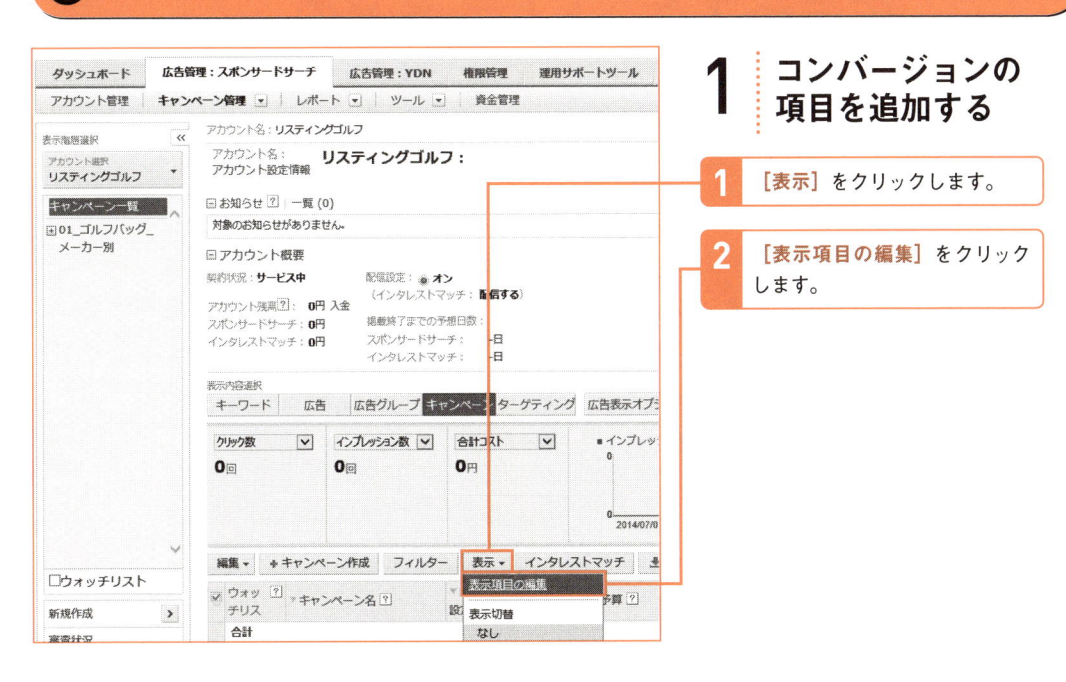

1 コンバージョンの項目を追加する

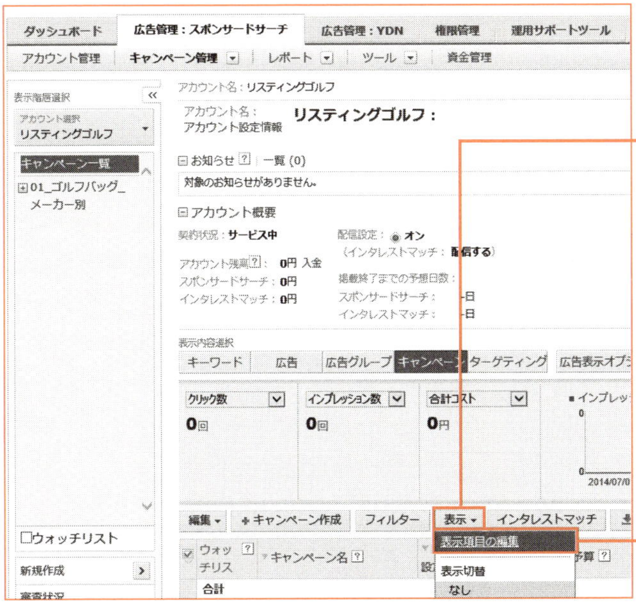

1 ［表示］をクリックします。

2 ［表示項目の編集］をクリックします。

2 表示項目の編集画面を表示する

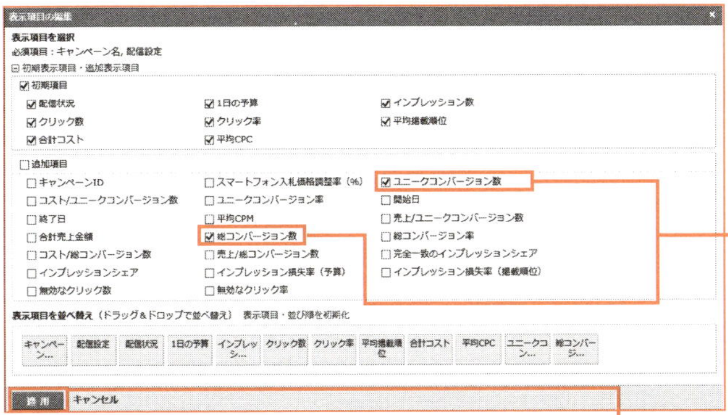

1 ［追加項目］の中から［ユニークコンバージョン数］や［総コンバージョン数］など表示させたい項目にチェックマークをつけます。

「ユニークコンバージョン数」が購入したお客さんの数、「総コンバージョン」は「購入回数」を表します。主な項目については126ページで解説しています。

2 ［適用］をクリックします。

3 コンバージョンの値を確認する

管理画面の表示項目にコンバージョンが加わりました。

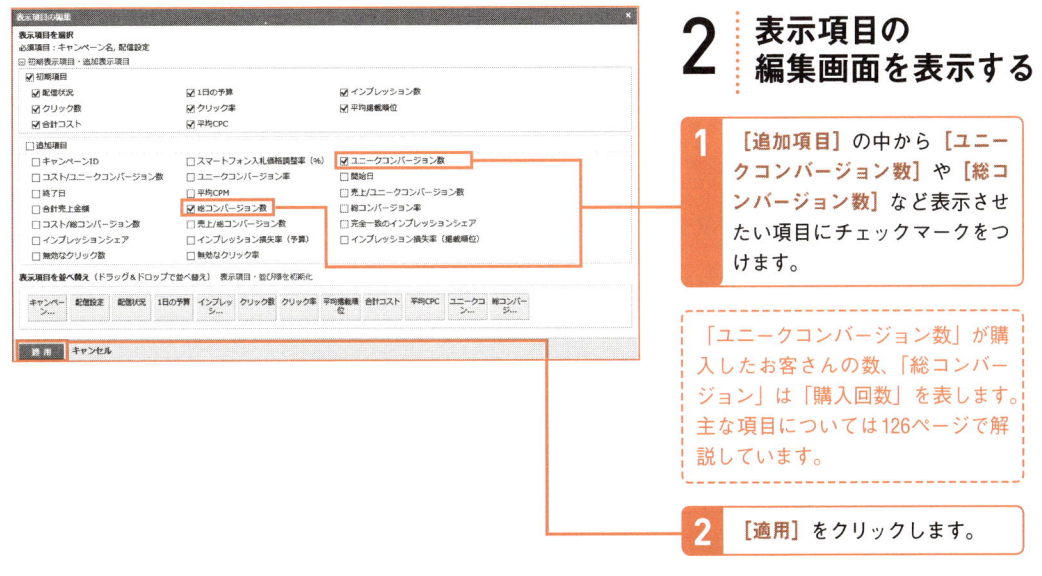

Lesson 35

[出稿後のチェックポイント]

広告がスタートしたあとのチェックポイントを知りましょう

このレッスンのポイント

これで無事にリスティング広告がスタートしました。おめでとうございます！ リスティング広告は「運用型広告」とも呼ばれ、日々のメンテナンスが大事な広告ですが、これまでしっかり掲載準備をしているので、運用もきっとしやすいはずです。掲載準備が完了してコーヒーでも飲んで一息ついたら、まずは管理画面にログインして、スタート直後の実績を確認してみましょう。

広告が出ているかを確認する

広告の掲載が始まったら、広告が表示されているかどうかを実際にキーワードで検索して確認してみましょう。ただし、地域やユーザー層（性別や年齢）、使用しているデバイスなど特定の条件を設定した広告や、広告の審査が完了していない場合は表示が確認できないことがあります。実際に検索する以外に、以下のような確認方法があります。

▶ 検索する以外に広告の出稿を確認する方法

1:広告プレビューツールを使う

▶ Googleアドワーズ 広告プレビューと診断
http://adwords.google.co.jp/d/AdPreview/

▶ Yahoo!プロモーション広告 広告プレビューツール
https://help.marketing.yahoo.co.jp/ja/?p=1151

実際の検索結果画面に表示されるものとほぼ同じような体裁で広告を確認できる

2:管理画面の数値を確認する

広告が表示されるようになり、クリックされるようになると、おおよそ3時間ほどで管理画面にも反映されるようになる

次のページでは、管理画面から広告の出稿を確認する方法を紹介します。

▶ Googleアドワーズの管理画面から出稿を確認する方法

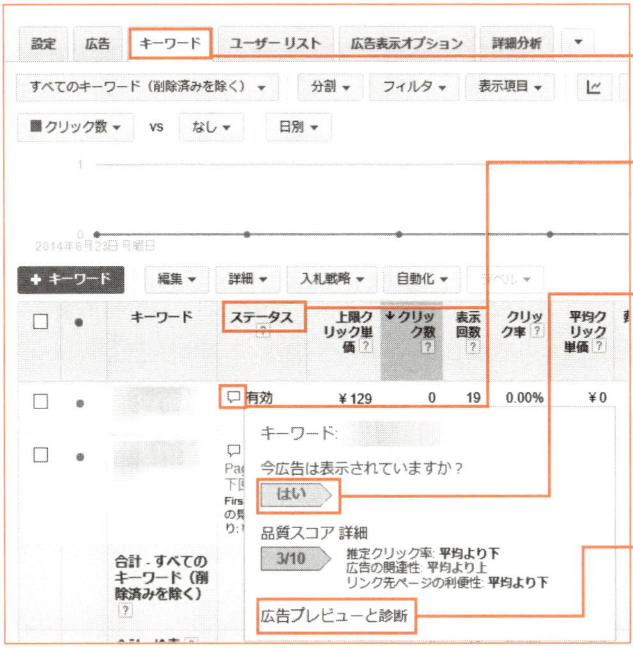

1 ［キーワード］タブをクリックします。

2 確認したいキーワードの［ステータス］の項目にあるマークをクリックします。

3 ［今広告は表示されていますか？］が［はい］になっていれば広告は表示されています。

Googleアドワーズでは、ここから広告プレビューツールに進むことができます。

4 ［広告プレビューと診断］をクリックします。

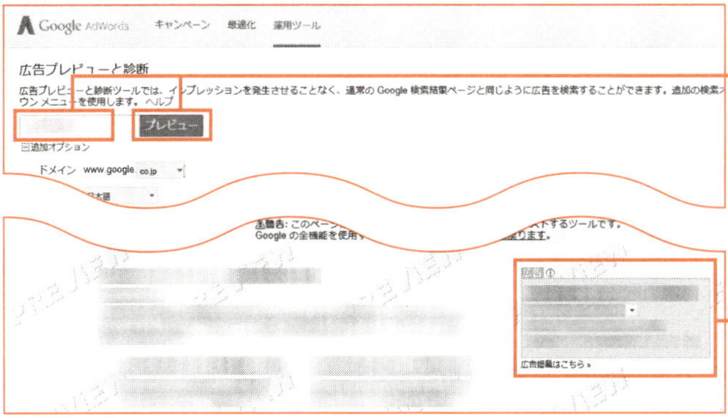

5 キーワードが入力されてた状態であることを確認して、［プレビュー］をクリックします。

6 検索結果画面に広告がプレビュー表示されるのを確認します。

▶ Yahoo!プロモーション広告の管理画面から出稿を確認する方法

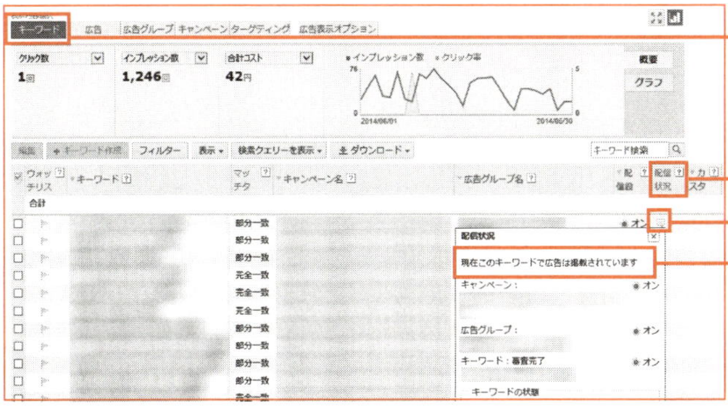

1 ［キーワード］タブをクリックします。

2 確認したいキーワードの［配信状況］の項目にあるマークをクリックします。

3 ［現在このキーワードで広告は掲載されています］と表示されているのを確認します。

NEXT PAGE →

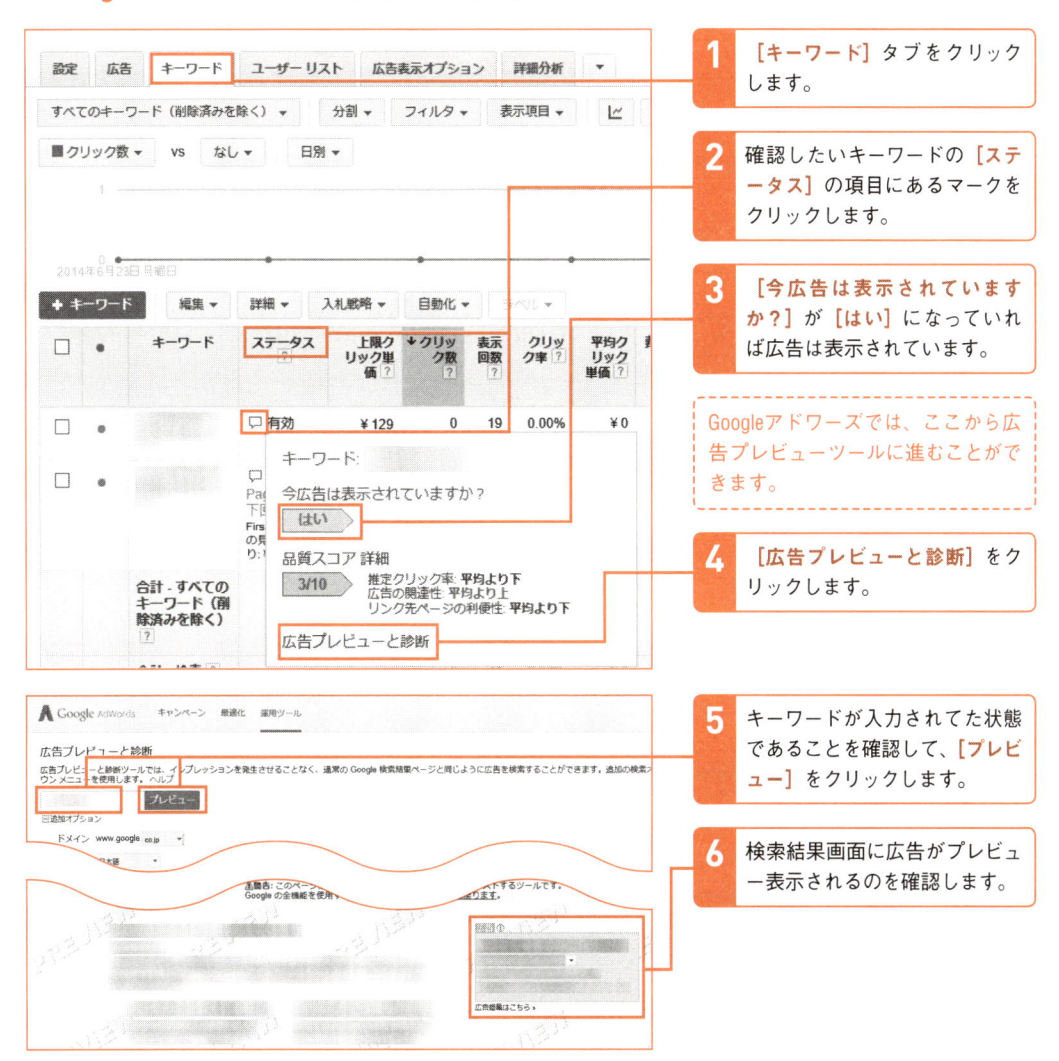

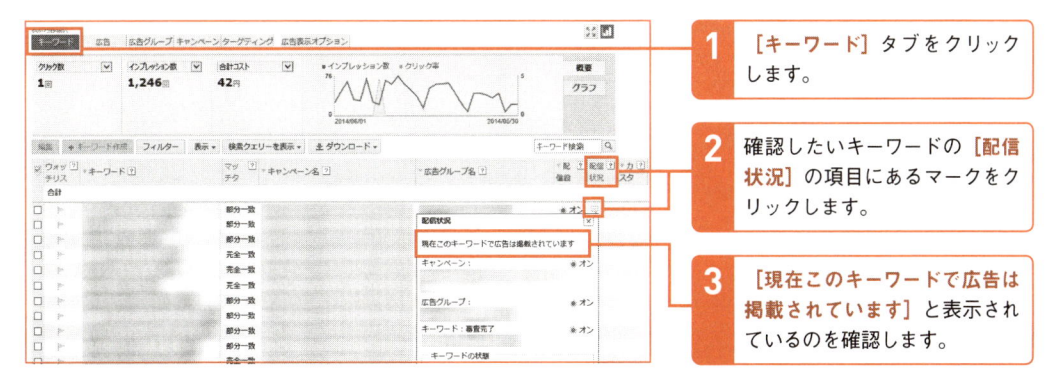

掲載結果を確認する

広告の掲載が始まると、管理画面でさまざまな指標を確認できるようになります。管理画面にはたくさんの項目があるので最初は用語を覚えるのが大変かもしれません。以下にこれだけは覚えておきたい主要な用語を表にまとめたので、困ったときの参考にしてください。

▶ Googleアドワーズの管理画面の表示項目

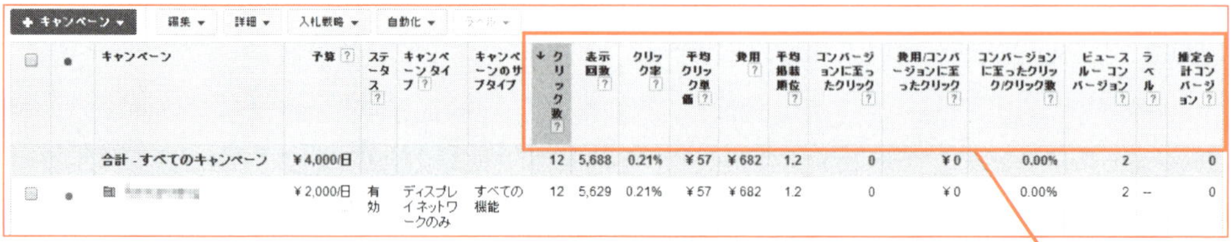

122ページで紹介したように［表示項目］→［表示項目の変更］で表示させる項目の選択や並び換えができる

▶ Yahoo!プロモーション広告の管理画面の表示項目

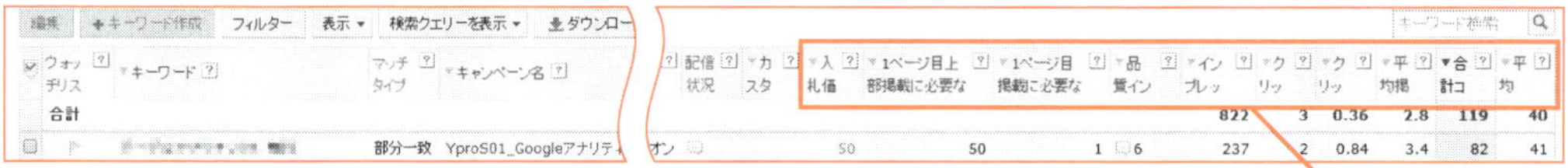

123ページで紹介したように［表示］→［表示項目の編集］で表示させる項目の選択や並び換えができる

▶ Googleアドワーズ／Yahoo!プロモーション広告それぞれの注目すべき項目

Googleアドワーズでの呼称	Yahoo!プロモーション広告での呼称	意味
クリック数	クリック数	ユーザーが広告をクリックした回数
表示回数	インプレッション数	対象の広告が表示された回数。対象とした期間や単位で広告を表示した数
クリック率	クリック率	クリック数を広告の表示回数で割った値。広告の有効性（品質スコア／品質インデックス）を測る指標としても使われる
平均クリック単価	平均CPC	1回のクリックにかかった金額の平均で、費用をクリック数で割った金額
費用	合計コスト	対象期間や単位でかかった費用の総額。クリック単価×クリック数
平均掲載順位	平均掲載順位	表示された広告の掲載順位の平均
コンバージョンに至ったクリック	ユニークコンバージョン数	コンバージョンにつながったクリック数。いわゆるコンバージョン数
費用／コンバージョンに至ったクリック	コスト／ユニークコンバージョン数	費用をコンバージョンに至ったクリックの総数で割った値。いわゆるコンバージョン単価
コンバージョンに至ったクリック／クリック数	ユニークコンバージョン率	コンバージョンに至ったクリックの数を、クリックの総数で割った値。いわゆるコンバージョン率
ビュースルーコンバージョン	―	ユーザーが広告を目にしたもののクリックせず、その後コンバージョンに至った数（検索結果からではなく、お気に入り・ブックマークなどからコンバージョンに至った場合）

※両サービスとも管理画面や項目名などが変更される可能性があります。

最初はとまどうものです。使っているうちに慣れていくので大丈夫！

利用金額を確認する

広告が表示されているのを確認したら、次はどれくらいの金額が使われ始めているのか確認してみましょう。設定したキーワードの検索回数が予想より多くクリックされやすければ、設定した広告費の予算にすぐに達してしまったり、予算が逼迫したりして、広告がなかなか表示されなくなります。予算が不足したときには、管理画面に下記のようなアラートが表示されるので、クリックして確認するようにしましょう。予算とキーワードのバランスを把握し、相場観を養うためにも、最初はこまめに数値を確認してください（第6章でさらに詳細に解説します）。

▶確認ポイント

①費用が上限予算に達しているキャンペーンがないかどうか確認
②キャンペーンでアラートが出ていないか確認
③予算に達しているキャンペーンがあれば、どの広告グループやキーワードに費用がかかっているか確認
④広告が出ている時間帯を確認

▶アラートには注意を払う

▶Googleアドワーズのアラートの一例

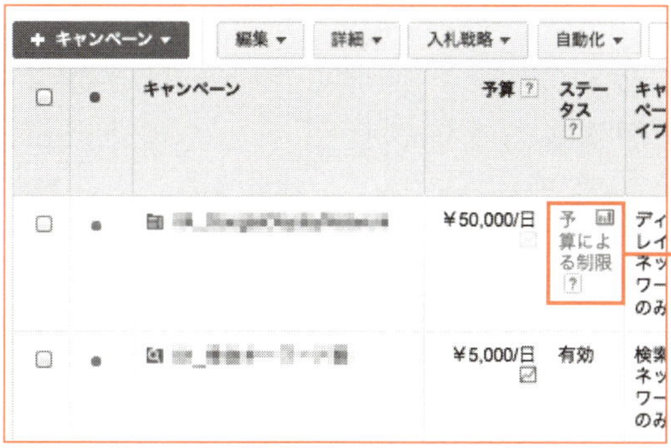

▶Yahoo!プロモーション広告のアラートの一例

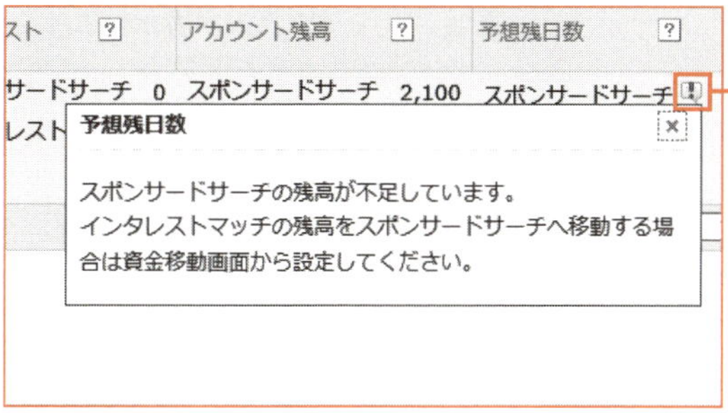

管理画面にアラートが表示されたら、すぐにクリックして確認する

広告がまったく表示されない場合は、上記の確認ポイントでチェックしてみましょう。

Lesson 36

[編集ツール]

編集の便利ツールを使ってみよう

このレッスンのポイント

リスティング広告の運用が実際に始まると、広告グループやキーワードが増えてきて、どうしても管理が煩雑になりがちです。そこで、この章の最後のレッスンでは、そういった日々の作業を助けてくれる編集ツールを紹介しましょう。複数の変更を一括で行ったり、変更箇所を確認したりしながら進めることができるので、作業を効率的に進めることができます。

Google AdWords Editor

Google AdWords Editorは、Googleアドワーズのアカウントを効率的に管理するためのソフトで、PCにダウンロード、インストールして使います。アドワーズアカウントを指定してキャンペーンのデータをダウンロードすると、アドワーズのアカウントをPC上で編集できます。編集に特化したツールなので、大幅な変更をしたいときには、通常の管理画面よりも効率的に作業できます。変更した内容を今度はPCからアップロードすれば、アドワーズに一斉に反映されるため、作業時間の短縮にもなります。

▶ Google AdWords Editor
http://www.google.co.jp/intl/ja/adwordseditor/

Google AdWords Editor
AdWords の運用効率化ツール
AdWords Editor は大規模な AdWords アカウントを効率的に管理するためのアプリケーションで、無料でダウンロードできます。AdWords Editor を使用すると、AdWords キャンペーンのデータをダウンロードして編集ツールで効率的に編集したうえで、変更内容を AdWords にアップロードできます。
一括編集ツールを使用して複数の変更をすばやく適用できます。
ファイルをエクスポートやインポートすることで、アカウントに対する提案を共有したり、変更を適用したりできます。
キャンペーンの統計情報を表示できます。
広告グループやキャンペーンの間で項目をコピー、移動できます。
オフラインでも作業できます。
AdWords Editor をダウンロード
Windows Mac
最新バージョン 10.4.1
システム要件
Windows XP/Vista/7/8, Mac OS X(10.5 以降)
AdWords Editor ヘルプセンター

AdWords Editorの特長

- ●複数の変更を一括で実行
- ●ファイルのエクスポートやインポートが可能なため、複数の管理者で提案を共有・変更できる
- ●キャンペーンの統計情報を表示しながら変更できる
- ●キーワードのコピー＆ペーストや一括置換などができる
- ●オフラインでも作業可能

AdWords Editor は慣れるととても便利なツールで、私も重宝しています。

インポート管理

Yahoo!プロモーション広告では、キャンペーンデータなどを書き出したCSVファイルを用意し、インポート管理機能から一括して登録する方法が便利です。すべてのアカウントにインポート管理機能がついているわけではなく、通常は開始当初は管理画面に存在しません。利用金額などの審査が必要で、審査がとおれば反映されます。

▶ Yahoo!プロモーション広告ではインポート管理を利用する

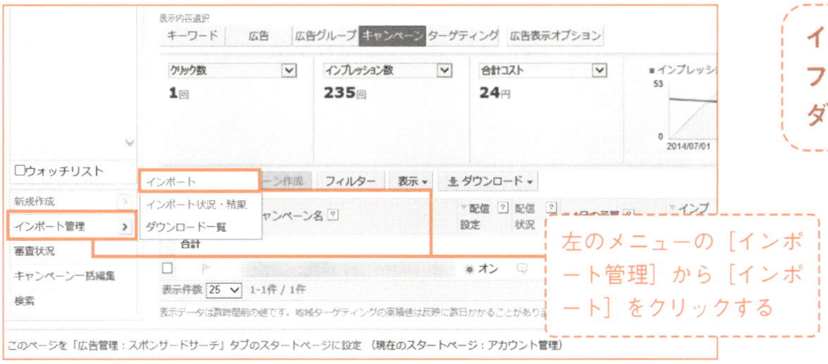

キーワード生成ツール

大規模なECサイトの場合、リスティング広告のキーワード生成は非常に大変な作業です。そのために、キーワード生成ツールがいくつかあります。KARABINERは、キーワードの掛け合わせを簡単に作成してくれるツールで、単純に掛け合わせだけでなく、マッチタイプにも対応しています。

▶ KARABINER—Fast Keywords Concatenator
http://karabiner.in/

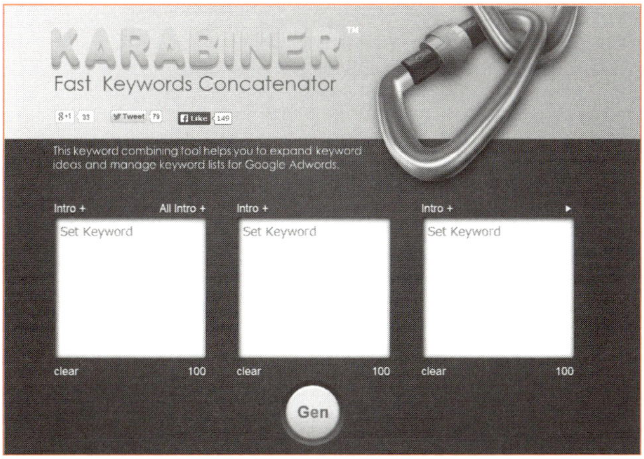

質疑応答

ECサイト担当者

Q 細かい設定でいちいち つまずいてしまうのですが？

A

リスティング広告は簡単に始めることができる一方で、非常に複雑なこともできる仕様になっているので、始めた当初はとまどうことも多いと思います。新しい機能も次から次へと発表され、頻繁に設定画面なども変更されて、専門家でも困ることがあるくらいです。

何かわからないことが出てきたら、なるべく公式の情報を参照するようにしてください。リスティング広告が普及してきたことで、たくさんの情報をインターネット上で見つけることができますが、情報自体が古かったり、中には間違った情報を提供している記事なども見受けられたりします。

Googleアドワーズでは、ヘルプセンター①やヘルプフォーラム②など、Yahoo!プロモーション広告では、サポートページ③や公式ラーニングポータル④をまずは利用してみましょう。Googleアドワーズのヘルプフォーラムでは、ヘルプセンターを読んでもわからないことや、普段の広告運用で疑問に思ったことを聞くことができるので、積極的に活用してみてはいかがでしょうか？

①AdWordsヘルプセンター
https://support.google.com/adwords/?hl=ja
②AdWordsヘルプフォーラム
https://www.ja.adwords-community.com/
③Yahoo!プロモーション広告サポートページ
http://promotionalads.yahoo.co.jp/support/
④Yahoo!プロモーション広告公式ラーニングポータル
http://promotionalads.yahoo.co.jp/online/

Chapter

6

出稿の結果を確認して判断しよう

出稿した広告のパフォーマンスから「良い」「悪い」を的確に判断し、しかるべきアクションを実行する。これがリスティング広告の運用の基本です。この章では、リスティング広告の運用の方法をしっかり学んでいきましょう。

Lesson 37 [運用の基礎]

出稿した広告のパフォーマンスに興味をもちましょう

このレッスンのポイント

おめでとうございます！ 第5章までで無事に広告を出稿できましたね。一息つきたいところでしょうか。でも、リスティング広告はここからが本当の始まりです。ここでは、広告の成果に興味をもつこと、それから育てる視点をもって、習慣的にアカウントを見るための方法についてお伝えします。

リスティング広告は出してからが始まり

ここまで読み進んできたあなたなら、リスティング広告が「運用型広告」であることがわかっていると思います。運用型広告は、広告を出して終わりではなく、成果を見ながら良いところを伸ばしていき、悪いところに対処したり見切りをつけたりと、アカウントに改善を重ねていくタイプの新しい広告なのです。言い換えれば、データを活用しながら、成果を育てていく視点をもって運用していくものだと言えるでしょう。ですから、あなたはアカウントに興味をもって、継続的に広告の成果を見てください。もしどうしても見る時間が確保できないなら、周囲のスタッフにもこの本を渡して、必ず定期的に見てもらうようにすることをお勧めします。

▶ リスティング広告は成果を育てていくもの

「リスティング広告に出稿した」ということは、まだ「芽が顔を出したばかり」と同じ状態

「作るところまではやったから、あとは誰かに任せればいいや」と思っていませんか？ リスティング広告のキモはその後の「運用」です。大きく育てていきましょう！

数字からユーザーの気持ちや行動を読み取る

リスティング広告の管理画面には下記の画面のように数字が並んでいます。「わけがわからない」とたじろいでしまう人もいるかもしれませんが、大丈夫です！ 例えば職場で「社内で目標を数値化する」という言葉を使ったり、使われているのを耳にしたりしますよね。あれと同じことです。ここに並んでいる数字は、お客さんの気持ちや行動を数値化したものだととらえてください。そう思うと興味がわくはず。お客さんの気持ちや行動について、知りたくない人はきっといないでしょう。考え方を押さえて、見るべきポイントさえわかれば、数字からお客さんが考えていることの傾向が読み取れてくるはずです。見るべきポイントはこれから詳しく説明します。

▶ 数字にはお客さんの気持ちや行動が映し出されている

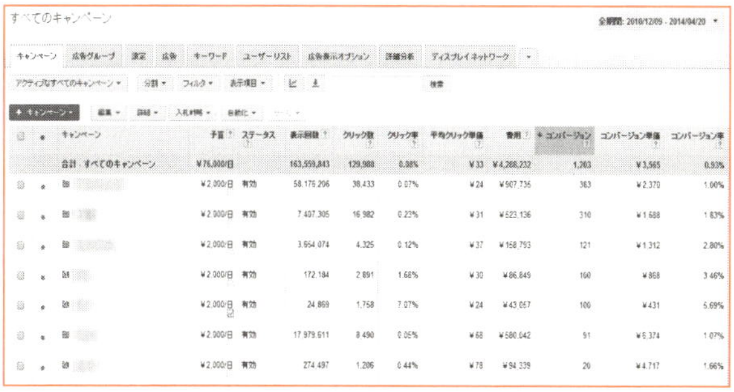
すべてのキャンペーン　全期間: 2010/12/09 - 2014/04/20

キャンペーン	予算	ステータス	表示回数	クリック数	クリック率	平均クリック単価	費用	コンバージョン	コンバージョン単価	コンバージョン率
合計：すべてのキャンペーン	¥76,000/日		163,559,843	129,988	0.08%	¥33	¥4,288,232	1,203	¥3,565	0.93%
	¥2,000/日	有効	58,175,206	38,433	0.07%	¥24	¥907,736	363	¥2,370	1.00%
	¥2,000/日	有効	7,407,305	16,982	0.23%	¥31	¥523,136	310	¥1,688	1.83%
	¥2,000/日	有効	3,654,074	4,325	0.12%	¥37	¥158,793	121	¥1,312	2.80%
	¥2,000/日	有効	172,184	2,891	1.68%	¥30	¥86,849	100	¥868	3.46%
	¥2,000/日	有効	24,869	1,758	7.07%	¥24	¥43,057	100	¥431	5.69%
	¥2,000/日	有効	17,979,611	8,490	0.05%	¥68	¥580,042	91	¥6,374	1.07%
	¥2,000/日	有効	274,497	1,206	0.44%	¥78	¥94,339	20	¥4,717	1.66%

「数字が苦手……」という人もいるかもしれませんが、お客さんの気持ちや行動が数値化されていると考えてみてください。きっと身近になるはずです！

ざっと見るタイミング、じっくり見るタイミングを決めて習慣化する

「興味をもつ大切さはわかった。でも自分のやるべき仕事はこれだけじゃないんだよ」という人がいることもよくわかります。そこで、確認するタイミングを決めてしまうことをお勧めします。出稿して数日は、そもそも審査がとおったのか、広告が表示されていないか、出過ぎていないかなどを調べるのに重要です。これはアカウント自体が新しい場合だけでなく、既存のアカウントに新しくキーワードや広告を追加する出稿の場合でも同じです。次のタイミングは1週間です。これは見る曜日、時間帯を決めて、毎週必ずざっと見るようにクセをつけるといいでしょう。朝の始業時にチェックする習慣をつけるといいと思いますよ。

▶ アカウントを見る目安

出稿して1～3日	1週間ごと	1カ月ごと
ざっと見る 出ている／ 出ていない	ざっと見る 良い／ 悪いの調整	じっくり見る 良い／ 悪いの改善

1カ月ごとに前月を振り返る意味で必ず見るようにしましょう。

Lesson 38

[見るべき指標]

シグナルを感じ取るポイントを押さえましょう

このレッスンのポイント

レッスン37でリスティング広告のデータには、お客さんの気持ちや行動が反映されることを理解していただけたと思います。では、具体的にデータのどこから読み取ればいいのでしょうか？ ここでは、集客の観点、コンバージョンの観点から、データを見るべきポイントを押さえます。

集客の観点で見るべきクリックに関する指標

まずクリック数。「キャンペーン」「広告グループ」「広告」「キーワード」など、さまざまな切り口で確かめましょう。周囲との比較で「多い」「少ない」でOKです。また、そもそも広告が表示されなければクリック数は増えません。広告の表示回数（インプレッション）も重要な指標。「多い」「少ない」を確かめます。クリックを評価するのに重要なのが、クリック率（CTR）と平均クリック単価（平均CPC）です。クリック率は、クリック数から広告のインプレッションを割ったもの。クリック率が高ければ、お客さんがそのキーワードや広告を選んでいる確率が高く、これらのクリックは有望である可能性が高めです。平均クリック単価は1件のクリックにかかったコストのこと。比較すると、意外と単価が異なっていることに気づくはずです。

▶ 管理画面の項目でクリックにまつわる指標

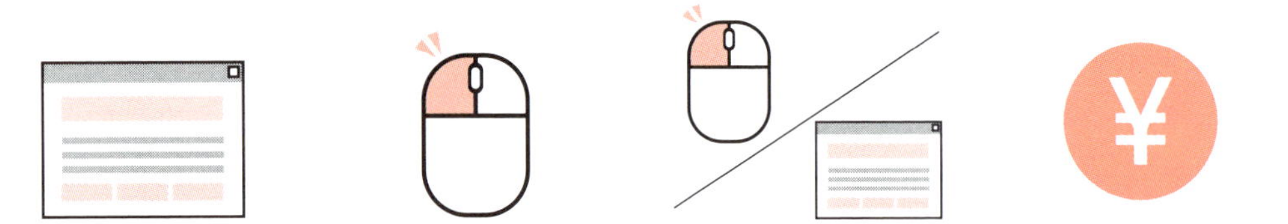

インプレッション
広告が表示された回数

クリック数
広告がクリックされた数

クリック率（CTR）
広告が表示された回数のうちクリックされた割合

平均クリック単価（平均CPC）
1件のクリックにかかるコスト

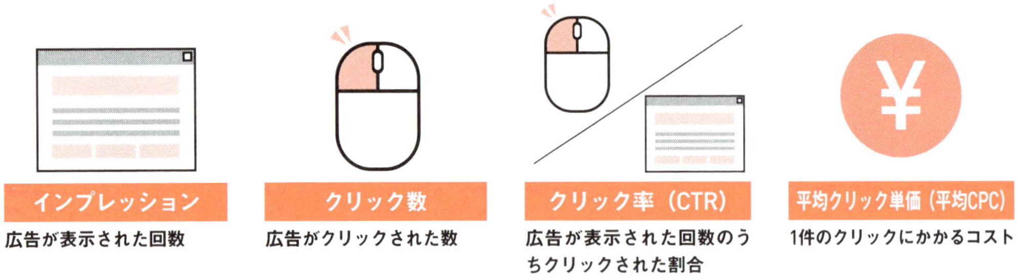

集客の観点では、クリックにまつわる指標がもっとも重要です。インプレッション、クリック数、クリック率、平均クリック単価は必ず確認しましょう。

コンバージョンの観点で見るべきポイント

まずはコンバージョン数（CV）。購入や資料請求、お問い合わせなど「コンバージョン」を獲得した件数です。「キャンペーン」「広告グループ」「広告」「キーワード」などで確認します。コンバージョンした広告のクリック数も確かめましょう。また、効率を評価するのに重要なのがコンバージョン率（CVR）とコンバージョン単価（CPA）です。コンバージョン率は、コンバージョン数をクリック数で割ったもの。率が高い広告は集客からの道筋がスムーズで、有望なシナリオである可能性が高いです。コンバージョン単価は1件のコンバージョンにかかったコストです。レッスン15でROIを考えたとき、1件のコンバージョンで得られる利益の単価を出したと思います。コンバージョン単価は利益単価を基準に高低をとらえるといいでしょう。

▶ 管理画面の項目でコンバージョンにまつわる指標

コンバージョン数（CV）	コンバージョン率（CVR）	コンバージョン単価（CPA）
設定した目標にユーザーが到達した数	クリックされた回数のうちのCVの割合	1件のCVにかかるコスト

初めてのCVには小躍りしたいほど嬉しくなるはず。その気持ちを忘れずに！

管理画面の「ステータス」が知らせてくれることもある

管理画面もいろいろなことを教えてくれます。キャンペーンのステータスでは「予算による制限」とアラートが表示されることがあります。これは、設定した1日あたりの予算が十分でないため、広告のインプレッションが制限されていることを示しています。キャンペーンの成果が好調で、インプレッションやクリックを増やしたければ、1日の予算を引き上げましょう。

▶ 1日の予算を変更してインプレッションとクリック数を増やす

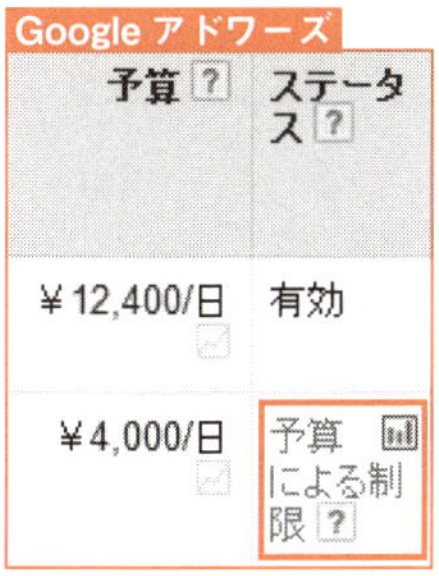

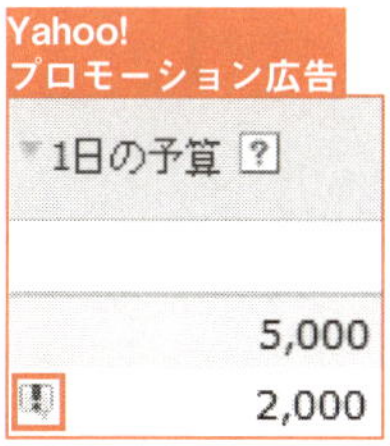

キャンペーンの1日あたりの予算による制限が表示されます。アイコンをクリックすると任意の金額に変更できるほか、アドワーズでは予算の引き上げによって得られるインプレッションやクリック数が表示され、あわせて提案される金額からも選べます。

キーワードのステータスでは「First Page Bidを下回る」と表示されることがあります。これは、キーワードが検索結果1ページ目に表示されるのに十分な上限クリック単価に達していないという意味です。このキーワードの成果が好調で、インプレッションやクリックを増やしたいという判断ができれば、First Page Bid以上の額に引き上げます。

Lesson 39 [レポートの見方]

レポートは全体から個別へとドリルダウンして見ていきましょう

このレッスンのポイント

リスティング広告の管理画面は、パフォーマンスの細部の細部まで確認できますが、それだけに細部に拘泥して全体を見失ってしまうおそれがあります。ここでは、まずは全体から確認し、徐々にドリルダウンしていくレポートの見方を解説します。簡単ですし、この見方を押さえればあまり長い時間をかけず、効率的にレポートを見ることができますよ。

全体を大きく見る2つの視点

リスティング広告のアカウントを全体で見渡すには「すべてのキャンペーン」と「日別」の2つを確認します。まず、Googleアドワーズにログインして最初に表示されるのが[すべてのキャンペーン]です。期間を今月などに設定すれば、どのキャンペーンの集客、コンバージョンの成果が大きいのかがひと目で把握できるでしょう。

次に、アカウント全体の時系列の変化を確認するために「日別」のレポートを見ます。このレポートで、毎日どれだけの費用を使って集客し、いくつのコンバージョンを生み出しているかがわかります。週別、月別も確認して数値の感覚に慣れておきましょう。

▶キャンペーンごとにレポートを見る

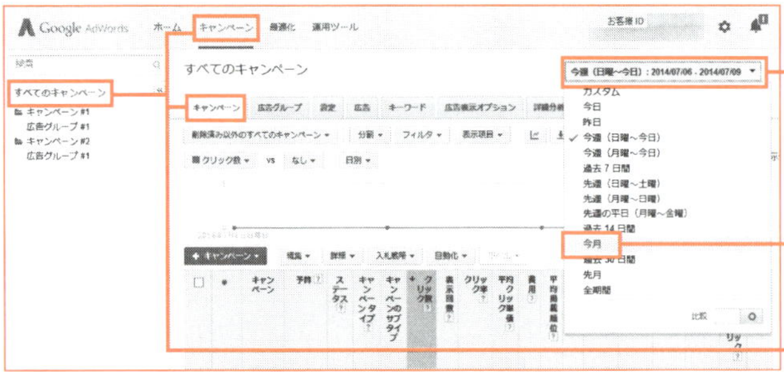

1 すべてのキャンペーンを表示する

Googleアドワーズにログインして最初に表示されるのが[すべてのキャンペーン]です。もしほかの画面を見た後だったら、[キャンペーン] - [すべてのキャンペーン] - [キャンペーン]タブをクリックします。

1 画面右上の日付をクリックして[今月]を選択します。

2 キャンペーンごとの成果を確認する

気になる項目名をクリックすると、その項目が多い順に並び換えられます。もう1回クリックすると少ない順に並び換えられます。

各キャンペーンごとの成果が表示されるので確認します。クリック数やクリック率、コンバージョンやコンバージョン率などの値を見ます（レッスン40参照）。

このマークをクリックすると、表示されているレポートの内容をExcelファイルなどでダウンロードできます。

▶アカウントレベルで日別にレポートを見る

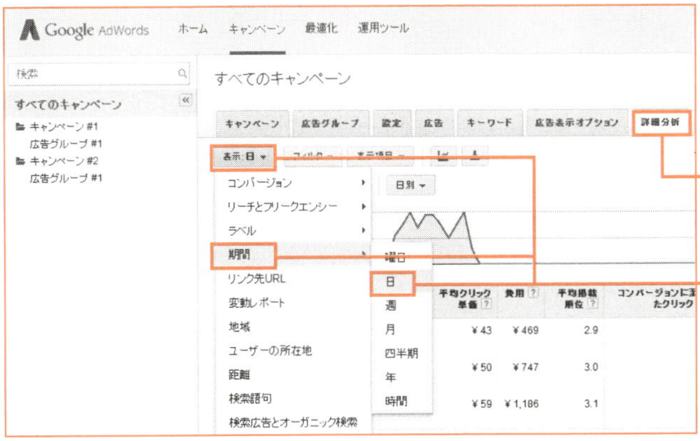

1 日別のレポートを表示する

1 ［詳細分析］タブをクリックします。

2 ［表示：～］-［期間］-［日］をクリックします。

週や月ごとのレポートのほかに、地域ごと、検索語句ごとなど切り換えてレポートを確認できます。

2 日別のレポートを確認する

すべてのキャンペーン　　先月: 2014/06/01 - 2014/06/30

広告グループ　設定　広告　キーワード　広告表示オプション　詳細分析

表示: 日　フィルタ　表示項目

日	表示回数	クリック数	クリック率	平均クリック単価	費用	コンバージョン	コンバージョン単価	コンバージョン率
2014年6月1日(日)	13,854	100	2.03%	¥50	¥2,508	5	¥3,186	3.20%
2014年6月2日(月)	17,976	100	2.03%	¥50	¥2,508	5	¥3,186	3.20%
2014年6月3日(火)	20,228	100	2.03%	¥50	¥2,508	5	¥3,186	3.20%
2014年6月4日(水)	21,775	100	2.03%	¥50	¥2,508	5	¥3,186	3.20%
2014年6月5日(木)	17,711	100	2.03%	¥50	¥2,508	5	¥3,186	3.20%
2014年6月6日(金)	2,957	100	2.03%	¥50	¥2,508	5	¥3,186	3.20%
2014年6月7日(土)	2,456	100	2.03%	¥50	¥2,508	5	¥3,186	3.20%
2014年6月8日(日)	18,408	100	2.03%	¥50	¥2,508	5	¥3,186	3.20%
2014年6月9日(月)	21,165	100	2.03%	¥50	¥2,508	5	¥3,186	3.20%
2014年6月10日(火)	20,305	100	2.03%	¥50	¥2,508	5	¥3,186	3.20%
2014年6月11日(水)	24,964	100	2.03%	¥50	¥2,508	5	¥3,186	3.20%
2014年6月12日(木)	17,439	100	2.03%	¥50	¥2,508	5	¥3,186	3.20%
2014年6月13日(金)	3,634	100	2.03%	¥50	¥2,508	5	¥3,186	3.20%
2014年6月14日(土)	2,856	100	2.03%	¥50	¥2,508	5	¥3,186	3.20%

日ごとの成果が表示されるので、集客状況やコンバージョンなどを確認します。

全体でどれだけ費用を使い、どれだけの集客・コンバージョンが得られているかをつかみます。繰り返し見ることで、日々の数値が肌感覚でもわかるようになります。

徐々にドリルダウンしていく

管理画面では、項目名をクリックすると並び換えができます。クリックの多い順、費用の多い順、コンバージョンの多い順などで並び換えれば、目立っているものがすぐに見つかります。気になるキャンペーンのリンクをクリックしてみましょう。広告グループ単位のレポートが表示されます。これにより、キャンペーンの中でもどの広告グループのパフォーマンスが良いのか、悪いのかがわかります。さらに広告グループをクリックすると、キーワード、広告別に確認でき、パフォーマンスを上げている／下げている要素が何なのかを特定できます。

▶ ドリルダウンしながら確認したい単位でレポートを見る

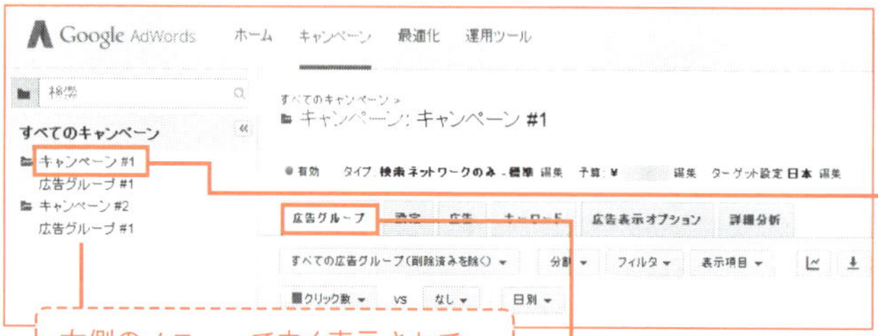

左側のメニューで赤く表示されている階層のレポートが、右側に表示されると覚えておくといいでしょう。

1 広告グループのレポートを表示する

1 左側のメニューから確認したい広告グループが含まれているキャンペーンをクリックします。

2 ［広告グループ］タブをクリックします。

2 広告グループごとのレポートを確認する

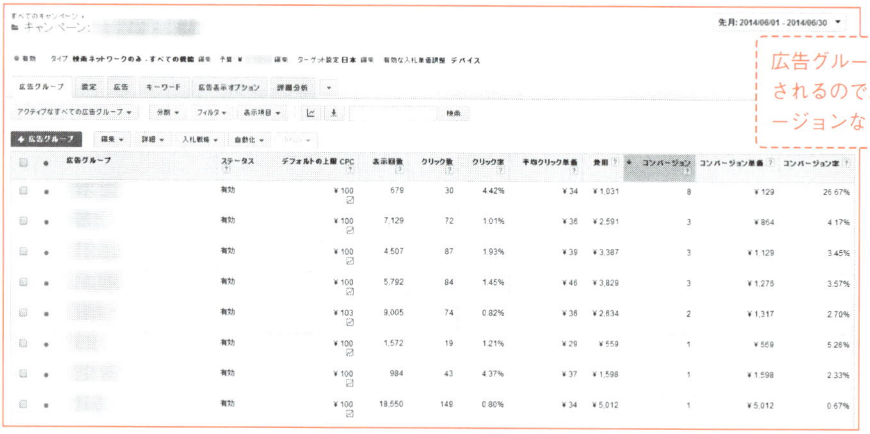

広告グループ	ステータス	デフォルトの上限 CPC	表示回数	クリック数	クリック率	平均クリック単価	費用	コンバージョン	コンバージョン単価	コンバージョン率
[illegible]	有効	¥100	679	30	4.42%	¥34	¥1,031	8	¥129	26.67%
[illegible]	有効	¥100	7,129	72	1.01%	¥36	¥2,591	3	¥864	4.17%
[illegible]	有効	¥100	4,507	87	1.93%	¥39	¥3,387	3	¥1,129	3.45%
[illegible]	有効	¥100	5,792	84	1.45%	¥46	¥3,829	3	¥1,276	3.57%
[illegible]	有効	¥103	9,005	74	0.82%	¥36	¥2,634	2	¥1,317	2.70%
[illegible]	有効	¥100	1,572	19	1.21%	¥29	¥559	1	¥559	5.26%
[illegible]	有効	¥100	984	43	4.37%	¥37	¥1,598	1	¥1,598	2.33%
[illegible]	有効	¥100	18,550	149	0.80%	¥34	¥5,012	1	¥5,012	0.67%

広告グループごとの成果が表示されるので、集客状況やコンバージョンなどを確認します。

第４章で「アカウント」→「キャンペーン」→「広告グループ」、そして広告グループの中に広告とキーワードが含まれているという構造を学びましたね？ それを意識した上でレポートを確認する習慣を身につけましょう。頭も整理されて素早い判断ができるようになります。

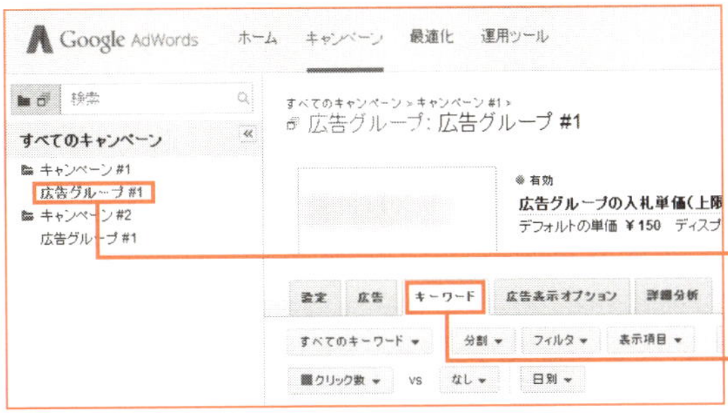

3 キーワードのレポートを表示する

1 左側のメニューから確認したい広告グループをクリックします。

2 [キーワード] タブをクリックします。

4 キーワードごとのレポートを確認する

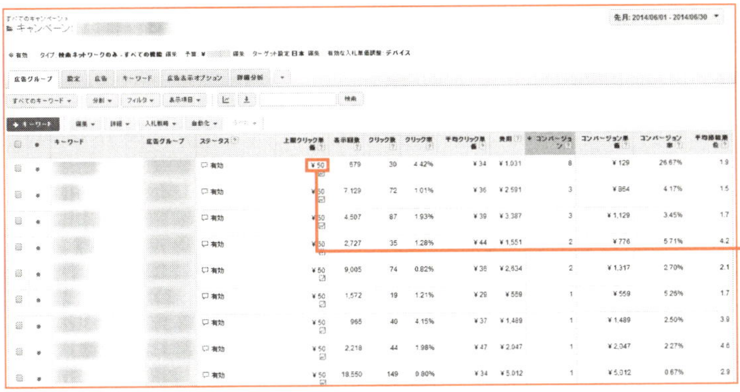

キーワードごとの成果が表示されるので、集客状況やコンバージョンなどを確認します。

[上限クリック単価] の値を直接クリックすると、値を変更することもできます。

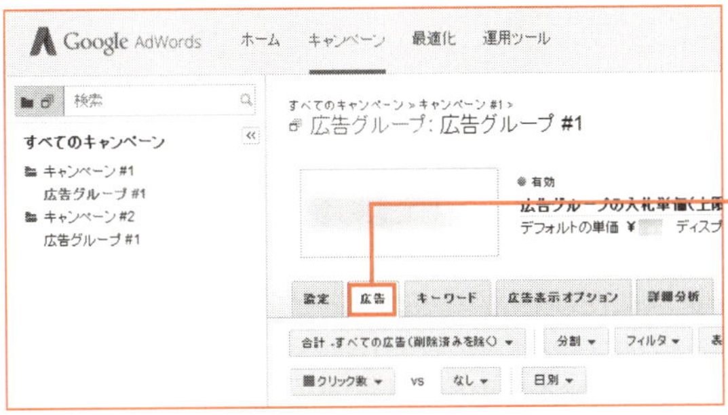

5 広告ごとのレポートを表示する

1 [広告] タブをクリックします。

6 広告ごとのレポートを確認する

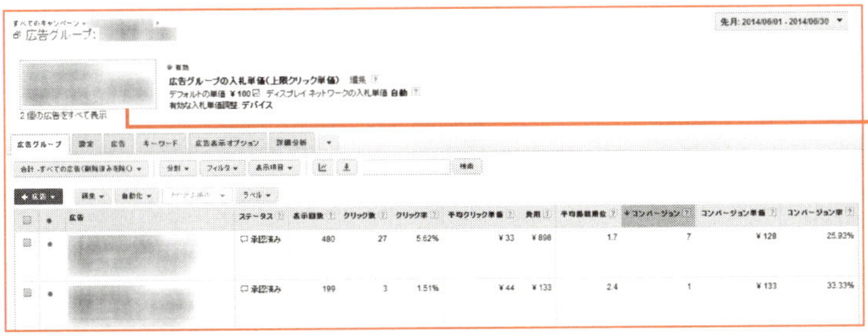

広告ごとの成果が表示されるので、集客状況やコンバージョンなどを確認します。

広告を直接クリックすると、広告文を変更することもできます。

Lesson 40

[良い点の発見—KPTのK]

良いところを見つけたら大切に育てましょう

このレッスンのポイント

管理画面からパフォーマンスを日々見ていると、良いところと悪いところが見つかるようになります。放っておかずにそれぞれに対して適切な対応をしていくことで全体が安定し、パフォーマンスが向上する可能性が高まります。ここでは、良いところの見つけ方、その対応方法を紹介します。

「良い」とはどういうこと？

まず「良い」「悪い」は「傾向＝トレンド」であるということを押さえましょう。今月は「良い」キャンペーンが来月は「悪い」に転ずること、あるいはその逆もあります。競合サイトもユーザーも日々変化する「水物」です。「良い」が続く保証はありません。そのことを理解した上で、集客の観点ではクリック数とクリック率、コンバージョンの観点ではコンバージョン数とコンバージョン率を確認し、「良い」と思えるもの、パフォーマンスが出ているものを見つけて紙やExcelに書き出します。数が少なくても好調な兆しはわかるはず。日々レポートを見て、その動きをつかむのが大切です。ただし、「率」が高くてもクリックやコンバージョンが1～2件と少ない段階での判断は避けましょう。

▶ 良い点を紙に書き出してみる

上限クリック単価	クリック数	表示回数	クリック率	平均クリック単価	費用	コンバージョン	コンバージョン単価	コンバージョン率
¥50	440	4,341	10.14%	¥8	¥3,324	17	¥196	3.86%

ほかと比べてクリック率やコンバージョン率が高いキーワードを見つけたら、紙やExcelにメモしておく

キャンペーン	広告グループ	キーワード	メモ
AdWS01_XX	XXXXXXX	XXXXXXX	クリック率が10%超と好調
AdWS02_XX	XXXXXXX	XXXXXXX	CVが5件とれている

できるだけポジティブにとらえて、成果の高いキーワードを見つけましょう。管理画面を見ることが習慣になれば、良い傾向のものが「見える」ようになります！

理由を考えながら「継続」か「さらに伸ばす」かを選ぶ

見つけた「良い」キーワードはなぜ「良い」のでしょうか？ 理由を考えてみてください。手掛かりは広告文にもあります。より多く集客している広告の訴求内容にユーザーのニーズがより合致していることがあります。また、テレビやインターネット上で話題になるなど、一時的に需要が高まっているケースもあるでしょう。理由がうまくつかめなければ継続しましょう。良いという判断をした上で経過を注視し、良い理由を引き続き探っていきます。もし理由がわかれば、さらに伸ばしましょう。第7章を参考にして、成果を増やすためのアクションを起こすのです。良い理由に即した広告文を選択・追加する、良いキーワードのクリック単価を引き上げ、露出が増えるようにキャンペーンの1日の予算を増やす、良いキーワードと関連するキーワードを新たに追加することなどを行います。

▶ 良い広告を継続するか、さらに伸ばすか？

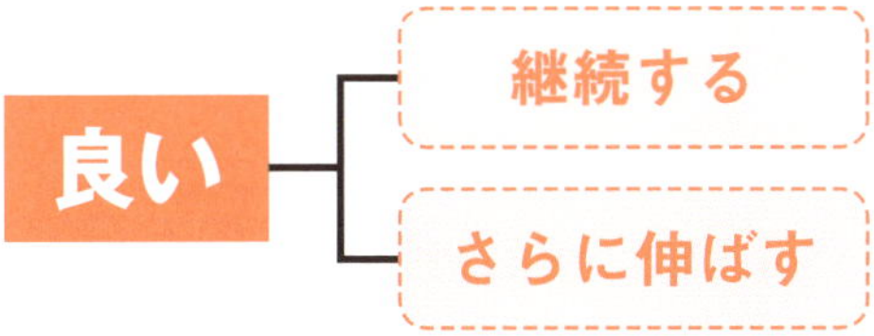

理由をはっきりさせるために、訴求内容をより強調した広告文を追加して変化を試すこともあります。

伸びしろが大きい場合は「格上げする」

特にビジネスが成長期にあるとき、良いキーワードの中に、特定のキーワードだけが特化して大きく育つものがあります。キーワードが入っているキャンペーンの1日の予算を増やすだけでは、対応しきれなくなることがあります。そのまま放置すると、もっと伸びしろがあるはずのキーワードが十分な力を発揮できずに、ほどほどの成果にとどまることになります。もったいないですよね。良いキーワードを大きく成長させるためには、キーワードをキャンペーンに格上げして、別途新たに予算を割くようにしましょう。

▶ 優秀なものがあればキャンペーンに格上げする

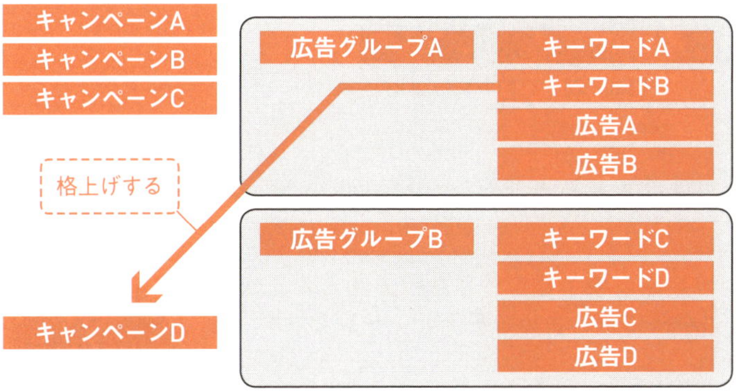

このように良いキーワードを格上げするなど、キャンペーン編成は柔軟に変化させていきましょう。

Chapter 6

出稿の結果を確認して判断しよう

Lesson 41

[悪い点の発見—KPTのP]

悪いところを見つけたら解決しましょう

このレッスンのポイント

レッスン40で、良いところの見つけ方と育て方について学びました。リスティング広告の成果を維持・向上させるためにもう1つ重要なことがあります。それは「大きく負けない」こと。成果の悪化を最小限に食い止めることです。ここでは、悪いところの見つけ方とその解決方法をご紹介します。

「悪い」とはどういうこと？

悪いところを見つけるには、集客の観点ではクリック数とクリック率、コンバージョンの観点ではコストと顧客獲得単価（CPA）を確認しましょう。集客の観点での「悪い」は、ずばり集客できていないことです。 複数のキャンペーンやキーワードを同時に出稿していれば、数値の低いものは必ず出てきます。コンバージョンの観点での「悪い」は、効率の悪さです。大きくは2つあり、コンバージョンを生み出せてはいるが、利益から考えると高過ぎる顧客獲得単価（CPA）である場合と、コンバージョンを得られないままコストだけかかっている場合です。これらの観点で悪いと考えられるものを書き出してみましょう。

▶ 悪い点も隠さずに紙に書き出そう

上限クリック単価	クリック数	表示回数	↓ クリック率	平均クリック単価	費用	コンバージョン	コンバージョン単価	コンバージョン率
¥50	1,324	831,434	0.16%	¥25	¥33,716	0	¥0	0.00%

クリック率やコンバージョン率が悪いもの、費用をかけているのにコンバージョンが0件なものなどを見つけたら、紙やExcelにメモしておく

キャンペーン	広告グループ	キーワード	メモ
AdWS01_XX	XXXXXXX	XXXXXXX	30,000円使ってコンバージョン0
AdWS02_XX	XXXXXXX	XXXXXXX	CPAが50,000円

あまり見たくない数字を直視しなくてはなりませんが、発見した時が被害を最小限に食い止める最大のチャンスです。

原因を考えながら「様子を見る」か「見切りをつける」を選ぶ

なぜこれらのキーワードはパフォーマンスが悪いのか？ 出稿する際に意図した狙いからずれていたと考えるのが自然です。これはよくあることなので気にせず、まずはキーワード、広告文、ランディングページを確認して、「ずれ」を考えてみてください。もし判明しなくても、いきなり広告を止めるのではなく、様子を見てみましょう。上限クリック単価を下げ、1日の広告予算を下げ、状況を見ます。成果がただ落ちていくだけであれば、見切りをつけて、広告を停止します。見切りのつけ方ですが、許容できるCPAを決め、その金額を使ってもコンバージョンがない場合に停止する、とルールを設定しておくといいでしょう。

▶ 悪い広告の見切りをつけるか、もう少し様子を見るか？

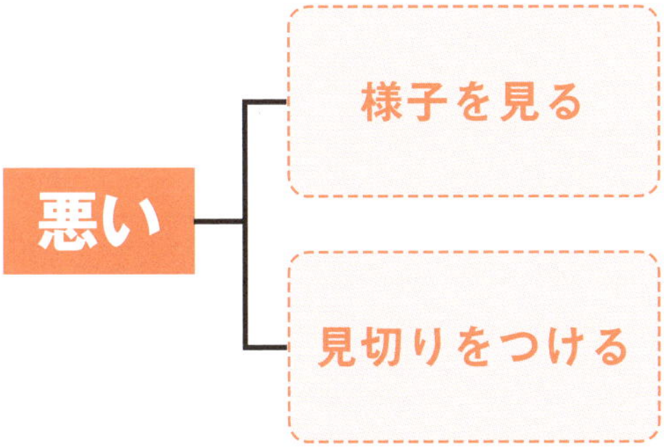

機械的になるよりは、それぞれのケースに応じて個別に考えていくようにしたほうが判断の誤りを減らすことができます。

原因を見きわめ「改善する」

見切りをつけて停止をしたものを放置せずに、何が原因なのかをさらに考え、改善しましょう。キーワードが広い意味をもち、情報収集段階の、購入意欲が浅いユーザーまでも集客していることはよくあります。これはマッチタイプを変更することで対応できるでしょう。また、時間帯や地域、デバイス、リンク先URLで大きな違いが出ていることもあります。これらは第7章で学びます。ここで強調したいのは、改善をリスティング広告の中だけで行うことだと思わないことです。むしろ、サイトやページの内容のマッチングを改善することで、ずれが修正され、パフォーマンスを伸ばせる余地は大いにあります。

どうすれば期待するアクションを起こしてくれるか、お客さん像を考えに考え抜いて、ニーズに応えるようにページを修正しましょう。その改善はリスティング広告経由以外で訪問したお客さんにも活きるはずです。

Lesson 42

[次にすること—KPTのT]

良い点・悪い点を踏まえて次の一手を打ちましょう

このレッスンのポイント

ここまでで「良い」と「悪い」の判断の仕方、それぞれの対処方法を紹介してきました。実際には同時進行で「良い」「悪い」を判断し、改善策を打ち、また観察することの繰り返しになります。これらのことを習慣づけるのに役立つ振り返りのフォーマット、「KPT」を紹介しましょう。

「何もしない」は悪化すると考える

リスティング広告をめぐる状況は常に動いています。たとえ今良好なパフォーマンスを得られていたとしても、あぐらをかいて放置していると強力な競合が現れ、あっという間にシェアを奪われてしまうこともめずらしくありません。また、かつてたくさんコンバージョンを得られていたはずの広告の切り口で、ほとんどコンバージョンが得られなくなるという事態も起きてきます。そうしたリスクを最小限に抑え、パフォーマンスを維持・向上させるには、手間はかかっても定期的にアカウントを見て、細かく改善を積み重ねていくことが必要です。何もしなければ悪化する、と考えるぐらいがちょうどいいでしょう。

▶リスティング広告をめぐる主な状況の変化の要因

- テレビ・ニュースによる影響
- 天候や災害による影響
- 競合商品・サービスの台頭
- お客さんのニーズの変化
- 広告の仕様変更による影響

ここに挙げたように状況の変化は外部要因も多いですが、普段からレポートを見る習慣、変化に気づいて変化の理由を考える習慣を身につけていれば、想定も立てやすく、いざというときに対処できます。

KPTを使って次にすることをまとめよう

KPTはプロジェクトを定期的に振り返り、問題点を次に活かすためのメソッドです。ソフトウェア開発の現場でよく使われるのですが、リスティング広告運用にもマッチします。すでに学んだ「良い」が「K」(Keep)、「悪い」が「P」(Problem)です。紙やホワイトボードに下記のような表を作り、管理画面を見ながら「良い」と「悪い」、それぞれに対して「次にやること」=「T」(Try)を書き出していきます。こうすることで、頭の中が整理され、問題点と次に打つ手が見えます。日付を入れて記録に残すことで、推移を確認できます。また、リスティング広告の機能の進化は速いので、新しい機能を見つけたら、積極的にTryに書き出して試してみましょう。

▶KPTでまとめよう

アカウントA　今週のKPT

XXXX-XX-XX

良い(Keep)

キャンペーン	広告グループ	キーワード	メモ
AdWS01_XX	XXXXXXX	XXXXXXX	クリック率が15%と好調
AdWS02_XX	XXXXXXX	XXXXXXX	CVを5件獲得している

悪い(Problem)

キャンペーン	広告グループ	キーワード	メモ
AdWS01_XX	XXXXXXX	XXXXXXX	CPAが12,000円
AdWS02_XX	XXXXXXX	XXXXXXX	15,000円使ってCVがない

・キーワードまわりの説明がお客さんにとって不十分なのでは

次にやること(Try)

・CPCをXX円上げ、日予算をX,XXX円上げる
・訴求を深堀した広告文を追加
・新機能の「～～」を試す
・広告グループのCPCをXX円に下げる
・一時停止
・ユーザーにとってのメリットをもう1度見直す

KPTを残すことで変更した日付と背景がひと目でわかる。いつ、どんな変更を行ったかを確認して修正するなど、複雑な対応をするときにも役立つ

週単位くらいで行うとちょうどいいです。ぜひ試してみてください。

KPTは周囲と共有するのがお勧め

定期的に書き出すKPTは自分だけのものとせず、周囲と共有しましょう。規模が大きくなるほど、数値の動きが激しくなるほど、競争が激しくなるほど、客観性を失いがちになります。今、1人でアカウントを管理している人もいるかもしれませんが、共有してフィードバックを受けられるチーム体制があるとベターです。社内の誰かに依頼して兼任でもいいのでチームに参加してもらうか、外部の相談できる業者を作ることをお勧めします。

1人では視野が狭くなりがちで、パフォーマンスが落ちたときには精神的にもきつく、ストレスがたまり、落ち込んでしまうこともあるのです。

Lesson 43

［設定間違いに気づく］

よくある設定ミスには冷静に対処しましょう

このレッスンのポイント

レッスン41では、狙いがずれていた場合を想定した話でした。しかし実はそれ以前に、設定が正しくされていないためにパフォーマンスを確認できるようになっていなかった、ということがよくあります。ここでは、そんなリスティング広告の現場でよくある設定ミスと、その対処方法を紹介します。

コンバージョンタグが正しく設定されていない

コンバージョンタグが正しく設定されていないと、コンバージョンを正確に計測できません。基本ではあるのですが、ミスが起きやすいところでもあります。コンバージョン数やコンバージョン率が低過ぎる／高過ぎるなどの異常値が出ていたら、コンバージョンタグを疑ってみてください。まず、入れたつもりで入れていなかった、というケース。それから、本来追記するべき場所ではない場所に入っていた、というケース。サンキューページのセキュリティレベルが合っていないなど、入れ方が間違っているケース。すべてのページに入れてしまった、というケースもあり、クリック数とほぼ同じだけのコンバージョン数になってしまいます。サイトの制作者や詳しい人にも相談して正しく入れ直しましょう。

▶「コンバージョンの数がおかしい」と思ったらチェック

主な症状	ありがちな原因	対策
コンバージョンがまったく出ない	コンバージョンの対象ページにコンバージョンタグが入っていない。誤ったコンバージョンタグが入っている	コンバージョンの対象ページに正しいコンバージョンタグを入れる
コンバージョン数が少な過ぎる	コンバージョンの対象ページは「https://」で始まるのに、設定のセキュリティレベルを「http://」で設定している※	ページのセキュリティレベルを合わせる
コンバージョン数が多過ぎる	コンバージョンタグがコンバージョンの対象ページではなくトップページやランディングページに入っている	誤ったページのコンバージョンタグを削除して、正しい対象ページに入れる

※Yahoo!プロモーション広告（スポンサードサーチ）でよくあるケース

誰かに依頼する際に伝言ゲームになって誤った実装になっていることが多いですね。

Excelで管理している人は要注意

予算やクリック単価の設定ミスも大きな損失につながることがあります。まず、1桁違っていたなど、単純な記入間違いがあります。また、パフォーマンスの悪い「キーワード」の露出を下げるつもりで「広告グループ」のクリック単価を下げたが、クリック単価がキーワードレベルで設定されており、実質下げられていないことなどもよくあります。広告文関連でもミスがあります。入稿ファイルをExcelで作成しているときの作業ミスです。複数の広告パターンをまとめて作成しているときに、「5,000円以上送料無料」のつもりで「5,001円以上送料無料」「5,002円以上送料無料」……と複製して、気づかずに出稿してしまう。期間限定のキャンペーンで、キャンペーン期間が過ぎているのに広告を出し続けてしまう、ということもあります。

▶ Excelでの作業中に起こりがちな広告文のミス

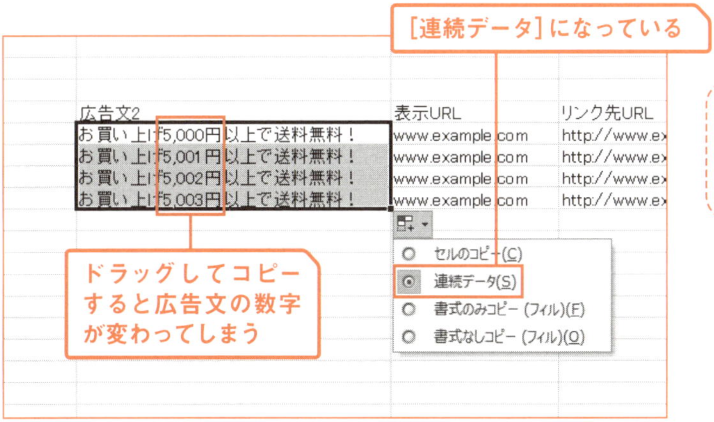

広告文はユーザーの目に触れるので、すぐに修正しましょう。

落ち着いて、正確に対処しよう

ミスが見つかったら、まず冷静になることです。被害の対象範囲を見きわめ、対象となるキャンペーンやキーワードをまず停止してから作業を行います。そうすることで被害を最小限に食い止められます。被害が大きいことが見込まれる場合、チームのメンバー、上司、外注業者に報告・相談することも大切です。これまでのレッスンでリスティング広告の仕組みや考え方についてしっかり学んできたのだから大丈夫です。落ち着いて、正確に対処してください。

リスティング広告の作業にミスはつき物です。よくあるミス、勘違いなどのチェックリストを作り、確認を習慣づけるなど、「次には起きない仕組み」を作りましょう。

質疑応答

ECサイト担当者

Q リスティング広告で覚えておくと便利なExcelの関数はありますか？

A リスティング広告を管理・運用する際に、よく使われるソフトはExcelだと思います。2014年3月にサーチマーケティング業界最大のカンファレンス「SMX（Search Marketing Expo）West 2014」に参加したのですが、Excelのうまい使い方に特化したセッションがあり、世界中から集まった参加者がとても盛り上がっていました。
ここでは、リスティング広告の運用の現場でよく使われる、ごく基本的な、でも覚えておくとぐっと作業を効率化できる5つの関数をご紹介します。Excelは苦手……という人も、まずこれらを使って慣れてみてください。
また、Excelのクロス集計機能であるピボットテーブルも、使いこなせると便利です。例えば、コスト、コンバージョン（CV）、顧客獲得単価（CPA）の直近1年間の推移をデバイス別に見たいというようなとき、レポートのダウンロードの際に「デバイス」や「月」などの分割項目を加えてデータを落とせば、ピボットテーブルを使うことにより、ひと目でわかりやすく集計できます。

▶リスティング広告運用でよく使われる関数や機能

関数名	関数の意味	使用シーン	入力例
CONCATENATE《コンカティネート》	複数のセル内の文字を1つのセルに表示する	軸キーワードとサブキーワードを掛け合わせて、組み合わせキーワードを作る	=CONCATENATE(セル1,セル2,セル3)
LEN《レングス》	対象のセルに入力された文字数（半角／全角どちらも1文字でカウント）	広告文の作成時、タイトルや説明文の文字数をカウントする ※アドワーズの広告文は半角と全角を区別可能なので、LENBも使える	=LEN(対象のセル)
LENB《レングス・ビー》	対象のセルに入力された文字数（半角は1バイト、全角は2バイトでカウント）		=LENB(対象のセル)
IF《イフ》	論理式で設定した条件が正しいか、そうでないかを表示する	費用が5,000円以上でコンバージョン（CV）がゼロのキーワードを見つける	=IF(AND(費用のセル>5000,CVのセル=0),TRUE.FALSE)
VLOOKUP《ブイ・ルックアップ》	検索したい値を指定した範囲から検索する	前月と前々月のキャンペーンのコンバージョン（CV）数を比較する	=VLOOKUP(前月のキャンペーン名のセル,前々月のキャンペーンの検索する範囲,CV数の列番号,0)

Chapter

7

分析をもとに広告成果を改善しよう

リスティング広告の掲載結果をさまざまな視点から「分析」していくことで、より成果の上がるアカウントに育てていきましょう！ この章では分析のために助けになる視点を紹介していきます。

Lesson 44 [分析の基本]

3つの分析手法を使いこなしましょう

このレッスンのポイント

「分析」なんて言われると小難しく感じる方もいるかもしれませんが、ここで紹介するたった3つの分析手法(①期間での分析、②目標値からの分析、③予算の配分からの分析)を理解しておくだけで、ほとんどのケースで対処できます。リスティング広告の成果を上げるために、3つの分析手法を使いこなしましょう。

①時間の経過から分析する

「いつから」悪くなったのか、期間(トレンド)で分析することはもっとも基本的な手法です。さらに、「どこが悪くなったのか？」を明らかにして、良いときと悪いときの成果の乖離を求めれば、悪化の原因を突き止めることができます。ここでの成果とは、キャンペーン単位、広告グループ単位、場合によっては登録キーワード単位や配信先の単位を指します。

▶「いつ」「何が原因で」悪化しているのかグラフにして動きを一目瞭然にする

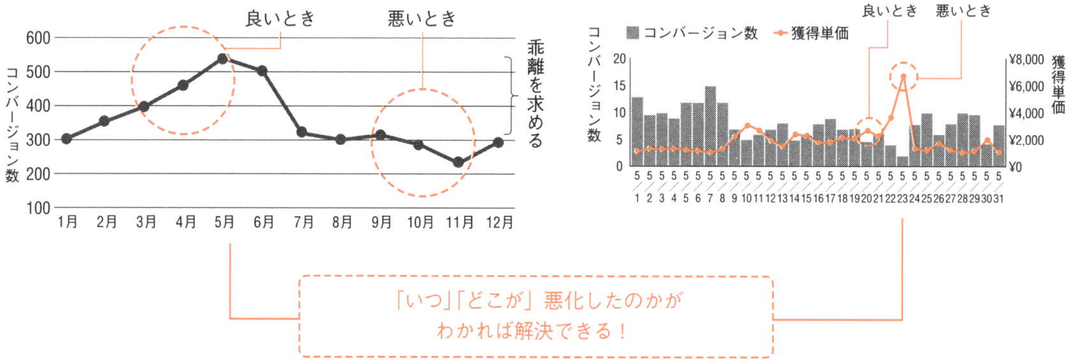

期間には時間帯／日別／週別／月別／年別などがありますが、リスティング広告では日別の分析を頻繁に使うことになるでしょう。日別の成果をグラフ化することで、状況を把握しやすくなります。

②目標値からの乖離を分析する

リスティング広告を始めるにあたり、レッスン15で設定した目標値を基準として現状を分析することで、目標値と現在値の「乖離」を知ることができるようになります。目標値まで達成していないのであれば、「その乖離はなぜ発生したのか？」「どの数字が伸び悩んでいるのか？」を分析することで、改善すべきポイントがわかります。

▶さまざまな指標と比較することで「乖離」を分析する

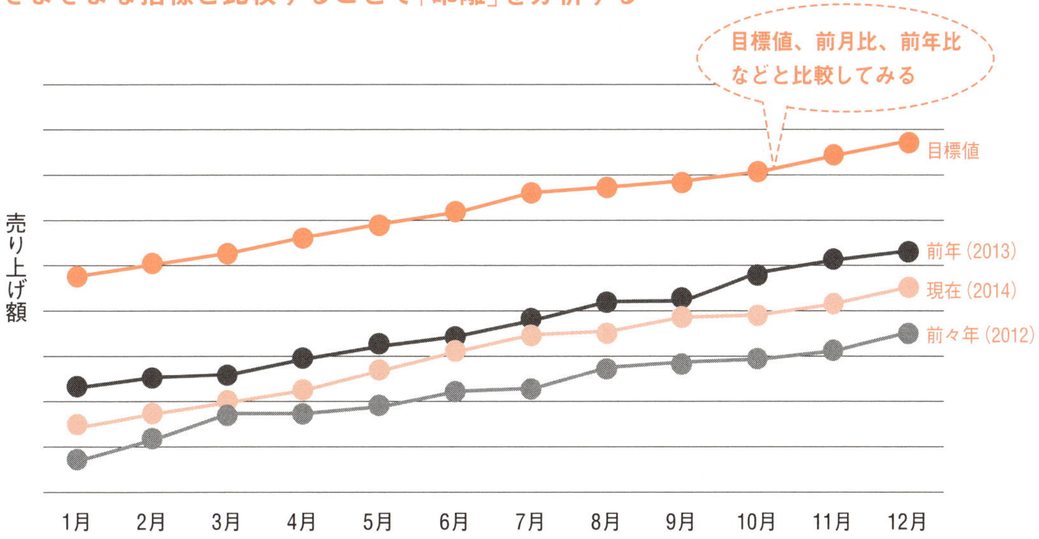

比較対象は目標値でなくても構わない。前月比、前年比などの数字からの乖離を分析することでも改善するための指標になる

目標値などからの乖離を分析する際に注意したいのは、「他社のデータと比較しない」ことです。他社とあなたが提供するサービスとでは、マーケティング施策や商品の価値がいろいろと異なるはずです。他社のデータを知る機会があっても参考程度にしておきましょう。

③どこに予算をかけるとより成果が良くなるか？

金利が1.0%の金融商品よりも、2.0%の金融商品のほうが得られるお金が大きいので、後者のほうが良い商品と言えます。リスティング広告も限られた予算の中で成果を上げる広告ですから、「どこに予算を多く割くことでさらに成果を上げることができるか」という分析は欠かせません（1.0%の金融商品をやめるということではありません）。例えば、キャンペーンBに予算を多く割り振るよりも、キャンペーンAに予算を多く割り振ったほうがより成果を出せる可能性がある場合（キャンペーンAがキャンペーンBよりも費用対効果が良く、予算の制限により表示回数が抑制されている場合や、キャンペーンAで訴求している商品の売り上げがキャンペーンBで訴求している商品の売り上げを著しく上回る場合など）、可能な限りキャンペーンAに予算を割くべきなのは当然ですし、予算に余剰がないのであれば、キャンペーンBの予算を減らしてでも、キャンペーンAへ予算を割くべきでしょう。また、これはキャンペーン単位だけではなく、これまで紹介してきたさまざまな機能ごと、登録しているキーワードごとなどでも同様です。

▶どのキャンペーン、どのリスティング広告により予算をかければ成果が上がるのか？

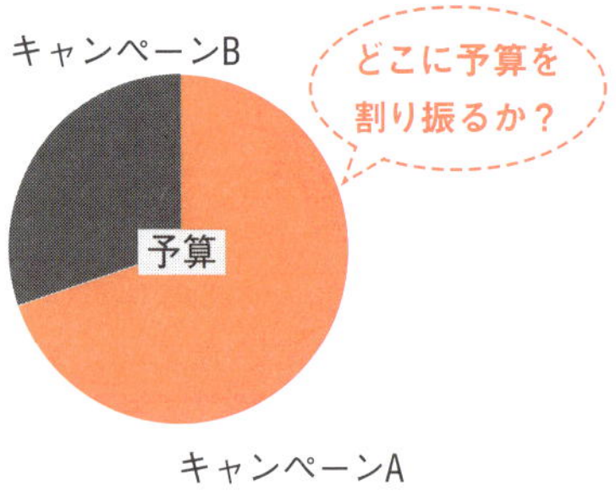

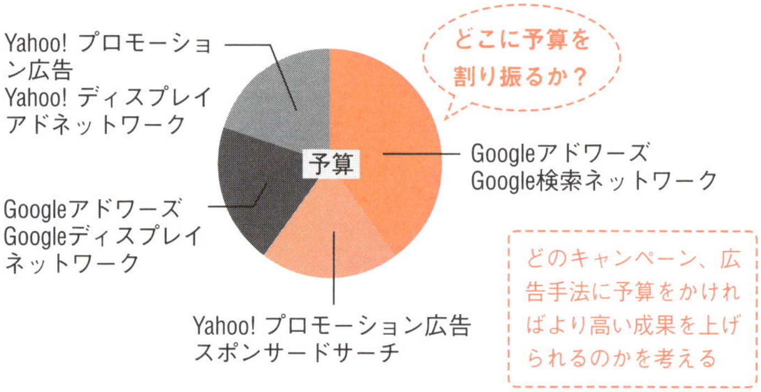

▶限られた予算をどのキーワードに配分すれば改善できるか？

贈答品を扱っているショップの場合

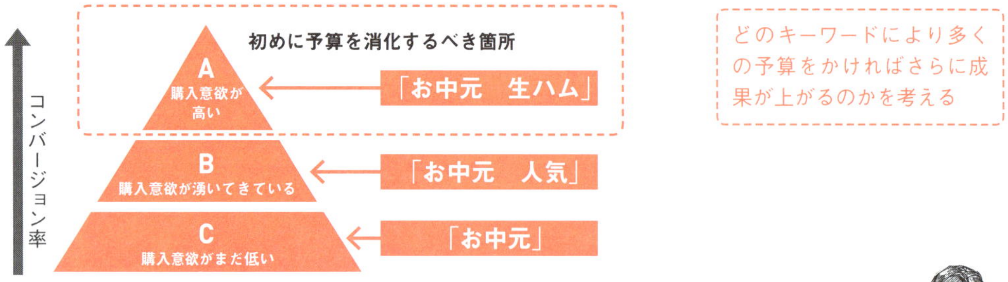

金融業界の言葉で「ポートフォリオ」という言葉があります。「資産の分散投資」という意味ですが、限られた予算で成果を最大化させるリスティング広告にも同じことが言えます。

Lesson 45 ［除外キーワードの追加］

ムダな出費につながっている検索語句を見つけて対処しましょう

このレッスンのポイント

現状を分析するのは、ムダを省き、限られた予算をより良い可能性に投資し続けることでさらに成果を伸ばすためです。ここではリスティング広告の状況を分析するにあたって、つまずきやすいポイントをわかりやすくお伝えします。

検索語句（検索クエリ）レポートを見る

検索連動型広告を運用していると、意図したキーワード以外で広告が表示される場合があります。管理画面では下の手順で実際にどういった検索語句から広告が表示されているのかを確認できます。レッスン22では除外キーワードを学びましたが、そのときの想定にはなかった、しかし意図したものではない検索語句を見つけられると思います。そういった、無駄な出費につながっている検索語句を、次のページで紹介するように除外キーワードに登録していきます。

▶効果の薄いキーワードを探す

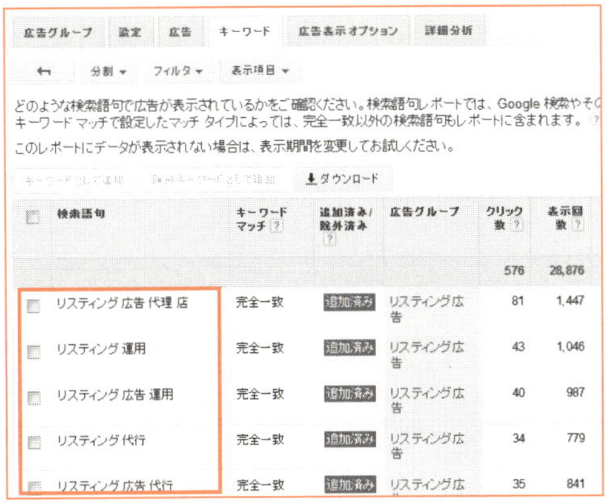

検索語句	キーワードマッチ	追加済み/除外済み	広告グループ	クリック数	表示回数
				576	28,876
リスティング 広告 代理 店	完全一致	追加済み	リスティング広告	81	1,447
リスティング 運用	完全一致	追加済み	リスティング広告	43	1,046
リスティング 広告 運用	完全一致	追加済み	リスティング広告	40	987
リスティング 代行	完全一致	追加済み	リスティング広告	34	779
リスティング 広告 代行	完全一致	追加済み	リスティング広	35	841

Googleアドワーズでは［キーワード］タブ-［詳細］-［検索語句］-［すべて］で、広告が表示された検索語句を確認できる

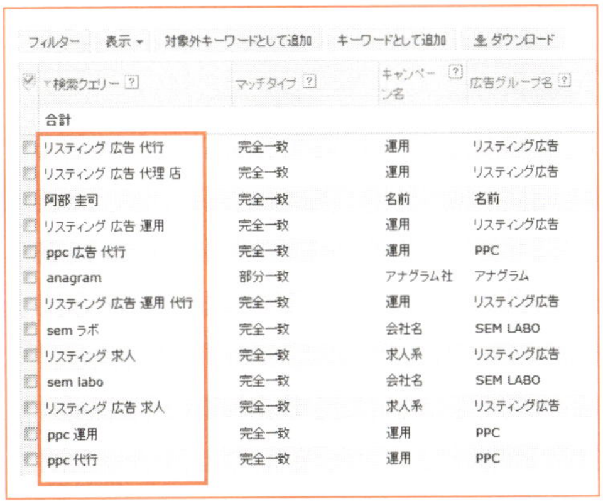

検索クエリー	マッチタイプ	キャンペーン名	広告グループ名
合計			
リスティング 広告 代行	完全一致	運用	リスティング広告
リスティング 広告 代理 店	完全一致	運用	リスティング広告
阿部 圭司	完全一致	名前	名前
リスティング 広告 運用	完全一致	運用	リスティング広告
ppc 広告 代行	完全一致	運用	PPC
anagram	部分一致	アナグラム社	アナグラム
リスティング 広告 運用 代行	完全一致	運用	リスティング広告
sem ラボ	完全一致	会社名	SEM LABO
リスティング 求人	完全一致	求人系	リスティング広告
sem labo	完全一致	会社名	SEM LABO
リスティング 広告 求人	完全一致	求人系	リスティング広告
ppc 運用	完全一致	運用	PPC
ppc 代行	完全一致	運用	PPC

Yahoo!プロモーション広告では［キーワード］タブ-［検索クエリーを表示］-［すべてのキーワード］で広告が表示された検索語句を確認できる

成果が上がっていない検索語句や、意図とは異なる検索語句を探すことができます。

意図から外れた広告の表示を除外キーワードで防ぐ

意図しない検索語句で広告が表示されていることが確認できたら、早速管理画面で除外キーワードを設定しましょう。除外キーワードを設定することで、今後その不要な検索語句で広告が表示されることはなくなります。細かな検索語句の確認、除外キーワードの追加こそが検索連動型広告を効率よく表示するコツです。方法は、前のページで見つけた除外キーワードにチェックマークをつけて［除外キーワードとして追加］をクリックすれば登録できます。また、下で紹介している手順のように、Googleアドワーズなら［除外キーワードとして追加］、Yahoo!プロモーション広告なら［対象外キーワードとして追加］をクリックすれば設定できます。

▶ Googleアドワーズで除外キーワードを設定する

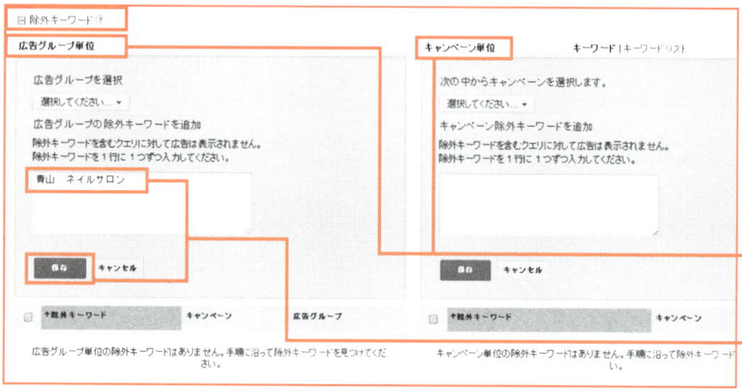

1 ［キーワード］タブをクリックしてページ最下部にある［+除外キーワード］をクリックします。

キャンペーン単位、広告グループ単位で除外キーワードの設定が可能です。

2 除外キーワードを入力して、［保存］をクリックします。

▶ Yahoo!プロモーション広告で除外キーワードを設定する

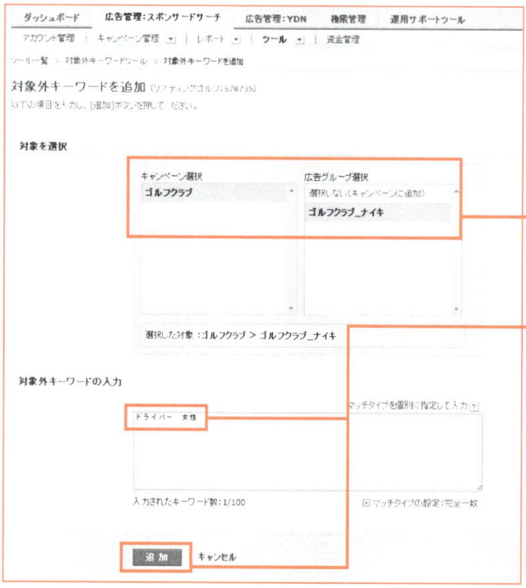

1 ［広告管理：スポンサードサーチ］-［ツール］-［対象外キーワードツール］-［対象外キーワードを追加］をクリックします。

キャンペーン単位、広告グループ単位で除外キーワードの設定が可能です。

2 除外キーワードを入力して、［追加］をクリックします。

あまり細かく設定してしまうとわけがわからなくなることはよくあります。基本的にはキャンペーン単位で行いましょう。

除外キーワードでもマッチタイプをうまく使おう

レッスン21で解説したマッチタイプは、除外キーワードでも設定できます。例えば青山で美容室を営んでいるとして、「青山　美容室」と検索するユーザーは、来店してくれる可能性が高いと考えられますね。このキーワードのマッチタイプを部分一致にすると、「青山　美容室」というキーワード以外にも広告が表示される可能性があります。この美容室で「ネイル」や「デジタルパーマ」を扱っていないとすると、「青山　デジタルパーマ」や「青山　ネイルサロン」で検索をしているユーザーに広告を出しても来店につながりません。こういった検索語句への広告は避けたいので、以下のようにマッチタイプを考慮して除外キーワードに設定しましょう。

▶ マッチタイプを意識して除外キーワードを設定する

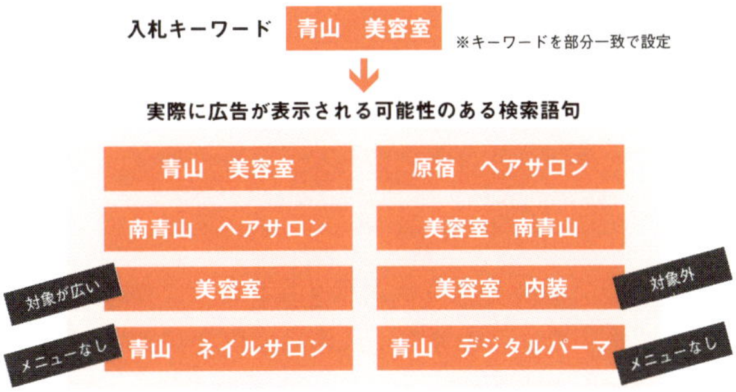

【対象が広い】
→完全一致で設定
「美容室」の一語だけで検索する人が実際に来店する可能性は低いので、この場合は「美容室」を完全一致で除外キーワードに登録する。フレーズ一致で登録してしまうと「青山　美容室」などの検索語句でも広告が表示されなくなってしまうので注意

【対象外】
→フレーズ一致で設定
「美容室　内装」といったキーワードは工務店を探している同業者の可能性が高いので、「内装」というキーワードはフレーズ一致で除外キーワードに設定する

【メニューにない】
→フレーズ一致で設定
「青山　デジタルパーマ」とそのまま完全一致でも設定できるが、「デジタルパーマ」が目的の人に無駄に広告を出し続けないよう、「デジタルパーマ」というキーワードをフレーズ一致で除外キーワードに設定する

▶ 除外キーワードのマッチタイプを指定する

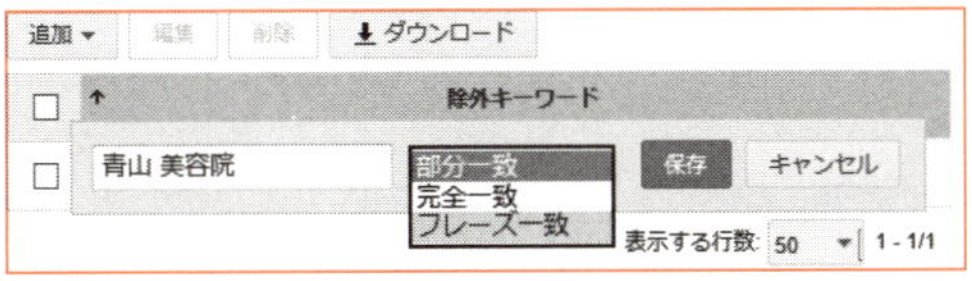

GoogleアドワーズではI［キーワード］タブをクリックして、キーワードリストのページ最下部にある［＋除外キーワード］をクリックして、表示されている除外キーワードのマッチタイプを直接クリックすることで変更できる

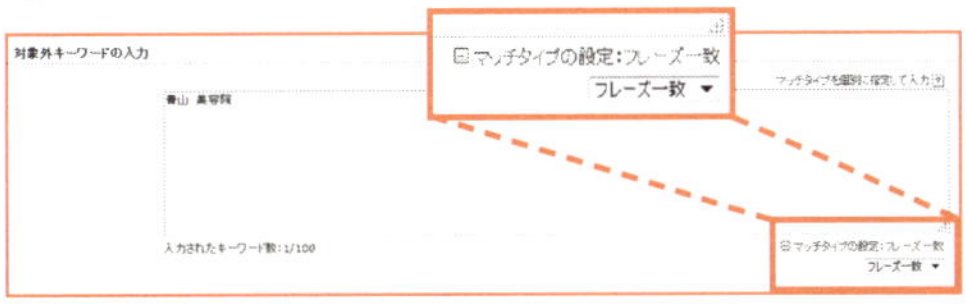

Yahoo!プロモーション広告では一度追加した除外キーワードのマッチタイプの変更はできません。前のページの下にある手順で除外キーワードを入力し、その際に［マッチタイプの設定］をクリックして選択してから追加する必要があります

除外キーワードのマッチタイプを上手に利用することで、より効率良く成果を出すことができます！

Lesson 46

[デバイス、時間帯、配信地域]

さまざまな改善の視点で成果を確認しましょう

このレッスンのポイント

除外キーワードの次はより大きな視点である、「デバイス」「時間帯」「配信地域」に焦点をあてていきます。特にここで紹介するのは多くの人が見逃しがちな代表的な視点なので、忘れずにチェックしていきましょう！ たったこの3つの視点だけでも大きく成果が改善することがあります。

デバイスごとの成果を見てみる

リスティング広告の分析は「大きな視点」と「小さな視点」の2つの視点でとらえることが重要です。前述の除外キーワードが小さな視点であれば、大きな視点の代表格がデバイス（PC、スマートフォン、タブレット）ごとの成果の分析です。「エンハンストキャンペーン」（2013年にGoogleが1つのキャンペーン内ですべてのデバイスを統一し、広告を配信する仕組み）を導入して以降、すべてのデバイスを1つのキャンペーンで運用することが推奨される状況になりました。例えば、コピー用紙などのオフィス用品はPCでの購入率が非常に高く、スマートフォンでの購入の傾向は、決して高いとは言えません。一方、ダイエット商材などはPCよりもスマートフォンでの購入意欲が強い傾向があります。このように、商材によってデバイスごとの成果が明確に分かれてくることも多いため、デバイスごとの成果を見ていくことは非常に重要なのです。

▶各キャンペーンのトータルの値に隠れた内訳を見る

＋キャンペーン ▾　編集 ▾　詳細 ▾　入札戦略 ▾　自動化 ▾

キャンペーン	予算	ステータス	クリック数	表示回数	クリック率	平均クリック単価	↓ 費用	平均掲載順位	コンバージョンに至ったクリック	費用/コンバージョンに至ったクリック	クリックコンバージョン率	ビュースルーコンバージョン	コンバージョン	コンバージョン単価	直帰率	平均ページビュー	アクセス時の平均滞在時間（秒）	新規訪問の割合
合計 - すべてのキャンペーン	¥245,000/日		129,793	23,955,291	0.54%	¥74	¥9,646,246	2.1	2,463	¥3,916	1.90%	2,055	3,000	¥3,215	50.09%	3.05	113	57.39%
sample	¥10,000/日	有効	15,324	601,213	2.55%	¥96	¥1,465,008	3.3	349	¥4,198	2.28%	0	441	¥3,322	46.72%	3.05	113	73.83%

¥4,198

このGoogleアドワーズで行っている「sample」キャンペーンは目標獲得単価が5,000円に対し、現在の獲得単価が4,198円なので、非常にうまくいっているキャンペーンです。ここからさらにデバイスごとの成果を見ていきます。

▶ デバイスごとの内訳を表示する

1 ［分割］をクリックします。

2 ［デバイス］をクリックします。

下のように各デバイスごとの成果を確認できます。

Yahoo!プロモーション広告では［表示］-［デバイス］で表示できます。

▶ デバイスごとの内訳を確認する

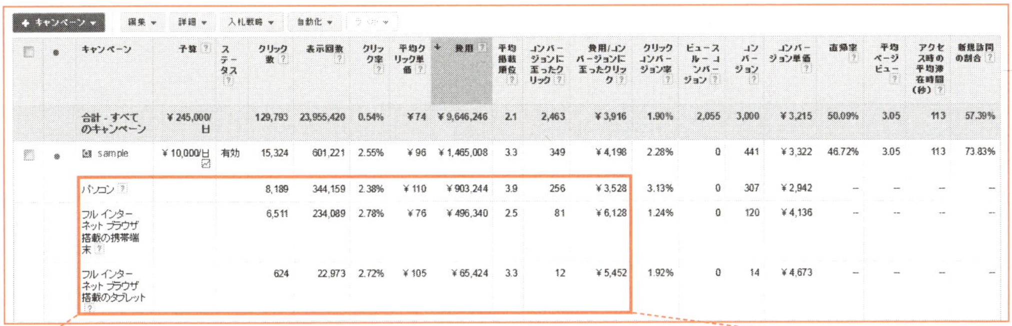

キャンペーン	予算	ステータス	クリック数	表示回数	クリック率	平均クリック単価	費用	平均掲載順位	コンバージョンに至ったクリック	費用/コンバージョンに至ったクリック	クリックコンバージョン率	ビュースルーコンバージョン	コンバージョン	コンバージョン単価	直帰率	平均ページビュー	アクセス時の平均滞在時間（秒）	新規訪問の割合
合計 - すべてのキャンペーン	￥245,000/日		129,793	23,955,420	0.54%	￥74	￥9,646,246	2.1	2,463	￥3,916	1.90%	2,055	3,000	￥3,215	50.09%	3.05	113	57.39%
sample	￥10,000/日	有効	15,324	601,221	2.55%	￥96	￥1,465,008	3.3	349	￥4,198	2.28%	0	441	￥3,322	46.72%	3.05	113	73.83%
パソコン			8,189	344,159	2.38%	￥110	￥903,244	3.9	256	￥3,528	3.13%	0	307	￥2,942	--	--	--	--
フル インターネット ブラウザ搭載の携帯端末			6,511	234,089	2.78%	￥76	￥496,340	2.5	81	￥6,128	1.24%	0	120	￥4,136	--	--	--	--
フル インターネット ブラウザ搭載のタブレット			624	22,973	2.72%	￥105	￥65,424	3.3	12	￥5,452	1.92%	0	14	￥4,673	--	--	--	--

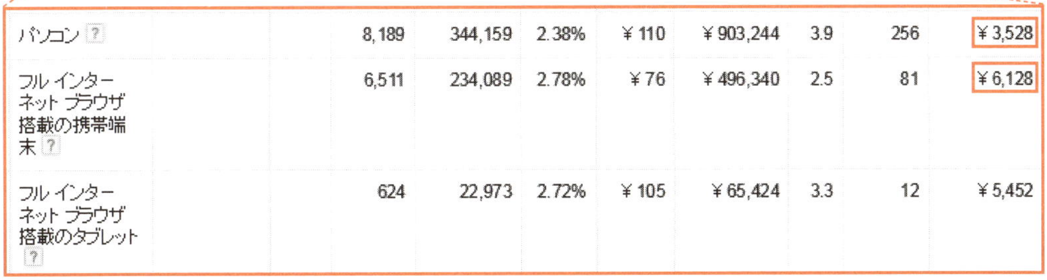

パソコン	8,189	344,159	2.38%	￥110	￥903,244	3.9	256	￥3,528
フル インターネット ブラウザ搭載の携帯端末	6,511	234,089	2.78%	￥76	￥496,340	2.5	81	￥6,128
フル インターネット ブラウザ搭載のタブレット	624	22,973	2.72%	￥105	￥65,424	3.3	12	￥5,452

「パソコン」では獲得単価が3,528円で非常に良い状態ですが、「フルインターネットブラウザ搭載の携帯端末」（＝スマートフォン）では6,128円と目標値を大きく越えています。スマートフォン向けの広告配信を見直す（入札価格、広告文、リンク先など）ことでさらに良い成果につながる可能性があります。

デバイスごとに分析することは非常に重要です。とくに急激に普及しているスマートフォンの動向からは目を離さないようにしましょう。

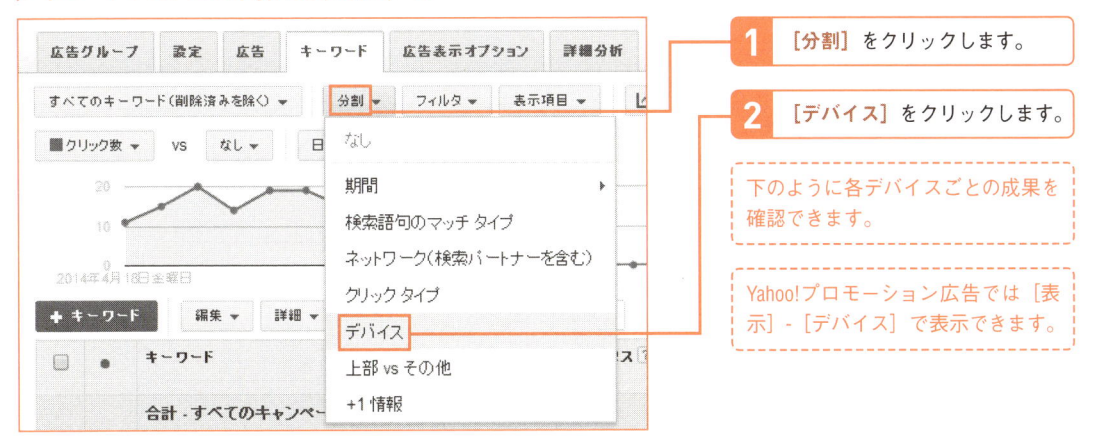

時間帯の動きにも注目して調整する

居酒屋などの飲食店では混雑する時間がある程度決まってきます。その時間帯にアルバイトを増員すれば、さらに売り上げを上げられるかもしれません。それはインターネットの世界も同様です。あらかじめ混みあう時間帯（成果を生みやすい時間）の傾向がわかれば、混み合わない時間には広告費を削減し、混みあう時間に予算を集中することができます。

▶時間帯ごとの成果を確認する

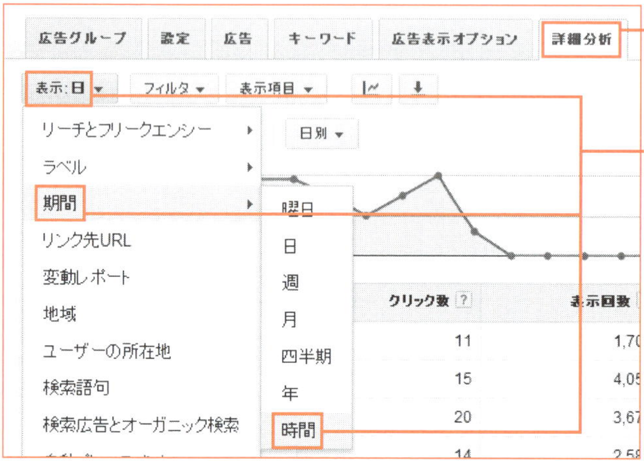

1 ［詳細分析］タブをクリックします。

2 ［表示：～］-［期間］-［時間］をクリックします。

下のように各時間帯の成果を確認できます。

時間	クリック数	表示回数	クリック率	平均クリック単価	費用	平均掲載順位	コンバージョンに至ったクリック	費用/コンバージョンに至ったクリック	コンバージョンに至ったクリック/クリック数	ビュースルー コンバージョン
0	5,691	940,842	0.60%	¥84	¥480,628	2.0	129	¥3,726	2.27%	101
1	3,444	602,254	0.57%	¥81	¥279,330	2.0	55	¥5,079	1.60%	53
2	1,870	370,613	0.50%	¥71	¥133,702	2.0	33	¥4,052	1.76%	22
3	1,116	249,943	0.45%	¥65	¥73,074	2.0	19	¥3,846	1.70%	22
4	878	195,839	0.45%	¥65	¥57,342	2.0	17	¥3,373	1.94%	6
5	868	210,573	0.41%	¥61	¥53,369	2.0	14	¥3,812	1.61%	8
6	1,214	317,036	0.38%	¥62	¥75,464	2.0	19	¥3,972	1.57%	12
7	2,128	480,128	0.44%	¥67	¥142,599	2.0	47	¥3,034	2.21%	40
8	3,139	713,991	0.44%	¥69	¥215,540	2.0	67	¥3,217	2.13%	46
9	4,756	952,022	0.50%	¥81	¥384,385	2.0	118	¥3,258	2.48%	79
10	6,233	1,139,672	0.55%	¥81	¥504,010	2.1	124	¥4,065	1.99%	94
11	7,287	1,277,561	0.57%	¥81	¥589,790	2.1	153	¥3,855	2.10%	110
12	8,037	1,433,173	0.56%	¥77	¥621,566	2.0	140	¥4,440	1.74%	154
13	7,026	1,253,070	0.56%	¥76	¥535,440	2.0	123	¥4,351	1.75%	115
14	6,990	1,275,475	0.55%	¥73	¥510,153	2.0	137	¥3,723	1.96%	132
15	7,470	1,383,729	0.54%	¥70	¥524,838	2.0	122	¥4,302	1.63%	123
16	8,357	1,532,107	0.55%	¥74	¥620,740	2.0	132	¥4,702	1.58%	126
17	8,890	1,600,515	0.56%	¥72	¥642,540	2.0	145	¥4,429	1.63%	117
18	8,468	1,495,509	0.57%	¥71	¥600,975	2.0	123	¥4,886	1.45%	113
19	8,213	1,408,329	0.58%	¥72	¥590,326	2.0	124	¥4,759	1.51%	89
20	9,235	1,571,681	0.59%	¥71	¥659,923	2.0	176	¥3,749	1.91%	109
21	10,383	1,795,951	0.58%	¥75	¥779,311	2.0	197	¥3,956	1.90%	184
22	10,577	1,916,619	0.55%	¥77	¥813,305	2.0	227	¥3,583	2.15%	159
23	9,490	1,794,003	0.53%	¥76	¥722,382	2.0	206	¥3,507	2.17%	157

20	9,235	1,571,681	0.59%	¥71	¥659,923	2.0	176	¥3,749	1.91%	109
21	10,383	1,795,951	0.58%	¥75	¥779,311	2.0	197	¥3,956	1.90%	184
22	10,577	1,916,619	0.55%	¥77	¥813,305	2.0	227	¥3,583	2.15%	159
23	9,490	1,794,003	0.53%	¥76	¥722,382	2.0	206	¥3,507	2.17%	157

この例では、20～23時にかけて良い状態であることがわかるので、この時間に予算を集中して広告を配信すると成果が向上する可能性が高まります。

時間別の成果を確認することは、自分が担当しているサイトのお客さん像を知る意味でも非常に重要です！

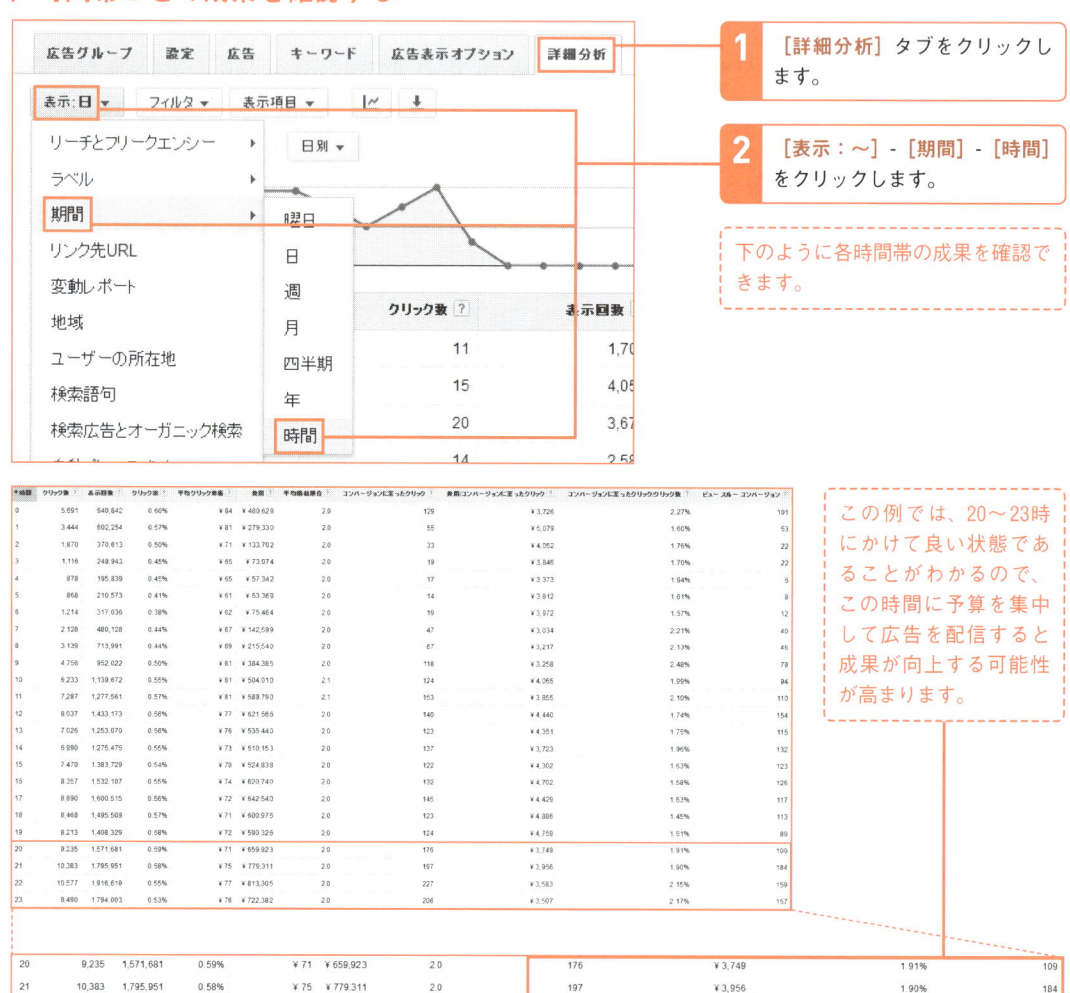

▶ 広告の出稿を時間帯に合わせて調整する

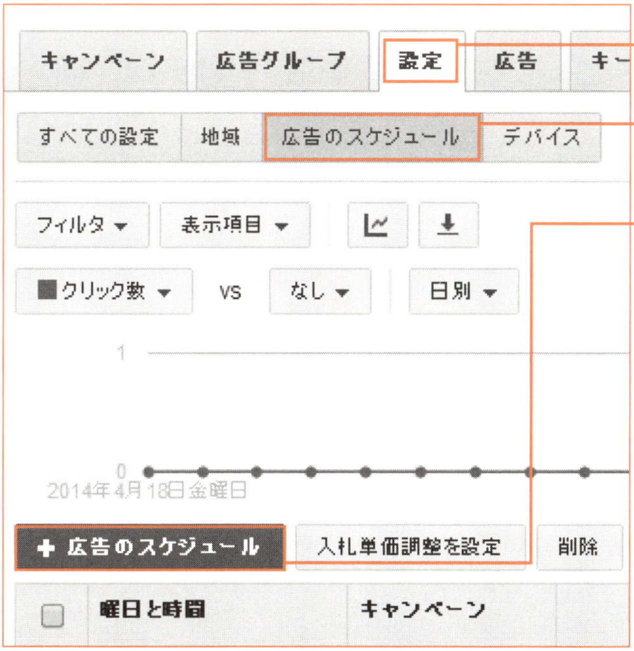

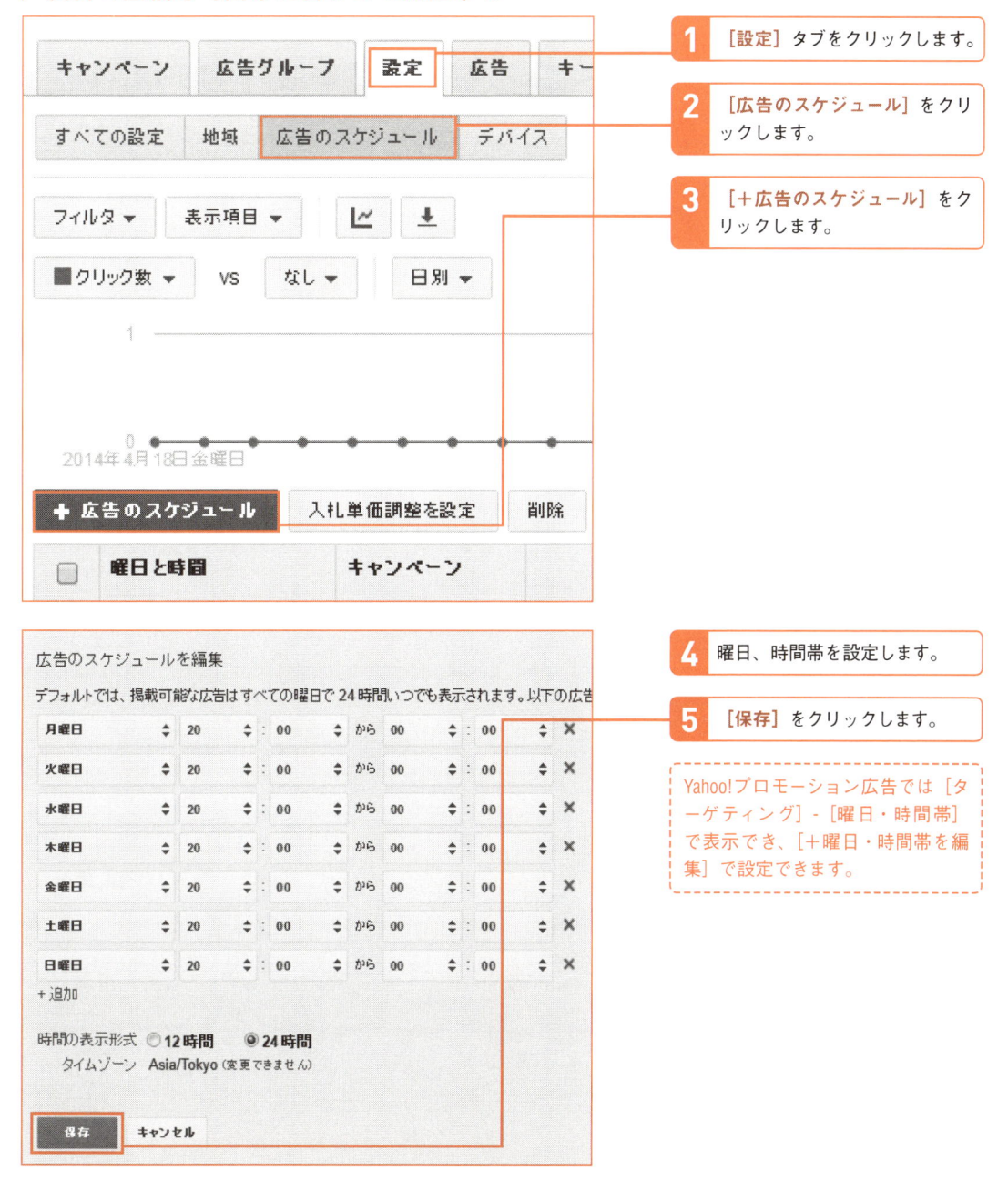

1 ［設定］タブをクリックします。

2 ［広告のスケジュール］をクリックします。

3 ［＋広告のスケジュール］をクリックします。

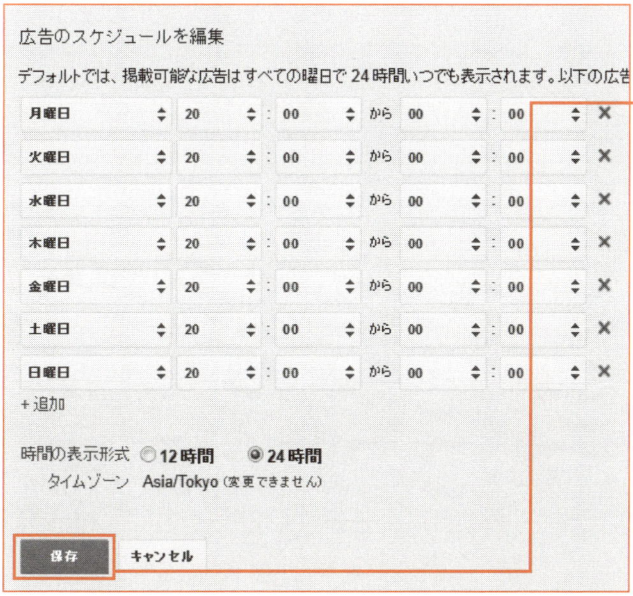

4 曜日、時間帯を設定します。

5 ［保存］をクリックします。

Yahoo!プロモーション広告では［ターゲティング］-［曜日・時間帯］で表示でき、［＋曜日・時間帯を編集］で設定できます。

時間帯配信の調整は、営業時間が決まっている店舗やビジネスをしている方々の必須機能でもあります。

地域ごとの成果を確認して調整する

時間帯同様、都道府県ごとの成果も見ることができます。ネットショップのみならず、店舗への誘導を成果、コンバージョンとして見ているビジネスでも、都道府県ごとに成果の高い地域と、そうでない地域を明確に見きわめることができます。

▶ 都道府県ごとの成果を見てみる

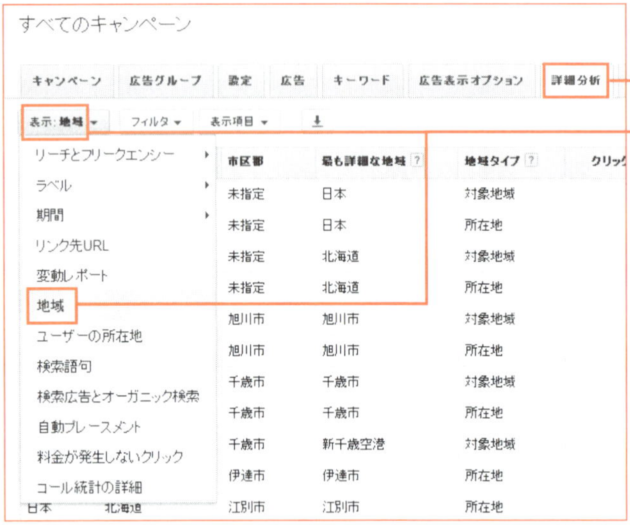

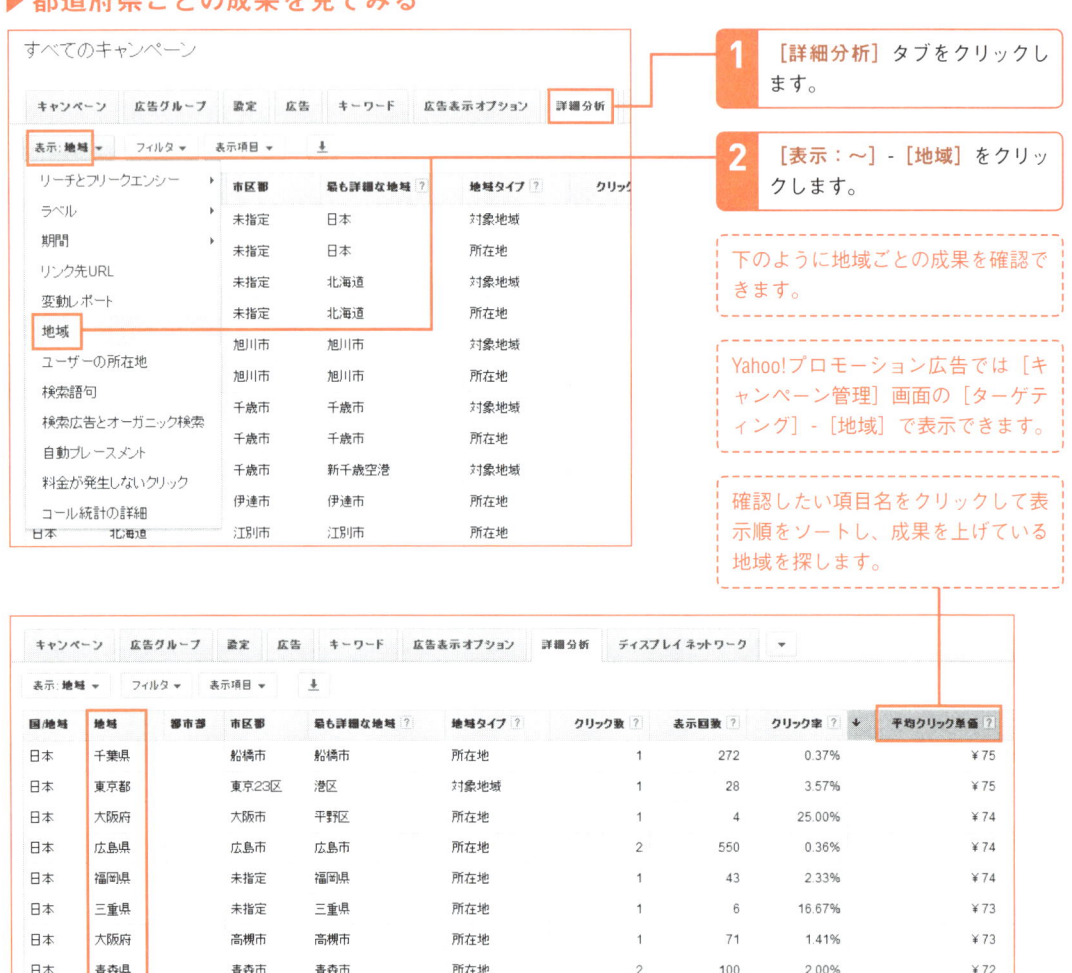

1 ［詳細分析］タブをクリックします。

2 ［表示：～］-［地域］をクリックします。

下のように地域ごとの成果を確認できます。

Yahoo!プロモーション広告では［キャンペーン管理］画面の［ターゲティング］-［地域］で表示できます。

確認したい項目名をクリックして表示順をソートし、成果を上げている地域を探します。

国/地域	地域	郡市部	市区郡	最も詳細な地域	地域タイプ	クリック数	表示回数	クリック率	平均クリック単価
日本	千葉県		船橋市	船橋市	所在地	1	272	0.37%	¥75
日本	東京都		東京23区	港区	対象地域	1	28	3.57%	¥75
日本	大阪府		大阪市	平野区	所在地	1	4	25.00%	¥74
日本	広島県		広島市	広島市	所在地	2	550	0.36%	¥74
日本	福岡県		未指定	福岡県	所在地	1	43	2.33%	¥74
日本	三重県		未指定	三重県	所在地	1	6	16.67%	¥73
日本	大阪府		高槻市	高槻市	所在地	1	71	1.41%	¥73
日本	青森県		青森市	青森市	所在地	2	100	2.00%	¥72

特定の地域が大きな成果を上げているようであれば、さらに投資することで、より大きな成果を上げられるようになります。

▶ 特定の地域への広告の配信を強化する

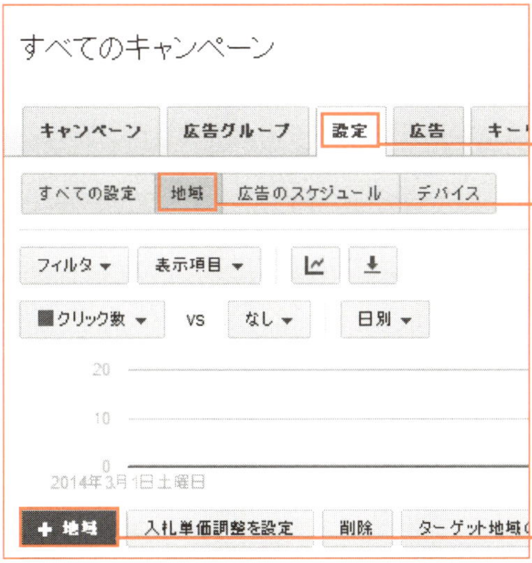

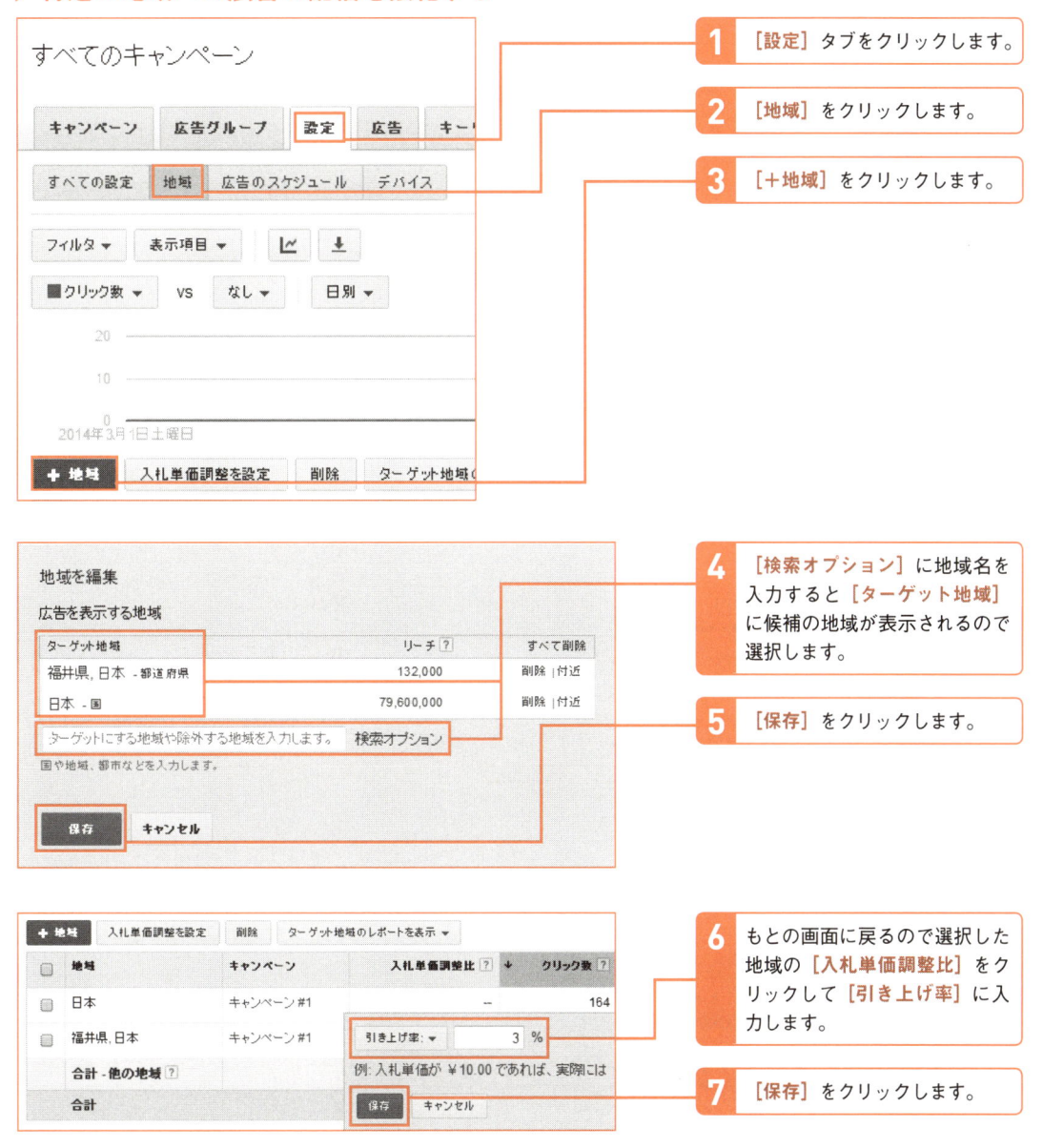

1 ［設定］タブをクリックします。

2 ［地域］をクリックします。

3 ［＋地域］をクリックします。

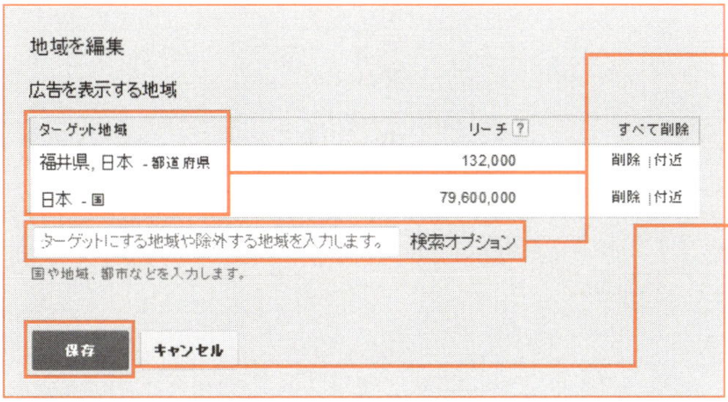

4 ［検索オプション］に地域名を入力すると［ターゲット地域］に候補の地域が表示されるので選択します。

5 ［保存］をクリックします。

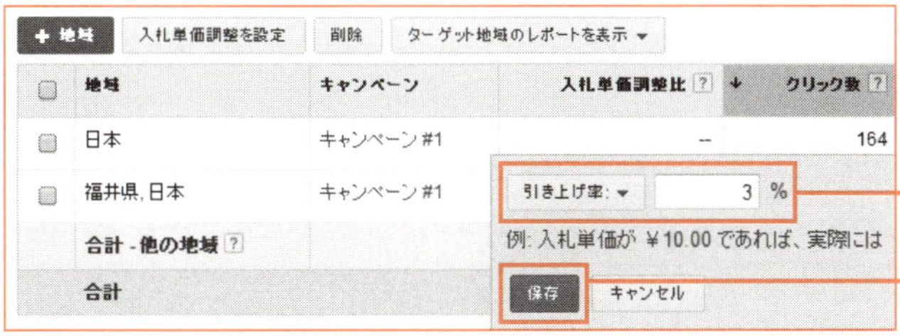

6 もとの画面に戻るので選択した地域の［入札単価調整比］をクリックして［引き上げ率］に入力します。

7 ［保存］をクリックします。

ECサイトなどであれば、「なぜか特定の都道府県でものすごく売れている」などの傾向も見ることができるかもしれませんよ！ そういった地域を見つけることができれば、予算を集中させてみましょう。

NEXT PAGE →

どのページが成果を上げているか見きわめる

どのページがどれぐらいの成果を上げているかも確認できます。リスティング広告において広告文のA/Bテストは必須です。例えば複数のランディングページを用意している場合、広告文だけのA/Bテストだけではなく、リンク先のページについても行うべきでしょう。A/Bテストの考え方は次のレッスンでも解説しています。

▶A/Bテストで比較して改善する

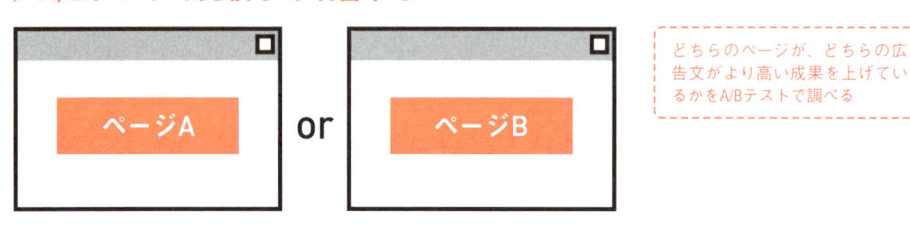

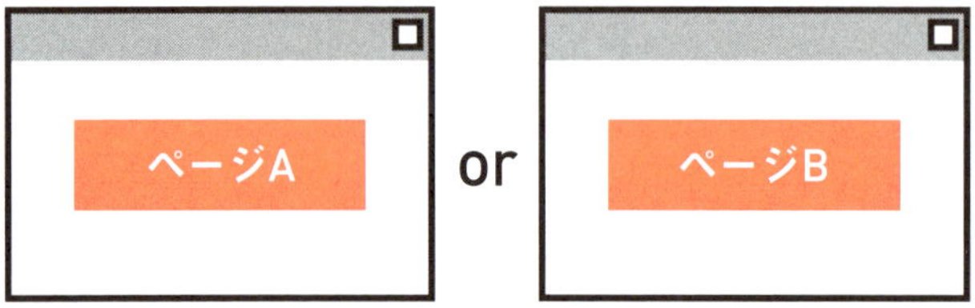

どちらのページが、どちらの広告文がより高い成果を上げているかをA/Bテストで調べる

▶ページごとの成果を確認する

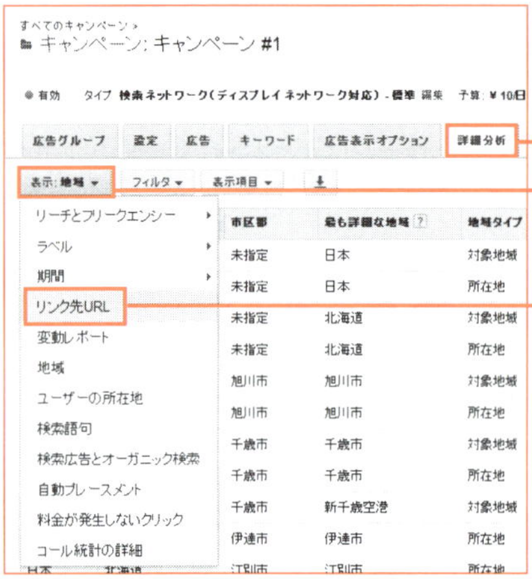

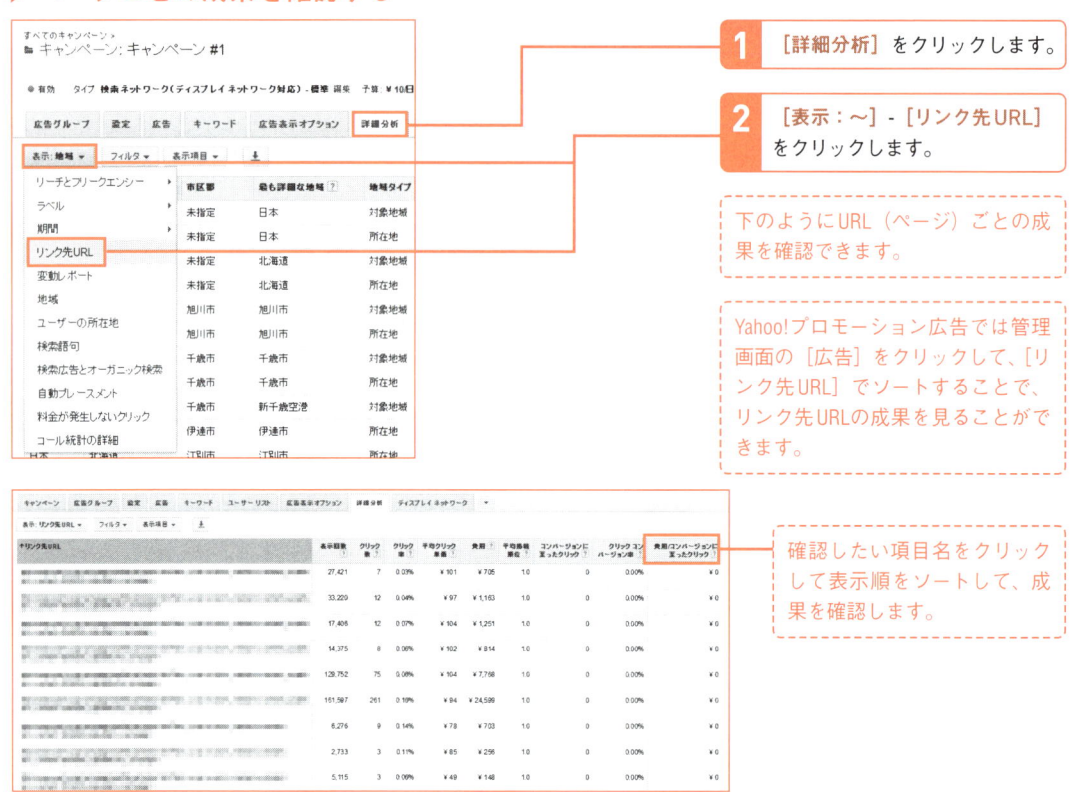

1［詳細分析］をクリックします。

2［表示：～］-［リンク先URL］をクリックします。

下のようにURL（ページ）ごとの成果を確認できます。

Yahoo!プロモーション広告では管理画面の［広告］をクリックして、［リンク先URL］でソートすることで、リンク先URLの成果を見ることができます。

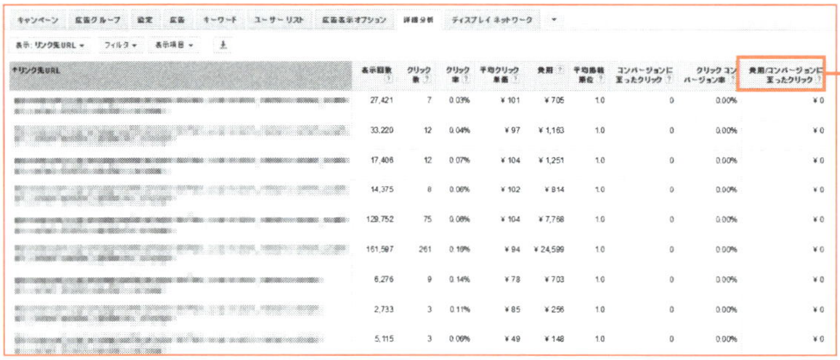

確認したい項目名をクリックして表示順をソートして、成果を確認します。

A/Bテストで比較することで、良い成果のほうに予算を集中できるようになります。

Lesson 47

[A/Bテストの切り口]

3つのフレームワークで広告を改善しましょう

このレッスンのポイント

「なかなか成果を上げる広告文が思いつかない」というのは、リスティング広告を運用していく上で誰しもが悩むことです。広告文作成は本の帯のようなものだと思ってください。本の内容からお勧めのコピーを見つけて、セールスポイントを読者に紹介するイメージです。ここでは広告文でさらに成果を上げるために知っておきたい、重要なポイントを解説していきます。

A/Bテストで成果を見て広告文を磨き続ける

リスティング広告では、複数の広告文を用意して、その成果を比較していきます（A/Bテスト）。どうして2つ以上の広告文でA/Bテストをする必要があるのでしょうか？ それはより良い成果を出すためにほかなりません。1つの商品を一言だけで伝えることは困難です。いくつかの訴求をテストしながら、よりユーザーが受け入れやすい訴求を見つけ出すことで、さらに成果が上がるようになります。次のページでは、その訴求の切り口（広告文の書き分けのポイント）を「3つのフレームワーク」で解説します。ちなみに下記の広告文、どちらが優れていると思いますか？ 答えは広告文Aです。広告文の良し悪しを判断するのはコンバージョン率です。広告文Aは広告文Bよりも優れていると判断することができます。いくらクリック率が高くても、コンバージョン率が低い広告文では売り上げが上がりませんよね。

▶ 人を集めるだけでなくコンバージョンまで導けているかを見きわめる

広告文A
●●●●●●●●●●●●●●●●●●●●●
Sample.com
クリック数：500
クリック率：1.00%
コンバージョン率：3.00%

優

広告文B
●●●●●●●●●●●●●●●●●●●●●
Sample.com
クリック数：500
クリック率：2.00%
コンバージョン率：1.00%

広告文の良し悪しを判断するには一定数以上のクリック数が必要です。統計的に……といった話をすると難しくなってしまいますが、A/B テストは一般的におよそ 400 クリックが集まった時点で判断が可能と言われています。

NEXT PAGE →

3つのフレームワークで新しい広告文を作り出す

広告文を作るにはさまざまなアイディアや多角的な視点が必要です。そのために重要な「3つのフレームワーク」があります。「規格訴求」「ベネフィット訴求」「ユーザー心理をつく訴求」の3つなのですが、これらを簡潔にお伝えするために、「ダイエットサプリ」を題材にした広告文の例※を交えつつ紹介していきましょう。

▶広告文作成のための3つのフレームワーク

① 規格訴求
② ベネフィット訴求
③ ユーザー心理をつく訴求

① 規格訴求

規格訴求とは誰の目からも明らかに優位性のあるポイントを提示する、商品を客観的に説明する訴求方法で、広告文の中では非常にオーソドックスな手段です。下記のように、競合優位性のある数字などでアピールすることで、ダイエット検討者へ非常にわかりやすく訴求できるようになります。その数字がダイエット検討者に魅力的に見えるようであれば、その広告文のクリック率やコンバージョン率が上がっていくことでしょう。

▶規格訴求を意識した広告文の例

・まさか。3カ月で10kg減
・初月無料のダイエットサプリ
・月額980円のダイエット

ワンポイント

同じことも伝え方でガラリと変わる

「女子大生が夜のバイトをしている」と聞くと不真面目に聞こえませんか？ 学生の身分でけしからんとなる方もいるかもしれません。でも、「夜のアルバイトをしている女性が昼間大学に通っている」と聞くと、なんだか前者とはまったく異なる印象がありますよね。物事は、伝える順番だけでこうも変わるのです。広告文も伝え方でまったく異なる結果が出てきます。ここで紹介したフレームワークをベースにいろいろと試してみて、さらによい広告文を作り上げてください。

※審査が通るかどうかは別としての一例です。

② ベネフィット訴求

ベネフィット訴求とは、ユーザーが得するコト、モノを明確に表現する手段です。ダイエットサプリを手に入れることでユーザーは痩せることができるようになります。「痩せる」は商品の訴求としては当然の部分です。「ガマンしない」や「リバウンドなし」といったダイエットを検討している人にとっての「ベネフィット」を伝えることで、より効果を高めることができるでしょう。

▶ベネフィット訴求を意識した広告文の例

- ガマンしないダイエット
- リバウンドなしの究極ダイエット

③ ユーザー心理をつく訴求

ユーザー心理をつくことでユーザーに気づいてもらう手法です。すでに心に抱えている問題を広告文で表現することで、自身の悩みを明確化することができるようになります。ダイエットへの挑戦は1度や2度ではないという人も多いでしょう。これまでにさまざまな種類のダイエットを何度も繰り返し、挫折を繰り返しています。そんなユーザーに再チャレンジを促します。

▶ユーザー心理をつく訴求を意識した広告文の例

- 痩せたいのに痩せられない…
- 痩せるのをあきらめられない方へ

広告文は、異なる２つの訴求でA/Bテストを行うのがお薦めです！

ワンポイント

誰が広告文を読むのかを徹底して考える

私たちはこれまで、広告文を1つ変更するだけでコンバージョン率が2倍、クリック率が5倍、獲得単価が1/3になるなど、多くの事例を目の当たりにしてきました。
そんな私たちの経験上、広告文はリスティング広告を構成する要素の中でも、もっとも重要な要素の1つです。広告文の熟考なくしてリスティング広告の成功なし。そんな風に考えてトライすることで、今まで以上の成果を上げることができるかもしれません。良い広告文を書く秘訣は、「誰に何を売っているのか？」を明確にすることです。

質疑応答

Q Googleアドワーズなどのリスティング広告では広告表示オプションがありますが、これは利用したほうがいいのでしょうか？

ECサイト担当者

A 現在、Googleアドワーズにはサイトリンク表示オプション（Yahoo!プロモーション広告ではクイックリンクオプション）、住所指定オプション、電話番号表示オプション、アプリリンク表示オプション、レビュー表示オプションなどの広告表示オプションがあります。サイトリンク表示オプションは1つのキーワードに対して複数のリンク先を設定できる機能で、多くの広告主に利用されています。例えば下の画面なら「アナグラム株式会社」という検索語句に対して、「リスティング広告運用」「会社概要」など複数のリンク先を表示でき、ユーザーを迷わせずに目的のページに導けます。電話番号表示オプションなどは、実店舗に誘導したい業態の広告主に重宝される広告表示オプションです。

▶ サイトリンク表示オプション＋住所指定オプションの表示例

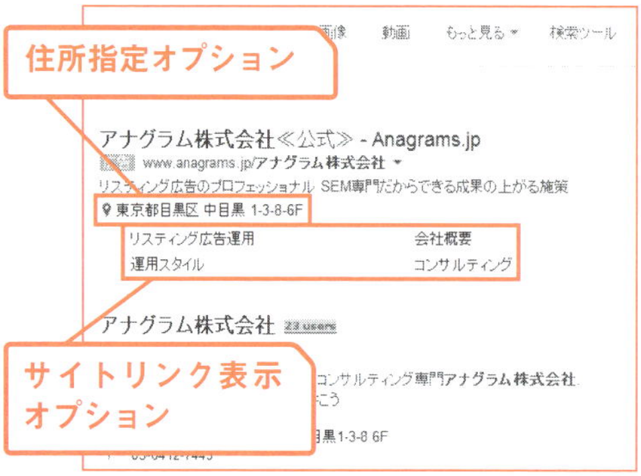

▶ 電話番号表示オプションの表示例

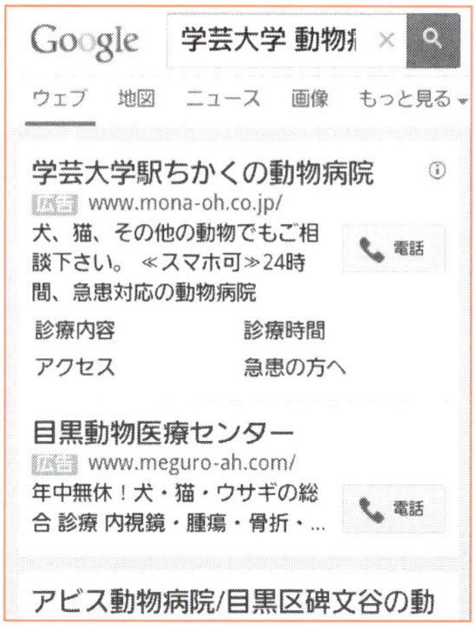

Chapter

8

検索以外はコンテンツ向け広告でカバーしよう

この章ではステップアップ編として、コンテンツ向け広告について紹介していきます。コンテンツ向け広告は、初心者の方には少しとっつきにくいイメージがあるかもしれません。しかし、コンテンツ向け広告を利用することで、検索連動型広告ではアプローチできなかった「将来のお客さん」にもアピールできるようになります！

Lesson 48

[コンテンツ向け広告]

検索連動型広告の限界をコンテンツ向け広告でカバーしましょう

このレッスンのポイント

ここからはコンテンツ向け広告について説明していきます。検索連動型広告は検索エンジンを利用した際に表示される広告なので、「検索」という行動をした人にしかアピールできません。その検索連動型広告の“限界の外”をカバーするのが、コンテンツ向け広告です。まずはコンテンツ向け広告の特長から学んでいきましょう。

コンテンツ向け広告のリーチはインターネット利用時間の90%超

消費者分析の老舗であるニールセンの調査※によると、インターネット利用者が、検索結果画面（＝検索連動型広告）を閲覧している時間はわずか10%程度しかないそうです。一方ニュースサイトの記事、ブログなどの一般的なページ（コンテンツ）を閲覧している時間は残りの90%ということになります。この「コンテンツ」に広告を出すことができるコンテンツ向け広告を利用すれば、より長い時間ユーザーにアピールできる可能性が高まるわけです。

▶リスティング広告とユーザーの接触時間

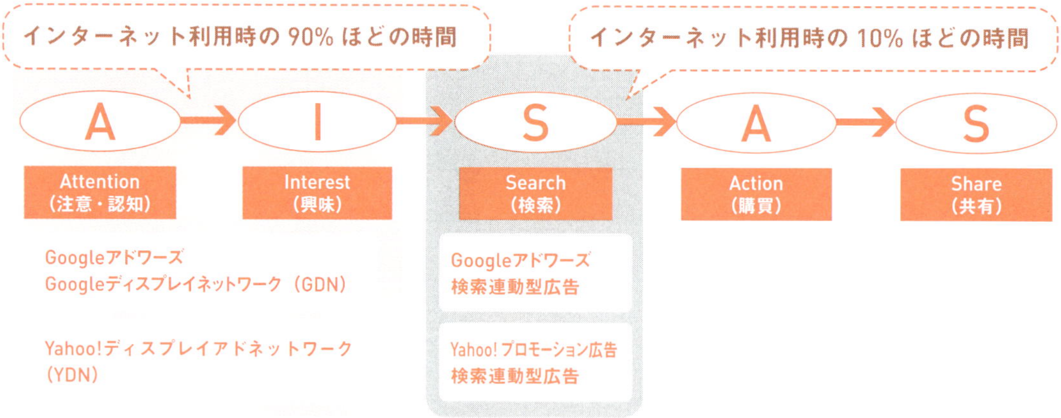

「検索連動型広告しか利用していない」という方も多いのではないでしょうか？しかし、商材によってはコンテンツ向け広告経由の売り上げが検索連動型広告を超えるケースもめずらしくない強力な配信方法なので、ぜひチャレンジしてみましょう！

※http://www.netratings.co.jp/email_magazine/2008/12/NNR20081201.html

コンテンツ向け広告はテキスト広告とバナー広告

コンテンツ向け広告を利用すれば、下に紹介しているようなテキスト広告とバナー（イメージ）広告を使い、QAサイトやポータルサイトなど、コンテンツを掲載しているさまざまなパートナーサイト（次のページ参照）へ広告を配信できます。バナー広告は画像や文字の装飾など、ある程度デザインのスキルが必要になるため、まずはテキスト広告から始めてみてもいいでしょう。テキスト広告の制作のノウハウは、第4章で紹介している検索連動型広告の広告文の作り方で学んだことを活かせます。広告の効果が明確に出てくるようであれば、社内外のデザインスキルがある人に、バナー広告の制作を相談しましょう。身近にそういう人がいない場合は、ランサーズ（http://www.lancers.jp/）などのクラウドソーシングを利用することで、数万円の予算で制作が可能です。

▶ テキスト広告とバナー（イメージ）広告の特長

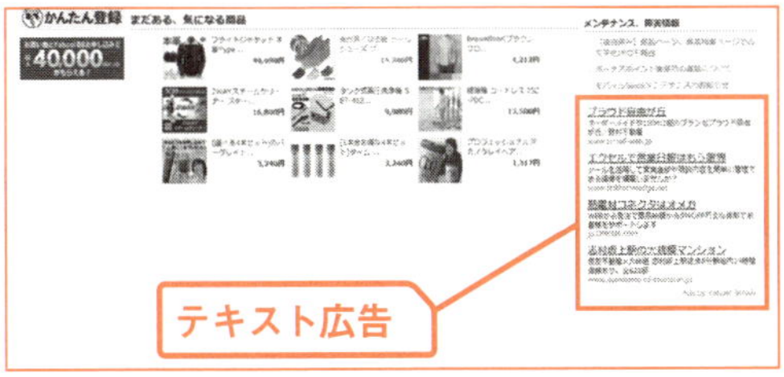

テキスト広告は検索連動型広告と同じように、テキストで表示されます。複数のテキスト広告が並んだときに注目してもらえる広告文でアピールしましょう。

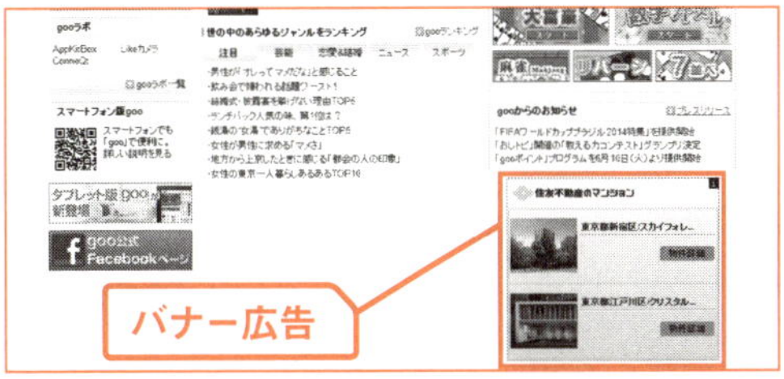

テキスト広告の枠を複数分利用して表示されるのがバナー広告です。画面の占有率が高くなり、画像を使ったアピールもできるので、テキスト広告よりクリック率が高い傾向があります。

ワンポイント

配信フォーマットについて

Googleディスプレイネットワークの配信は検索連動型広告と同じテキスト広告と、バナー広告から選択が可能ですが、見映えの良いバナー広告を準備する余裕がないなら、まずはテキスト広告から始めてみましょう。

▶ Googleディスプレイネットワークのバナー広告の主な仕様

●画像のファイル形式：GIF、JPEG、PNG
●画像の容量：150KB以下
●画像のサイズ

- レクタングル（縦長）：240×400
- ワイドスカイスクレイパー：160×600
- ビッグバナー：728×90
- モバイルバナー（大）：320×100
- レクタングル（大）：336×280
- スカイスクレイパー：120×600
- バナー：468×60
- ビッグバナー（大）：970×90
- スクエア（小）：200×200
- ラージモバイルバナー：320×100
- モバイルビッグバナー：320×50
- ハーフページ：300×600
- スクエア：250×250
- ビルボード：970×50
- インラインレクタングル：300×250

※2014年4月現在、サイズはピクセル

コンテンツ向け広告もGoogleとYahoo! JAPANが提供

コンテンツ向け広告には、Googleが提供する「Googleディスプレイネットワーク」(GDN) と、Yahoo! JAPANが提供する「Yahoo!ディスプレイアドネットワーク」(YDN) があります。検索連動型広告と比べて少し難しい印象があるかもしれませんが、ここまでしっかり学んできたあなたなら大丈夫です！ 本書では初心者でも取り組みやすいGoogleディスプレイネットワークを使ってノウハウを紹介していきます。Googleディスプレイネットワークを使えば、GmailやYouTubeをはじめ、価格.comなどさまざまなジャンルのサイトに自社の広告を配信できます。もちろん、ただ闇雲に広告を露出するわけではありません。Googleが提供するサービスであることからもわかるように、「適したコンテンツ（ページの内容）」「適したユーザー」に広告を露出してくれる仕組みを備えています。

▶ コンテンツ向け広告が表示される主なパートナーサイト

Googleアドワーズ
Googleディスプレイネットワーク

サイト名	URL
Ameba	http://www.ameba.jp/
BIGLOBE	http://www.biglobe.ne.jp/
Hatena	http://www.hatena.ne.jp/
livedoor	http://www.livedoor.com/
価格.com	http://kakaku.com/
時事ドットコム	http://www.jiji.com/
シネマトゥデイ	http://www.cinematoday.jp/
ジョルダン	http://www.jorudan.co.jp/
食べログ	http://tabelog.com/
地球の歩き方	http://www.arukikata.co.jp/

Yahoo!プロモーション広告
Yahoo! ディスプレイアドネットワーク

サイト名	URL
All About	http://allabout.co.jp/
Excite	http://www.excite.co.jp/
MapFan Web	http://www.mapfan.com/
Mapion	http://www.mapion.co.jp/
NAVER	http://matome.naver.jp/
So-net	http://www.so-net.ne.jp/
USTREAM	http://www.ustream.tv/
web R25	http://r25.yahoo.co.jp/
クックパッド	http://cookpad.com/
チケットぴあ	http://t.pia.jp/

▶ Googleディスプレイネットワークのパートナーサイト

http://www.google.co.jp/ads/displaynetwork/find-your-audience/partner-sites.html

▶ Yahoo!ディスプレイアドネットワークのパートナーサイト

http://promotionalads.yahoo.co.jp/service/ydn/publisher.html

ビジネスでもプライベートでもインターネットを利用していれば、Google ディスプレイネットワーク経由の広告を見ない日はないくらい、この配信方法は浸透しています。

広告をどういうサイトに出したいか？ どういう人たちに届けたいか？

Googleディスプレイネットワークの配信方法は、まず大きく2つに分けられます。「広告をどういう“サイト”に出したいか？」という「サイトターゲティング」と、「広告をどういう“人たち”に届けたいか？」という「ユーザーターゲティング」です。さらに下の図にあるように、それぞれに代表的な3種類ずつの配信方法があり、これら6種類ともGoogleディスプレイネットワークでは欠かすことのできない強力な配信方法です。下の図では、筆者がお勧めする順番に番号を振りました。レッスン49からは、この順番にGoogleディスプレイネットワークを実際に操作して、マスターしていきましょう。

▶ コンテンツ向け広告の対象は「サイト」か「人」か

サイトターゲティング

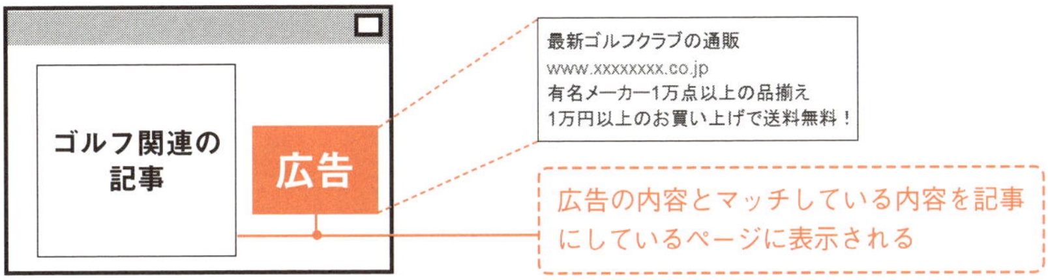
ゴルフ関連の記事
広告
最新ゴルフクラブの通販
www.xxxxxxxx.co.jp
有名メーカー1万点以上の品揃え
1万円以上のお買い上げで送料無料！
広告の内容とマッチしている内容を記事にしているページに表示される

ユーザーターゲティング

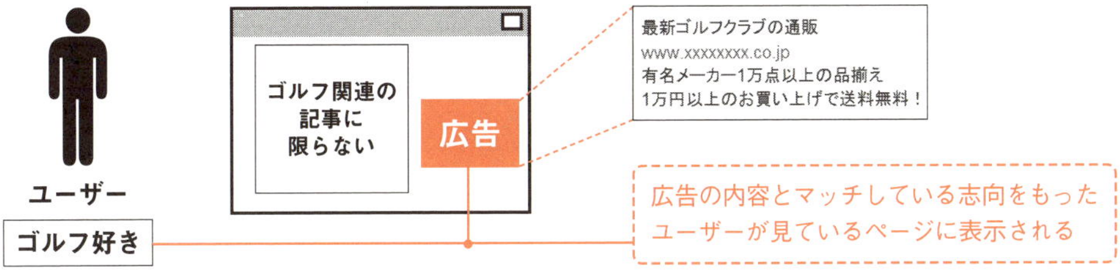
ユーザー
ゴルフ好き
ゴルフ関連の記事に限らない
広告
最新ゴルフクラブの通販
www.xxxxxxxx.co.jp
有名メーカー1万点以上の品揃え
1万円以上のお買い上げで送料無料！
広告の内容とマッチしている志向をもったユーザーが見ているページに表示される

▶ Googleディスプレイネットワークの種類

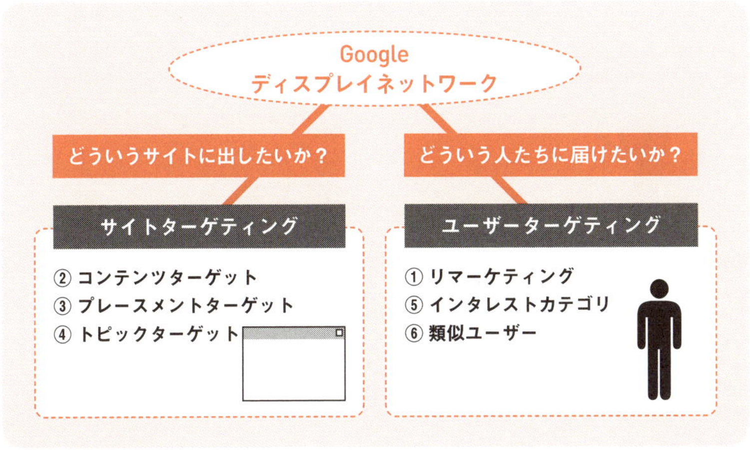
Google
ディスプレイネットワーク
どういうサイトに出したいか？
どういう人たちに届けたいか？
サイトターゲティング
② コンテンツターゲット
③ プレースメントターゲット
④ トピックターゲット
ユーザーターゲティング
① リマーケティング
⑤ インタレストカテゴリ
⑥ 類似ユーザー

Google ディスプレイネットワークでは「広告を何に対して届けたいのか？」を考えることが重要です。

Lesson 49

［リマーケティング］

可能性のあるユーザーにリマーケティングでアピールしましょう

このレッスンのポイント

2010年にGoogleアドワーズに登場したリマーケティングという仕組みは、今や大企業のみならず、リスティング広告を始めたばかりの中小企業にまで利用されている強力なネット広告の配信方法の1つです。ここではそのリマーケティングの仕組みや設定方法から配信のコツまで紹介します。

リマーケティングで一度サイトを訪問した人にアプローチする

製品の購入やサービスの申し込みを検討していろいろなサイトを見て回っているときに、同じ広告をよく見かけた経験、あなたもありませんか？ それがリマーケティングです。Aというサイトに訪問したユーザーは、何かしらの理由でAというサイトが提供する製品・サービスに興味がある人です。リマーケティングは、そういったすでに興味がある人に、A以外のサイトに移動してもGoogleディスプレイネットワークの広告枠を利用してアピールする配信方法です。普通、何かを購入したりサービスを利用したりするときは、複数のサイトを比較検討しますよね？ そういった検討期間中にリマーケティングでアピールすることで、再訪を促し、購入や申し込みなどのコンバージョンにつながる可能性を高められるのです。

▶一度サイトを訪問したユーザーを追いかける仕組み

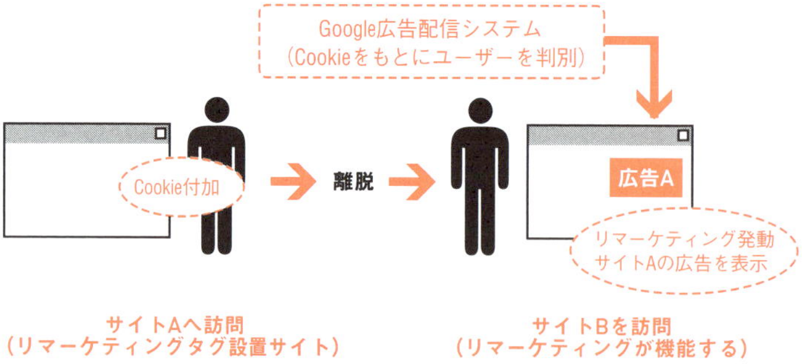

Googleから発行されたリマーケティング用のタグをページに貼りつけ、そのページを訪問したユーザーのブラウザのCookieに情報を保存させます。ユーザーがCookieを削除したり、ブラウザを変更したりしない限り最大で540日間、リマーケティング広告でそのユーザーにアピールできます。

私たちが担当している案件でも、9割を超えるお客様がリマーケティングを利用しています。利用する理由は「成果が高いから」にほかなりません。

リマーケティングリストと属性を掛け合わせて配信できる

リマーケティングの仕組みは前のページの下の図で解説していますが、このCookieという目印をつけたユーザーたちのことを「リマーケティングリスト」と呼んでいます。例えば「自社サイトを訪問したことがあるユーザーのリマーケティングリスト」に「性別（女性）」や「25歳～34歳」といった条件を掛け合わせて、その条件に合ったユーザーに広告を配信することもできます。自社が提供する商品・サービスが想定する、より可能性の高いユーザーに適切に広告を届けることができるようになり、限られた予算を効率よく活用できるようになります。

▶属性を指定・掛け合わせて広告を配信できる

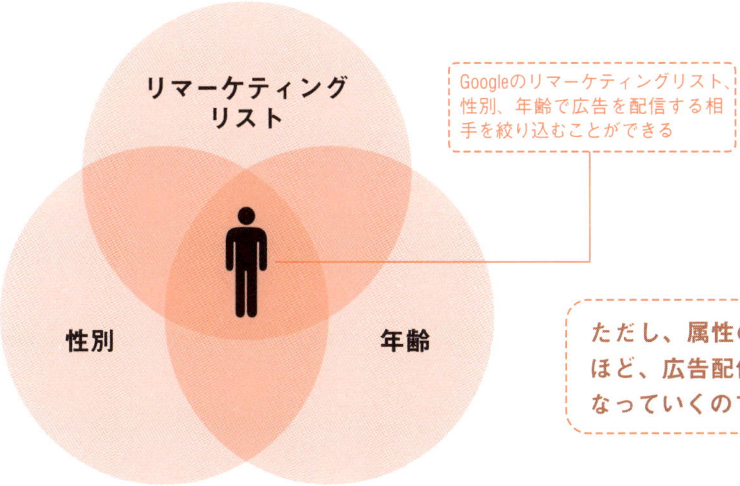
リマーケティングリスト
性別
年齢
Googleのリマーケティングリスト、性別、年齢で広告を配信する相手を絞り込むことができる

ただし、属性の情報を加えれば加えるほど、広告配信対象者数自体が少なくなっていくので、注意が必要です。

ワンポイント

なぜGoogleは性別や年齢がわかるのか？

Googleはこれらの性別や年齢、興味・関心などをどのように判別しているのでしょうか？ Googleは、検索などGoogleが提供しているサービスの利用状況をもとにして、ユーザーが関心のあるカテゴリやおおよその年齢、性別を推測しています（デモグラフィックデータ）。ちなみに自分の推測情報は、下記のURLにアクセスすることで確認できます。また、希望する人は追跡のオプションを外すこともできます。

▶Google Ads の設定
https://www.google.co.jp/ads/preferences/

リマーケティングリストの使い方

前のページで紹介したように、リマーケティングでは複数の条件のリストを組み合わせることができます。例えば「自社サイトでコンバージョンまで至ったユーザーのリスト」と「自社サイトを訪問したことがあるユーザーのリスト」を組み合わせることで、「30日以内に自社サイトを訪問しているが、コンバージョンには至っていないユーザー」に対して広告を配信することも可能です。このように「どういったユーザーに広告を配信するか？」という範囲を自在にコントロールできるのが、リマーケティングの凄味です。ここではその基本的なリマーケティングリストとリマーケティングキャンペーンの作成方法を紹介します。

▶このリマーケティングで届けるユーザーの条件

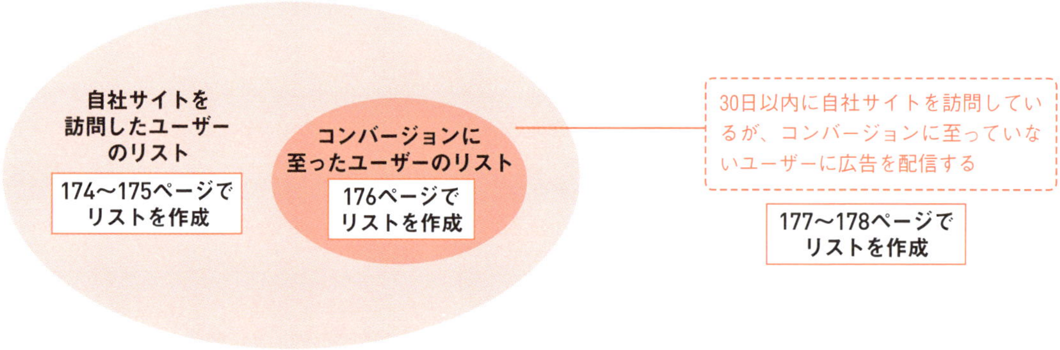

▶リマーケティングのタグを設定する

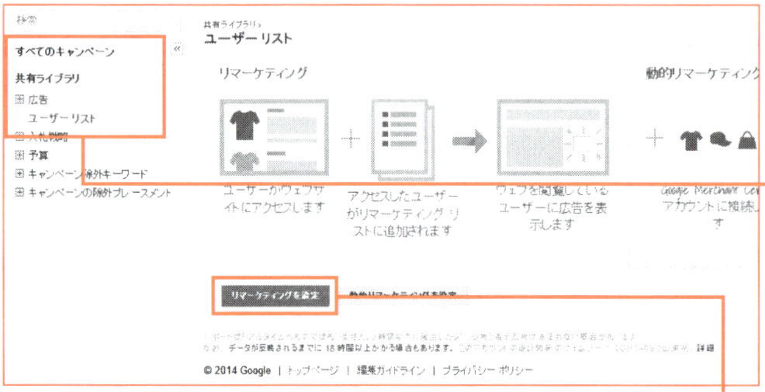

1 リマーケティングのタグを入手する

まずサイトを訪問したユーザーすべてを記録するリマーケティングリストを作ります。

1 Googleアドワーズにログインして［キャンペーン］をクリックします。

2 左メニューの［共有ライブラリ］-［広告］-［ユーザーリスト］をクリックします。

3 ［リマーケティングを設定］をクリックします。

2 リマーケティングの タグを確認する

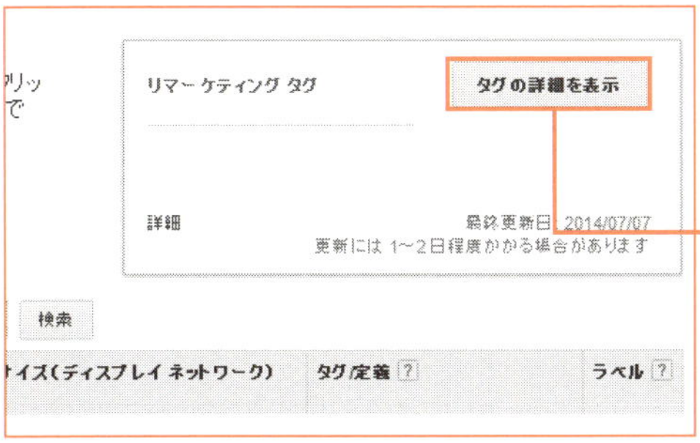

1 ［ユーザーリスト］画面の［タグの詳細を表示］をクリックします。

3 タグを自分のページに 貼りつける

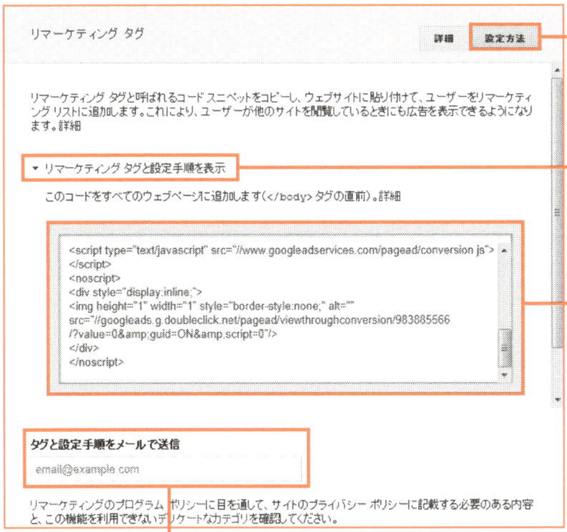

［リマーケティングタグ］画面が表示されます。

1 ［設定方法］をクリックします。

2 ［リマーケティングタグと設定手順を表示］をクリックします。

リマーケティングのタグが表示されます。

3 タグをすべてコピーして、サイト内のすべてのページに貼りつけます。

リマーケティングのタグは、原則的に対象サイトすべてのページの</body>タグの直前に貼りつけます。

［タグと設定手順をメールで送信］にメールアドレスを入力すれば、設定方法とタグがメールで送信されます。

これでサイトを訪問したユーザーすべてを記録するリマーケティングリストができました。次にコンバージョンに至ったユーザーを記録するリストを作っていきます。

NEXT PAGE →

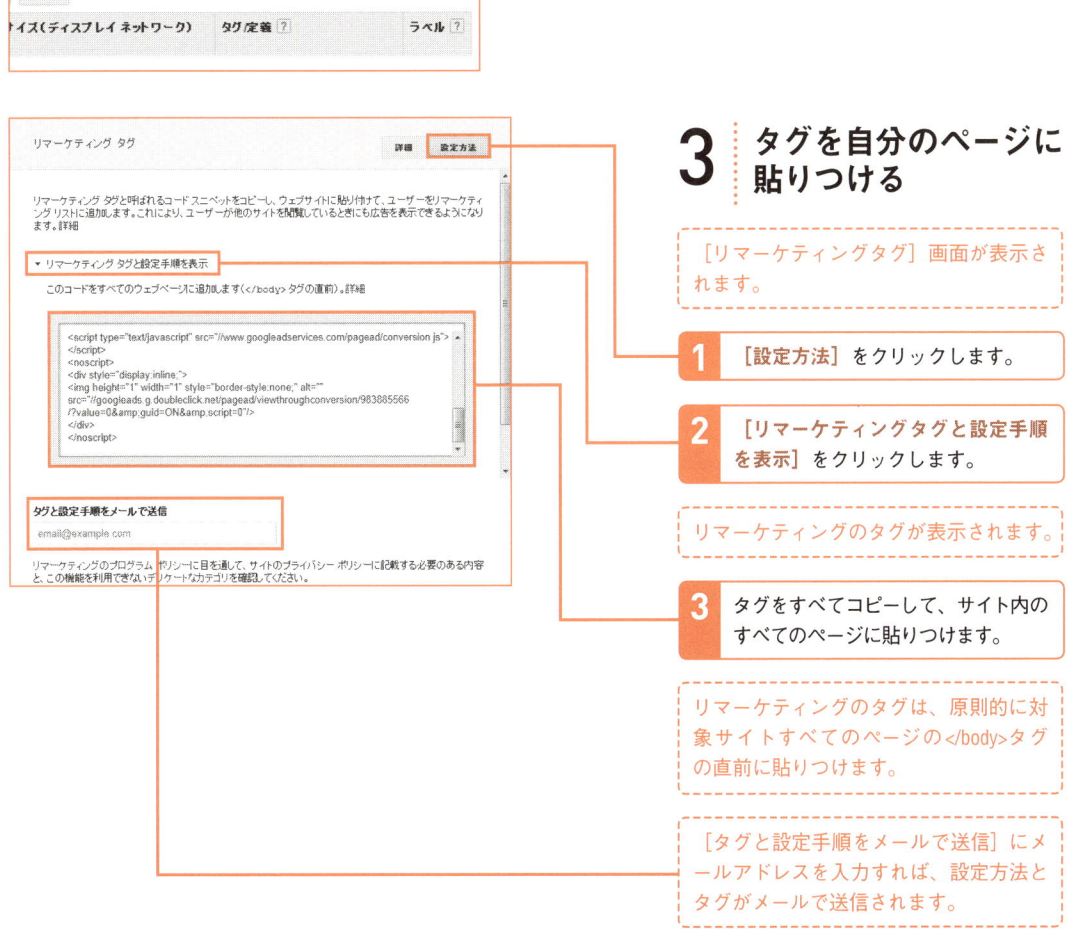

▶「コンバージョンに至ったユーザー」をリストから除くため「コンバージョンユーザー」をリスト化する

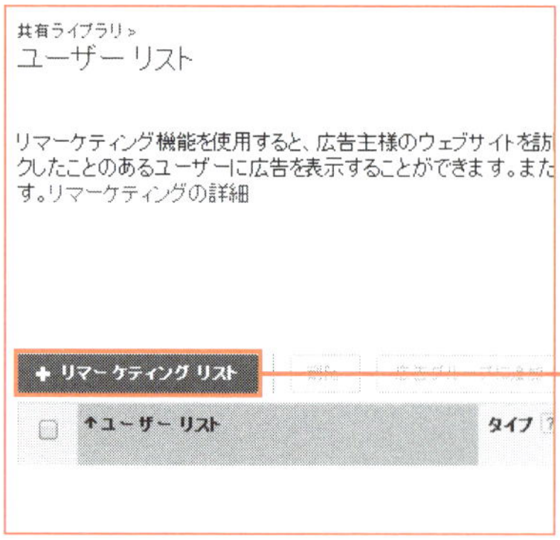

4 リマーケティングリストを新たに作る

次にレッスン34で設定したコンバージョンタグで取得できる、コンバージョンに至ったユーザーを記録するリストを作ります。

1 ［ユーザーリスト］画面の［ユーザーリスト］の［+リマーケティングリスト］をクリックします。

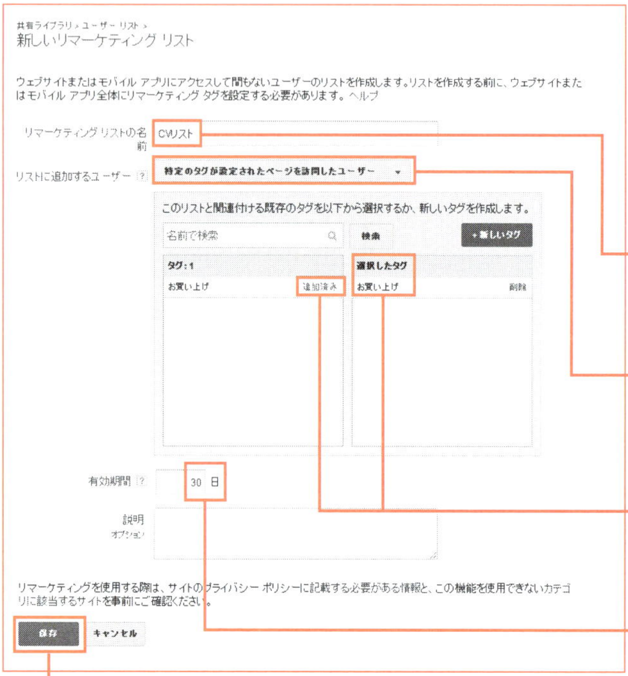

5 コンバージョンタグを指定する

新しいリマーケティングリストを作るための画面が表示されます。

1 ［リマーケティングリストの名前］に任意の名前を入力します。

2 ［リストに追加するユーザー］から［特定のタグが設定されたページを訪問したユーザー］を選択します。

3 ［タグ］から設定したいコンバージョンタグの［追加］をクリックすると［選択したタグ］に表示されます。

4 ［有効期間］に任意のリマーケティングしたい日数を入力します。

5 ［保存］をクリックします。

これでサイトに訪問したユーザーを蓄積するリマーケティングリストと、コンバージョンに至ったユーザーのリストができました。次に、この2つのリストを組み合わせて、サイトに訪問したユーザーの中で、コンバージョンに至っていないユーザーのリストを作っていきます。

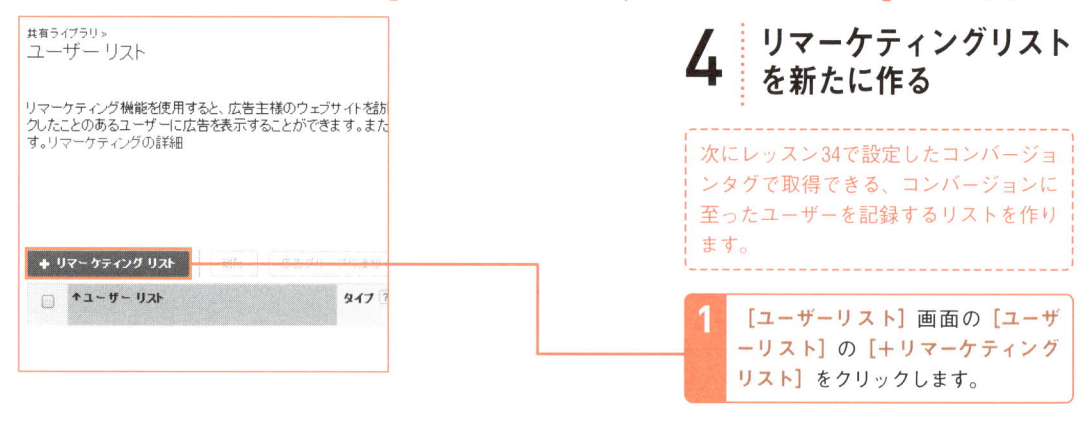

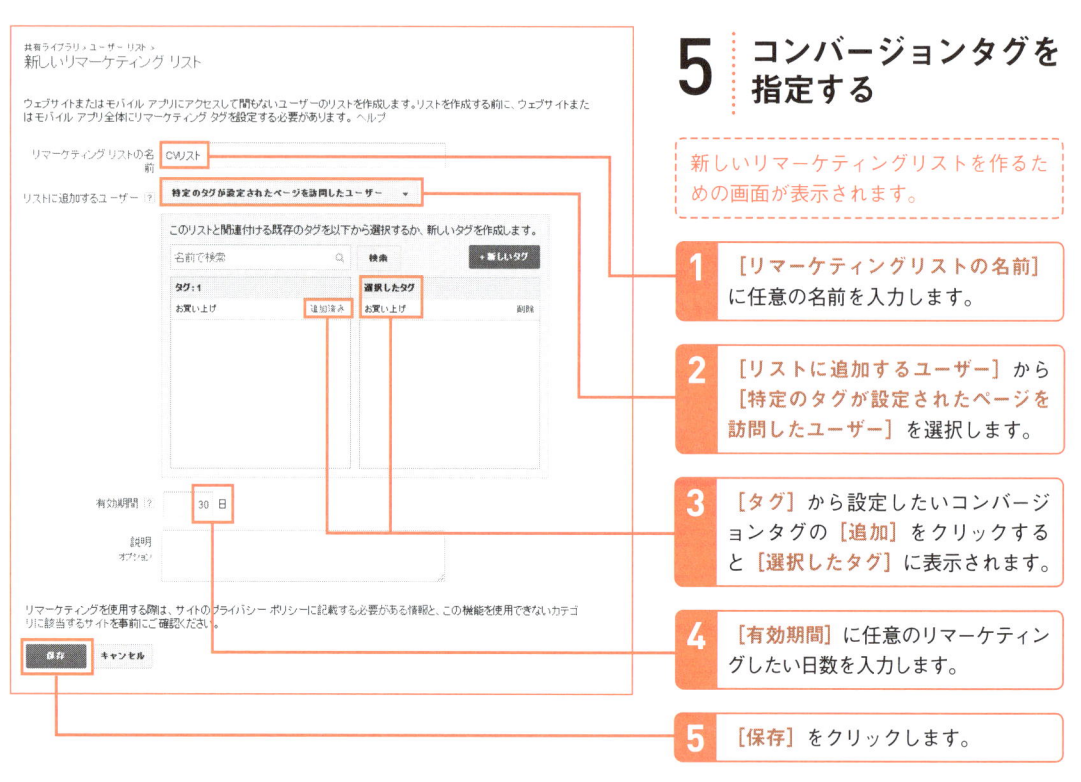

▶組み合わせリストを作成する

6 組み合わせリストを作成する

コンバージョンに至ったユーザー以外に広告を表示するために、手順5で定義づけしたリスト以外のすべてのユーザーに広告が表示されるようにリストを作成します。

1 手順4と同じ手順で新しいリマーケティングリストを作成します。

2 ［リマーケティングリストの名前］に任意の名前を入力します。

3 ［リストに追加するユーザー］から［組み合わせリスト］を選択します。

4 ［いずれかのユーザー（OR）］を選択した状態で［ユーザーリストを選択］をクリックします。

7 広告を表示するリストを選択する

［ユーザーリストの選択］画面が表示されます。

1 ［すべての訪問者］の［>>］をクリックして選択すると［選択したユーザーリスト］に表示されます。

2 ［OK］をクリックします。

ワンポイント

リマーケティングのコツは、どんな人に、どんなタイミングでアプローチするか

前のページの手順5ではリマーケティングの有効期間（配信期間）を30日間にしていますが、データを読み解けるようになってきたら、根拠のあるデータをもとに配信することで、より成果をあげられます。例えば、筆者がよく利用するのがGoogleアナリティクス（第9章参照）で取得したデータをもとに配信する方法です。Googleアナリティクスで「サイト訪問後、3日以内の購入者が90%以上」ということがわかれば、リマーケティングの配信は3日間で十分でしょう。

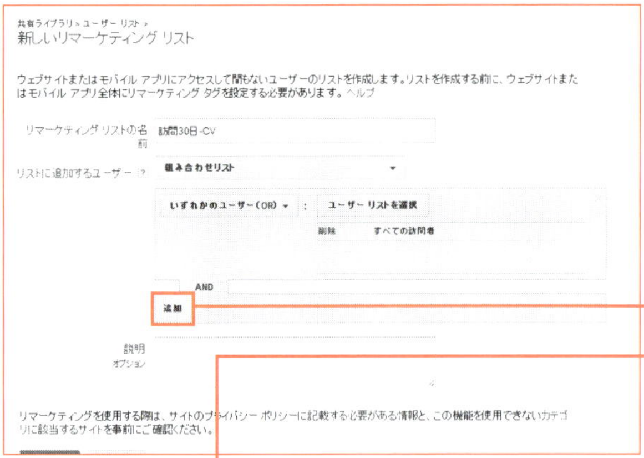

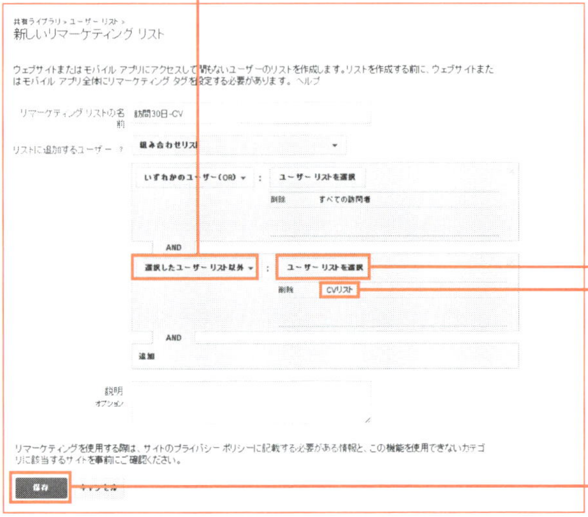

8 広告を表示しないリストを選択する

1 ［追加］をクリックします。

新たに入力欄が追加されます。

2 ［いずれかのユーザー（OR）］をクリックして［選択したユーザーリスト以外］を選択します。

3 ［ユーザーリストを選択］をクリックして同じ要領でコンバージョンに至ったユーザーのリストを選択します。

4 ［保存］をクリックします。

▶新たにキャンペーンを作成する

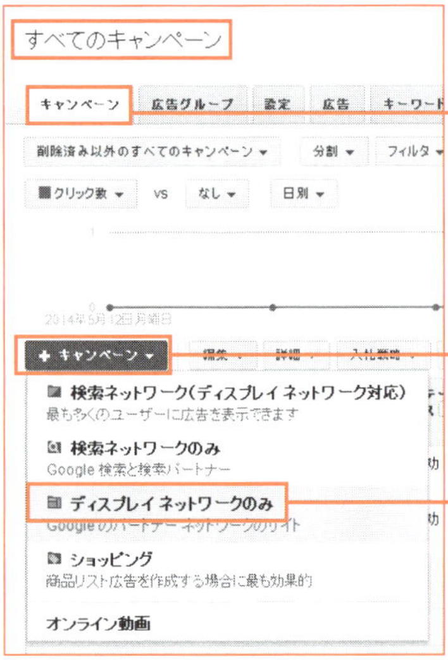

9 キャンペーンを作成する

手順8までで作成したリマーケティングリストを使って新しくGoogleディスプレイネットワークのキャンペーンを作成します。

1 ［キャンペーン］タブをクリックします。

2 ［+キャンペーン］-［ディスプレイネットワークのみ］をクリックします。

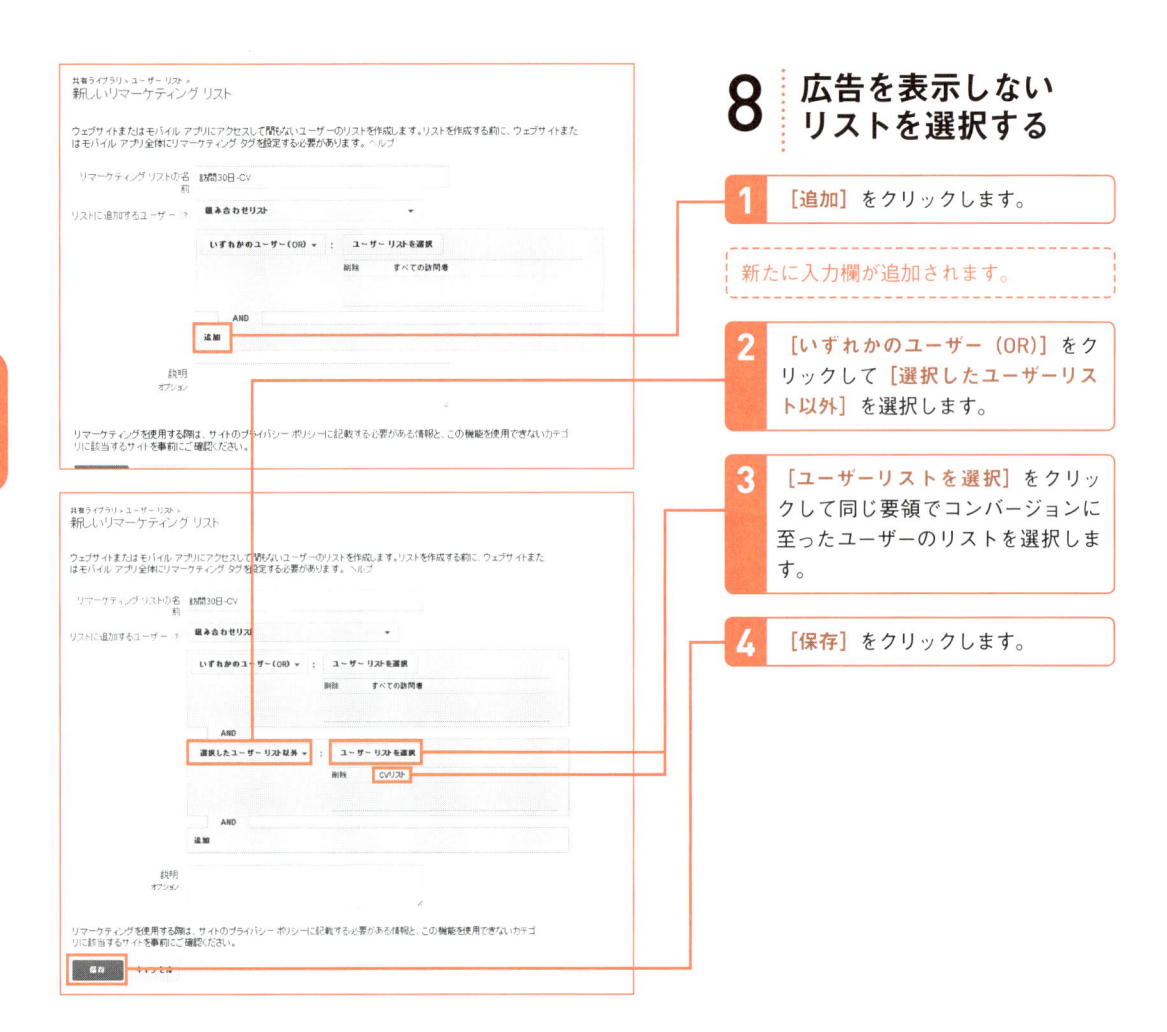

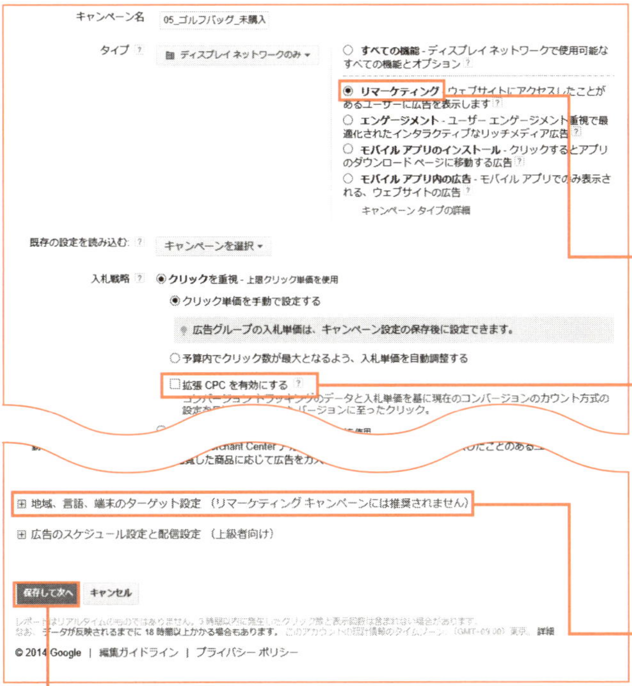

10 リマーケティングにタイプを設定する

1 109ページを参考に、[タイプ]以外のキャンペーンの内容を設定します。

2 [タイプ]にある[リマーケティング]を選択します。

3 [単価設定と予算]の[入札戦略]の[クリック重視、個別の上限クリック単価。拡張CPC]にある[編集]をクリックして、[拡張CPCを有効にする]をクリックしてチェックマークを外します。

[広告のスケジュール設定と配信設定（上級者向け）]をクリックすることで、配信開始日、配信する曜日や時間帯、フリークエンシーキャップ（ユーザーに広告を表示する回数）を指定できます。

4 [保存して次へ]をクリックします。

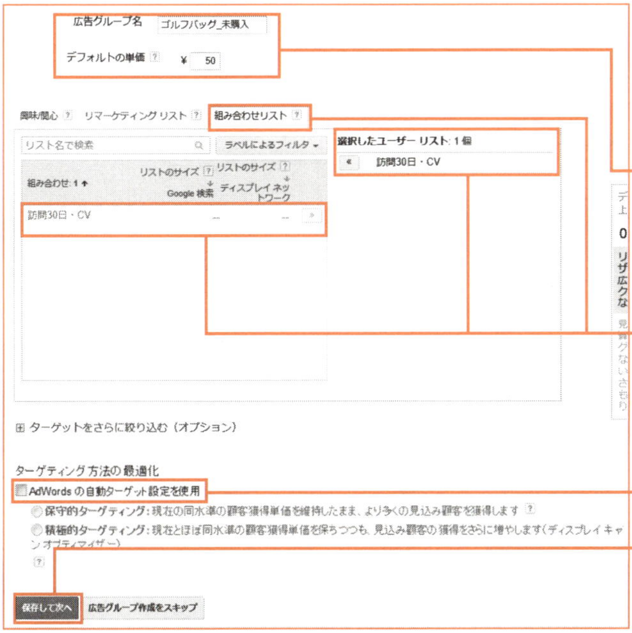

11 組み合わせリストを選択する

1 111〜112ページを参考にして広告グループ名や上限クリック単価を入力します。

2 [組み合わせリスト]タブをクリックし、リストの一覧から手順8で作成した組み合わせリストの[>>]を選択すると、[選択したユーザーリスト]にリストが表示されます。

3 [AdWordsの自動ターゲット設定を使用]をクリックしてチェックマークを外し、[保存して次へ]をクリックします。

112ページを参考に広告文などを作成して出稿すれば、狙ったユーザーに広告が配信されます。

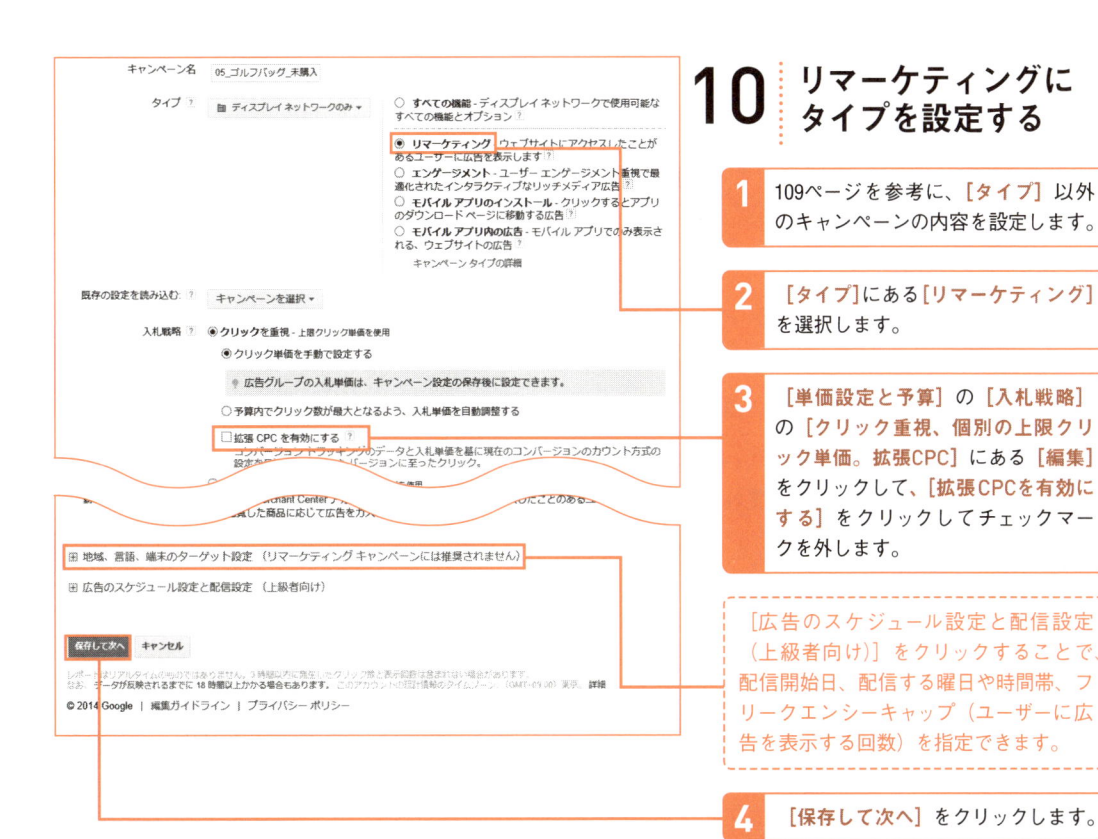

Lesson 50

[リマーケティングの効力]

リマーケティングでさらなる成果を狙いましょう

このレッスンのポイント

リマーケティングの基本的な設定方法に続いて、ここではその応用編として、リマーケティングを活用してユーザーに対してさらにどんなアプローチが可能なのかを紹介します。少し難しく見えるかもしれませんが、Googleディスプレイネットワークとリマーケティングに慣れてきたらぜひチャレンジしてみてください。

ユーザーの意欲に合わせて入札する

リマーケティングはユーザーのモチベーションごとに適切に「配信の強弱」を行うことで、さらに成果を高められます。「強弱」を下記の例で紹介していきます。この図では、リマーケティングのリストをユーザーのモチベーションに合わせて3日、10日、30日という配信期間で分けています。配信期間の分け方は176ページの手順5で解説しましたね。配信期間は「有効期間」のことです。ここでは「サイト訪問3日以内」で「コンバージョンしていない」ユーザーへの入札価格は220円と強めに、一方「サイト訪問11日～30日間」で「コンバージョンしていない」ユーザーへの入札は50円と弱めに設定しています。ほとんどの商材では、サイト訪問直後のモチベーションが高いことが想像できるので、このような段階に分けて配信することで、より費用対効果の高い成果を上げることができます。

▶ユーザーのモチベーションに合わせて段階的に設定する

段階的に配信する例

サイト訪問から3日間のリスト － 期間：30日 コンバージョンに至ったリスト ＝ 入札価格：220円に設定

サイト訪問から10日間のリスト － サイト訪問から3日間のリスト － 期間：30日 コンバージョンに至ったリスト ＝ 入札価格：110円に設定

サイト訪問から30日間のリスト － サイト訪問から10日間のリスト － 期間：30日 コンバージョンに至ったリスト ＝ 入札価格：50円に設定

このようにリマーケティングリストを細かく作成して、モチベーションごとに配信する手法はリマーケティングの段階的な配信と言えます。

別のサイトに訪問している人も将来のお客さん

リスティング広告は、同じドメインの同じページに再誘導するためだけのものではありません。例えばブランディングサイトを訪問したユーザーに、別ドメインのキャンペーンサイトへ誘導する広告を配信することもできます。Aに訪問し、Bに未訪のユーザーへBへ誘導する広告を配信、もちろんその逆も可能です。パートナー企業など、何かしら提携したサイトを訪問したユーザーをターゲットとすることで、さらに効果を上げることができます。この異なるドメイン間でのリマーケティングの配信は、ここ数年でより活発になってきている手法の1つです。

未訪問のサイトの広告が執拗に表示されることを快く思わないユーザーもいます。広告の表示回数を指定できるフリークエンシーキャップなどを設定して、モラルのある配信を心掛けることも重要です。

リピーターにもリマーケティングを活用する

ここまでは原則的に未購入者へ最初の購入を促す施策を紹介しましたが、さらに、購入済みのユーザーに向けて配信する手法もあります。「ユーザーにメルマガを読んでもらえない」と嘆かれる昨今では、リマーケティングがメルマガの役割を補完できます。例えばコスメや食品など1か月で使い切るような商材を扱っているのであれば、「120日以内に購入しているが、30日以内では購入していないユーザー」を対象に配信することで、再度の購入を促せるわけです。

ワンポイント

フリークエンシーキャップとは

狙いを定めたユーザーに広告を配信できるリマーケティングですが、ユーザーを広告で追いかけ過ぎて悪い印象をもたれてしまっては元も子もありません。そこで、フリークエンシーキャップを使ってみましょう。「日」「週」「月」の単位で、同一のユーザーに広告を何回表示するかを指定できます。キャンペーンの新規作成なら、179ページの手順にあるように、[広告掲載：広告のローテーション、フリークエンシーキャップ]→［フリークエンシーキャップ］→［編集］とクリックすると、右のような入力画面が表示されるので、表示回数を設定してみましょう。既存のキャンペーン（ディスプレイネットワーク）なら、[設定]タブをクリックすることで、同じように設定できます。

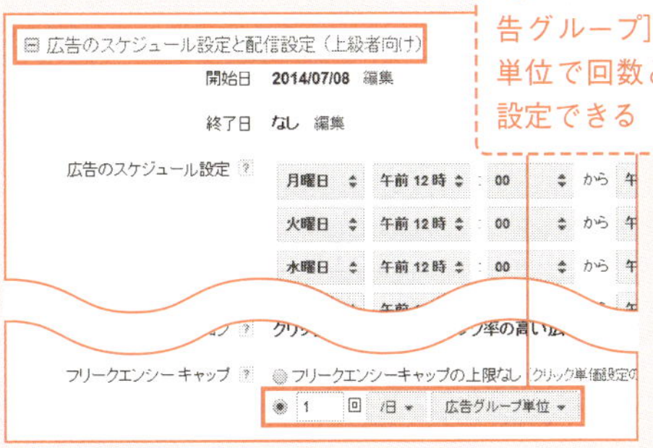

［キャンペーン］［広告グループ］［広告］単位で回数と期間を設定できる

Lesson 51

[コンテンツターゲット]

コンテンツターゲットでより多くのユーザーにアプローチしましょう

このレッスンのポイント

コンテンツターゲットを使えば、「毎日のレシピに悩んでいる人」や「お肌に悩みを抱えている人」など、特定のコンテンツを閲覧しているユーザーにピンポイントでアプローチできるようになります。コンテンツターゲットには独自の設定が必要になるため、「仕組み」を知り、正しい設定方法を身につけましょう。

コンテンツターゲットの仕組み

例えばあなたが中古車の買取りサイトを運営しているとして、「車を買い換えたい」「車を売りたい」と思っている人が見ているページに広告を表示できれば、高い成果が見込めますよね？　そこで有効なのが「コンテンツターゲット」と呼ばれる広告の配信方法です。広告主が設定したキーワードと関連性の高いコンテンツを掲載しているページに広告が表示される仕組みです。Googleディスプレイネットワーク広告を掲載しているすべてのページの内容を解析できる、Googleのテクノロジーならではの手法ですね。

▶コンテンツターゲットとは？

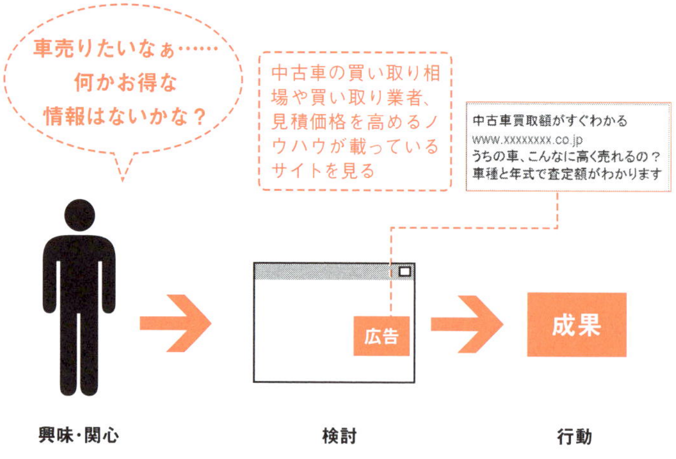
車売りたいなぁ……
何かお得な
情報はないかな？
中古車の買い取り相場や買い取り業者、見積価格を高めるノウハウが載っているサイトを見る
中古車買取額がすぐわかる
www.xxxxxxxx.co.jp
うちの車、こんなに高く売れるの？
車種と年式で査定額がわかります
広告
成果
興味・関心
検討
行動

「車を売りたい」と思いながらお得な情報を探している人に、「今の車がもっと高く売れるかも」と提案する。そういったアプローチが得意なのがコンテンツターゲットです。

コンテンツターゲットの始め方

Googleディスプレイネットワークの1つであるコンテンツターゲットも、検索連動型広告とは分けてキャンペーンを作るほうが管理がしやすくお勧めです。最初の入札価格は、検索連動型広告と比較してかなり低め（筆者の場合は10円や20円などから開始することが多いです）から設定しましょう。出稿後の表示回数やクリック数などを確認して、徐々に入札価格を引き上げては様子を見て、ということを繰り返して傾向をつかみながら運用していくといいでしょう。検索連動型広告と同じような価格で入札してしまうと、表示回数、クリック数が膨大になってしまい、一方で成果が上がらない、という状況になり、市場から撤退してしまうケースが非常に多く見られるので注意しましょう。

▶ コンテンツターゲットの設定方法

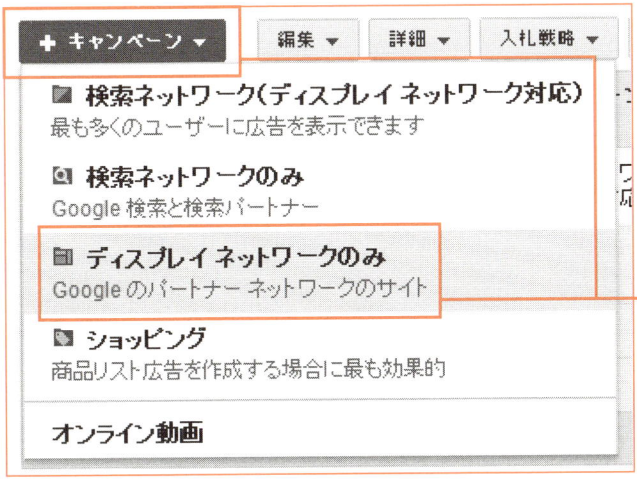

1 キャンペーンを新規に作成する

1 左側のメニューにある［すべてのキャンペーン］をクリックし、［キャンペーン］タブをクリックします。

2 ［+キャンペーン］-［ディスプレイネットワークのみ］をクリックします。

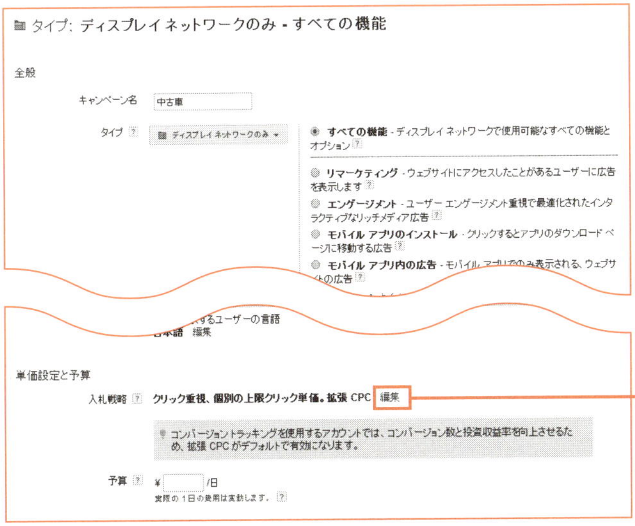

2 キャンペーンの必要事項を入力する

1 キャンペーンの作成に必要な項目を入力します。

2 ［単価設定と予算］の［入札戦略］の［クリック重視、個別の上限クリック単価。拡張CPC］にある［編集］をクリックします。

NEXT PAGE →

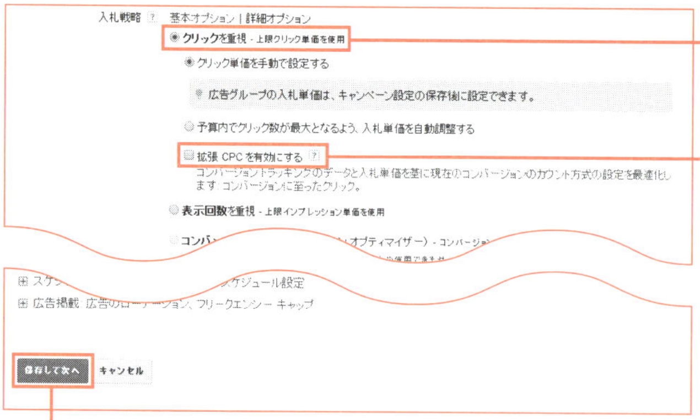

3 入札機能のオプションを設定する

1 ［詳細オプション］をクリックしてから、［クリックを重視］が選択されていることを確認します。コンバージョントラッキングが設定されている場合、初期設定では［拡張CPCを有効にする］にチェックマークがついているので、クリックして外します。

2 そのほかの設定を済ませたら［保存して次へ］をクリックします。

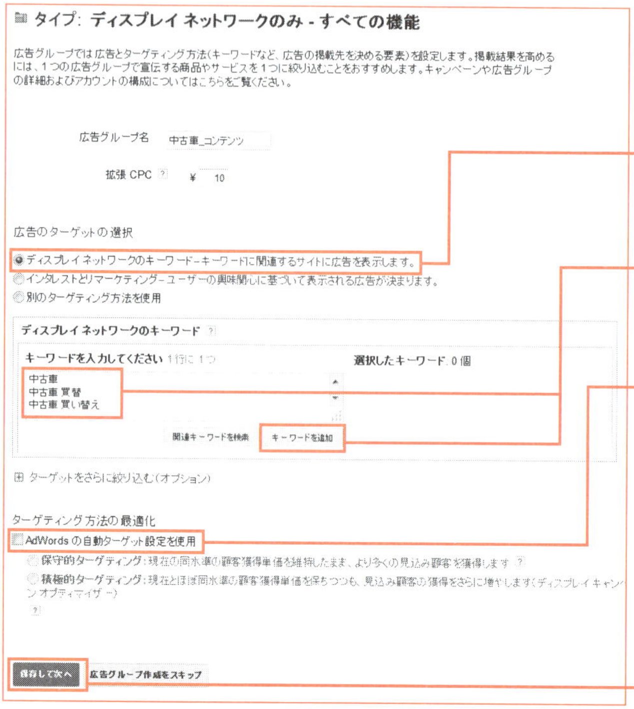

4 キーワードを登録する

1 ［ディスプレイネットワークのキーワード］を選択します。

2 広告を表示させたいキーワードを入力したら［キーワードを追加］をクリックしてキーワードを登録します。

3 ［AdWordsの自動ターゲット設定を使用］をクリックしてチェックマークを外します。

4 広告グループの作成に必要な項目を入力したら、［保存して次へ］をクリックします。

5 広告文などを作成して出稿します。

ワンポイント

拡張CPCって何？

拡張CPCとは、コンバージョントラッキングのデータをもとに、自動的に価値が高いと予測されるクリックの入札価格を上げ、価値が低いと予測されるクリックの入札価格を下げる機能のことです。この手順では拡張CPCを利用しない前提で説明しましたが、もし利用する場合はさらに抑え気味の入札価格で設定することをお勧めします。

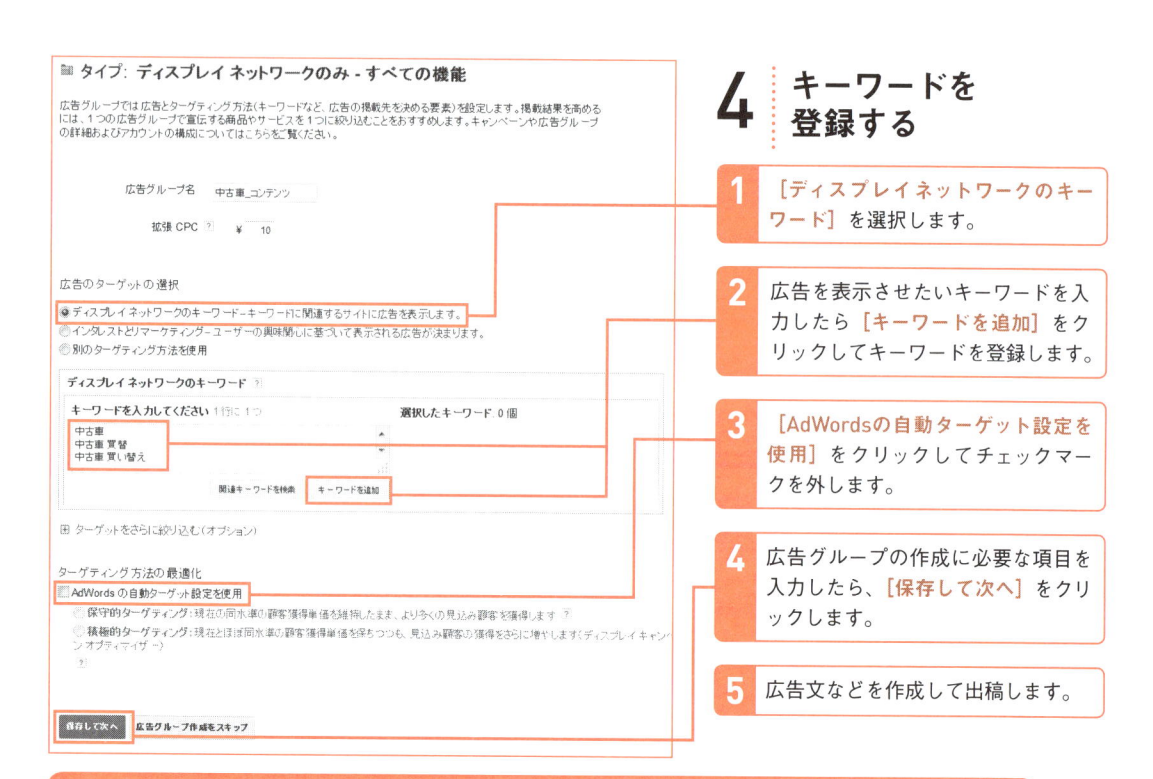

配信先を確認する

配信を開始すると、自分の意図とは異なるページに配信されてしまったり、クリックはされるものの成果が出ないページも出てくるので、必ず配信先を確認しましょう。成果が上がりにくい、関連性が低過ぎる配信先は除外設定にして、より精度を高めることができます。

▶ 除外設定をする

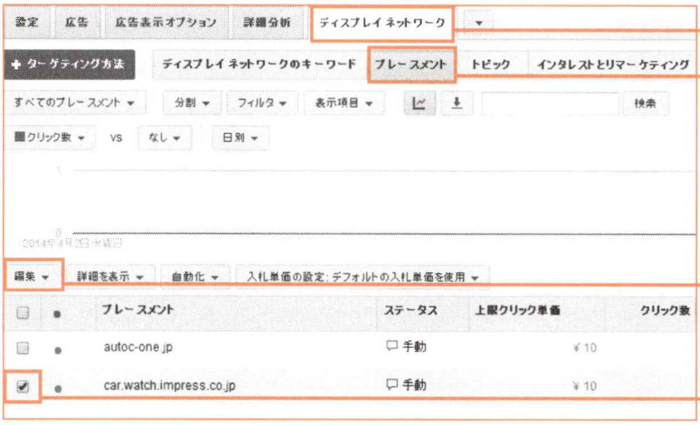

1 左側のメニューから対象となるディスプレイネットワークのキャンペーンをクリックします。

2 ［ディスプレイネットワーク］タブー［プレースメント］をクリックします。

3 除外したいプレースメント（サイト）にチェックマークをつけて、［編集］ー［除外（キャンペーン）］をクリックします。

検索連動型広告で除外キーワードの設定が不可欠だったように、コンテンツターゲットでも配信先の確認をしてメンテナンスをしましょう。

ワンポイント

コンテンツターゲットの発想の転換

コンテンツターゲットでさらに成果を上げるためには、発想の転換が不可欠です。前述の中古車の見積もりサイトであれば、車を買い換えようしている人や、車を売りたいと思っている人だけなく「車を所有している人」とターゲットを想定してみましょう。さらに多くの配信先を洗い出せるようになり、成果を上げる可能性を広げられます。コンテンツターゲットの最大のウリは、こういった発想から工夫を凝らすことができる点です。

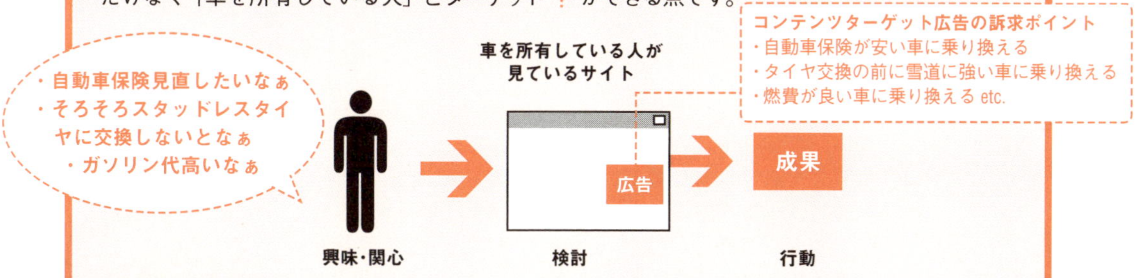

Lesson 52

［プレースメントターゲット］

プレースメントターゲットで特定のユーザーにアプローチしましょう

このレッスンのポイント

コンテンツターゲットのように多くの関連性のある配信先を洗い出す機能とは対照的に、プレースメントターゲットは、特定のサイトを訪れたユーザーにピンポイントでアプローチできる優れた広告配信手法です。プレースメントターゲットは「このサイトに広告を出したい」を叶えてくれます。

プレースメントターゲットの仕組み

コンテンツターゲットを利用していると、前述のように成果の上がりにくい配信先がある一方、成果が上がっている特定のサイトが見つかることがあります。そういったサイトの成果をよりコントロールして伸ばすためには、「プレースメントターゲット」を利用してみましょう。プレースメントターゲットは、広告主が指定した特定のURLに、個別にクリック単価を設定して広告を配信し続けることができる機能です。

▶ 成果の上がっているページはプレースメントターゲットにする

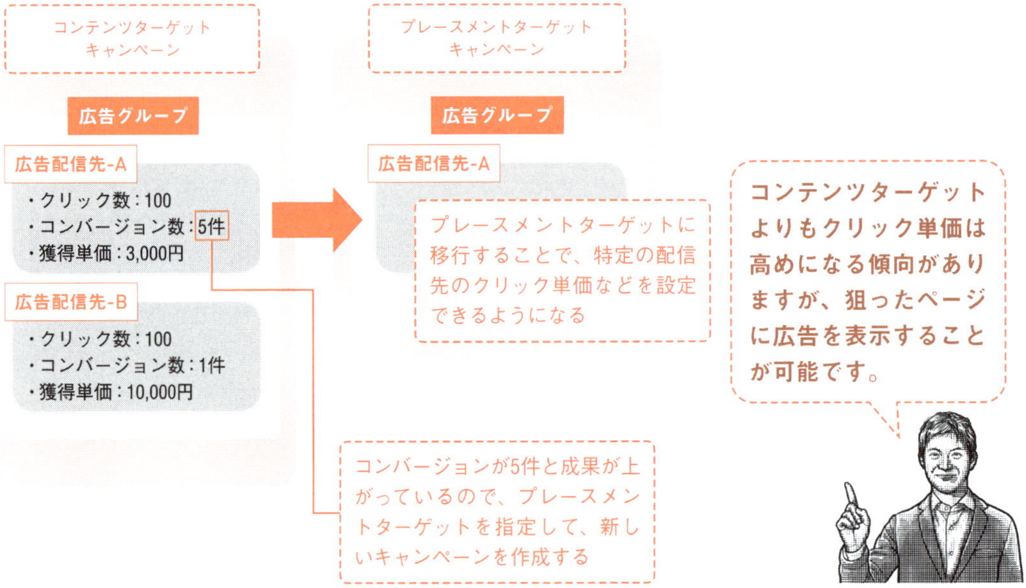
コンテンツターゲット
キャンペーン
広告グループ
広告配信先-A
・クリック数：100
・コンバージョン数：5件
・獲得単価：3,000円
広告配信先-B
・クリック数：100
・コンバージョン数：1件
・獲得単価：10,000円
プレースメントターゲット
キャンペーン
広告グループ
広告配信先-A
プレースメントターゲットに移行することで、特定の配信先のクリック単価などを設定できるようになる
コンバージョンが5件と成果が上がっているので、プレースメントターゲットを指定して、新しいキャンペーンを作成する
コンテンツターゲットよりもクリック単価は高めになる傾向がありますが、狙ったページに広告を表示することが可能です。

▶ プレースメントターゲットの設定方法

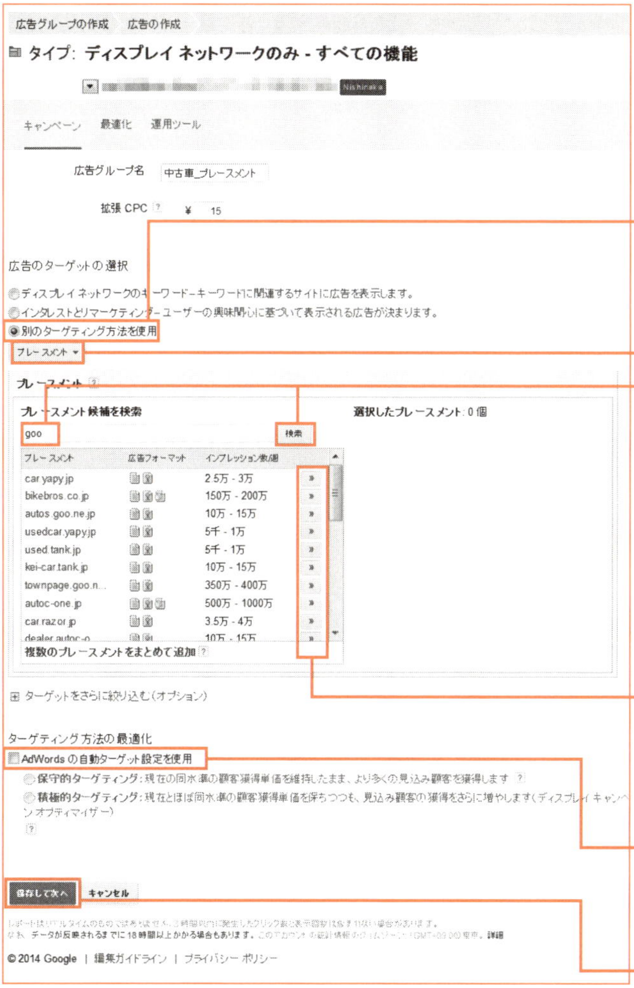

1 183〜184ページを参考にディスプレイネットワークのみの新規キャンペーンを作成し、広告グループの作成画面に進みます。

2 ［広告のターゲットの選択］にある［別のターゲティング方法を使用］にチェックマークをつけます。

3 ［ターゲティング方法を選択］をクリックして、［プレースメント］を選択します。

4 185ページの手順で成果が上がっていたサイトの［プレースメント］に表示されていた文字列を入力して（一部分の入力でも候補は表示されます）、［検索］をクリックします。

5 検索結果が表示されるので、プレースメントターゲットのキャンペーンに設定したいサイトの［>>］をクリックします。

6 ［AdWordsの自動ターゲット設定を使用］をクリックしてチェックマークを外します。

7 広告グループの作成に必要な項目を入力したら、［保存して次へ］をクリックします。

8 広告文などを作成して出稿します。

成果を生み続ける配信先や、何かしらの理由で広告を掲載したいサイトがあるのであればプレースメントターゲットをぜひ活用しましょう！

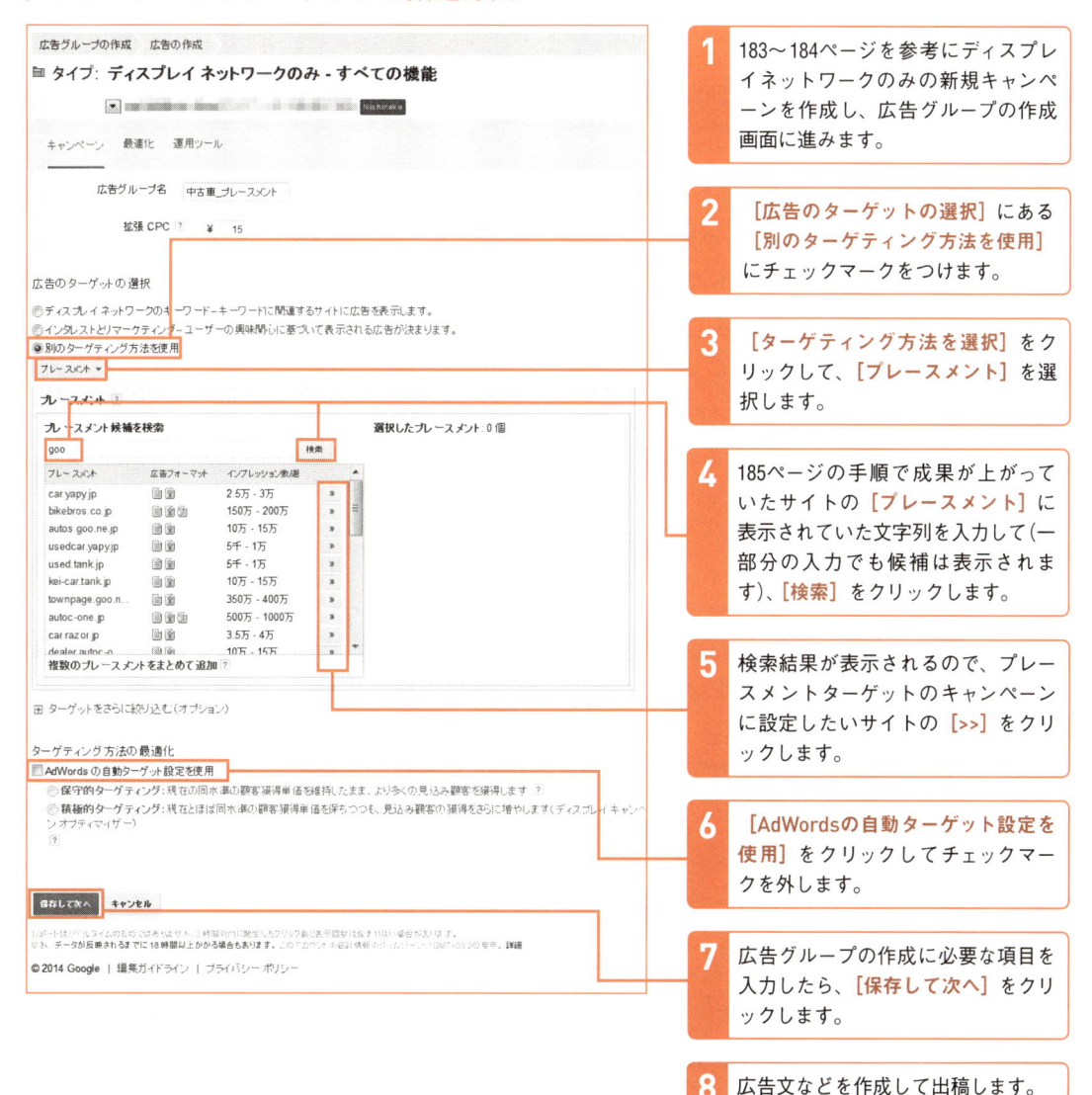

Lesson 53

［トピックターゲット］

トピックターゲットを使って幅広く面にアプローチしましょう

このレッスンのポイント

Googleが分類したカテゴリに対して広告を出稿できるトピックターゲットを利用すれば、Googleディスプレイネットワークを簡単に始めることができます。コンテンツターゲットやプレースメントターゲットを本格的に始める前に試してみたり、併用ツールとして利用してみたりするのがお勧めです。

トピックターゲットの仕組み

トピックターゲットは、コンテンツターゲットよりも広く出稿範囲を指定できる配信方法です。コンテンツターゲットほど明確なキーワードを見つけられない場合や、時間に余裕がない場合などに便利です。具体的には、Googleが定める「トピック」というジャンルを選ぶことで、それに適したコンテンツを掲載しているページに広告が表示されます。トピックには多くの種類があり、さらにサブトピックと呼ばれるいくつかの階層も設けられています。たとえば、トピックに「健康」を選ぶと、栄養など健康に関連したコンテンツを掲載しているサイトに広告が表示されます。さらに、「アレルギー」「ビタミン」など、より詳細なサブトピックも選択できます。

▶ トピックターゲットとは？

Googleディスプレイネットワーク
トピックを選ぶと関連したサイトに広告が掲載される
広告
自動車
健康
ショッピング
スポーツ
ニュース
ペット、動物
広告主
・健康食品を売りたい
[トピック]
トピック内にはさらにサブトピックと呼ばれるさらに詳細なジャンル分けが用意されている
ユーザー
・健康に関連した内容のサイトを閲覧している

トピックターゲットは、Google ディスプレイネットワークの中で選択したトピックに関連性があるコンテンツが掲載されているページに広告が表示されます。

▶ トピックターゲットの設定方法

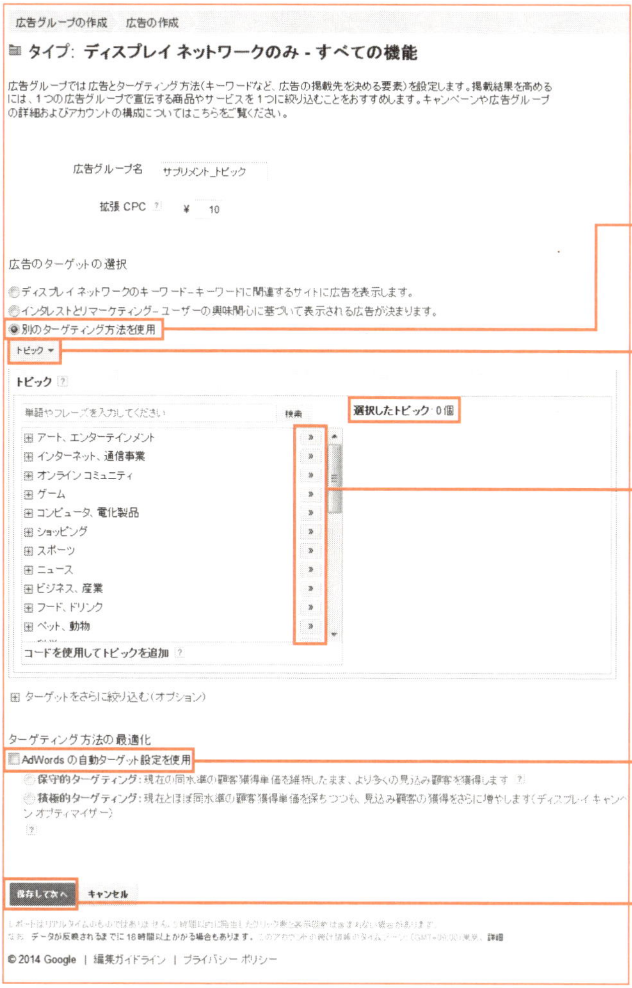

1 183～184ページを参考にディスプレイネットワークのみの新規キャンペーンを作成し、広告グループの作成画面に進みます。

2 ［広告のターゲットの選択］にある［別のターゲティング方法を使用］を選択します。

3 ［ターゲティング方法を選択］をクリックして、［トピック］を選択します。

4 トピックの一覧が表示されるので、ジャンルを選んで［>>］をクリックします。

トピックの［+］をクリックすることでサブトピックと呼ばれる詳細なジャンルに展開されるので、そこから選ぶこともできます。

5 ［AdWordsの自動ターゲット設定を使用］をクリックしてチェックマークを外します。

6 広告グループの作成に必要な項目を入力したら、［保存して次へ］をクリックします。

7 広告文などを作成して出稿します。

ワンポイント

コンテンツ／プレースメント／トピックをどう使いこなす？

トピックターゲットは設定を簡単に行えるため、リスティング広告を始めた当初は重宝される配信方法です。コンテンツターゲットと同様、入札価格は10円や20円など、できるだけ低めの設定から始め、広告の露出が少ないようであれば徐々に入札価格を引き上げるように運用するのがコツです。

トピックターゲットで成果が上がるようになってきたら、配信先などの状況を確認して、配信先を個別に設定できるコンテンツターゲットやプレースメントターゲットへと徐々に移行することをお勧めします。より細かな運用が可能になり、さらに成果を伸ばすことができるようになるでしょう。

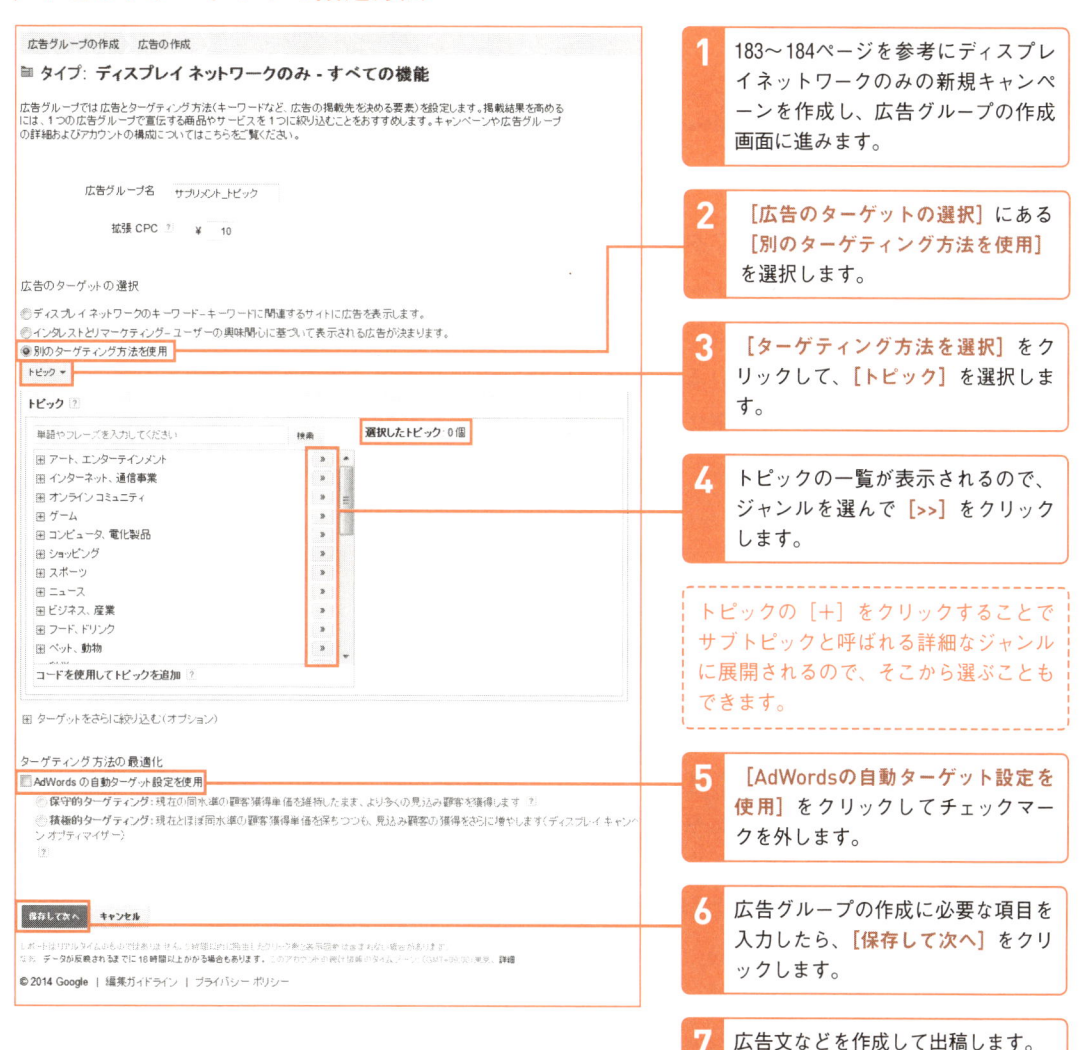

Lesson 54

[インタレストカテゴリ]

インタレストカテゴリを使って意識の強い人にアプローチしましょう

このレッスンのポイント

トピックターゲットがサイトをジャンル分けしていたのに対し、このインタレストカテゴリは人をジャンル分けして、ある一定の狙った層に広告を配信できる手法です。自社の商品やサービスに関心をもっているようなユーザーに、簡単に広告を配信したいと考えている広告主にお勧めです。

インタレストカテゴリの仕組み

日曜大工が趣味の人に工具の広告を、アウトドアが趣味の人にキャンプグッズやBBQグッズの広告を配信することができれば、クリックしてもらえる可能性は高まりますよね？ それを可能にするのが「インタレストカテゴリ」です。Googleは、ユーザーの年齢・性別などのデモグラフィックデータや訪問サイトの履歴から興味・関心を推測し、ユーザーを「インタレストカテゴリ」と呼ばれる単位で分類しています。広告主はそのインタレストカテゴリを選ぶことで、Googleは親和性の高い、興味・関心（インタレスト）が高そうなユーザーに広告を表示してくれるのです。

▶ インタレストカテゴリとは？

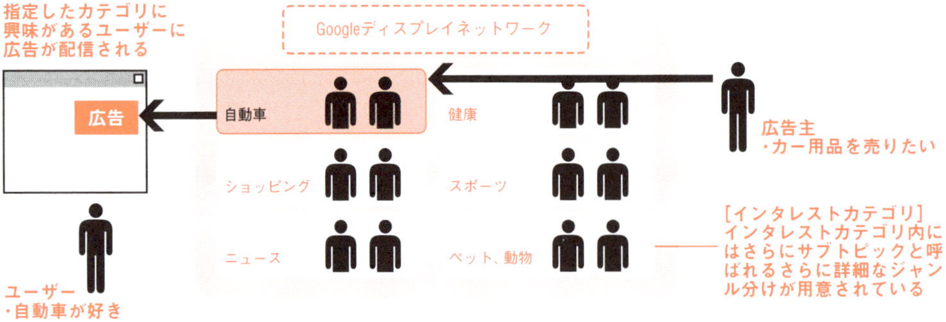

広告主は、どのような層のユーザーに対して広告を配信したいかを「インタレストカテゴリ」で指定することができます。

トピックターゲットとインタレストカテゴリの違い

ジャンルを選ぶということで、レッスン51で解説したトピックターゲットとインタレストカテゴリは似た印象を受けます。しかし、トピックターゲットが「広告とページとのマッチング」に注力しているのに対し、「広告と人とのマッチング」に注力しているのがインタレストカテゴリです。ただし、同じユーザーでも時間が経過するとインタレストカテゴリが変化する可能性があります。自転車に興味があった人が、その後バイクに興味の重心が移動して、表示されていた広告のジャンルが変化していくといった具合に、人の趣向の移り変わりに対応していくのがインタレストカテゴリです。

▶インタレストカテゴリの設定方法

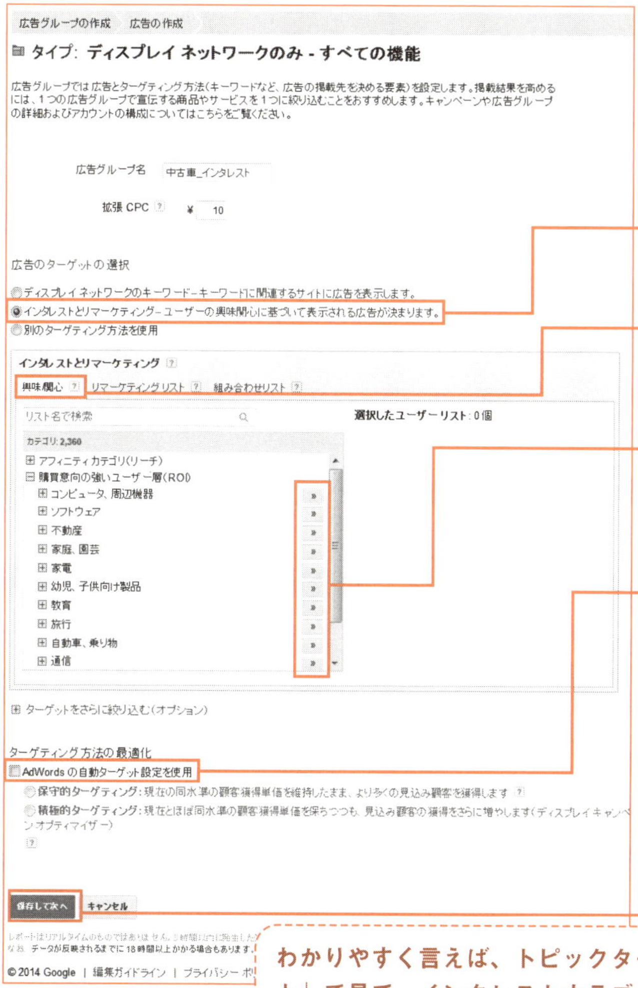

1 183〜184ページを参考にディスプレイネットワークのみの新規キャンペーンを作成し、広告グループの作成画面に進みます。

2 ［広告のターゲットの選択］にある［インタレストとリマーケティング］を選択します。

3 ［興味／関心］タブをクリックします。

4 カテゴリの一覧が表示されるので、［+］をクリックして詳細なカテゴリに展開しながらジャンルを選んで［>>］をクリックします。

5 ［AdWordsの自動ターゲット設定を使用］をクリックしてチェックマークを外します。

6 広告グループの作成に必要な項目を入力したら、［保存して次へ］をクリックします。

7 広告文などを作成して出稿します。

わかりやすく言えば、トピックターゲットは「サイト」で見て、インタレストカテゴリはサイトを閲覧している「人」にフォーカスしていると言えます。

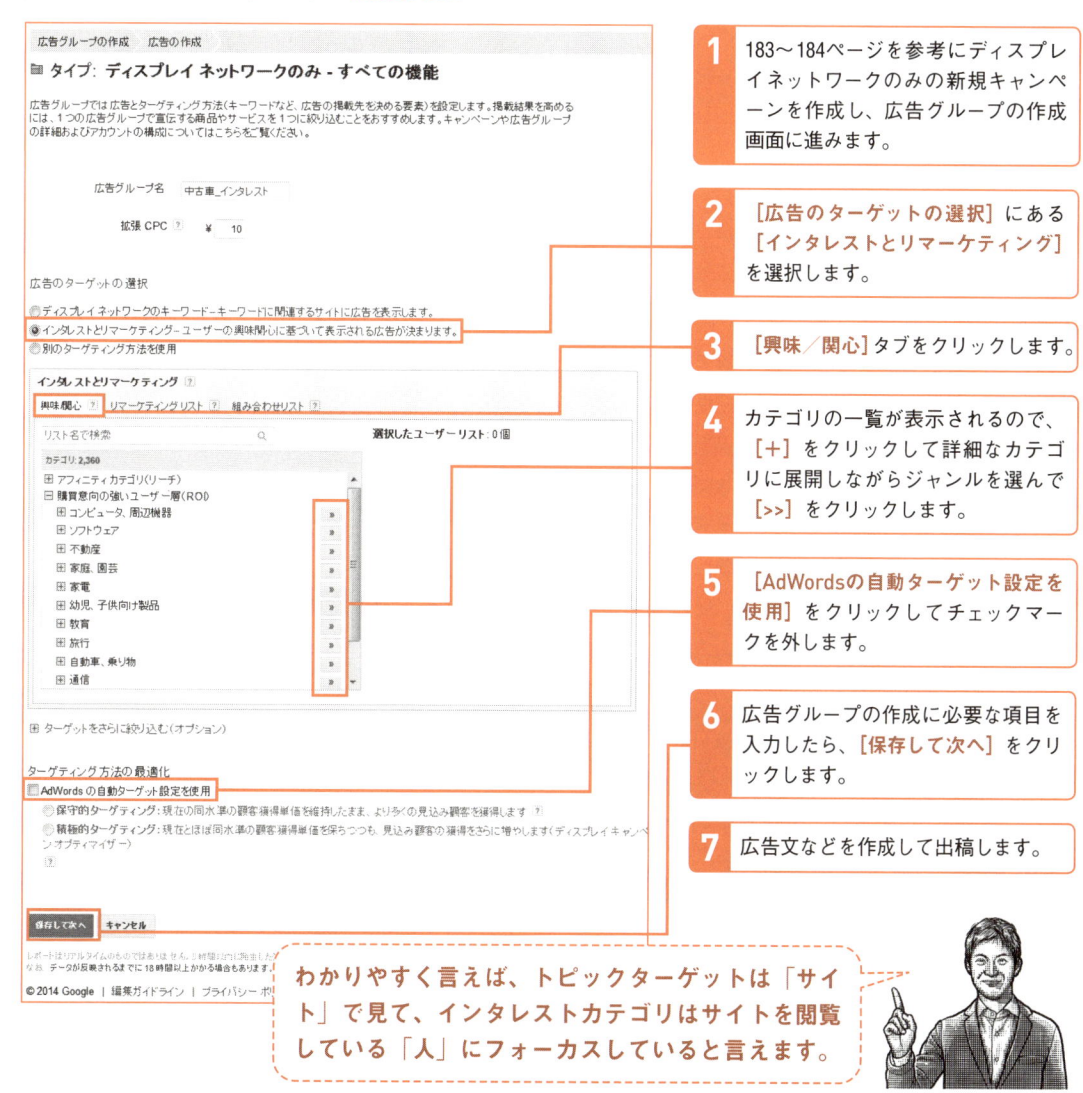

Lesson 55 ［類似ユーザー］類似ユーザーで似た行動をしているユーザーにアプローチしましょう

このレッスンのポイント

類似ユーザーを利用すれば、あなたのサイトで「すでにお客さんになっている人」と似た行動をしている人々に広告を届けることができるようになります。類似ユーザーこそ、Googleアドワーズのテクノロジーの結集と言えるでしょう。こちらも、自社のサービスに関心をもっているようなユーザーに手軽に広告を配信することができます。

類似ユーザーの仕組み

類似ユーザーとは、既存のリマーケティングリストをもとに、Googleがそのリスト内のユーザーと共通の関心事や、特長がよく似ている人を洗い出して、彼らに対して広告を配信する機能です。例えば中古車関連のサイトを運営していて、サイトでプリウスを購入したユーザーのリストがあるとします。このリスト内のユーザーはプリウスを購入する前に「アクア」や「インサイト」に関するサイトを閲覧していたケースが多い、などといった点に注目し、インターネットの利用状況が、これに類似しているほかのユーザーを探し出して広告を配信します。類似ユーザーは、リマーケティングリストに載っているユーザーが、リストに追加される前に閲覧していたトピックやコンセプトの情報もデータとして利用しています。さらに、もとになるリマーケティングリストに載っている人は自動的に除外されるので、今までサイトに訪問したことのない、新たな「将来のお客さん」を見つけられるのです。

▶ Googleアドワーズの類似ユーザー

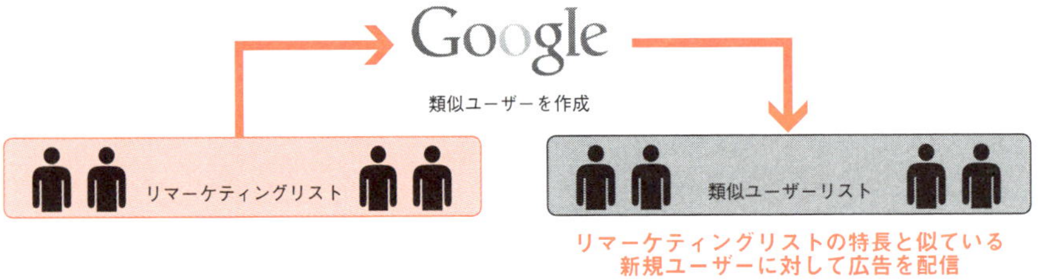

新規ユーザー獲得の際などに、非常に有効な配信手法です。

▶類似ユーザーの設定方法

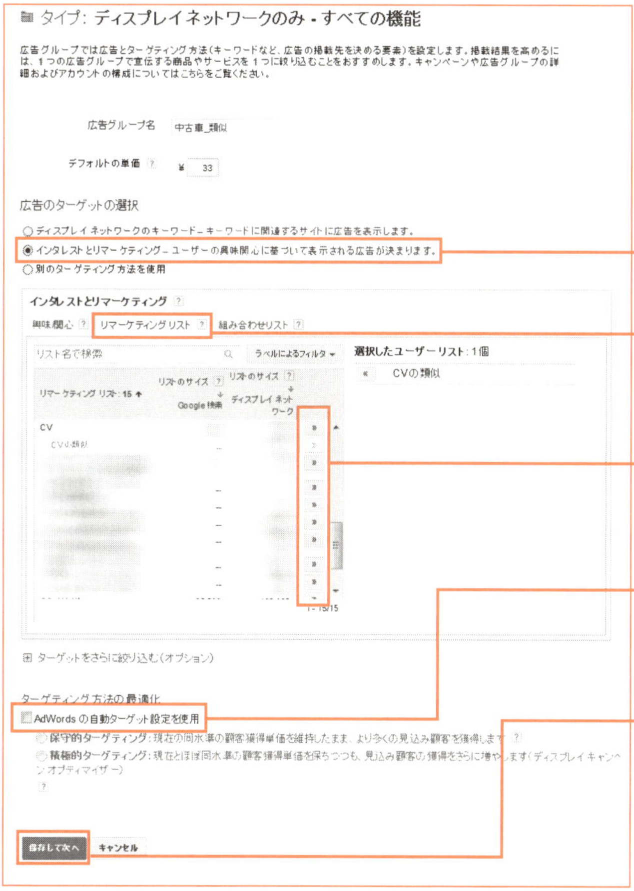

1 183〜184ページを参考にディスプレイネットワークのみの新規キャンペーンを作成し、広告グループの作成画面に進みます。

2 **[広告のターゲットの選択]** にある **[インタレストとリマーケティング]** を選択します。

3 **[リマーケティングリスト]** タブをクリックします。

4 リマーケティングリストの一覧が表示されるので、リストを選んで **[>>]** をクリックします。

5 **[AdWordsの自動ターゲット設定を使用]** をクリックしてチェックマークを外します。

6 広告グループの作成に必要な項目を入力したら、**[保存して次へ]** をクリックします。

7 広告文などを作成して出稿します。

類似ユーザーのリストには、500件以上のCookieが蓄積されていて、リマーケティングリスト内から共通の特長や関心事が十分に認められる「将来のお客さん」を自動的に割り出してリスト化し、広告を配信します。

ワンポイント

「購入してくれた人」に似た人に配信する

お勧めの類似ユーザー配信手法は、176ページの手順にも登場しましたが、すでに発行されているコンバージョンタグをコンバージョンリストとして定義していれば出現するようになる、コンバージョンにたどり着いた類似ユーザーへの配信です。すでにコンバージョンにたどり着いたユーザーと共通の関心事や特長がよく似ているユーザーへ広告を配信することで、さらに成果を出せるようになるでしょう。

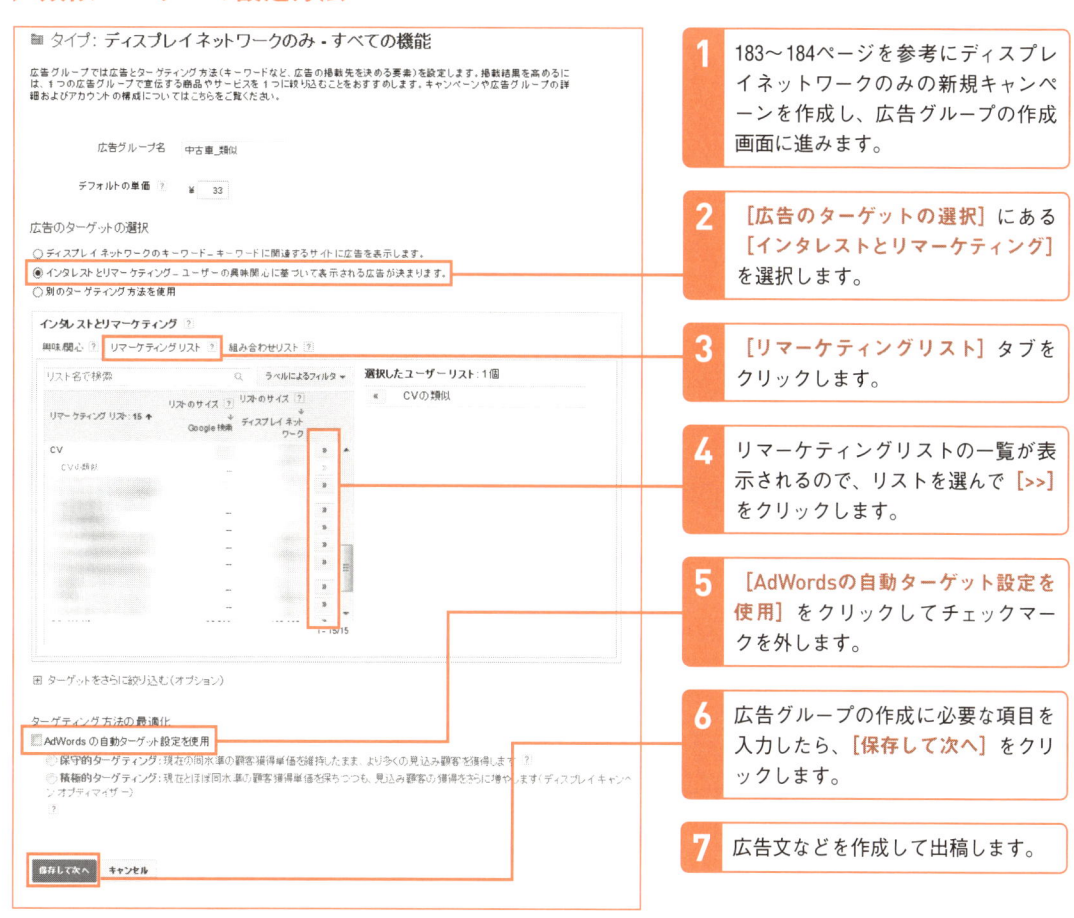

質疑応答

ECサイト担当者

Q コンテンツ向け広告の成功の秘訣を教えてください

A

ユーザーが興味を抱いているものをタイミングよく表示することができる広告、それこそがコンテンツ向け広告の醍醐味です。ただ、このコンテンツ向け広告でより大きな成果を上げ続けるためには、興味を抱いたタイミングで広告を表示させるだけでは不十分です。大きな成果のためには提案型の配信を行う必要がありますし、それを実現させるためには徹底的な仮説を立てる必要があります。

例え話で恐縮ですが、筆者は20代の頃に「テレビを見ない」という生活を3年間続けたことがあります。結果的に書籍やPCから得られる情報だけでも十分生活でき、自身が得たい知識を詰め込むには有意義な時間だったと思います。ただし、「人間的におもしろい人間であったか？」と思い返すと、やや疑問符が浮かびます。書籍やPCは自分の得たい情報だけを得るには非常に有効な手段である一方で、テレビで得られるような「こんな情報もあるのか!?」といった驚きのようなものはほぼ皆無です。

こういった驚きや発見をユーザーに与えるものこそが、コンテンツ向け広告の醍醐味なのです。ユーザーが潜在的に抱えている悩みや問題を徹底的に考え、掘り起こして配信する。それがコンテンツ向け広告成功の秘訣です。

Chapter

9

自社のデータをリスティング施策に活かそう

リスティング広告を実践する人は、普段から当たり前のように「データ」を使っています。この章では自社のデータの活用に注目することで、リスティング施策をさらに強力な武器とする方法をご紹介します。

Lesson 56

[自社データの重要性]

自社のデータには次の施策のヒントが凝縮されていることを知りましょう

このレッスンのポイント

リスティング広告は、戦略を考えることから出稿してチェック＆アクションを繰り返すまで、常に「データ」に触れており、データが重要な役割を担っています。そして近年、広告のデータだけでなく自社のデータも積極的に使う企業が増加しています。実際、自社のデータの上手な活用により、リスティング広告はさらに強力な武器になります。ここではまず、自社データの重要性をお伝えします。

お客さんの気持ちや悩みは自社データの中にある

ここまで本書を読み進めてきた方なら、自社のお客さんがどんな気持ち・悩みをもっているかをほかの誰よりもつかみたいと思っているはず。その手掛かり、実は自社データ（広告を含めた自社サイトに訪問するお客さんのデータ）の中にもギュッと詰まっています。例えば、お客さんの「今の気持ち」が反映されるキーワード。その気持ちの強さは、自社のデータから読み取ることができます。それだけではありません。広告やランディングページがお客さんの心を動かす伝え方になっているか、新規のお客さんはもちろんリピーターにもご愛顧いただいているか？ なども、自社のデータが示してくれています。自社のデータは見方さえつかめれば、お客さんを洞察するためのヒントの宝庫と言えるでしょう。

▶ お客さんの声が詰まっている自社データ

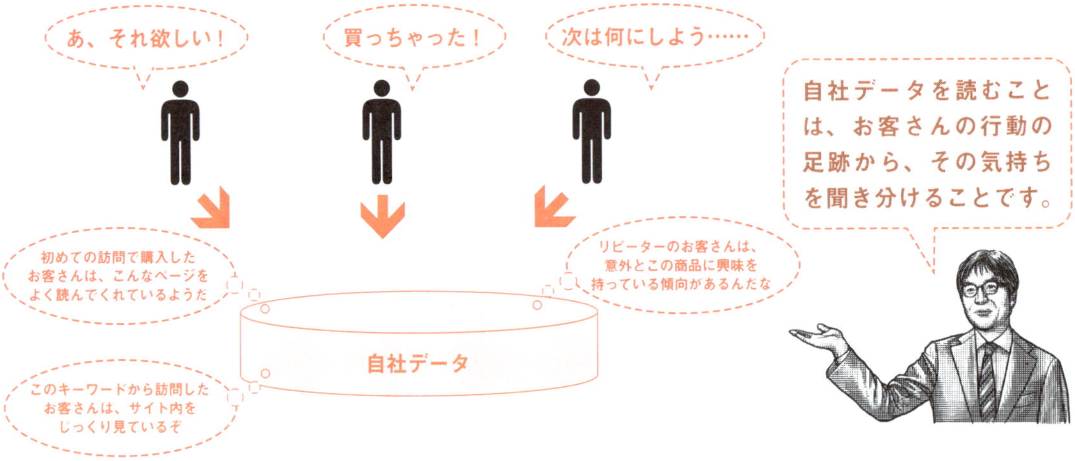
あ、それ欲しい！
買っちゃった！
次は何にしよう……
自社データを読むことは、お客さんの行動の足跡から、その気持ちを聞き分けることです。
初めての訪問で購入したお客さんは、こんなページをよく読んでくれているようだ
リピーターのお客さんは、意外とこの商品に興味を持っている傾向があるんだな
自社データ
このキーワードから訪問したお客さんは、サイト内をじっくり見ているぞ

自社データを管理、活用するという視点をもつ

そんなヒントが詰まっている自社のデータをリスティング広告の施策に活かさない手はありません。ただ、データを活用するには、データを正しく管理する視点が必要になってきます。難しいことではありません。自社データのリスティング施策の活かし方は、シンプルに以下の3ステップのイメージです。まず、そもそものデータを活用できる形にして蓄積しておきます。次に、データを確認してお客さんの気持ちや悩みの洞察を得ます。そして、得られた洞察からリスティングの施策を実行する、です。また、施策を実行して終わりではなく、施策の結果を確認して、さらに改善した施策を行っていくチェック&アクションが大切になります。

▶自社データをリスティング施策に活かす3ステップ

ステップ1［準備］
データを蓄積・管理する

→

ステップ2［確認］
データから洞察を得る

→

ステップ3［実行］
施策を実行する

繰り返す

洞察はアクションを見据えて行うこと。いい分析も、施策を実行に移せなければ価値が半減してしまいます。

無料のGoogleアナリティクスをデータ管理に使う

これら自社のデータを管理するプラットフォームに、Googleアナリティクスが活用できます。無料のアクセス解析ツールとして知られるGoogleアナリティクスを導入済みの企業も多いのではないでしょうか。Googleアナリティクスはログ分析にとどまらず、自社データを管理するプラットフォームとしても活用できます。何より、Googleアドワーズを提供するGoogleのサービスであることから、自社データを活用してリスティング広告をより強力に使うための機能が備わっています。この章ではGoogleアナリティクスをデータ管理のプラットフォームと位置づけ、自社のデータをリスティング広告の施策に活かす方法を紹介していきます。

▶Googleアナリティクスで集めたデータを広告に活かせる

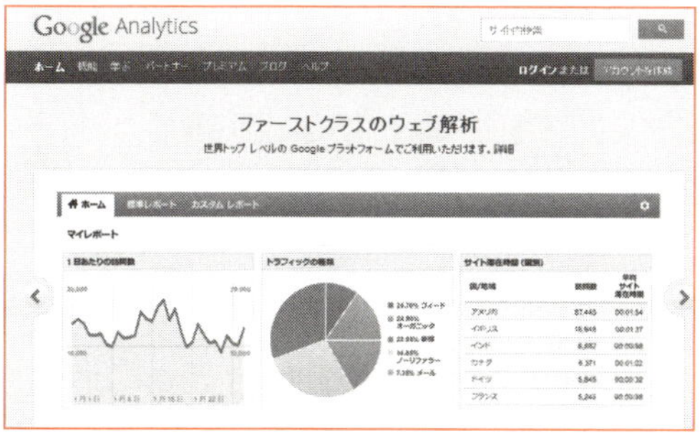

▶Googleアナリティクス
http://www.google.co.jp/intl/ja/analytics/

▶スタートガイド
https://support.google.com/analytics/answer/1008015?hl=ja

多機能のGoogleアナリティクスは無料です。ぜひ使ってみましょう。

Googleアナリティクスに申し込んで使えるようにする

サイトを所有している上場企業の半数以上がGoogleアナリティクスを利用していると言われており、現状いちばんポピュラーなアクセス解析ツールです。Googleのテクノロジーにもとづいた、非常に細かなところまで解析されたデータを無料で利用できるのは驚きですね。ここではGoogleアナリティクスのアカウントから、トラッキングコードを取得するところまでの流れをご紹介します。なお本書執筆時でGoogleアナリティクスに申し込むと、「ユニバーサルアナリティクス」と呼ばれる新しいバージョンを使うことになるので、ここでもそれを前提として解説していきます。

▶ Googleアナリティクスに申し込む流れ

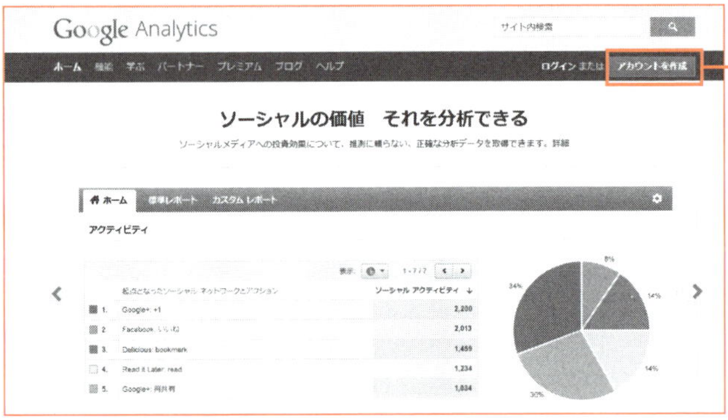

1 アカウントの作成を開始する

1 Googleアナリティクスのページ（http://www.google.com/intl/ja_jp/analytics/）を表示します。

2 ［アカウントを作成］をクリックします。

2 Googleにログインする

61ページで取得したGoogleアカウントを使ってログインします。

1 メールアドレスとパスワードを入力します。

2 ［ログイン］をクリックします。

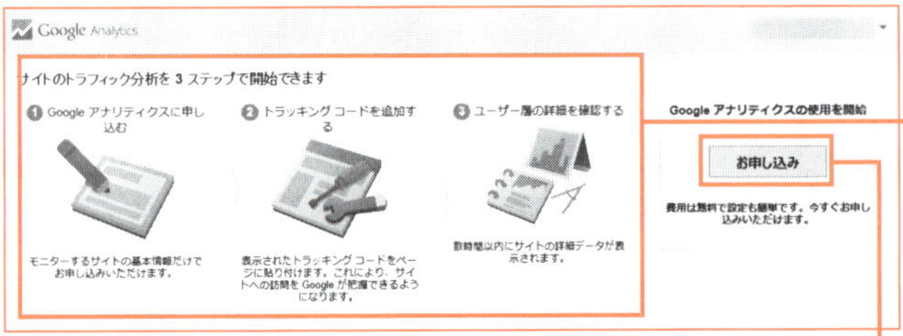

3 申し込み画面を表示する

アナリティクスを利用する流れが説明されています。

1 ［お申し込み］をクリックします。

※Googleアナリティクスは、画面のデザインや項目名がしばしば変更されます。ここで紹介している手順と実際が異なる可能性がありますが、行う作業の大筋は変わらないので、この手順を参考にして取り組んでみてください。

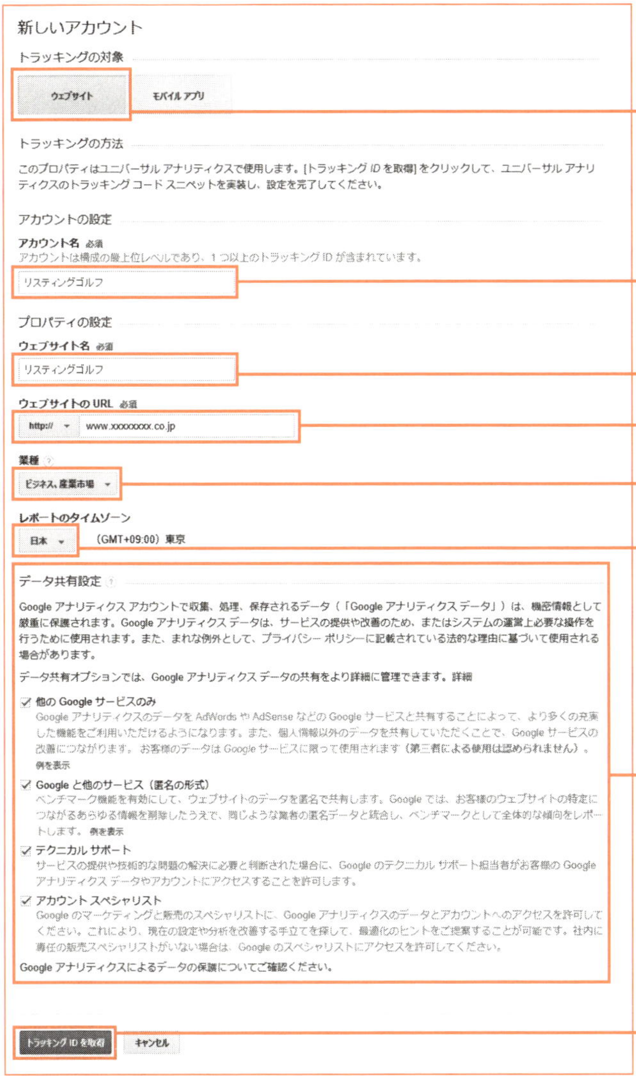

4 必要事項を入力する

1 サイトのアクセスを解析するので[ウェブサイト]をクリックします。

2 アナリティクスのアカウントの名前です。サイト名やプロジェクト名など判別しやすいものをつけます。

3 サイト名を入力します。

4 サイトのURLを入力します。

5 近い業種を選択します。

6 選択した国、地域のタイムゾーンがレポートの日付のベースとなります。[日本]を選択します。

[データ共有設定]は、初期状態ではすべてにチェックマークがついています。自社の方針に適さないものがあったら、クリックしてチェックマークを外します。

7 [トラッキングIDを取得]をクリックします。

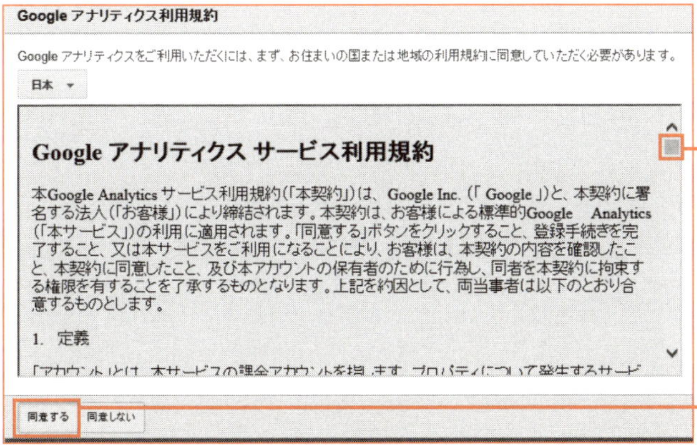

5 利用規約を確認する

[Googleアナリティクス利用規約]が表示されます。

1 スクロールして内容を確認します。

2 [同意する]をクリックします。

NEXT PAGE

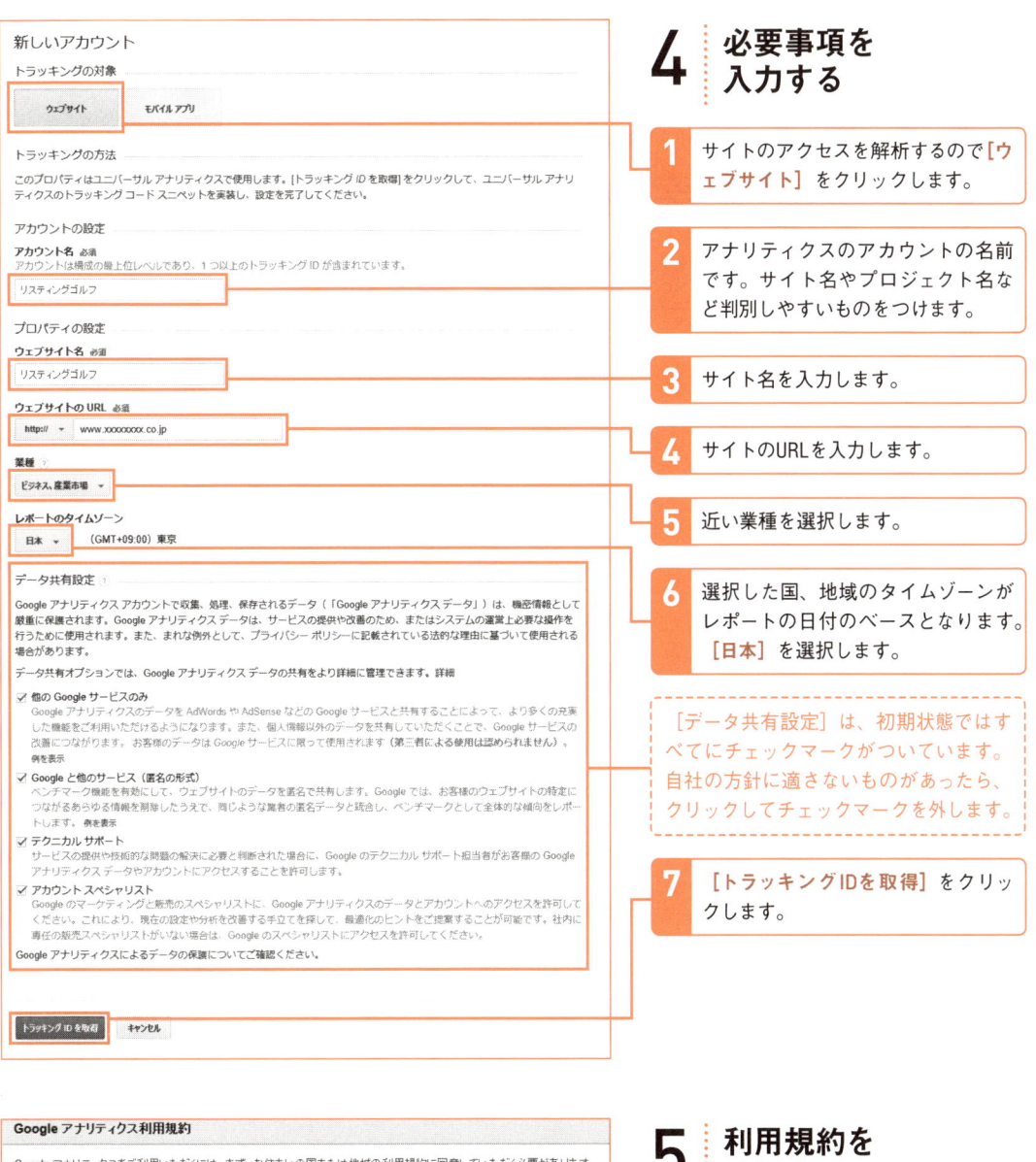

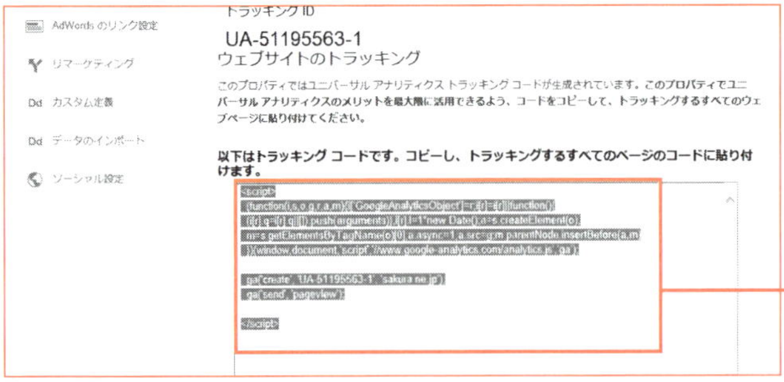

6 トラッキングコードを貼りつける

トラッキングコードが表示されます。

1 コードをすべて選択してコピーして、サイト内のすべてのページの</head>タグの直前にコードを貼りつけます。

205ページで掲載しているトラッキングコードに書き換えてから貼りつけてもかまいません。ただしその際は、レッスン57の内容を必ず行うようにしてください。

7 メイン画面を確認する

解析結果は［レポート］をクリックすることで確認できます。

左側のメインメニューで選択したものにあわせて、解析結果が表示されます。

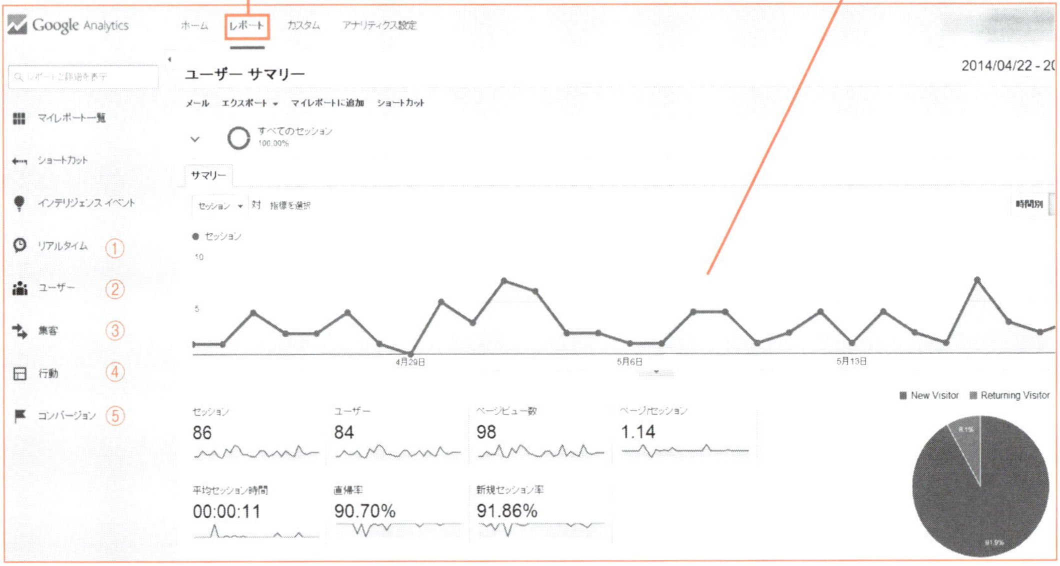

①サイトに訪問している人の状況がリアルタイムに更新されます。

②訪問した人が新規か再訪か、使用している端末は何か、どんな言語を使い、どんな地域からアクセスしているのかなどがわかります。

③どんなキーワードで検索したのか、クリックしたのは自然検索か、広告か、どんなキャンペーンからアクセスしたのかなどがわかります。

④訪問した人がサイト内のどのページにアクセスして、どのページに移動したのか、どのページで離脱したのかなどがわかります。

⑤Googleアナリティクスで目標やeコマースを設定した場合に、その成果を確認できます。

本書執筆時でGoogleアナリティクスに申し込むと、「ユニバーサルアナリティクス」を利用することになります。主だった項目の意味はレッスン59で紹介しています。

Lesson 57

[ステップ1 準備編]

有効なヒントを蓄積できるように準備しましょう

このレッスンのポイント

レッスン56でGoogleアナリティクスを使って自社データを管理し、リスティング施策に活用していこうとお伝えしました。それを実現するためにはいくつかの簡単な準備が必要です。ここでは準備の手順を紹介します。Googleアドワーズとアナリティクスのリンク、パラメータの付与、トラッキングコードの変更などをわかりやすく説明していきます。

Googleアドワーズとアナリティクスをリンクする

まず、GoogleアドワーズとGoogleアナリティクスのリンクを行います。これによりアドワーズとアナリティクス間でデータが共有できるようになります。自社データをリスティング施策に活かす最初のステップです。リンクには「アドワーズのアカウントの管理者権限」と「アナリティクスのプロパティレベルの編集権限」の2つをもったGoogleアカウントのメールアドレスが必要です。アカウントの情報がわからない場合はチーム内や外注先に聞いてみましょう。

▶ Googleアナリティクスとアドワーズを関連づける

1 リンクの設定画面を表示する

Googleアナリティクスにログインしておきます。

1 [アナリティクス設定] をクリックします。

2 [AdWordsのリンク設定] をクリックします。

3 [リンク済みAdWordsアカウントの選択] でアドワーズのアカウントを選択します。

4 [続行] をクリックします。

NEXT PAGE →

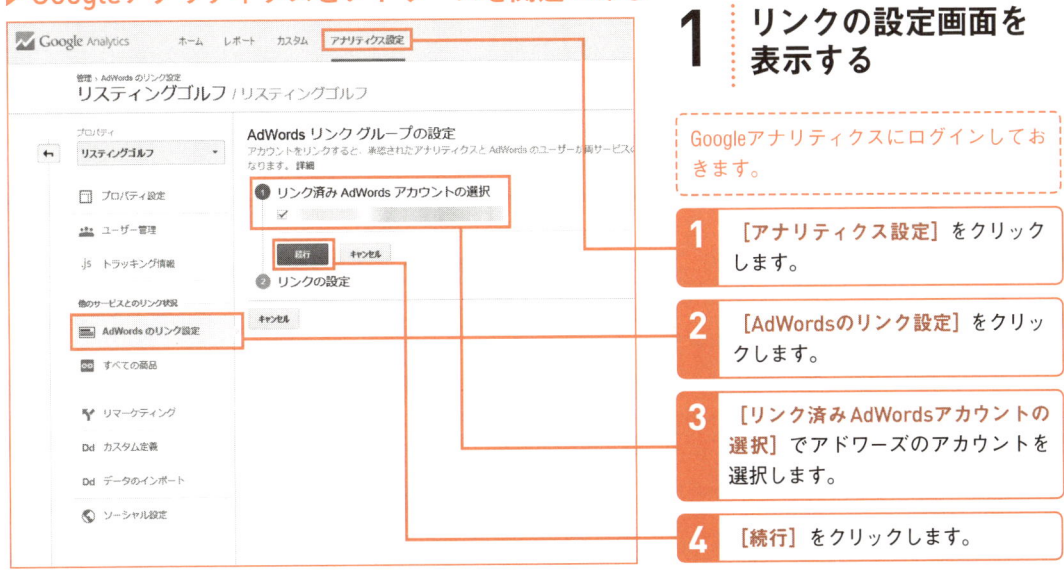

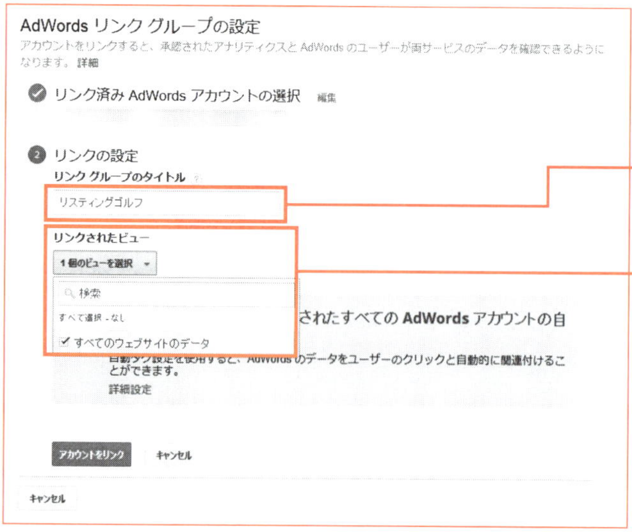

2 リンクグループに名前をつける

1 ［リンクグループのタイトル］に任意の名前を入力します。

2 ［リンクされたビュー］をクリックして［すべてのウェブサイトのデータ］にチェックマークをつけます。

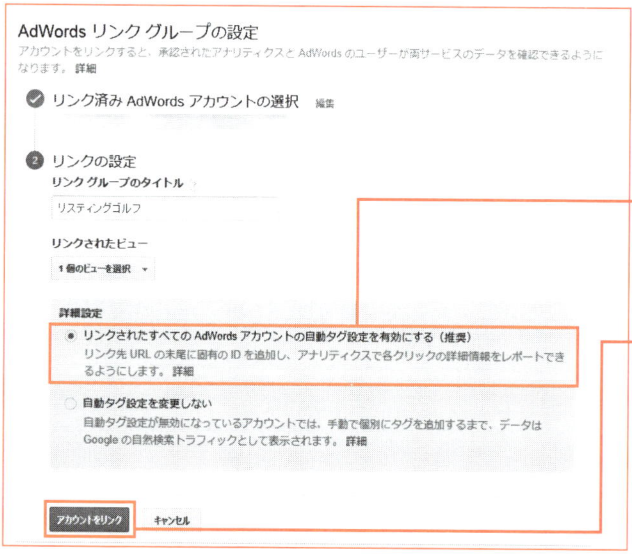

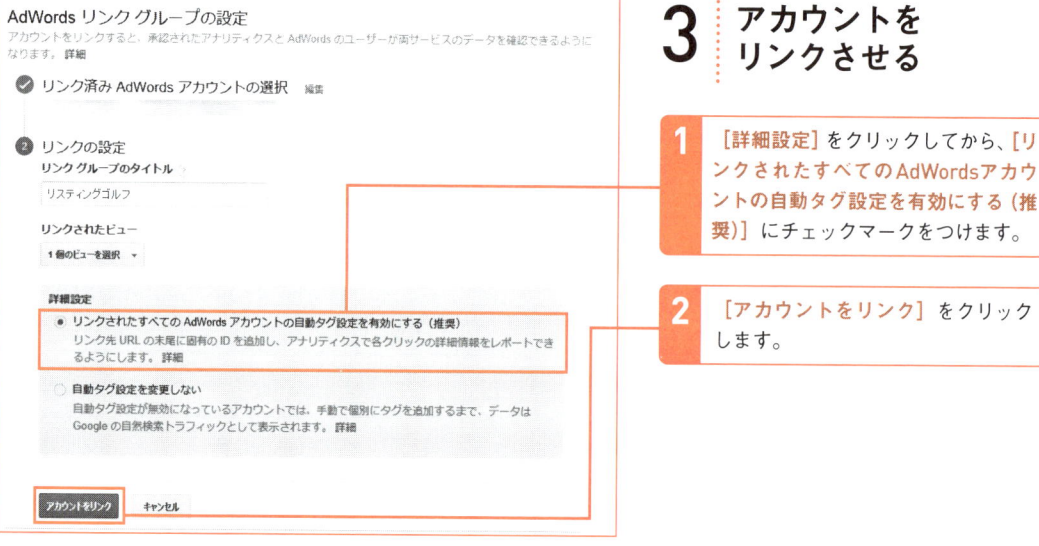

3 アカウントをリンクさせる

1 ［詳細設定］をクリックしてから、［リンクされたすべてのAdWordsアカウントの自動タグ設定を有効にする（推奨）］にチェックマークをつけます。

2 ［アカウントをリンク］をクリックします。

Google アナリティクスと Google アドワーズのリンクはこれで完了です。簡単ですよね？ では、もう少し先に進めます。

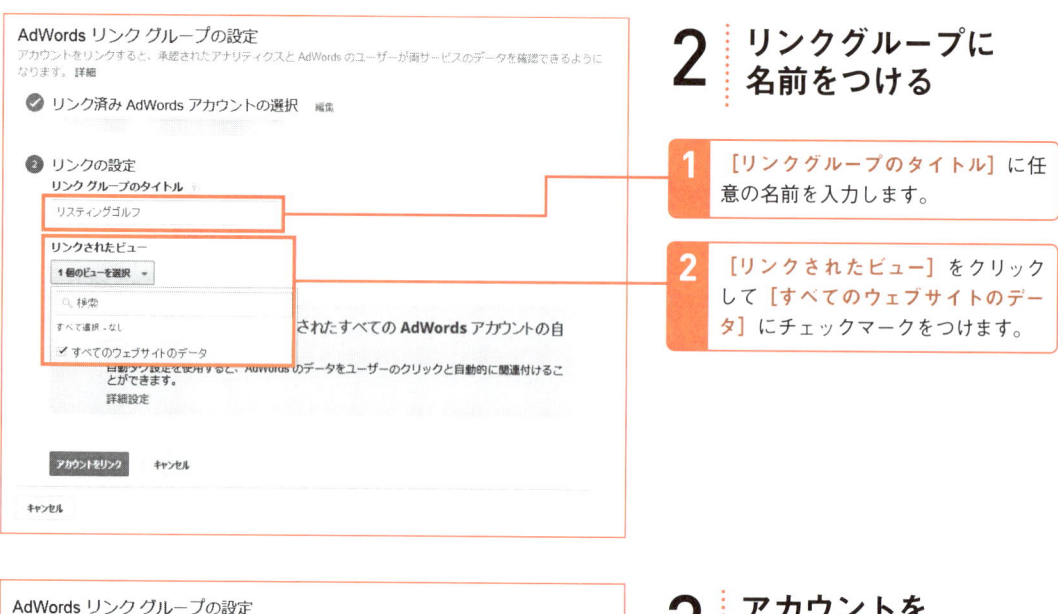

Googleアナリティクスのデータをインポートする

リンクが終わったら、Googleアナリティクスのデータをアドワーズにインポートしておきましょう。これにより、新規訪問の割合や直帰率などのアナリティクスの指標がアドワーズの管理画面から確認できるようになり、役立ちます。どう役立つかは、レッスン58から説明します。

▶Googleアナリティクスのデータをアドワーズで確認できるようにする

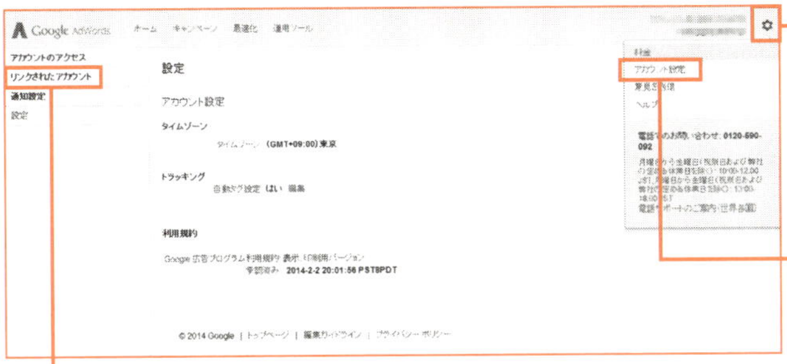

1 リンクされたアカウントを表示する

1 Googleアドワーズの管理画面を表示して、歯車をクリックして、[アカウント設定]をクリックします。

2 [リンクされたアカウント]をクリックします。

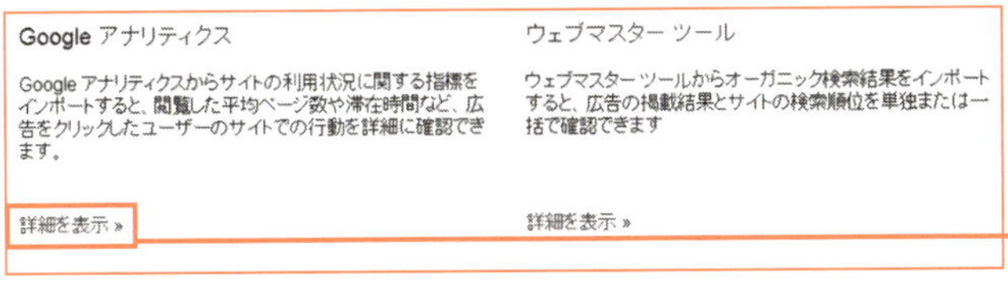

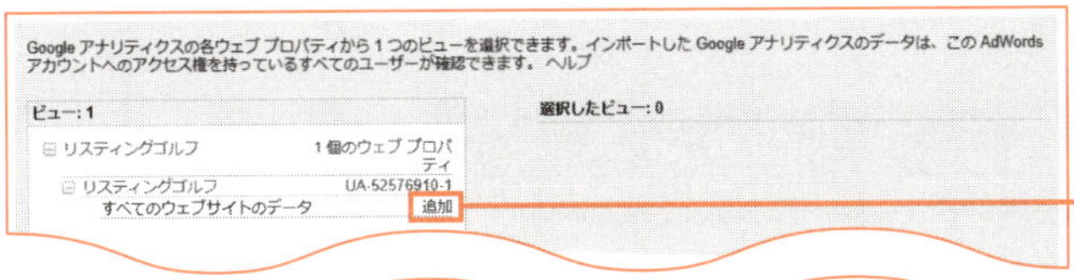

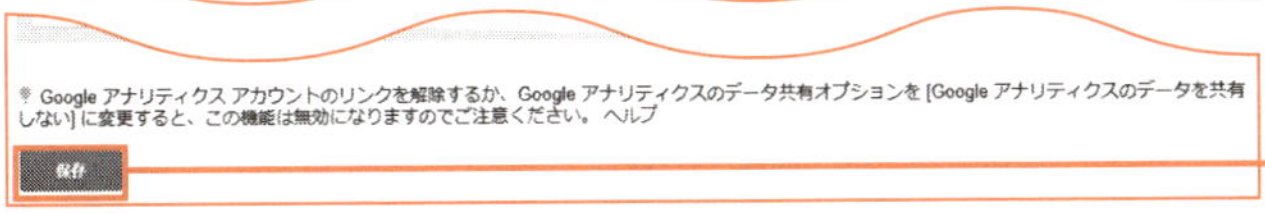

2 リンクされたアカウントを選択する

1 [詳細を表示]をクリックします。

2 [ビュー]に表示されている項目の[+]をクリックして内容を展開し、[すべてのウェブサイトのデータ]が表示されたら[追加]をクリックします。

3 [保存]をクリックします。

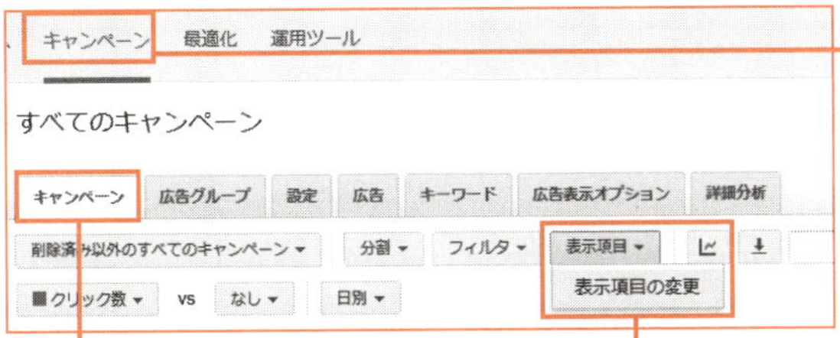

3 表示項目を変更できるようにする

1 [キャンペーン]をクリックします。

2 [キャンペーン]タブをクリックします。

3 [表示項目]-[表示項目の変更]をクリックします。

NEXT PAGE →

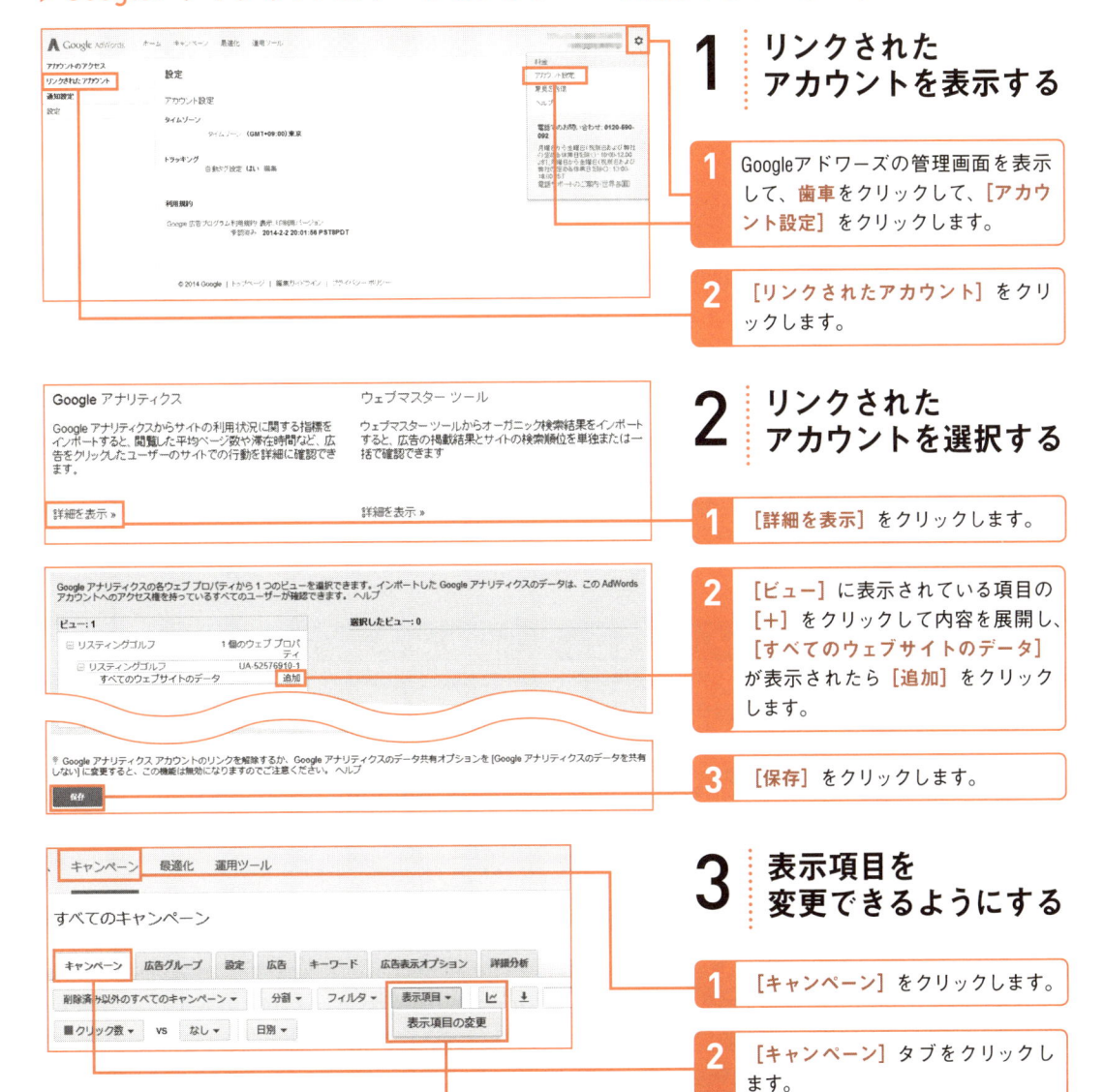

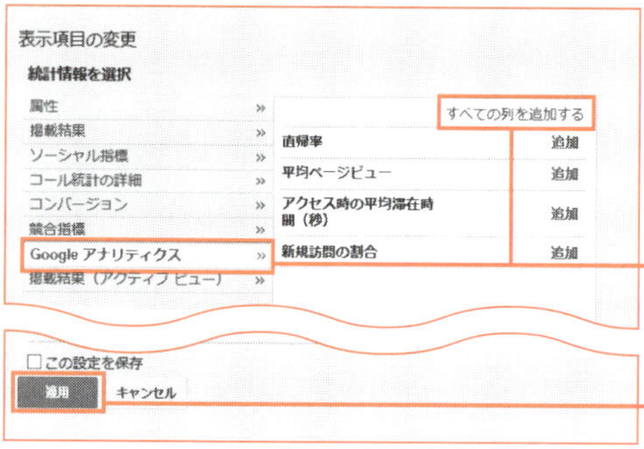

4 レポートにアナリティクスの項目を反映させる

1 [Googleアナリティクス] をクリックして [すべての列を追加する] をクリックします。

2 [適用] をクリックすると、表示項目にGoogleアナリティクスの情報が表示されるようになります。

ワンポイント

Yahoo!プロモーション広告用のパラメータを付与する

忘れてはならないのが、Yahoo!プロモーション広告の計測です。何もしないままだと、Googleアナリティクス上ではYahoo! JAPANの自然検索経由と区別がつかなくなってしまいます。Yahoo!プロモーション広告で設定する広告のリンク先のURLの末尾に、下記の表で紹介している「パラメータ」と呼ばれる文字列を足すことにより、Googleアナリティクス上でもカウントできるようになります。必ず入れるようにしましょう。

▶ パラメータの種類と使い方

パラメータ	パラメータの文字	意味	記入例	備考	
キャンペーンのソース	utm_source	参照元（どのサイトからか）	utm_source=yahoo	必須	
キャンペーンのメディア	utm_medium	メディア	utm_medium=cpc	必須	①
キャンペーン名	utm_campaign	キャンペーン	utm_Campaign=YproS01 utm_Campaign=YproD01	できれば入れる	
キャンペーンのキーワード	utm_term	キーワード	utm_term=keyword	入れなくてもいい	
キャンペーンのコンテンツ	utm_content	広告のコンテンツ	utm_content=summersale	入れなくてもいい	

② URLと最初のパラメータは「?」でつなぐ
パラメータ間は「&」でつなぐ

https://xxx.jp/?utm_source=yahoo&utm_medium=cpc&utm_campaign=YproS01

参照元は（=）「yahoo」
④ メディアは（=）「cpc」
③ キャンペーン名は（=）「YproS01」

【おもな注意点】
①ソースとメディアは必須。キャンペーン名まで入れておくと、Googleアナリティクスでもキャンペーンごとの成果まで確認できて便利
②URLにすでに「?」が含まれている場合、URLと最初のパラメータは「?」ではなく「&」でつなぐ
③パラメータは半角英数字で記述する。全角日本語で記述するとGoogleアナリティクス上で文字化けする可能性がある。実際のキャンペーン名には「YproS01_ブランドキーワード」というように日本語が入ることも多いのでパラメータには「YproS01」と管理上の記号を記述して、Googleアナリティクス上に表示されたときわかるようにするといい
④メディアに記述する「cpc」はクリック課金型の有料広告の意味

トラッキングコードを変更する

サイト全体に入っているGoogleアナリティクスのトラッキングコードを変更します。この変更により、お客さんの年齢・性別・好みがデータに反映されたり（レッスン60、61参照）、Googleアナリティクスの指標を使ってリピーターに向けたリマーケティング（レッスン62参照）ができたりするようになります。ユニバーサルアナリティクスのメリットや従来型のアナリティクスとの違い、移行の方法などは、Googleアナリティクス公式のヘルプや、アップグレードセンターのFAQも参考にしてください。

▶ユニバーサルアナリティクス(analytics.js)のトラッキングコード

```
<script>
(function(i,s,o,g,r,a,m){i['GoogleAnalyticsObject']=r;i[r]=i[r]||function(){
(i[r].q=i[r].q||[]).push(arguments)},i[r].l=1*new Date();a=s.createElement(o),
m=s.getElementsByTagName(o)[0];a.async=1;a.src=g;m.parentNode.insertBefore(a,m)
})(window,document,'script','//www.google-analytics.com/analytics.js','ga');
ga('create', 'UA-XXXXXX-XX', 'example.com');
ga('require', 'displayfeatures');
ga('send', 'pageview');
</script>
```

[ga('create', 'UA-XXXXXX-XX', 'example.com');]
と
[ga('send', 'pageview');]
の間に1行設けて、
[ga('require', 'displayfeatures');] と入力します

▶Googleアナリティクス ユニバーサルアナリティクスについて

https://support.google.com/analytics/answer/2790010?hl=ja

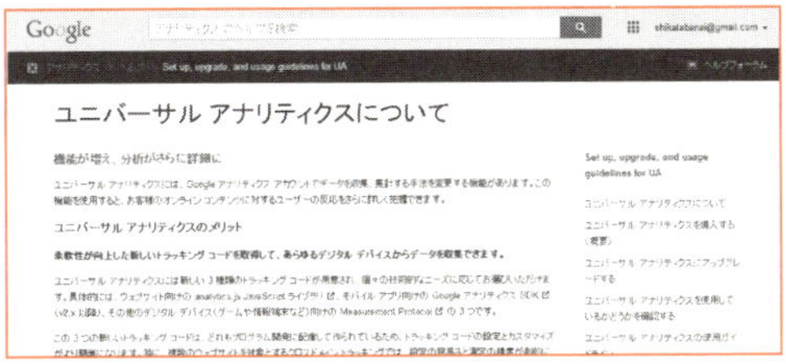

▶Google Developers ユニバーサル アナリティクス アップグレード センター

https://developers.google.com/analytics/devguides/collection/upgrade/?hl=ja

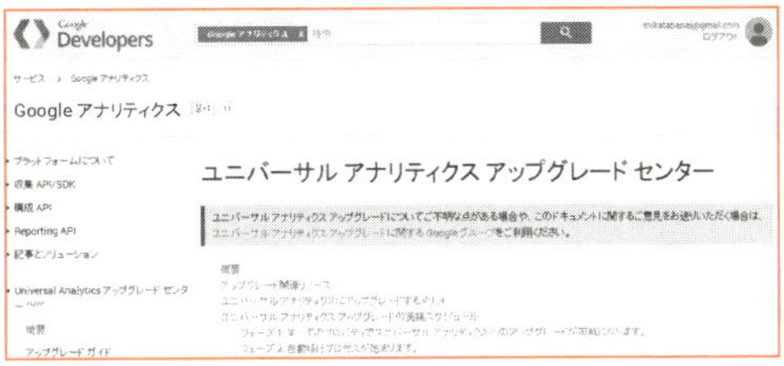

これで設定はOKです！これらを設定できれば、レッスン58以降で紹介するリスティング広告の次の一手が打てるようになります。

Lesson 58

[ステップ2 確認編①]

結果を判断する前にプロセスを見てみましょう

このレッスンのポイント

リスティング広告は、出稿した広告を評価し、判断した上で次のアクションを起こしていくもの。その判断には、基本的にはリスティング広告の管理画面にある指標が使われますが、そこに自社のデータを加えることで、より適切な判断ができることがあります。ここでは、Googleアナリティクスの指標を使って経緯やプロセスを含めて結果を判断する方法をご紹介します。

経緯やプロセスがわかると評価が変わることもある

リスティング広告は結果が数字ではっきりわかる広告です。いくらコストをかけていくつのコンバージョンを得られたか、1件獲得あたりのコストはいくらか、わかり過ぎるくらいわかります。そのためか、リスティング広告の成果を評価するとき、結果だけに注目してしまいがちです。すべてのビジネスにおいて結果が最重要なのは言うまでもないのですが、経緯やプロセスを知ることにより、広告に対する評価が変わってくることがあります。経緯やプロセスは、リスティング広告の管理画面上で得られる指標だけでなく、Googleアナリティクスで取得できるデータが役立ちます。レッスン57でインポートしたアナリティクスのデータを見てみましょう。

▶Googleアナリティクスのデータにより、経緯やプロセスがわかる

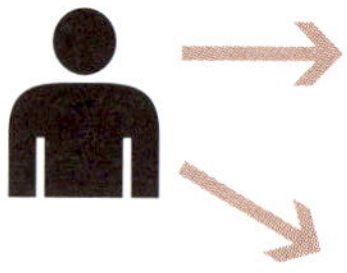

リスティング広告の結果

50万円のコストで1,000件集客してコンバージョン（CV）は50件。1件あたりの獲得単価（CPA）は10,000円です

お客さんの過去（経緯）

集客した1,000件のうち8割は初めてサイトに訪れたお客さんです。

サイト内での行動（プロセス）

ページAに訪れた9割のお客さんは直帰してしまっています。

経緯やプロセスを知ると結果の意味合いが変わることもある

結果だけを見て評価して、後から間違っていることに気づいた。そんな経験はありませんか？ 何かを評価するのに経緯やプロセスを理解することは、リスティング広告にかぎらず大切なことですよね。

活用できる「経緯」の指標—新規訪問の割合

ここでは、Googleアナリティクスからインポートしたデータが経緯やプロセスの面で、Googleアドワーズの判断に役立つ例を見ていきましょう。まず、新規訪問の割合から。これは「経緯」(お客さんの過去）がわかる指標です。以下の表は一般キーワードA（ブランド・製品名以外）と、製品名Bのキャンペーン別の成果です（この解説のために主だったものを書き出しています)。リスティング広告で通常注目する指標であるCVやCVR、CPAを見ていくと、Bの成果が優れていて、Aを積極的に評価するのは難しそうです。しかし、ここにGoogleアナリティクスからインポートした［新規訪問の割合］の指標が入ると、Aは75%のお客さんが初めての訪問で、新規の集客からCVを獲得できていることがわかります。ここから、Aが「初めてのお客さんを促す役割を担う」という可能性が見えてきて、広告費を割いて広告を継続しようという判断ができるかもしれません。このように、Googleアナリティクスからインポートしてきた新規訪問の割合に注目することで、各キャンペーンがもつ役割が見えやすくなり、次のアクションが変わることもあるのです。

▶「新規訪問の割合」の指標が入ると評価が変わる

Googleアドワーズからわかる指標

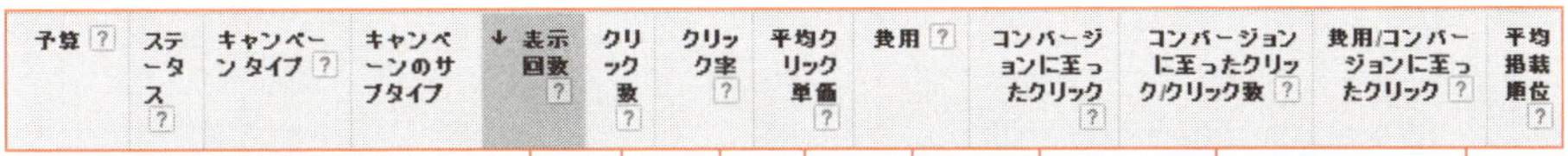

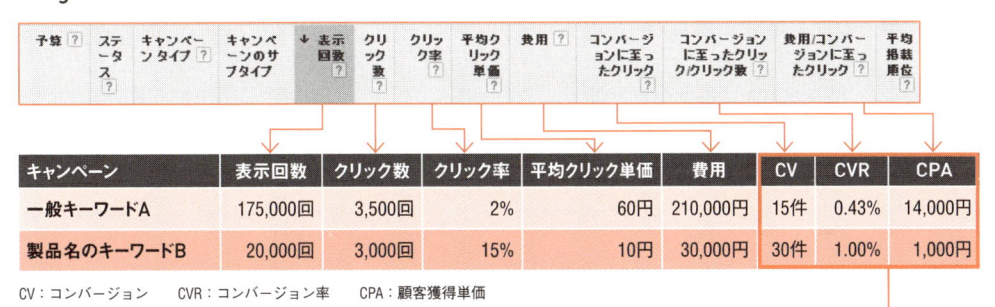

キャンペーン	表示回数	クリック数	クリック率	平均クリック単価	費用	CV	CVR	CPA
一般キーワードA	175,000回	3,500回	2%	60円	210,000円	15件	0.43%	14,000円
製品名のキーワードB	20,000回	3,000回	15%	10円	30,000円	30件	1.00%	1,000円

CV：コンバージョン　CVR：コンバージョン率　CPA：顧客獲得単価

AはCVが15件、CVRが0.43%と低く、CPAは14,000円と高く、あまり良い成果に見えないが、初めて訪問するお客さんの割合が75%と高いことがわかる

GoogleアドワーズにインポートしたGoogleアナリティクスからわかる指標

キャンペーン	直帰率	平均ページビュー	平均滞在時間	新規訪問の割合
一般キーワードA	45%	4.87ページ	2分23秒	75%
製品名のキーワードB	70%	2.18ページ	32秒	20%

どんなビジネスにとっても新しいお客さんを連れてくる価値は大きいものです。CPAなどの結果だけを見て、判断を見誤らないようにしてくださいね。

活用できる「プロセス」の指標──直帰率

次の「プロセス」(サイト内での行動）に着目した例を見てみましょう。新規プロモーション用の広告と専用のランディングページを用意しましたが、既存の広告と比べてクリック率は変わらないものの、CVRに大きな差があり、新規のほうが悪い値です。データを見慣れてくると、リスティング広告の通常の指標だけでも、この新規プロモーション用の広告がふるわない原因がページだと疑うことはできます。しかし、ここにGoogleアナリティクスからインポートした「直帰率」の指標が加わると、原因がはっきりします。新規プロモーション用の広告では既存より直帰率が高く、特にモバイルは90%が直帰しているようです。これは新規プロモーション用のランディングページに問題がある可能性が高いでしょう。ランディングページが広告の内容や、ユーザーの期待に答えられたものになっているか、購入や申し込みへのリンクはわかりやすい場所にあるかなど、すぐに確認するべきでしょう。このようにGoogleアナリティクスがもたらす指標によって、Googleアドワーズだけだとはっきりわからなかった原因を特定しやすくなり、素早い手当ができることがあるのです。

▶「直帰率」の指標が入ると評価が変わる

Googleアドワーズからわかる指標

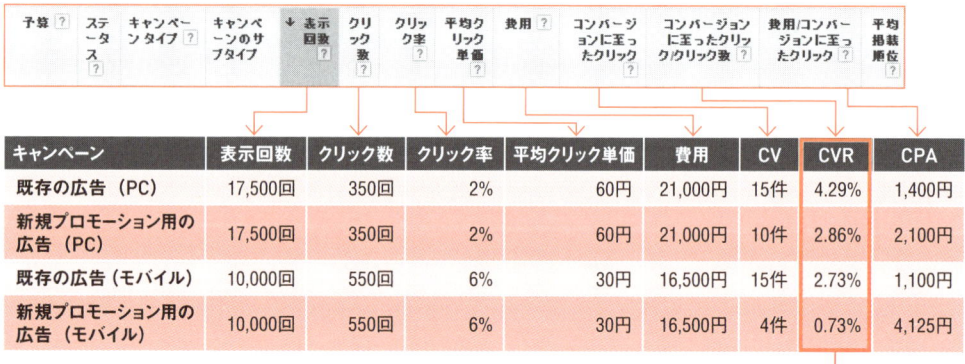

キャンペーン	表示回数	クリック数	クリック率	平均クリック単価	費用	CV	CVR	CPA
既存の広告（PC）	17,500回	350回	2%	60円	21,000円	15件	4.29%	1,400円
新規プロモーション用の広告（PC）	17,500回	350回	2%	60円	21,000円	10件	2.86%	2,100円
既存の広告（モバイル）	10,000回	550回	6%	30円	16,500円	15件	2.73%	1,100円
新規プロモーション用の広告（モバイル）	10,000回	550回	6%	30円	16,500円	4件	0.73%	4,125円

CV：コンバージョン　CVR：コンバージョン率　CPA：顧客獲得単価

新規プロモーション用の広告はCVRがPCで2.86%、モバイルで0.73%と既存と比較して低い。いずれも直帰率が高く、ランディングページに何か問題がある可能性が高い、ということがわかる

GoogleアドワーズにインポートしたGoogleアナリティクスからわかる指標

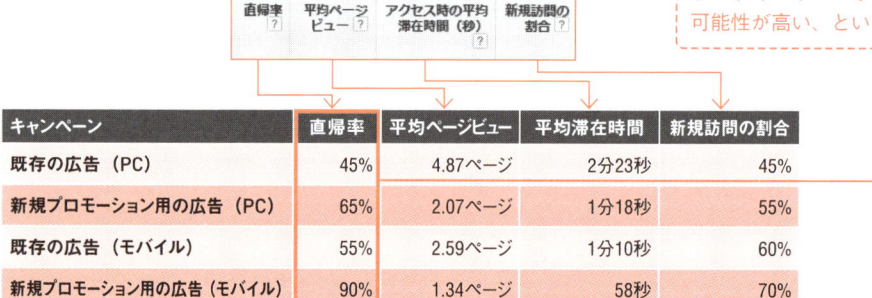

キャンペーン	直帰率	平均ページビュー	平均滞在時間	新規訪問の割合
既存の広告（PC）	45%	4.87ページ	2分23秒	45%
新規プロモーション用の広告（PC）	65%	2.07ページ	1分18秒	55%
既存の広告（モバイル）	55%	2.59ページ	1分10秒	60%
新規プロモーション用の広告（モバイル）	90%	1.34ページ	58秒	70%

Lesson 59

［ステップ2 確認編②］

どこから来ているお客さんが有望かを見きわめましょう

このレッスンのポイント

リスティング広告以外にも自然検索やブログ、ソーシャルメディアなど、サイトへのアクセスにはさまざまな経路があります。どこから来ているのか、どこから来ているお客さんが有望なのか、データから読み解いてみましょう。

ABCでわかるお客さんの状況

200ページにあるGoogleアナリティクスのレポート画面で、左のメニューにある［集客］の［すべてのトラフィック］をクリックしてみてください。［参照元／メディア］という一覧表がグラフの下に表示されます（次のページ参照）。この表の各指標は「集客」「行動」「コンバージョン」という3つで大きくくくられています。集客状況を確認できる「A」(Acquisition)、アクセスしたお客さんがサイト内でどういう行動をしたのかを確認できる「B」(Behavior)、コンバージョンに至ったのかを確認できる「C」(Conversion)、それぞれの英語の頭文字から「ABCの指標」と筆者は呼んでいます。それらからさらにどんなことがわかるのか、下の表にまとめました。これがGoogleアナリティクスのデータを読み解く基本になるので、この表を見ながらレポートを確認してみてください。

▶ GoogleアナリティクスでわかるABCの指標

	指標	意味	指標から考えられることの例
Acquisition 集客	セッション	サイトへの訪問数、来店数	・先週の来店数はどうだったろうか？ ・新規のお客さんは増えているだろうか？
	新規セッション率（%）	上記セッションのうち、サイトに初めた訪問した割合	
	新規ユーザー	サイトに初めて訪問したユーザーの数	
Behavior 行動	直帰率（%）	訪問した最初のページで（＝ほかのページを見ずに）離脱した割合	・なぜ、ここだけ直帰率が高いのだろうか？ ・お客さんにじっくり見てもらえているだろうか？
	ページ／セッション	サイト内を訪問して見て回った平均ページ数	
	平均セッション時間	訪問したサイト内に滞在した平均時間	
Conversion コンバージョン	コンバージョン率（%）	全セッションのうち、目標を完了した割合（目標はあらかじめ設定する）	・いくつのコンバージョンや注文があるだろうか？ ・いくら売り上げているだろうか？ ・お客さんから確実に買ってもらえているだろうか？
	目標の完了数	目標を完了した数。コンバージョン数	
	目標値	目標を完了した価値（目標はあらかじめ設定する）	
	トランザクション数	注文数※	
	収益	売り上げ※	
	eコマースのコンバージョン率（%）	全セッションのうち、注文につながった割合※	

※Googleアナリティクスの「eコマース」(https://support.google.com/analytics/answer/1037249?hl=ja) を利用しているユーザー

自然検索とリスティング広告経由を比較してみる

［参照元／メディア］とは「流入元」、つまりユーザーがどこを経由して自社サイトにアクセスしているのかを示しています。例えばあなたのサイトで、GoogleとYahoo! JAPANそれぞれの自然検索結果経由とリスティング広告経由で、ABCの指標を見比べてみてください。自然検索は「organic」、広告は「cpc」で表されています。この「cpc」は、レッスン57でGoogleアナリティクスとGoogleアドワーズをリンクしたり、Yahoo!プロモーション広告のURLにパラメータをつけたりすることで表示されるようになったものです。「AとBの指標はGoogleの自然検索結果経由が良好だが、Cの指標はリスティング広告経由からのほうが多い」というように、それぞれの違いに気づくはずです。このようにGoogleアナリティクスでは、リスティング広告のパフォーマンスを、リスティング広告以外の流入元とフラットに比較できます。

▶流入元（参照元／メディア）を比較できる

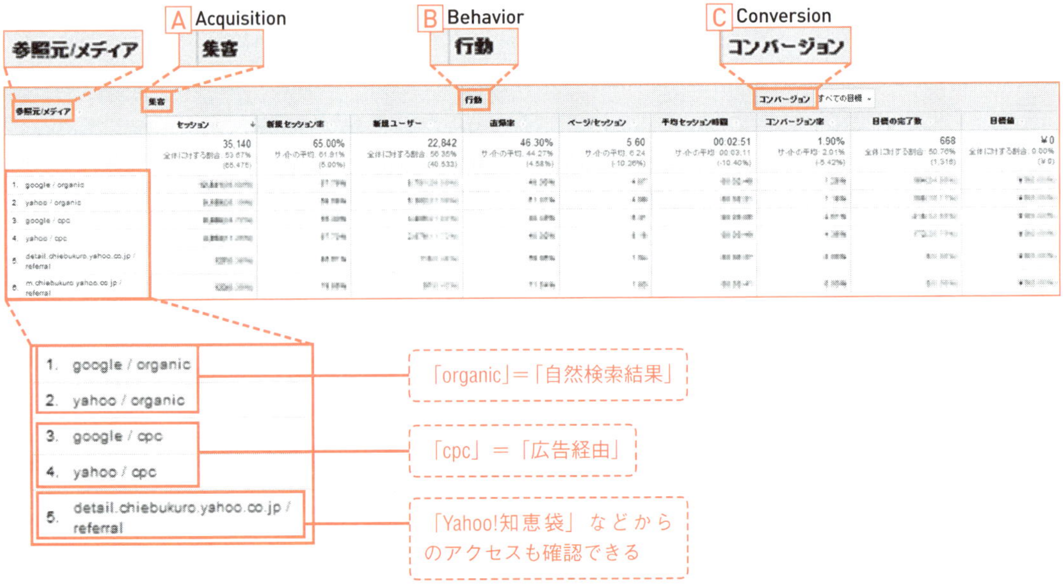

リスティング広告の管理画面での判断はリスティング広告内での成果のよしあし。それに対してGoogleアナリティクスでは、ほかの集客ルートを含めて同じ基準で判断できるため、より俯瞰した視点だと言えそうです。

「有望」なお客さんを見つける観点に立ってみる

［参照元／メディア］では、TwitterやFacebookなどのソーシャルメディア経由をはじめ、ブログ、掲示板、まとめサイト、メール、自社関連サイト、業界のコミュニティサイトなどさまざまな流入元を確認できます。レポート上では「教えて！goo」と「Yahoo!知恵袋」など、ジャンルが似たサイトが見つかるので、どんなジャンルのサイトからのアクセスが多いのか、主だったデータをExcelなどにまとめてみましょう。それらをABCの指標で確認する際、大切なことがあります。それは「有望」かどうか、という視点です。有望とは、文字どおり「望みがある」ということ。どこから訪れるお客さんが有望だろう？と考えるようにすると、施策でターゲットとなるユーザー層を決める際に狙いを定めやすいでしょう。

▶有望な流入元を見きわめる

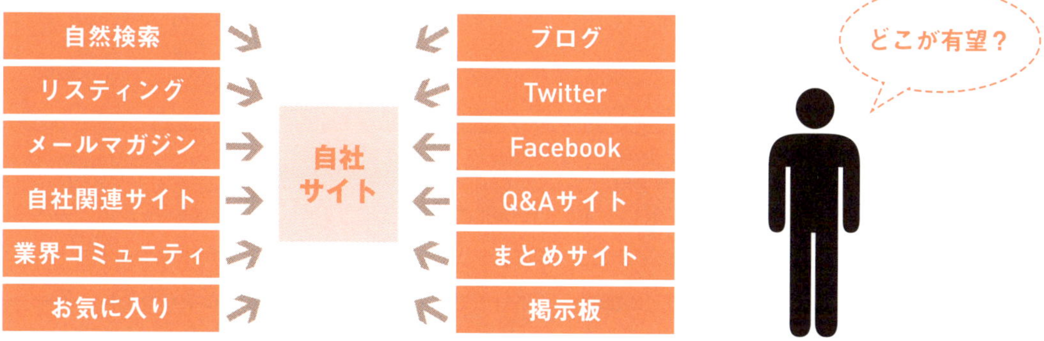

▶Excelに書き出して分類してみる

参照元／メディア	分類	セッション	新規セッション率	新規ユーザー	直帰率	ページ／セッション	平均セッション時間	コンバージョン率	目標の完了数
google / organic	自然検索	12,400	60.55%	7,508	54.69%	2.93	188.45	2.38%	157
yahoo / organic	自然検索	8,700	61.57%	5,356	54.43%	3.15	187.69	2.23%	136
google / cpc	リスティング広告	4,100	40.75%	1,670	44.92%	3.66	223.59	3.46%	92
yahoo / cpc	リスティング広告	1,300	61.33%	797	67.63%	2.43	162.52	3.12%	40
(direct) / (none)	お気に入り	5,400	62.12%	3,354	62.91%	2.42	157.65	4.59%	55
matome.naver.jp / referal	まとめサイト	600	100.00%	600	72.73%	1.27	28.45	1.07%	31
xxxxx.jp / referal	自社関連サイト	200	42.11%	84	39.68%	3.83	274.15	4.12%	14
ameblo.jp / referal	ブログサービス	100	62.67%	62	45.33%	3.67	284.16	1.58%	9
m.facebook.com / referal	SNS	300	61.82%	185	79.77%	1.54	75.75	1.73%	8
t.co / referal	SNS	100	73.68%	73	75.00%	1.74	79.88	0.77%	7
oshiete.goo.ne.jp / referal	QAサイト	100	88.24%	88	17.65%	6.53	505.88	0.98%	7
m.chiebukuro.yahoo.co.jp / referal	QAサイト	100	96.67%	96	80.00%	1.63	115.57	1.01%	6
xxxxx / mail	メールマガジン	100	30.43%	30	39.13%	3.54	223.48	4.38%	7

「Googleアドワーズからのアクセスは直帰率が低く、コンバージョン率が高い」「ブログサービスからのアクセスは新規ユーザーが多めながら直帰率は低い」というように見ていき、どういったジャンルのサイトのユーザー層に支持されやすいのかを考え、自社のお客さん像を明確にしていく

Googleアナリティクスのデータをリスティング広告に活かすとき、この「有望」という観点が非常に役立ちます。どのレポートを見るときでも「有望かどうか」を考えるようにしてみてください。

Lesson 60

［ステップ2 確認編③］
サイトに来ているお客さんの年齢・性別・好みをつかみましょう

このレッスンのポイント

Googleアナリティクスを使えば、あなたおのサイトに来ているお客さんの年齢や性別、好みといったデータがわかります。ここでは、年齢・性別・興味や関心のレポートを見る方法を学んでいきましょう。これらのデータは、第8章でも紹介したGoogleディスプレイネットワークでターゲットを選ぶときの精度を高めてくれます。

サイトに来ているお客さんの年齢や性別は？

まずは年齢、性別から。下記の手順でGoogleアナリティクスの年齢と性別のレポートを表示します。そうすると［18-24歳］から［65歳以上］まで6つに分かれた年齢区分と、男性（male）／女性（female）をクロスさせた12種のデータを確認できます。どういった層が多く訪問し、サイト内に長く滞在し、コンバージョンに至っているか、レッスン59で学んだABCの指標でどの層が「有望」か、確かめてみましょう。自社の商品・サービスが本来ターゲットとしているお客さん像の成果はどうなっていますか？

▶ サイトに来ているお客さんの年齢・性別を知る

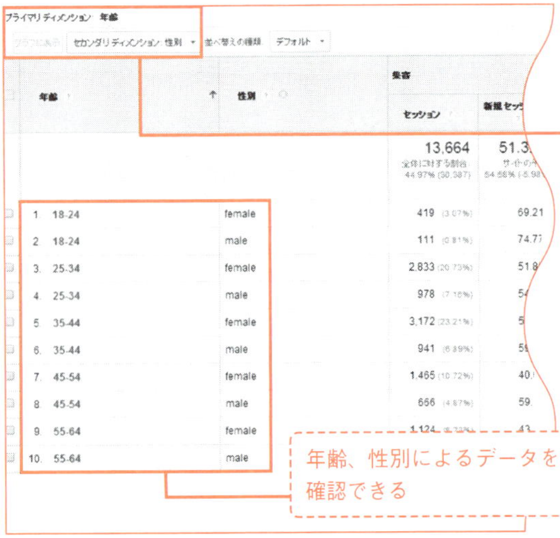

年齢、性別によるデータを確認できる

1 左のメニューの［ユーザー］-［ユーザーの分布］-［年齢］を選択します。

2 ［セカンダリディメンション］をクリックして［ユーザー］-［性別］を選択します。

自社でターゲットとしている年齢・性別のお客さんは期待どおりに行動してくれていますか？ 年齢・性別ごとに確認することで、想定外の支持層など思わぬ発見もありますよ。

サイトに来ているお客さんの好み・興味や関心は？

次に、下記の手順でアフィニティカテゴリのレポートを表示します。アフィニティカテゴリは、趣味嗜好やライフスタイルが本書執筆時で88種に分類されています。「-junkies」「lovers」など、言い方はさまざまですが、ほぼ「○○好き」という意味だととらえていいでしょう。また、［インタレストカテゴリ］→［他のカテゴリ］のレポートでは、「旅行」「ニュース」「仕事、教育」など25ジャンル1,000以上のカテゴリに分類されています。ここも年齢・性別のときと同じように、ABCの指標で見ていき、本来想定しているお客さん像の成果を確認し、どのような層に支持され、支持されていないのか確認しましょう。

▶ サイトに来ているお客さんの関心事を調べる

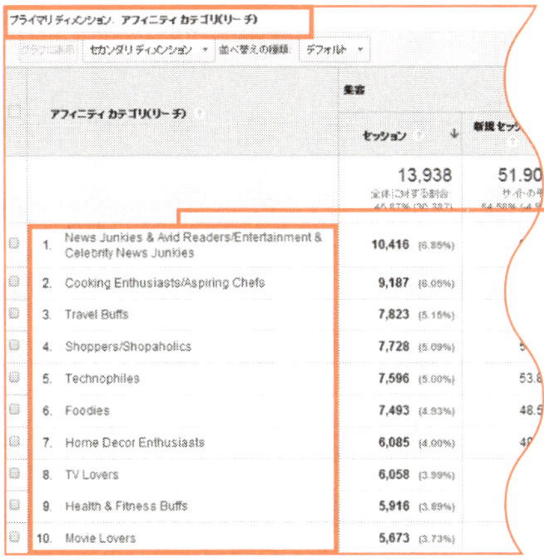

1 左のメニューの［ユーザー］-［インタレストカテゴリ］-［アフィニティカテゴリ］を選択する。

関心のあるジャンルを確認できる

「アフィニティカテゴリ」と「他のカテゴリ」、どちらもお客さんの好み・興味や関心が表れています。自社の商品やサービスと親和性の高い「○○好き」を集客できていますか？

ワンポイント

データは鵜呑みにせずに、手掛かりとして使う

ここで紹介した年齢・性別の属性と興味や関心のデータは、主にお客さんがGoogleのパートナーサイトへアクセスしたその履歴をもとに導き出した「推定値」だとされています。そのため、このデータが100%正しいわけではありません。また、自社サイトを訪問したすべてのお客さんの属性、興味や関心が表示されているのではなく、推定できたもののみが表示されています。つまり、お客さんの全員がわかるわけでもないのですね。どのデータについても同じことが言えますが、鵜呑みではなくお客さん像を掴む手掛かりとして活用する姿勢をもつようにしてください。

Lesson 61
[ステップ3 実行編①]

有望なお客さんに狙いを定めて広告を出しましょう

このレッスンのポイント

レッスン59から60にかけて、Googleアナリティクスのデータを使ってあなたのサイトにとっての「有望」なお客さんはどこからやってくるのか、年齢や性別、どんな好みをもっているのかを見てきました。次はいよいよそのお客さんに向けて、広告を出してみましょう。ここでは、新規のお客さんをもっと呼び込むために、有望なお客さんに狙いを定めて広告を出す方法を紹介します。

「こんなお客さんならもっと増やしたい」と考える

新規のお客さんを増やすには、確実性の高い方法を選びたいものですよね？ Googleアナリティクスのデータから得た「サイトに訪問している有望なお客さん像」は、同時に「これからサイトに訪問してほしい新しいお客さん像」とも言い換えることもできます。実はレッスン60で学んだ年齢や性別、興味や関心軸にもとづく有望なお客さん像はそのまま、Googleディスプレイネットワークのターゲットに使えます。つまり、データを見て「こんなお客さんに来てほしい……」と描いた条件にかなう新規のお客さんに狙いを定めて、広告を出すことができるのです。

▶ 35～54歳×女性×手芸に興味や関心がある例

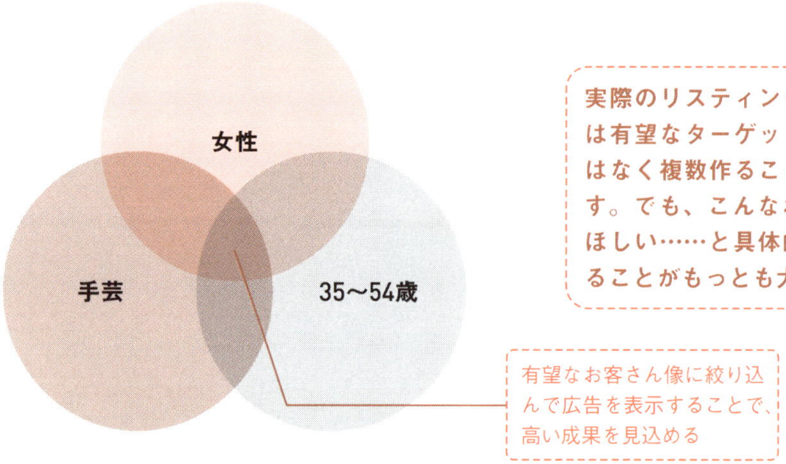
女性
手芸
35～54歳
有望なお客さん像に絞り込んで広告を表示することで、高い成果を見込める

実際のリスティング広告の現場では有望なターゲットの束は1つではなく複数作ることがほとんどです。でも、こんなお客さんに来てほしい……と具体的にイメージすることがもっとも大切です。

Googleディスプレイネットワークで条件を組み合わせる

ここでは実際にGoogleディスプレイネットワークの配信先を「手芸に興味がある」+「女性」+「35〜54歳」に設定してみます。手順は以下のとおりですが、[興味／関心][性別][年齢]を設定する際は、組み合わせた条件に沿うお客さんだけに広告を表示する[掲載先の絞り込みと入札単価]を選択しましょう。ちなみにGoogleアナリティクスの「興味／関心」のレポートは英語表記なのに、Googleアドワーズのインタレストカテゴリ名は日本語表記です。少々わかりづらいですが、次のページに対訳表（第1階層のみ）を用意したので、参考にしてみてください。

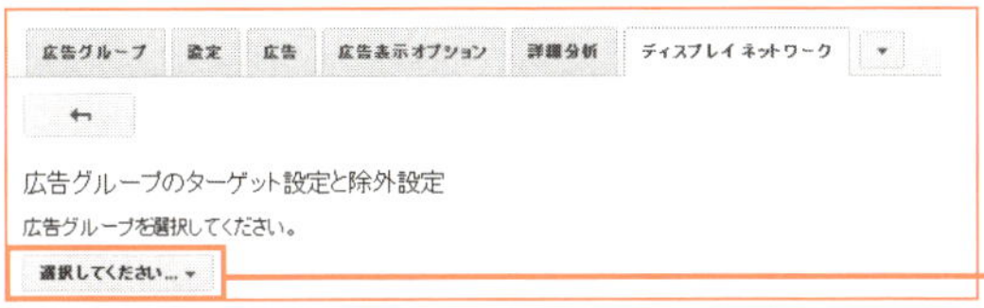

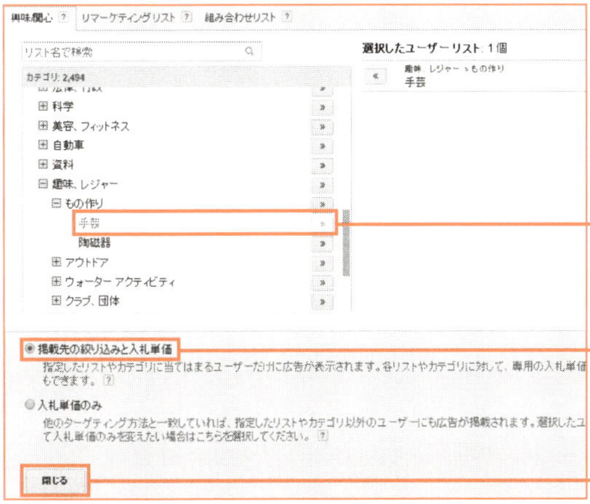

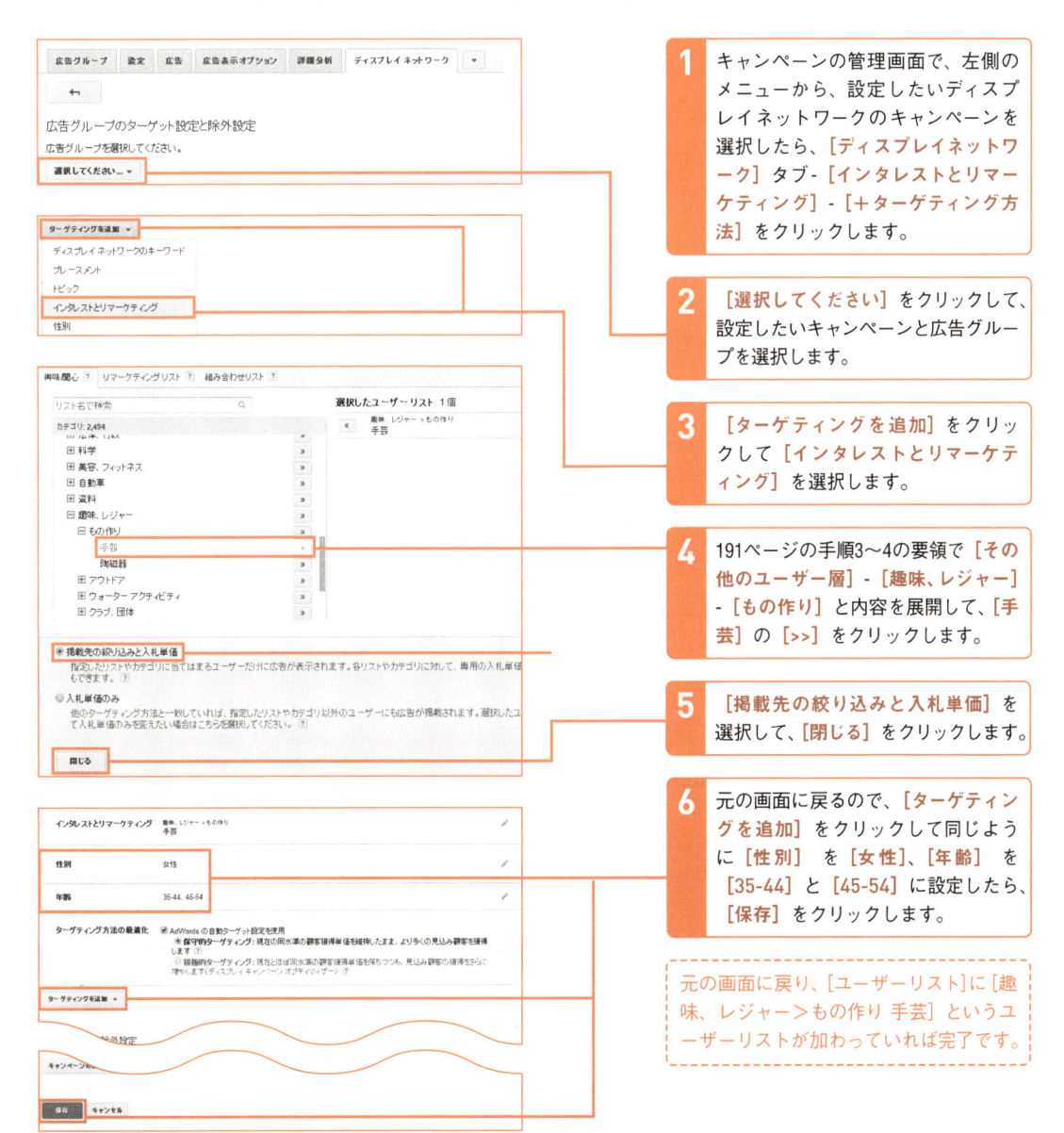

1 キャンペーンの管理画面で、左側のメニューから、設定したいディスプレイネットワークのキャンペーンを選択したら、[ディスプレイネットワーク]タブ-[インタレストとリマーケティング]-[+ターゲティング方法]をクリックします。

2 [選択してください]をクリックして、設定したいキャンペーンと広告グループを選択します。

3 [ターゲティングを追加]をクリックして[インタレストとリマーケティング]を選択します。

4 191ページの手順3〜4の要領で[その他のユーザー層]-[趣味、レジャー]-[もの作り]と内容を展開して、[手芸]の[>>]をクリックします。

5 [掲載先の絞り込みと入札単価]を選択して、[閉じる]をクリックします。

6 元の画面に戻るので、[ターゲティングを追加]をクリックして同じように[性別]を[女性]、[年齢]を[35-44]と[45-54]に設定したら、[保存]をクリックします。

元の画面に戻り、[ユーザーリスト]に[趣味、レジャー>もの作り 手芸]というユーザーリストが加わっていれば完了です。

NEXT PAGE →

▶インタレストカテゴリ(アフィニティカテゴリ)一覧(第1階層のみ)

Googleアナリティクス「アフィニティカテゴリ」(英語)	アドワーズで設定する際の「アフィニティカテゴリ」(日本語)
Do-It-Yourselfers	DIY 愛好者
Outdoor Enthusiasts	アウトドア愛好家
Shutterbugs	アマチュア カメラマン
Home Decor Enthusiasts	インテリア好き
Green Living Enthusiasts	エコ生活愛好者
Foodies	グルメ
Gamers	ゲーム ファン
Sports Fans	スポーツ ファン
TV Lovers	テレビっ子
News Junkies & Avid Readers	ニュース、活字マニア
Technophiles	ハイテク好き
Nightlife Enthusiasts	バー、ナイトクラブ好き
Fast Food Cravers	ファストフード愛好家
Fashionistas	ファッショニスタ
Pet Lovers	ペット愛好家
Music Lovers	ミュージック ファン
Health & Fitness Buffs	健康、フィットネス マニア
Thrill Seekers	冒険好き
Avid Investors	投資マニア
Political Junkies	政治マニア
Cooking Enthusiasts	料理愛好家
Travel Buffs	旅行好き
Movie Lovers	映画ファン
Art & Theater Aficionados	演劇ファン
Savvy Parents	経験豊かな親
Beauty Mavens	美容通
Auto Enthusiasts	自動車ファン
Shoppers	買いもの好き

第1階層だけでもいろいろなカテゴリがありますよね。階層を降りるとさらにバリエーションが増えますよ。探してみてください。

▶インタレストカテゴリ(他のカテゴリ)一覧(第1階層のみ)

Googleアナリティクスの「他のカテゴリ」(英語)	アドワーズで設定する際の「他のカテゴリ」(日本語)
Arts & Entertainment	アート、エンターテインメント
Jobs & Education	仕事、教育
Computers & Electronics	コンピュータ、電化製品
Food & Drink	フード、ドリンク
Online Communities	オンライン コミュニティ
Shopping	ショッピング
Reference	資料
Games	ゲーム
Business & Industrial	ビジネス、産業
Sports	スポーツ
Beauty & Fitness	美容、フィットネス
Travel	旅行
News	ニュース
Finance	金融
Home & Garden	住居、庭
Internet & Telecom	インターネット、通信事業
People & Society	人々、社会
Hobbies & Leisure	趣味、レジャー
Books & Literature	書籍、文学
Pets & Animals	ペット、動物
Autos & Vehicles	自動車
Real Estate	不動産
Law & Government	法律、行政
Science	科学
World Localities (*)	世界の国々

(*) このカテゴリはアドワーズに存在しますが、Googleアナリティクスではまだ確認できていません。

設定して広告が出稿されたら、必ず経過を確認して「良い」「悪い」を判断し、次のアクションを起こすようにしてくださいね。Googleアナリティクスのデータを活用した広告でも、運用が重要なのは同じです。

Lesson 62

［ステップ3 実行編②］

リピーターにファンになってもらえる広告を出しましょう

このレッスンのポイント

新規のお客さんはもちろんですが、リピーターも増えてほしいですよね？ そしてテクノロジーが進化したことで、リピーターへのアプローチがさらに洗練されてきています。これを活かして新規、リピーターともに、バランスよく適切なマーケティング活動を行っていきましょう。最後のレッスンでは、自社のデータを活用してリピーターへのリマーケティングを行う方法をご紹介します。

購入したお客さんにファンになってもらう

ほとんどのビジネスはお客さんに1回利用してもらって終わりではありません。繰り返し利用してもらうには、どんな工夫ができるでしょうか？ 例えば、あるシリーズの商品を購入したお客さんには、同じシリーズの新商品を購入してもらいやすいでしょう。また、季節物の商品を購入してもらったお客さんは、来年も同じ商品に興味をもってもらえるかもしれません。いずれの切り口も、Googleアナリティクスでデータを蓄積できていれば、ターゲットにしてリマーケティングを行えます。このように、適切なタイミングでお客さんに広告を配信して繰り返し利用してもらえれば、ファンになってくれるお客さんも増えていくはずです。

▶データを活用したリピーターへのリマーケティング例

切り口	商材例	対象	方法
繰り返し商品	・紙おむつ ・水 ・サプリメント	繰り返し使う商品を購入したお客さん	購入サイクルの期間を過ぎてからリマーケティングの広告が動くように期間を組み合わせて設定する
同シリーズ別商品	・ブランド商品 ・キャラクター商品 ・作品（映画など）	シリーズものの商品を購入したお客さん	対象のお客さんをリストしておき新商品が発売された際にリマーケティング広告が動くように設定する
季節物お知らせ	・おせち ・バレンタイン ・花粉症対策グッズ	季節物の商品を購入したお客さん	対象のお客さんをリストしておき来年の季節モノ販売時期にリマーケティングが動くように設定する
購入金額 購入回数	・商材は選ばない	購入金額／回数が想定値を超えたお客さん	想定値を超えたお客さんだけに特別なリマーケティングを設定する ※現在、最大90日の累計まで集計可

リピーターのお客さんをどう分類するかはアイディアしだい。Googleアナリティクスのデータを活用すれば、さまざまな切り口が見つかりますよ。

Googleアナリティクスからリマーケティングリストを作る

ここではGoogleアナリティクスを使ったリマーケティングの設定方法を紹介します。ECサイトなら、「どの商品を購入したお客さんか」もリマーケティングリストの条件に加えられます。これはGoogleアナリティクスの「eコマース機能」を使えることが前提のため、未設定の場合はシステム担当者やエンジニアと相談しながら設定してください※。また、ショッピングカートASPサービスを使っているなら、サポート窓口にeコマース機能が使えるかどうかを確認しましょう。ここでは「いちばんやさしい」という言葉を商品名に含んでいるシリーズ物を購入したお客さんに、シリーズの新商品が発売されたことを広告でアピールするためのリマーケティングリストを作ります。リストに蓄積する期間は最大540日まで設定できます。

▶同シリーズの新商品を購入いただくためのリスト作成

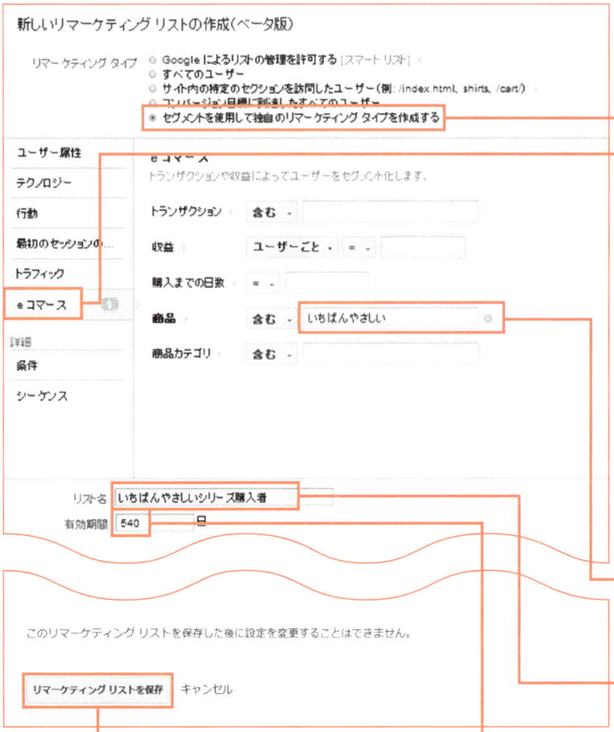

1 ［アナリティクス設定］-［リマーケティング］-［リスト］をクリックするとリマーケティングリストの画面が表示されるので、［+新しいリマーケティングリスト］をクリックします。

2 ［リマーケティングタイプ］の［セグメントを使用して独自のリマーケティングタイプを作成する］を選択します。

3 ［eコマース］をクリックします。

条件を指定するのに必要な項目だけを入力します。それ以外は空欄でかまいません。

4 ［商品］の［含む］を選択して、「いちばんやさしい」と入力します。

5 ［リスト名］は何を目的にしたリストかわかりやすいものを入力します。

6 ［有効期間］に「540」と入力します。

7 ［リマーケティングリストを保存］をクリックします。

元の画面に戻り、この手順で作成したリマーケティングリストが表示されていれば作業は完了です。Googleアドワーズの共有ライブラリにも表示されて、リマーケティングの広告に活用できるようになります。

※「e コマース トラッキングの設定」
https://support.google.com/analytics/answer/1009612?hl=ja

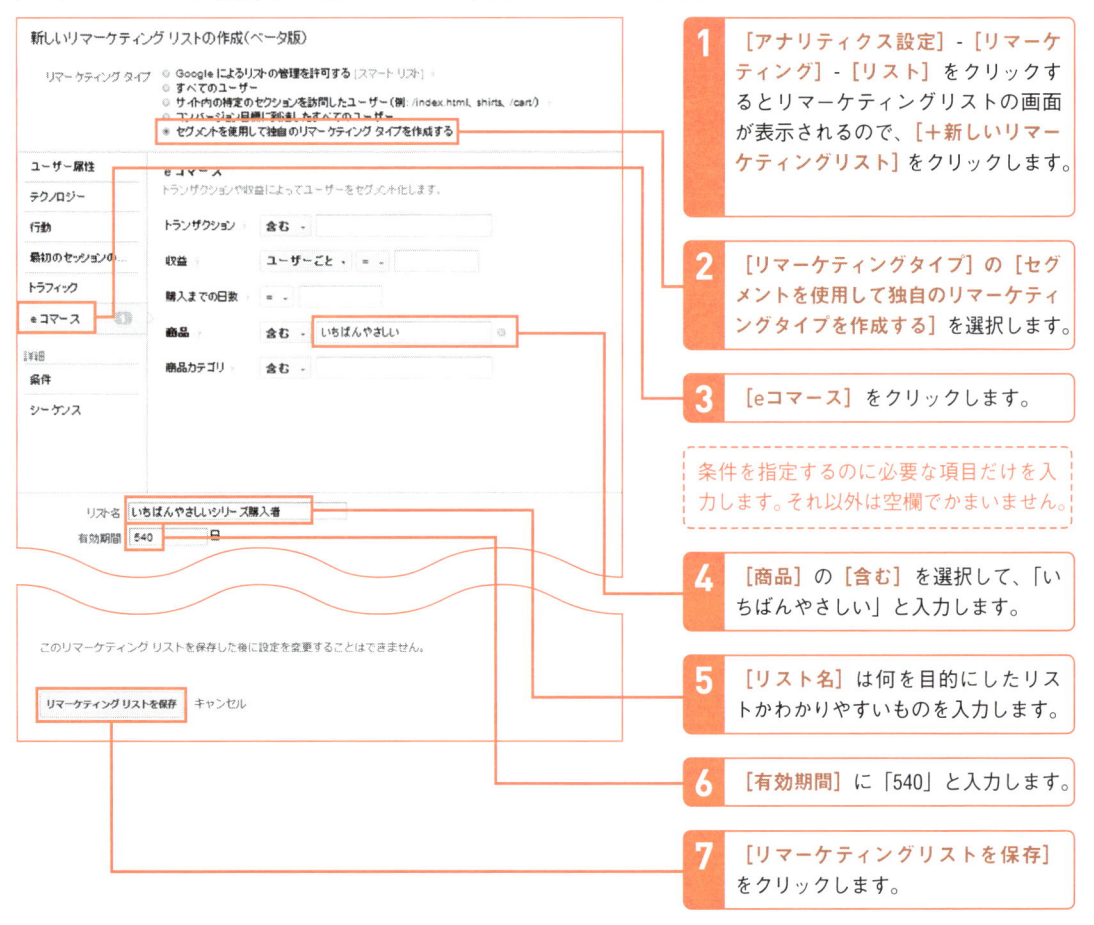

ほかのサイトと同じではなく、ちょっと特別な提案をする

何度目かに入った飲食店で、顔を覚えてくれた店員がさりげないサービスをしてくれたのをきっかけに、通うようになったことはありませんか？ また、年間の購入金額に応じた割引きの特典が得られることを知ってから、同じデパートで買いものするようになった方もいるかもしれません。そうしたお客さんに長くご愛顧いただくための企業やお店の取り組みは、オンラインでリマーケティングを使ったアプローチにも活かしたいもの。ぜひまた来ていただきたい、と思うお客さんへのリマーケティングでは、ほかの人には提供しない、特典つきの提案をしてみましょう。お客さんに喜んでもらえれば、ファンになってもらえる一歩になるはずです。

▶購入後の体験が新たな行動を呼ぶ

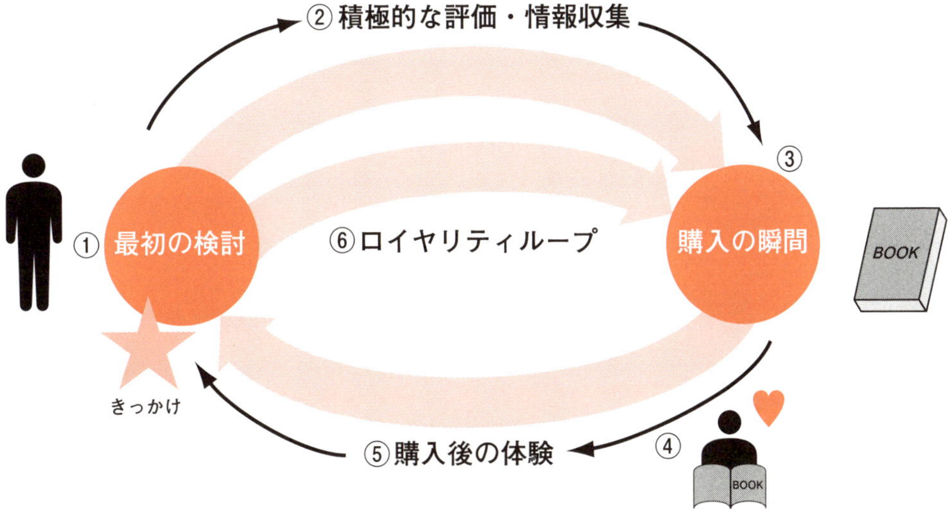

①何かのきっかけで商品（やサービス）について検討をはじめる
②インターネットなどでさまざまな情報を収集して複数の商品を比較する
③商品を購入する
④購入した商品を利用して「買ってよかった！」と満足する
⑤購入した商品への満足度が高ければ、次に欲しいと思ったときに、お気に入りのお店（ECサイト）で購入しようと思う
⑥最初ほどは積極的な評価・情報収集はせずに、同じ企業やブランド、シリーズの商品を選ぶようになる。購入後の体験の満足が続けば、そのループは続いていく

この図は2009年に米国マッキンゼー社が発表した、消費者の行動を旅に喩えたモデル。購入後の体験こそが、お客さんに長くご愛顧いただくことにつながる重要な要素なのですね。

質疑応答

ECサイト担当者

Q Googleアナリティクスのデータを使いこなすためのコツはありますか？

A まずはデータを読み取る指標を理解し、そのデータにチームで定期的に触れる機会をもつことをお勧めします。データから何かを読み取るには、変化に気づくのが大切だからです。チームがいいのは、1人だと視野が狭くなり、大事な変化を見逃しやすい傾向があるためです。

さて、文章とデータとの間には、同じ「読む」という共通項があります。良い文章を書くコツについて、古今東西の偉大な作家たちが「多くの文章を読むこと」と書いてきました。同じことがデータにも言えると思います。データを使いこなすには、データに多く触れることが必要です。

これからのマーケティング活動において、データを読み、活用することの重要さはさらに増してくることでしょう。自分の仕事のサイクルのなかに、データを読む時間を組み込むようにしてみてはいかがでしょうか？ また、データの分析や改善について活発な議論が交わされている下記のようなアナリティクスのコミュニティに参加するのもいいでしょう。

▶アナリティクスアソシエーション
http://a2i.jp/

Appendix
[付録]

Yahoo!プロモーション広告を使えるようにしましょう

この付録について

Yahoo!プロモーション広告を出稿してコンバージョントラッキングを設定するまでの手順を解説します。これらのWebサービスが提供する画面のデザインや項目名は、しばしば変更されますが、大筋としてやるべきことに大きな違いはないので、ここで紹介している手順を参考にしながら申し込んでみてください。

Yahoo!ビジネスIDとアカウントを取得する

1 申し込みを開始する

1 Yahoo!プロモーション広告のページ（http://promotionalads.yahoo.co.jp/service/）を表示します。

2 ［今すぐお申し込み］をクリックします。

3 ［お申し込みの前に］という画面が表示されるので、［お申し込み情報の入力］をクリックします。

2 必要事項を入力する

1 名前やメールアドレスなど登録に必要な基本情報を入力します。

2 ［入力内容の確認］をクリックします。

NEXT PAGE →

3 入力した内容を確認する

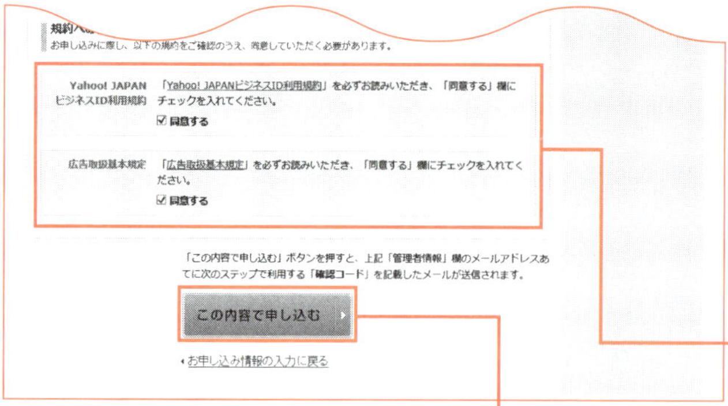
お申し込みに際し、以下の規約をご確認のうえ、同意していただく必要があります。
Yahoo! JAPAN ビジネスID利用規約
「Yahoo! JAPANビジネスID利用規約」を必ずお読みいただき、「同意する」欄にチェックを入れてください。
同意する
広告取扱基本規定
「広告取扱基本規定」を必ずお読みいただき、「同意する」欄にチェックを入れてください。
同意する
「この内容で申し込む」ボタンを押すと、上記「管理者情報」欄のメールアドレスあてに次のステップで利用する「確認コード」を記載したメールが送信されます。
この内容で申し込む
お申し込み情報の入力に戻る

1 入力した内容が表示されるので確認します。

2 [Yahoo! JAPANビジネスID利用規約] と [広告取扱基本規定] をクリックして内容を確認したら、[同意する] にチェックマークをつけます。

3 [この内容で申し込む] をクリックします。

4 メールを確認する

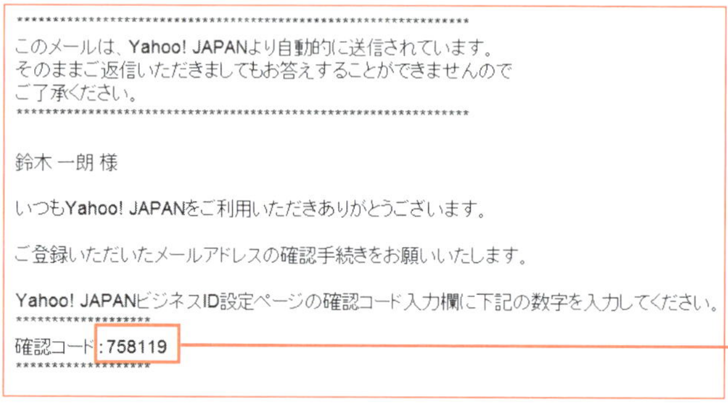
****
このメールは、Yahoo! JAPANより自動的に送信されています。
そのままご返信いただきましてもお答えすることができませんので
ご了承ください。
****
鈴木 一朗 様
いつもYahoo! JAPANをご利用いただきありがとうございます。
ご登録いただいたメールアドレスの確認手続きをお願いいたします。
Yahoo! JAPANビジネスID設定ページの確認コード入力欄に下記の数字を入力してください。
****
確認コード:758119
****

申し込むと、入力したメールアドレスに確認用のメールが送信されます。

1 [Yahoo! JAPANビジネスID確認コードのお知らせ] というメールの本文にある確認コードの数字を確認します。

5 ビジネスIDの設定をする

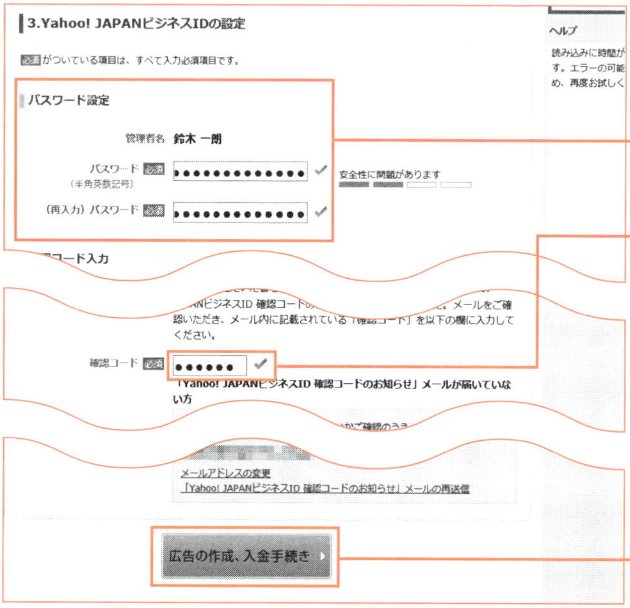
3.Yahoo! JAPANビジネスIDの設定
必須 がついている項目は、すべて入力必須項目です。
ヘルプ
パスワード設定
管理者名 鈴木 一朗
パスワード 必須 (半角英数記号)
安全性に問題があります
(再入力) パスワード 必須
確認コード 必須
「Yahoo! JAPANビジネスID 確認コードのお知らせ」メールが届いていない方
メールアドレスの変更
「Yahoo! JAPANビジネスID 確認コードのお知らせ」メールの再送信
広告の作成、入金手続き

1 パスワードを設定します。

2 手順4で確認した確認コードを入力します。

3 [広告の作成、入金手続き] をクリックします。

これでYahoo! JAPANビジネスIDの登録は完了しました。続いて実際に広告を作っていきます。

Yahoo!プロモーション広告で広告を作成する

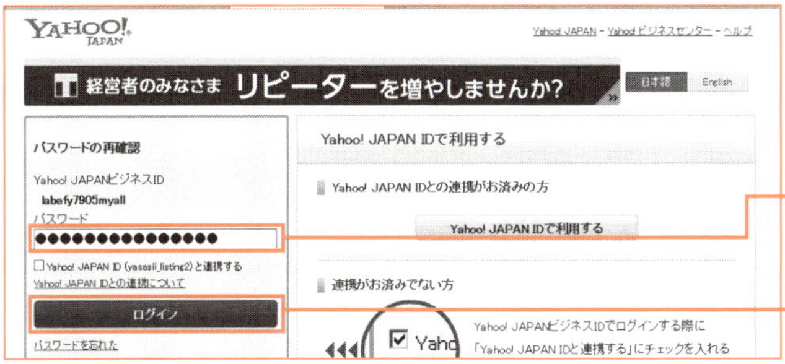
YAHOO! JAPAN
Yahoo! JAPAN - Yahoo!ビジネスセンター - ヘルプ
経営者のみなさま リピーターを増やしませんか?
日本語
English
パスワードの再確認
Yahoo! JAPANビジネスID
labefy7905myall
パスワード
Yahoo! JAPAN ID (yasasii_listing2) と連携する
Yahoo! JAPAN IDとの連携について
ログイン
パスワードを忘れた
Yahoo! JAPAN IDで利用する
Yahoo! JAPAN IDとの連携がお済みの方
Yahoo! JAPAN IDで利用する
連携がお済みでない方
Yahoo! JAPANビジネスIDでログインする際に
「Yahoo! JAPAN IDと連携する」にチェックを入れる

1 ビジネスIDにログインする

1 設定したパスワードを入力します。

2 ［ログイン］をクリックします。

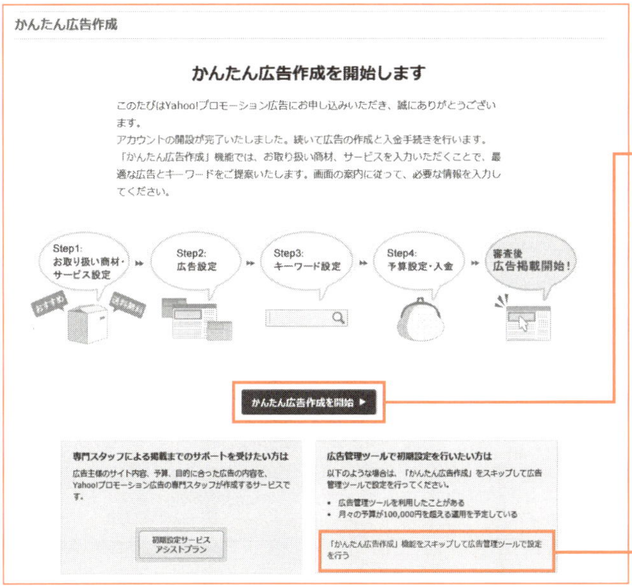
かんたん広告作成
かんたん広告作成を開始します
このたびはYahoo!プロモーション広告にお申し込みいただき、誠にありがとうございます。
アカウントの開設が完了いたしました。続いて広告の作成と入金手続きを行います。
「かんたん広告作成」機能では、お取り扱い商材、サービスを入力いただくことで、最適な広告とキーワードをご提案いたします。画面の案内に従って、必要な情報を入力してください。
Step1: お取り扱い商材・サービス設定
Step2: 広告設定
Step3: キーワード設定
Step4: 予算設定・入金
審査後 広告掲載開始!
かんたん広告作成を開始
専門スタッフによる掲載までのサポートを受けたい方は
広告主様のサイト内容、予算、目的に合った広告の内容を、Yahoo!プロモーション広告の専門スタッフが作成するサービスです。
初期設定サービス アシストプラン
広告管理ツールで初期設定を行いたい方は
以下のような場合は、「かんたん広告作成」をスキップして広告管理ツールで設定を行ってください。
広告管理ツールを利用したことがある
月々の予算が100,000円を超える運用を予定している
「かんたん広告作成」機能をスキップして広告管理ツールで設定を行う

2 広告の作成を始める

［かんたん広告作成を開始］をクリックすると、出稿までわかりやすく案内してくれるウィザードが用意されています。初めて取り組む人はこれを利用してみるといいでしょう。ただしこの機能は初回のみ利用できるものなので、ここでは一般的な出稿手順を紹介します。

1 ［「かんたん広告作成」機能をスキップして広告管理ツールで設定を行う］をクリックします。

2 確認画面が表示されるので［スキップ］をクリックします。

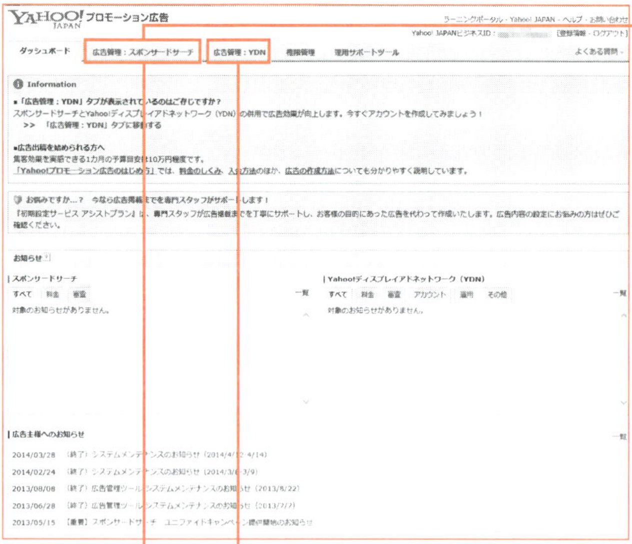

3 アカウント一覧を表示する

Yahoo!プロモーション広告の管理画面が表示されます。広告が表示され、ユーザーにクリックされるようになると、この［ダッシュボード］に成果の概要やお知らせが表示されるようになります。

［広告管理：スポンサードサーチ］をクリックすると検索連動型広告の管理画面が表示されます。

［広告管理：YDN］をクリックするとディスプレイネットワーク広告の管理画面が表示されます。

1 **［広告管理：スポンサードサーチ］**をクリックします。

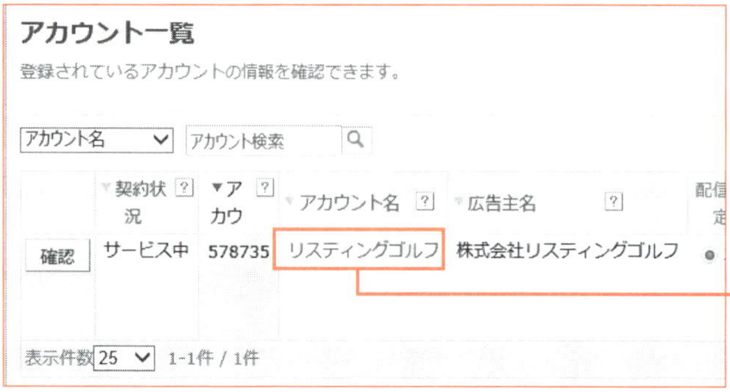

4 キャンペーン一覧を表示する

すでに作成してあるアカウントが表示されています。

1 アカウント名をクリックします。

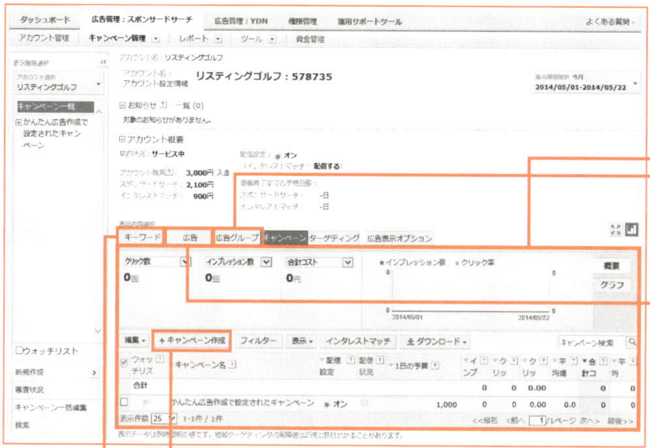

5 新しいキャンペーンを作成する

キャンペーンごとの成果を確認できます。

［広告グループ］をクリックすると広告グループごとの成果を確認できます。

［広告］をクリックすると作成した広告ごとの成果を確認できます。

［キーワード］をクリックすると設定したキーワードごとの成果を確認できます。

1 ［＋キャンペーン作成］をクリックします。

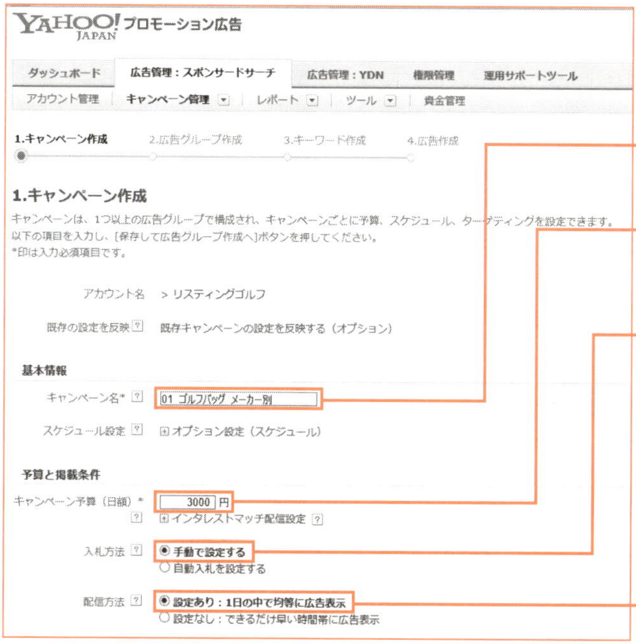

6 キャンペーンを作成する①

1 キャンペーン名を入力します。

2 レッスン30～31で検討した、1日当たりの予算を入力します。

3 ［手動で設定する］を選択します。

4 ［設定あり］を選択します。

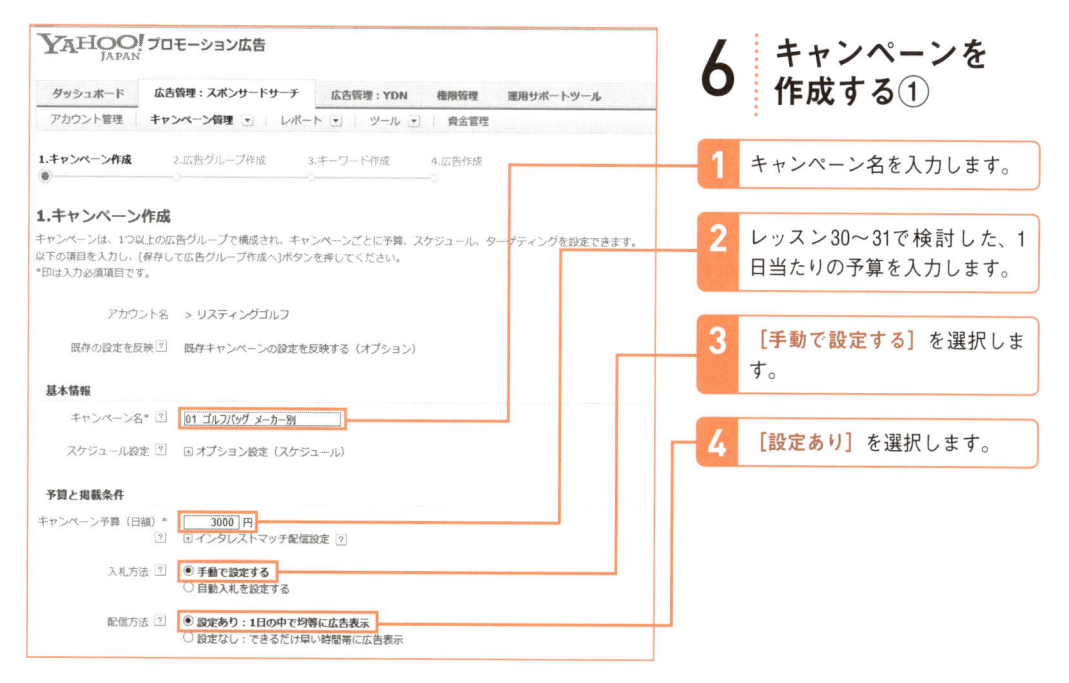

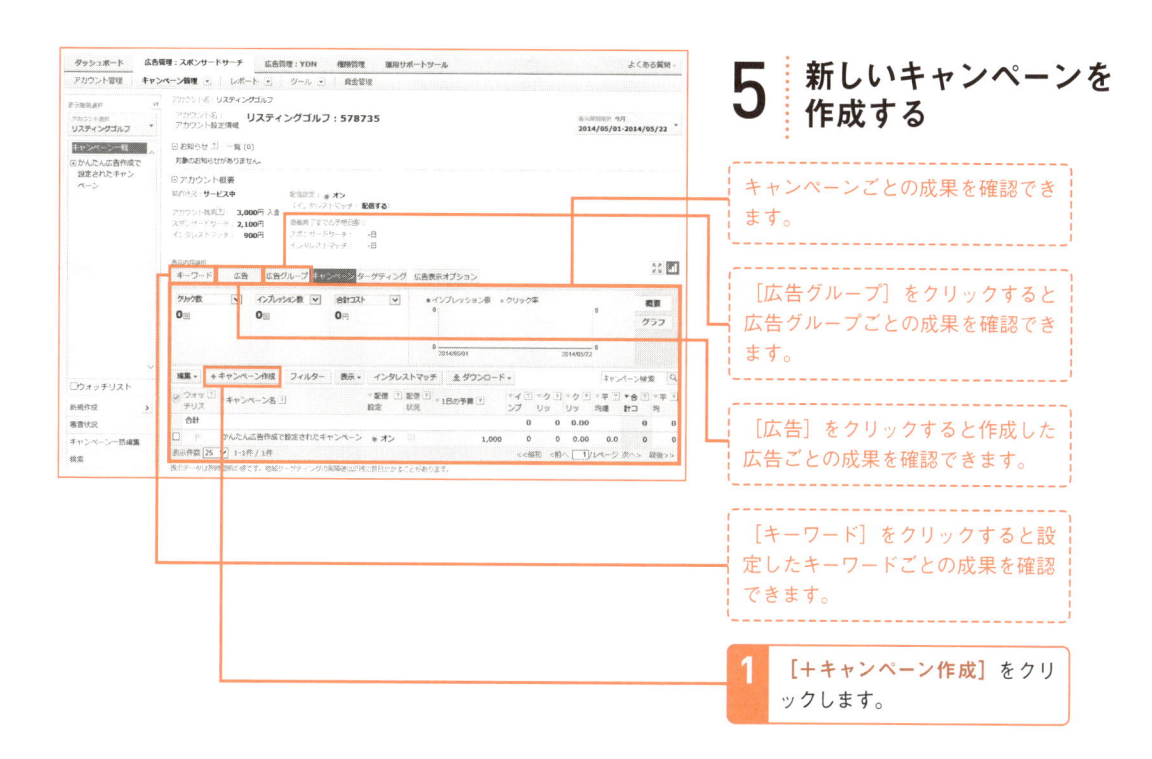

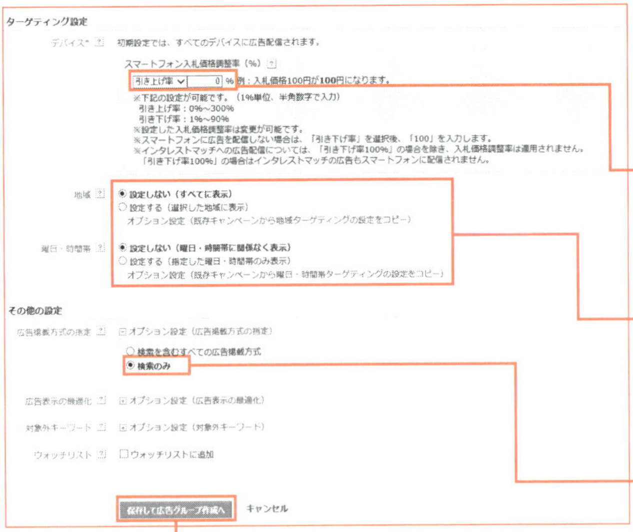

7 キャンペーンを作成する②

1 スマートフォン向けに入札価格を設定することもできますが、ここでは［0%］のままにします。

2 広告を配信する地域や時間帯を設定することもできますが、ここでは［設定しない］を選択します。

3 キャンペーンでは検索連動型広告とコンテンツ向け広告を分けて管理するのが望ましいので、［広告掲載方式の指定］の［オプション設定（広告掲載方式の指定）］をクリックして、［検索のみ］を選択します。

4 ［登録して広告グループ作成へ］をクリックします。

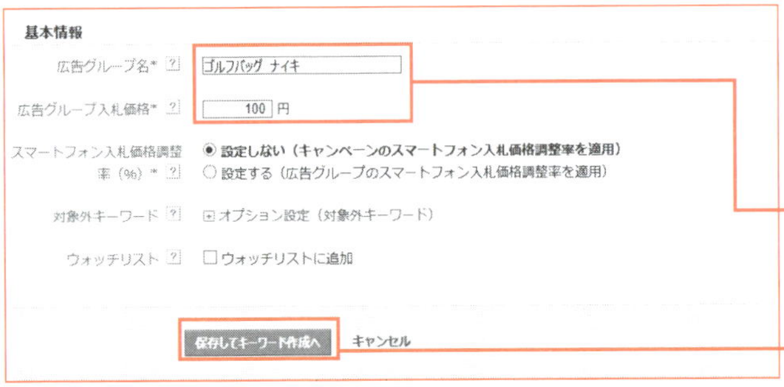

8 新しい広告グループを作成する

1 広告グループ名と、レッスン28～29で検討した上限クリック単価を入力します。

2 ［保存してキーワード作成へ］をクリックします。

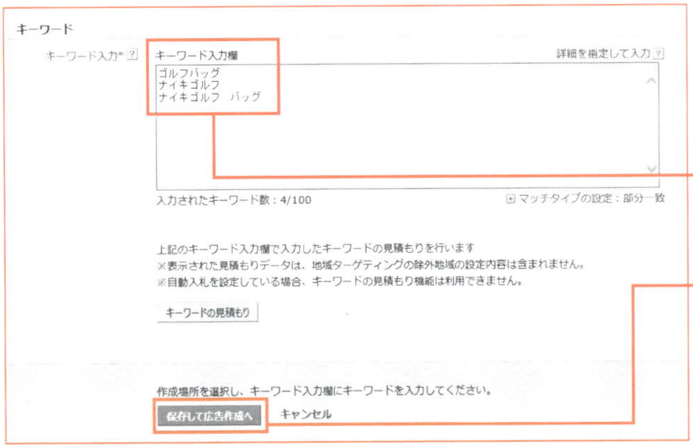

9 キーワードを設定する

1 1行に1セットのキーワードを入力します。

2 ［保存して広告作成へ］をクリックします。

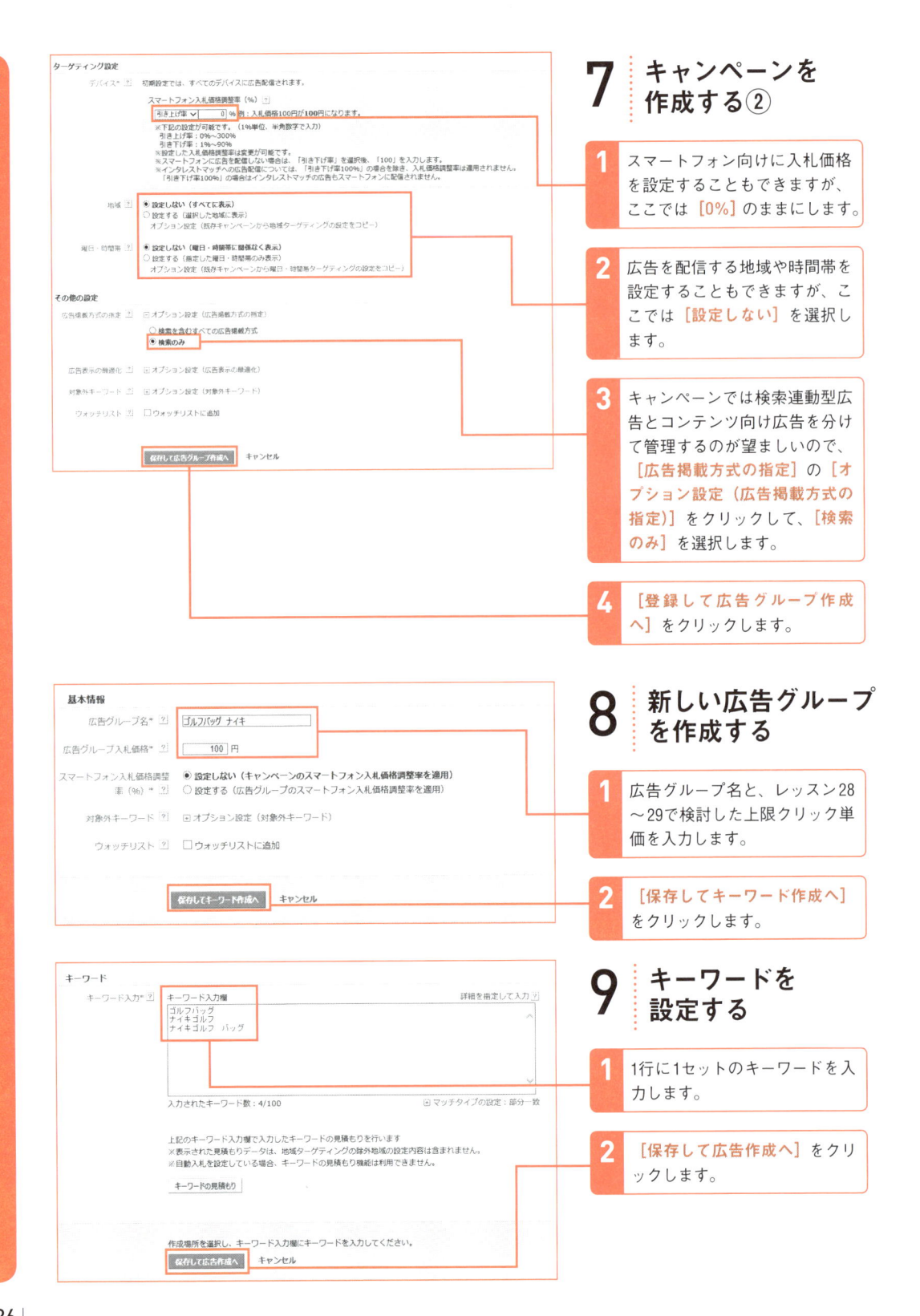

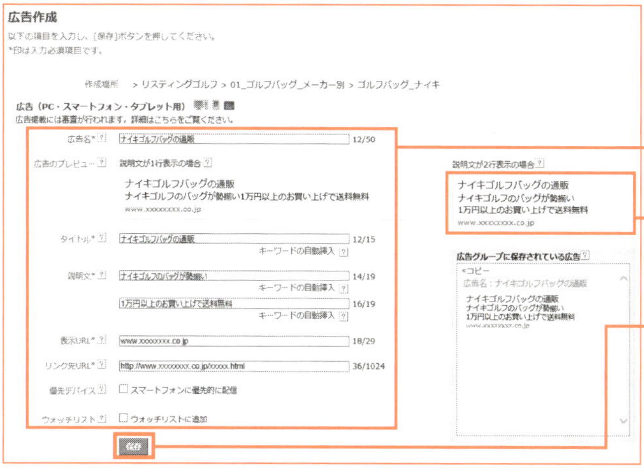

10 広告文を作成する

1 広告文を入力します。

入力した内容を反映した広告のサンプルが表示されます。

2 ［保存］をクリックします。

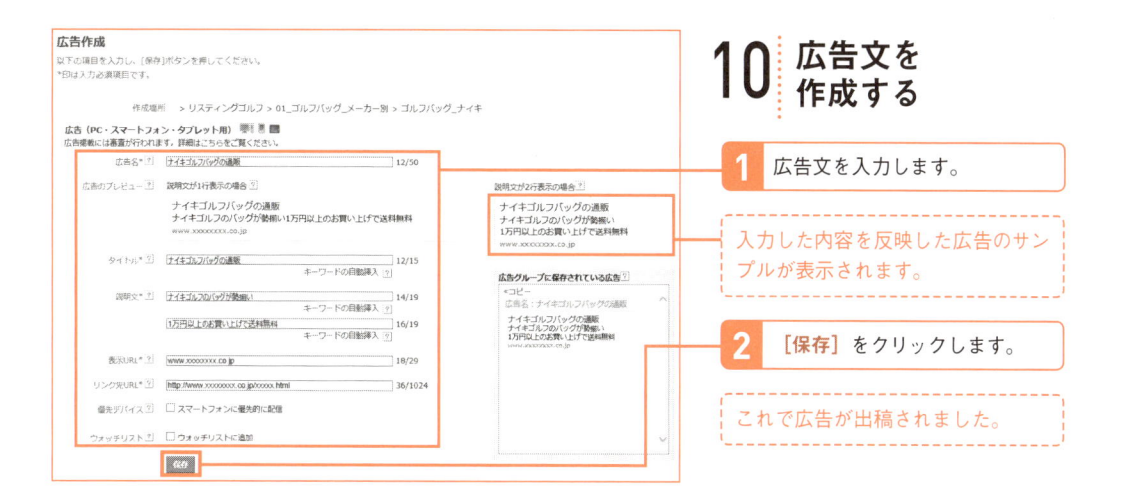

これで広告が出稿されました。

支払情報を登録する

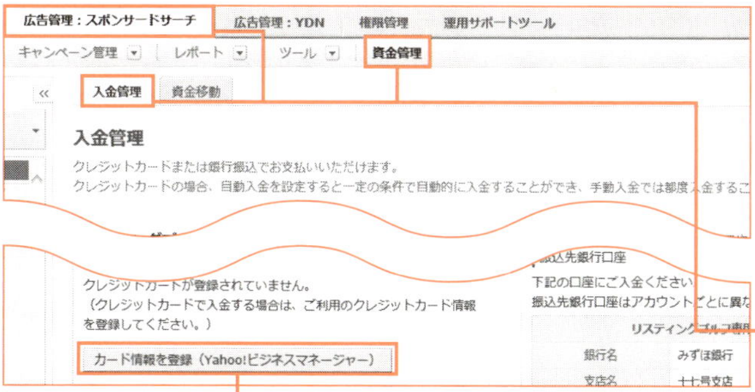

1 クレジットカード情報を登録する

ここでは広告費をクレジットカードで支払う設定を行います。

1 ［広告管理：スポンサードサーチ］-［資金管理］-［入金管理］をクリックします。

2 ［カード情報を登録（Yahoo!ビジネスマネージャー)］をクリックします。

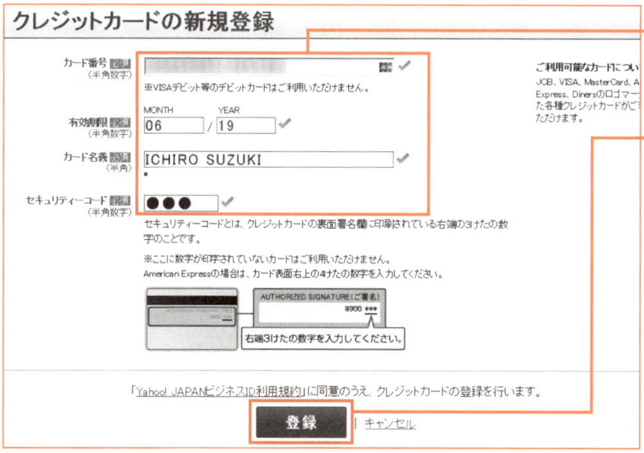

3 支払いに使用するクレジットカード情報を入力します。

4 ［登録］をクリックします。

NEXT PAGE →

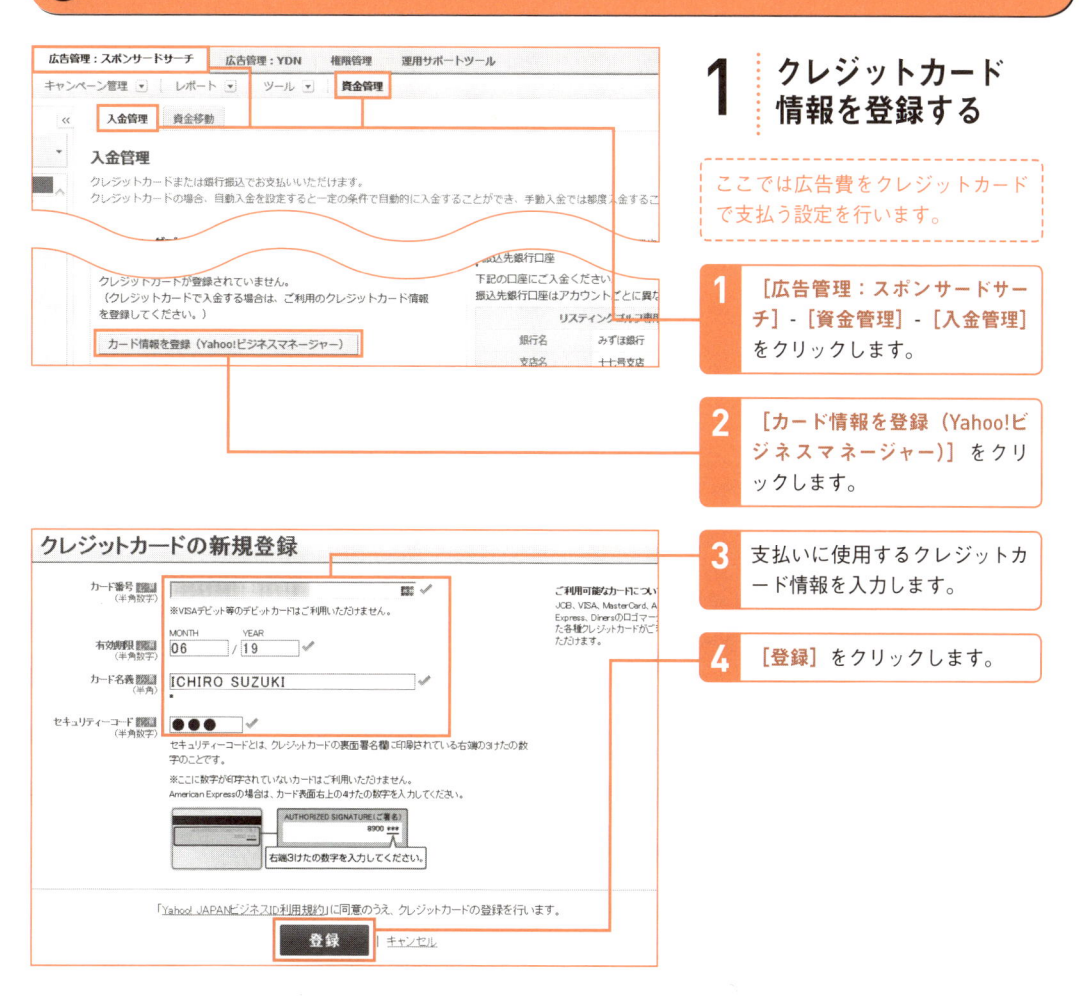

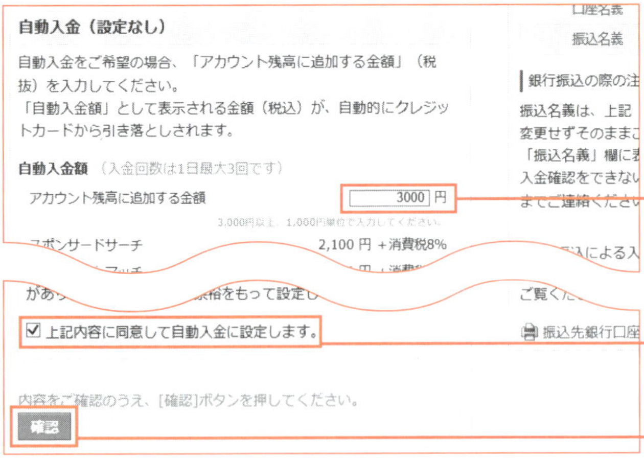

2 自動入金額を設定する

1 ［アカウント残高に追加する金額］に3,000円以上、1,000円単位で自動入金する金額を入力します。

2 ［上記内容に同意して自動入金に設定します。］をクリックしてチェックマークをつけます。

3 ［確認］をクリックします。

4 設定した内容が表示されるので確認します。

5 ［入金先アカウントを確認のうえ、正しければチェックボックスにチェックを入れてください。］をクリックしてチェックマークをつけます。

6 ［設定］をクリックします。

コンバージョントラッキングを設定する

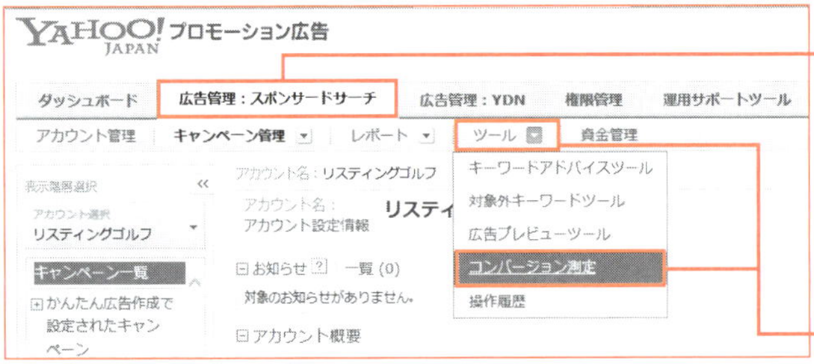

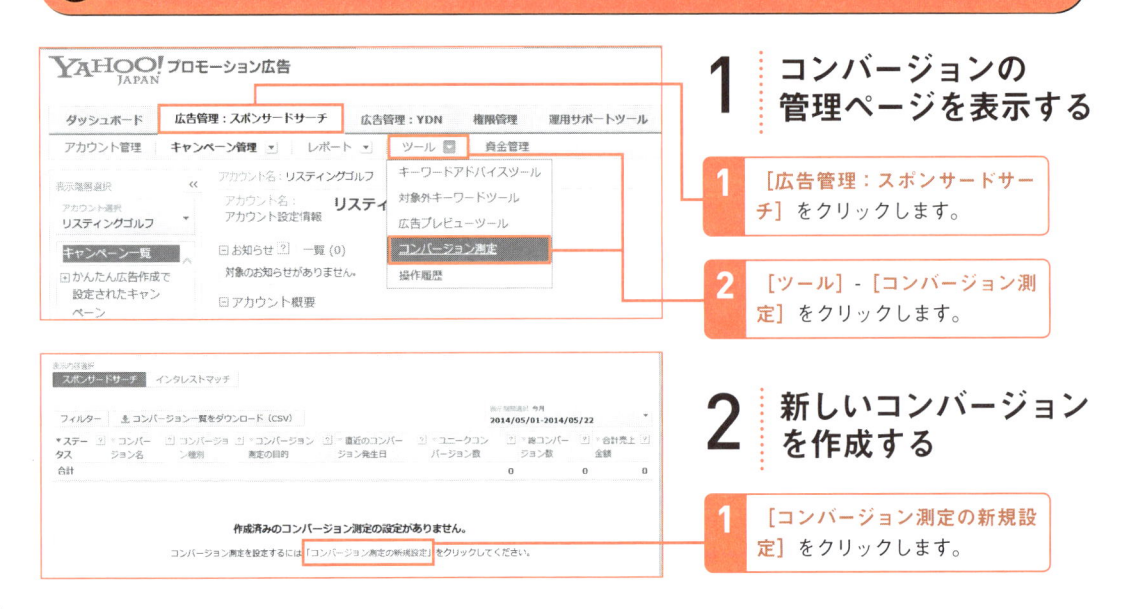

1 コンバージョンの管理ページを表示する

1 ［広告管理：スポンサードサーチ］をクリックします。

2 ［ツール］-［コンバージョン測定］をクリックします。

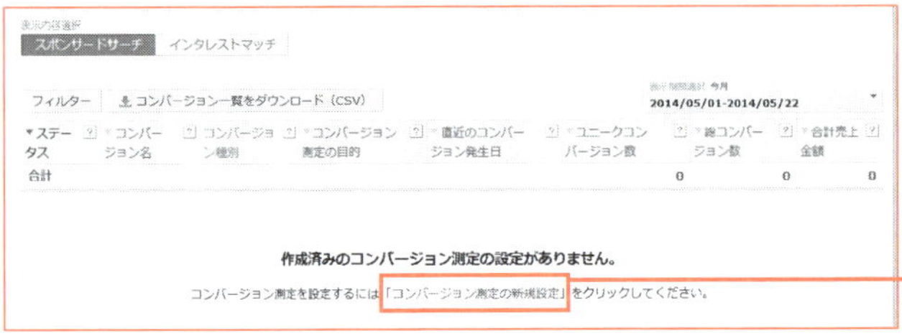

2 新しいコンバージョンを作成する

1 ［コンバージョン測定の新規設定］をクリックします。

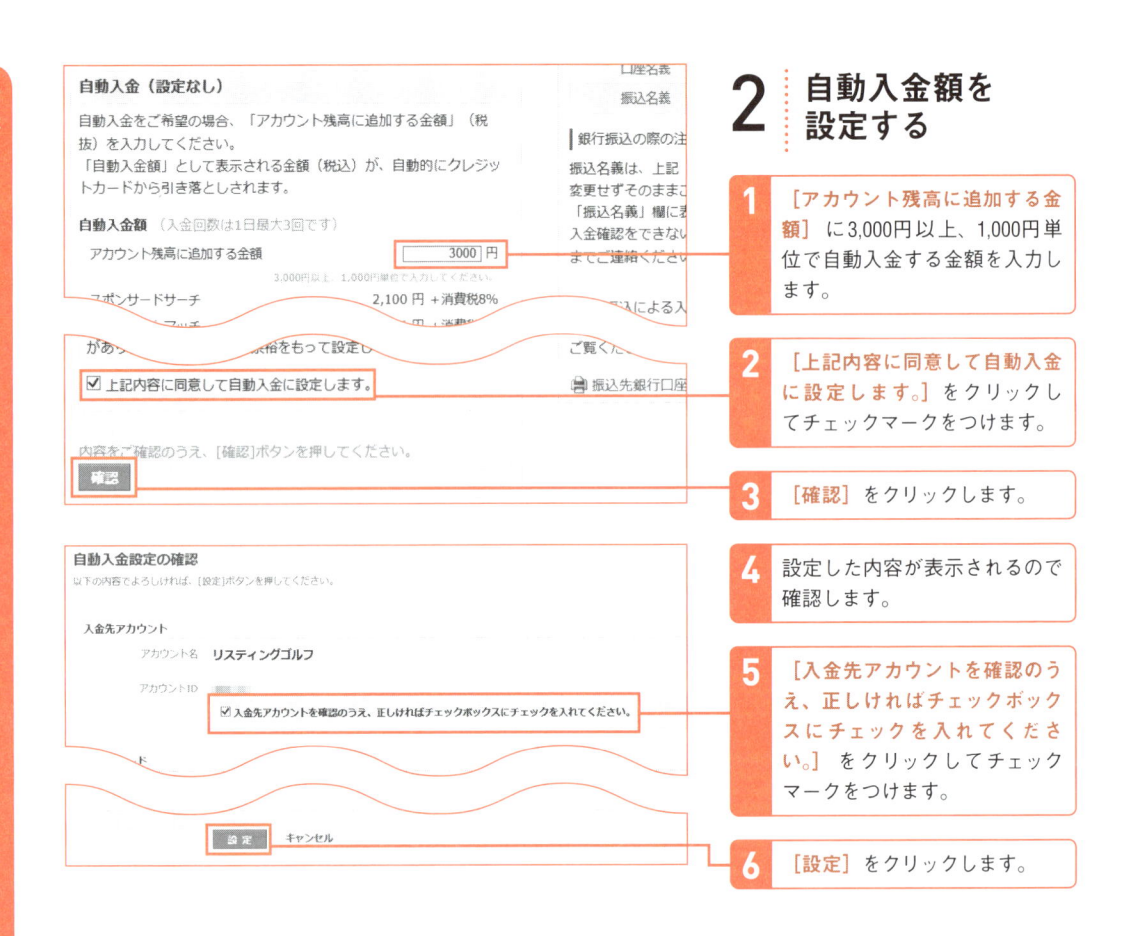

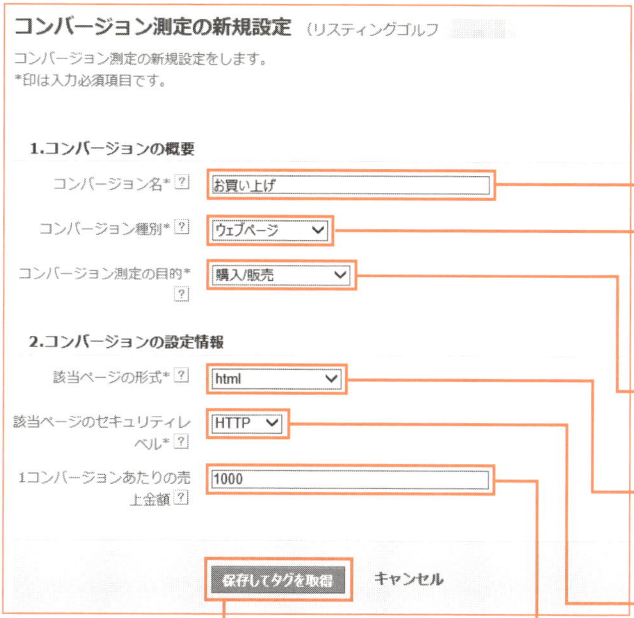

3 コンバージョンの設定をする

1 自分がわかりやすい任意の名前をつけます。

2 サイトのコンバージョンを測定するのであれば［ウェブページ］を選択します。

3 商品の販売が目的であれば［購入／販売］を選択します。

4 最後に表示されるページが作られている言語を選択します。

5 最後に表示されるページのセキュリティレベルを選択します。

6 1回のコンバージョン（購入、申し込みなど）で得られる売上金額を入力します。

7 ［保存してタグを取得］をクリックします。

4 コンバージョンのコードを貼りつける

1 ［コンバージョン測定タグ］にコードが表示されるので、コードをすべて選択してコピーして、コンバージョンページのソースの</body>タグの直前にペーストして貼りつけます。

［コンバージョン測定タグ］にコードが表示されるまでに少し時間がかかることがあります。

作成したコンバージョンが手順2の画面に表示されるようになります。

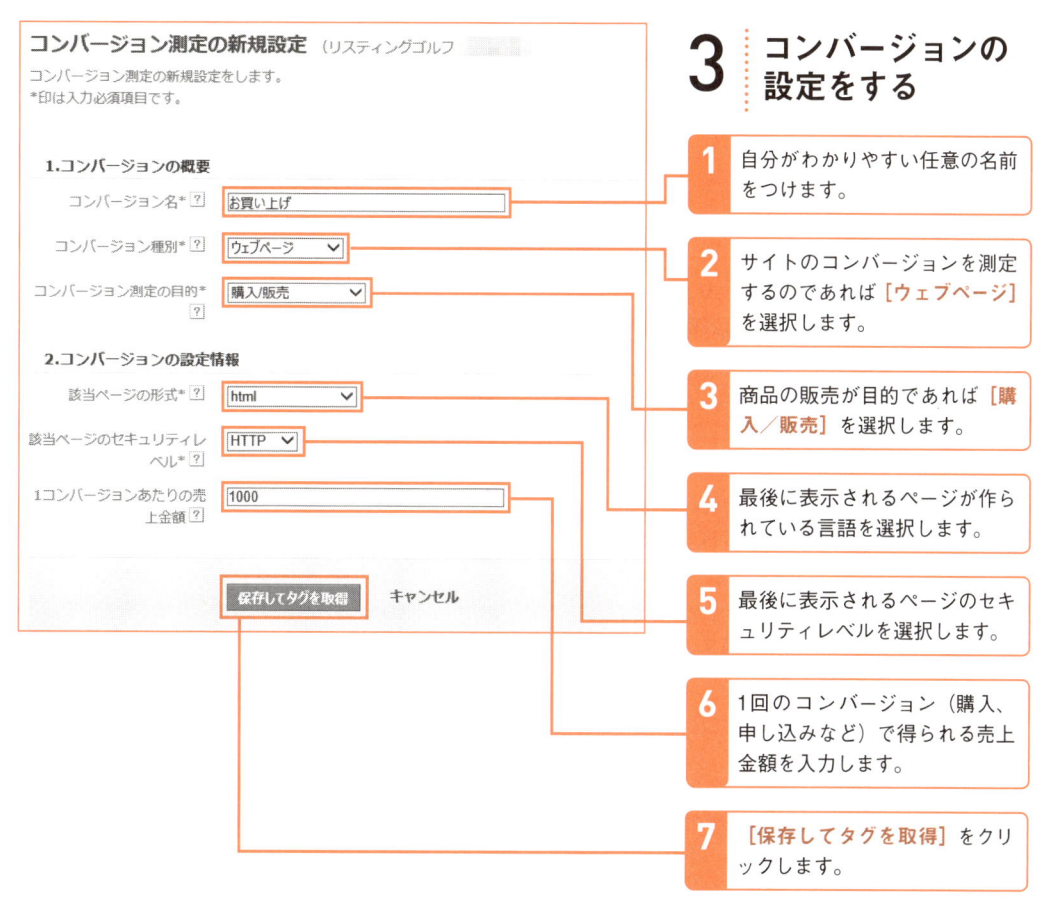

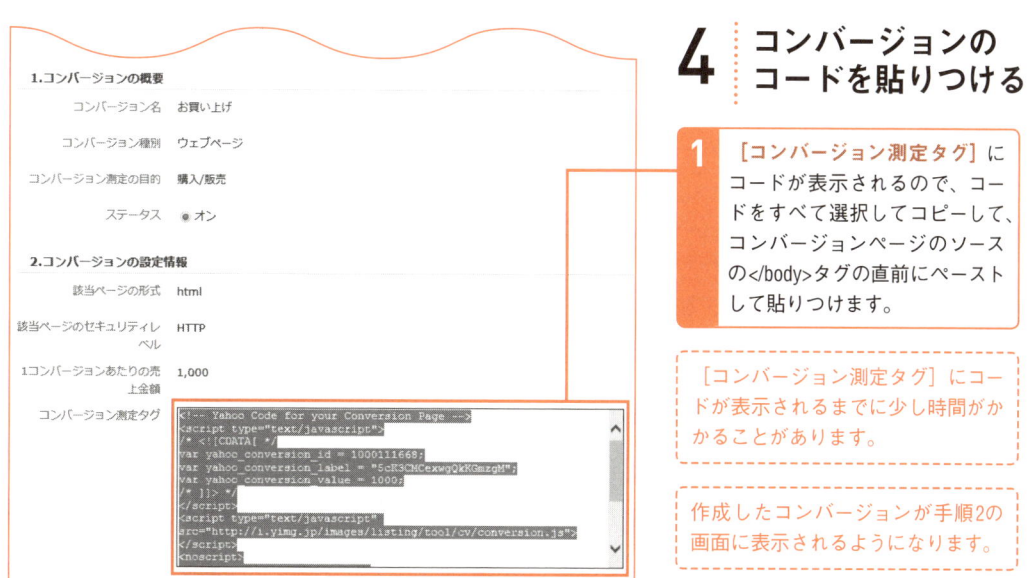

用語集

アルファベット

A/Bテスト
異なる2つのパターンの広告文やバナー広告、リンク先URL（ランディングページ）などを用意して、実際にユーザーの反応を確認し、効果を比較するテストのこと。

AISAS理論
マーケティングにおける消費行動のプロセスを簡易化したもの。消費者の購買にまつわる行動は、「注意」(Attention)、「興味」(Interest)、「検索」(Search)、「購買」(Action)、「共有」(Share) から成り立つとする理論で、それぞれの頭文字をとったもの。株式会社電通の登録商標。

CPA(Cost Per Action)
「顧客獲得単価」を参照。

CPC(Cost Per Click)
「クリック単価」を参照。

CTR(Click Through Ration)
「クリック率」を参照。

CV(Conversion)
「コンバージョン」を参照。

CVR(Conversion Rate)
「コンバージョン率」を参照。

Google
Googleは、1998年9月に当時米国スタンフォード大学の大学院生であったラリー・ペイジ氏とセルゲイ・ブリン氏によって設立された。検索エンジン、オンラインストレージ、リスティング広告であるGoogleアドワーズなどのサービスを提供している。

Googleアドワーズ
Googleが提供するインターネット（リスティング）広告の配信プラットフォーム。Googleの検索エンジンを利用した結果画面などに広告を表示することができる。広告がクリックされたときに広告費が発生するクリック課金が特長。

Googleアナリティクス
Googleが提供する無料のアクセス解析ツール。提供されるタグを計測したいページに記述することで、訪問者数から滞在時間、閲覧したページ、訪問者のPCの環境などを知ることができる。Googleアナリティクスプレミアムといった有料版も提供している。

Googleディスプレイネットワーク
Googleのコンテンツ向け広告。Googleと連携したブログやニュースをユーザーが閲覧しているときに、広告を表示することができる。

LPO
Landing Page Optimization（ランディングページ最適化）の略。訪問者がサイト内で最初にアクセスするページを工夫することで、訪問者が会員登録や商品購入など、サイト運営者にとって収益につながるなんらかのアクションを行う割合（コンバージョン率）を高めること。

Organic
「自然検索」を参照。

PPC(Pay Per Click)
「クリック課金」を参照。

ROI(Return On Investment)
「投資収益率」を参照。

SEM
Search Engine Marketingの略で、SEOやリスティング広告などを駆使したマーケティング活動を指す。

SEO
Search Engine Optimization（検索エンジン最適化）の略で、検索結果画面に表示される自然検索結果からの訪問者を増やすために工夫すること。そのための技術やサービス。

Yahoo! JAPAN
ヤフー株式会社が運営する、日本最大級のポータルサイト。検索エンジン、ネット通販、オークションなどのほか、リスティング広告であるYahoo!プロモーション広告を提供している。

Yahoo!ディスプレイアドネットワーク（YDN）
Yahoo! JAPANと、All Aboutや毎日新聞などの主要な提携サイトのコンテンツページに広告を配信するサービス。広告の内容と、ページで取り上げられている内容（コンテンツ）がマッチするものに配信されるので、広告の効果も高いとされている。

Yahoo!プロモーション広告
Yahoo! JAPANが提供する、検索連動型とコンテンツ向けを含めたリスティング広告サービス。Yahoo! JAPANの検索結果画面や、提携する主要サイトにテキストや画像の広告を配信できる。Googleアドワーズと同じく広告費はクリック課金を採用している。

ア

アカウント
キャンペーン、広告グループなどリスティング広告を管理する階層のいちばん上、最大の単位を指す。管理者情報や支払い方法などを設定できる。

インタレストマッチ
閲覧中のページの内容、過去に閲覧したページの内容、検索した言葉などからそのユーザーの興味・関心を分析して、そのユーザーと関連性が高そうな広告を表示するリスティング広告の仕組み。興味関心連動型広告などとも呼ばれる。

インプレッション数
出稿したリスティング広告が実際に表示された回数。

オーガニック
「自然検索」を参照。

カ

完全一致
キーワードのマッチタイプの1種。原則として関連語句は排除され、広告主が登録したキーワードそのままの言葉が検索された場合でないと広告は表示されない、限定制の強いマッチタイプ。

キャンペーン
アカウントの下に位置する構成要素で、広告グループをまとめる階層を指す。予算配分、商品の種類、スケジュールや地域限定配信など、特定の目的によって分割して運用する。

クリック課金
PPC（Pay Per Click）とも呼ばれ、広告がユーザーによってクリックされたとき初めて広告料金が発生する仕組み。GoogleアドワーズもYahoo!プロモーション広告も、このクリック課金を採用している。

クリック数
表示された広告のタイトルや画像などが、ユーザーによってクリックされた回数のこと。

クリック単価
CPC（Cost Per Click）とも呼ばれ、1件のクリックに対し発生する、広告主が支払う料金のこと。「平均クリック単価」もしくは「上限クリック単価」を指すことが多い。

クリック率
CTR（Click Through Ratio）とも呼ばれ、広告がクリックされた回数を、広告が表示された回数で割ったもの。表示された広告が、どれくらいの割合で実際にクリックされるのかを表す。

検索クエリ
「検索語句」を参照。

検索語句
検索クエリとも呼ばれ、ユーザーが検索エンジンに入力して検索する言葉のこと。リスティング広告でキーワードは広告主が選んだ言葉であり、検索語句とは意味が異なる。検索語句とキーワードの関連性が高いときに広告が表示される。

検索連動型広告
ユーザーが検索した検索語句に関連した広告を、検索結果画面に表示する広告の仕組み。Googleのアドワーズと、Yahoo! JAPANのスポンサードサーチが有名。

広告グループ
キャンペーンの下に位置する構成要素で、キーワード、広告、入札単価をまとめて設定できる階層を指す。リスティング広告を成功させるには、適切な広告グループの分け方が重要。

広告文
一般的にはタイトル、説明文、表示URLで構成されるテキスト広告のこと。リスティング広告では検索連動型広告とディスプレイ広告の両方で使用できる。

広告ランク
検索結果画面などに広告が表示される際の掲載順位や、掲載可否を決める指標となる値のこと。上限クリック単価と品質スコアにもとづいて算出される。

顧客獲得単価
CPA（Cost Per Action）とも呼ばれ、広告を経由してサイトへ訪問したユーザーが、商品購入や会員登録など、あらかじめ広告主が定めた「成果」にまで至った際に、その成果1件に対してかかった費用を表す。

コンテンツターゲット
Googleアドワーズの Googleディスプレイネットワークの仕組み。広告主が設定したキーワードや広告の内容と、Googleディスプレイネットワークの広告枠を採用しているすべてのWebページの内容を分析し、その内容に適した広告を表示する。

コンバージョン
CV（Conversion）とも呼ばれ、その広告で目的とする成果のこと。サイトに訪れたユーザーが商品購入や会員登録など、あらかじめ広告主が定めた「成果」が上がった場合に表示される指標。

コンバージョン率
CVR（Conversion Rate）とも呼ばれ、広告がクリックされた回数のうち、何件コンバージョンまで至っているのか、その割合を表す。

サ

サンキューページ
サンクスページ、コンバージョンページとも呼ばれ、サイトに訪れたユーザーが商品購入や会員登録などのコンバージョンまで至った際に表示されるページのこと。「お買い上げありがとうございました！」といった文言が表示されることが多いためこのように呼ばれる。

自然検索
Organic（オーガニック）とも呼ばれ、検索エンジンの検索結果のうち、リスティング広告の結果を含まない部分のこと。

絞り込み部分一致
キーワードのマッチタイプの1種で、類義語や関連語句には広告が掲載されない部分一致のこと。部分一致のキーワードの前に＋（プラス）をつけることで指定できる。部分一致より表示回数が少なくなる可能性があるが、キーワードとの関連性を高めたい場合に使用する。

上限クリック単価
上限CPC（Cost Per Click）、上限入札価格とも呼ばれ、広告が1回クリックされる際に支払うことのできる上限金額を設定する、入札単価のこと。広告ランクを導き出す要素の1つ。実際に課金されるクリック単価は、設定した上限クリック単価を下回ることがほとんど。

上限入札価格
「上限クリック単価」を参照。

除外キーワード
キーワードのマッチタイプの1種で、設定した除外キーワードを含む検索語句に対しては、広告が表示されなくなる。

スポンサードサーチ
Yahoo!プロモーション広告の検索連動型広告のこと。

スモールワード
ビッグワードに比べて検索数が少ないが、商品やサービスにとって関連性が高いと考えられるキーワードのこと。ロングテールキーワードなどとも呼ばれる。

タ

地域ターゲット
ターゲット手法の1つ。指定した地域で検索を行ったユーザー、指定した地域を検索語句に含む検索を行ったユーザーに広告を表示できる。

テキスト広告
リスティング広告のもっとも基本的な広告のフォーマット。タイトル、説明文、URLで構成される。

投資収益率
ROI（Return On Investment）とも呼ばれ、投資した費用に対して得られた利益の割合。利益を費用で割り、パーセントで表している。

トピックターゲット
Googleのコンテンツ向け広告（Googleディスプレイネットワーク）で、Googleが定めるトピック（カテゴリー、ジャンル）を選択すると、それに関連した内容のサイトやページに広告を表示できる。

トラッキング
追跡のこと。広告をクリックして訪問したユーザーが、広告主が定めた成果に至るかどうかを測定できる仕組みをコンバージョントラッキングと呼ぶ。トラッキングコードをページに記述することで測定できる。

ナ

入札価格
広告主が設定した、ユーザーが広告を1回クリックするごとに支払う金額。広告グループ単位、もしくはキーワード単位で決めることができる。

ハ

バナー広告
イメージ広告とも呼ばれ、画像を利用した広告の配信形態を指す。

ビッグワード
検索数が非常に多いキーワードのこと。数が多い分、スモールワードと比較するとユーザーの検索意図を明確に把握しにくいので、どのように活用するかをよく検討することが必要。

ビュースルーコンバージョン
Googleのコンテンツ向け広告（Googleディスプレイネットワーク）で、クリック数ではなく、広告が表示されたことに対して、一定期間内にどれだけのユーザーがコンバージョンに至ったかを表した値。

表示回数
「インプレッション数」を参照。

品質スコア
広告の品質を示す値。クリック率を中心に、キーワードと広告、リンク先のページの関連性も加味されて、キーワード単位で割り当てられる。

部分一致
キーワードのマッチタイプの1種で、設定した言葉を含むキーワードや類義語、表記揺れ、キーワードの語順違いなどでも広告が表示される。

フリークエンシーキャップ
同じユーザーに対して広告を表示させる回数を制限する機能。キャンペーン単位で、月、週、日ごとに表示回数を設定できる

フレーズ一致
キーワードのマッチタイプの1種で、設定した語の並び順で検索されたときに広告が表示される。設定した語を含むキーワード、類義語、表記揺れも表示の対象となる。

プレースメント
Googleのコンテンツ向け広告（Googleディスプレイネットワーク）で表示されるサイトやページのこと。キーワードや関連するトピック（カテゴリー、ジャンル）を選んだり、直接ドメインやURLを指定して広告を表示させることができる。

平均クリック単価
平均CPC（Cost Per Click ）とも呼ばれ、広告を1回クリックするごとに発生する費用の平均額。上限クリック単価とは異なり、実際のクリックにもとづいた値となる。

マ

マッチタイプ
入札したキーワードと検索語句がどのような条件で広告表示されるかを調整する機能。完全一致、部分一致、フレーズ一致、絞り込み部分一致で指定できる。

ヤ

ユニークコンバージョン数
コンバージョンを「人」の単位でカウントしたもの。例えば、同じユーザーが15日以内に2回コンバージョンに至っても、1回とカウントされる。

ラ

ランディングページ
検索結果や広告をユーザーがクリックした際、最初に表示されるページのこと。着地ページ。ランディングページを徹底的に改善して成果を高める取り組みをランディングページ最適化（LPO）と呼ぶ。

リスティング広告
検索結果に表示されるクリック課金型の広告。本書では「検索連動型広告」のほか、ブログやニュースなどに配信できる「コンテンツ向け広告」も合わせた総称をリスティング広告としている。

リマーケティング
ターゲット手法の1つ。サイトに訪問したことのあるユーザーをターゲットにして、コンテンツ向け広告内で広告を表示できる。リターゲティングとも呼ばれる。厳密にはGoogleのサービス名。

索引

スタッフリスト

カバー・本文デザイン	米倉英弘（細山田デザイン事務所）
カバー・本文イラスト	あべあつし
撮影協力	蔭山一広（panorama house）
DTP	石垣慶一郎・樋口泰郎（有限会社エルグ）
デザイン制作室	今津幸弘
	鈴木　薫
編集	稲葉隆司
副編集長	柳沼俊宏
編集長	藤井貴志

いちばんやさしいリスティング広告《こうこく》の教本《きょうほん》

人気講師《にんきこうし》が教《おし》える利益《りえき》を生《う》むネット広告《こうこく》の作《つく》り方《かた》

2014年8月1日　初版発行

著　者　阿部圭司《あべけいじ》、岡田吉弘《おかだよしひろ》、寳 洋平《たからようへい》

発行人　土田米一

発行所　株式会社インプレス

〒102-0075 東京都千代田区三番町20番地

TEL 03-5275-2442

ホームページ http://www.impress.co.jp

印刷所　共同印刷株式会社

ISBN 978-4-8443-3611-2 C3055

Printed in Japan

本書の内容に関するご質問は、**書名・ISBN（奥付ページに記載）・お名前・電話番号**と、
該当するページや**具体的な質問内容**、**お使いの動作環境**などを明記のうえ、
インプレスカスタマーセンターまでメールまたは封書にてお問い合わせください。
電話やFAX等でのご質問には対応しておりません。
なお、本書の内容に直接関係のないご質問にはお答えできない場合があります。
また本書の利用によって生じる直接的または間接的被害について、
著者ならびに弊社では一切の責任を負いかねます。あらかじめご了承ください。

造本には万全を期しておりますが、万一、落丁・乱丁がございましたら、送料小社負担にて
お取り替え致します。お手数ですが、インプレスカスタマーセンターまでご返送ください。

■読者様のお問い合わせ先
インプレス カスタマーセンター
〒102-0075 東京都千代田区三番町20番地
TEL 03-5213-9295 ／ FAX 03-5275-2443
info@impress.co.jp